imaginist

想象另一种可能

理
想
国

imaginist

待兔轩文存

李零

—说文卷—

广西师范大学出版社
·桂林·

图书在版编目(CIP)数据

待兔轩文存．说文卷 / 李零著．
—桂林：广西师范大学出版社，2015.6
ISBN 978-7-5495-6263-3

Ⅰ．①待… Ⅱ．①李… Ⅲ．①汉字－古文字学－文集
Ⅳ．① C53 ② H121-53

中国版本图书馆 CIP 数据核字 (2014) 第 309831 号

广西师范大学出版社出版发行
桂林市中华路22号 邮政编码：541001
网址：www.bbtpress.com

出 版 人：何林夏
出 品 人：刘瑞琳
责任编辑：吴晓斌
装帧设计：彭振威
全国新华书店经销
发行热线：010-64284815
山东临沂新华印刷物流集团有限责任公司
临沂高新技术产业开发区新华路 邮政编码：276017

开本：960mm×1340mm 1/32
印张：13.375 字数：380千字
2015年6月第1版 2015年6月第1次印刷
定价：88.00元

自 序

我有个梦想的书屋，四面敞亮，一直在心中。真实的办公室呢，则是学校所赐，暂时借给我，地点在北大老化学楼的三层，挨着女厕所，很小。我刻了块匾，不好意思挂起来。

我说，北大有个临湖轩，我有个临厕轩。

“待兔轩”是我的斋号，命室之由见我的小书：《何枝可依》（《待兔轩读书记》的第一种，北京：三联书店，2009 年）。在那本书的自序中，我讲了个故事，这里不再废话。

我是个为兴趣而读书而写作的人，书是副产品。我从没想过读多少书才算合适，也从没想过写多少书才算合适。读书写书，只是为了满足我的好奇心，玩哪儿算哪儿，不是为了学校，不是为了教育部，更不是为了他们的钱。

三十余年，弹指一挥间，我居然写了不少东西。本来就是加速度，缓慢上升，2000 年后，突然提速，和生理水平相反（我的记忆正加速流失），回头一看，吓一跳。

以前写得少，名气小，出版难，不是主要原因。主要原因是，为了单位和学术界，为了领导和老同志，为了“媳妇熬成婆”，我浪费了太多的时间。

后来，等我终于“熬成婆”，我觉得非常失落。为了会议，为了评审，为了各种固辞再三不得已的“红白喜事”，我还是一样身不由己。我问自己，难道你就这样下去吗？

早晨，到清华散步，站在王国维的纪念碑前，我常常想，陈寅恪说的“自由”到底是什么意思——“自由”不是白来的（The frcedom is not frcc）。

我请人刻过一方印，印文是“小字白劳”。“零”的意思就是“白劳”。

“白劳”就是代价。

“白劳”的事儿是经常发生的，学界并不例外。

当年，我在考古所（中国社会科学院考古研究所），年龄最轻，地位最低，当过小媳妇儿。我想告诉那些比我年轻的学者，当年的我，“白劳”是命中注定。

1976年底至1978年，考古所编《新出金文分域简目》（北京：中华书局，1983年），基础工作就两人，90%的卡片是我做的，10%的卡片是老刘（刘新光）做的，1978年底出版的那个油印本，我俩的名字还排在前面，但书印出来，却排在后面，排在“0%”后面。

1978—1981年，考古所编《殷周金文集成》（北京：中华书局，1984—1994年），我参加过最初的资料准备，书要一本一本对，拓片要一张一张找，除了室内整理，还要到各大博物馆拓铜器，我为此花了整整三年的时间，名没有，书没有，什么都没有。老刘说，你为这书付出那么多，别人装糊涂，我知道，留个纪念吧。她把她的《集成》送给了我。

1981年，我在西高泉挖秦墓，70多座墓，就三人，老卢（卢连成）、陈平和我。1982年，我在沣西挖西周遗址，也是跟他们在一起（还有郑文兰）。最后，我和陈平调走，老卢也离开了考古所。我的一切辛苦和劳累也“雨打风吹去”。

俞伟超先生知道我的经历。他说，你的时间并没白费，所得还是胜于所失。

真是这样吗？破涕为笑吧。

我调过两回工作，早就没有归属感，经历使然，教训深刻。我已看穿看透，与其“从一而终”，不如“移情别恋”。我才不死心塌地跟谁干，特别是有如“修长城”的浩大工程和集体项目。

摧眉折腰，我不开心；呼奴使婢，也不乐意。最好的选择，还是自己领导自己。

我是单枪匹马惯了，喜欢打一枪换一个地方，四面出击，其实只有一条枪。

杂文不谈了。学术,涉及三个界:考古、古文字、古文献。“三古”是基础学科,我重视,我喜欢,但对我来说,这是训练,不是目的,我更关心的是问题。三代无学科,问题并不属于哪个“古”。更何况,我是现代人,我的立足点还是现代。

三十多年来,跟着问题跑,一个问题牵出另一个问题,我还涉及过很多行当,至少有五六种。研究《孙子》,涉及军事史;研究方术,涉及科技史和宗教史;研究简帛古书,涉及思想史;四出访古,涉及历史地理;研究文物,涉及考古和艺术史。虽然,这些行当,没有一行是我的“本职工作”,但不同领域的学者都还承认我。

人文学术,所有文科系,我都插过一脚。我甚至在香港中文大学的艺术系教过书。

孙悟空语录:“超出三界外,不在五行中。”

我把这两句抄下来,挂在墙上。

他是中国的自由神。

书不在多。

一个诗人写一辈子诗,最后能有一首诗被人记住就不错了。

书也是这样。

但这需要以勤补拙,需要投入较多的精力。谁都只有一条命,我不比别人聪明。书都是逐渐写薄的,为了薄,先要厚,厚积才能薄发。

我是个按计划写作的人,单篇文章是为了编书,编书是想讲出点儿道理。其实,我做的一切,都只是铺垫,不管是为自己铺路,还是为他人铺路。

研究学术,我是从文献整理入手。最初,我是拿《孙子》练手。这方面的文章已收入《〈孙子〉十三篇综合研究》(北京:中华书局,2006 年)。

后来,我迷过一段古文字,深陷于拓片而不能自拔,没有一帮老同志帮忙拔,我还拔不出来。根儿都拔掉了,剩下的只是训练。

再后来,跑国外,我是靠方术屠宰时光。最初是写散稿,然后才汇编成书。《中国方术正考》、《中国方术续考》是这么写成的。翻译高罗佩的《中国古代房内考》，也是配合这一研究。

研究简帛，我也有个准备过程。比如写楚帛书，写郭店简，写上海简，我花费了不少时间。特别是上海简，很多精力都白费了，我很后悔。所幸，我还写了一本《简帛古书与学术源流》，这书是为了讲课。

我在学校讲经典，也是先讲后写。比如《丧家狗——我读〈论语〉》、《兵以诈立——我读〈孙子〉》，还有四本一套的《我们的经典》（已经印出三本），就是从课堂而来。

历史地理，我也写过一些文章，还没编。

访古，有不少日记和照片，也要整理。

考古和艺术史，我一直在写。老文章多已收入《入山与出塞》，新文章还没编；我还写过一本《铄古铸今》。

这些都是铺垫，为了我心中的学术。

本集所收，是我的学术论文，不是全部，只是上述集子（已编或待编）以外的散稿，侧重点是文史方面。我讲历史的文章，差不多都收进去了；文字方面也选了不少（不是全部）。

十年前，广西师大出版社出版过我的论文集：《李零自选集》，就是此书的基础。现在有所删削，有所增补，有所订正，分为两册，一册读史卷，一册说文卷。

这两册书，只是过河的石头。

语云，人非圣贤，孰能无过。其实，就是圣贤，也不能不出错。过去，我说过一句大实话："天地之间最没有常识的一件事就是认为别人没有常识。"（《花间一壶酒》，北京：同心出版社，2005 年，216 页）

我也曾经年轻。年轻人最容易犯的错误，就是老想不明白，好些年纪一大把、头衔一大堆的人怎么也会犯错误，而且是最低级的错误。他不明白的道理，其实最简单，再大的学者也是人，是人都会犯错误。

人为什么会犯错误？这门学问可大了去。研究错误是一门大学问，报上说,国外有这门学问,国内则未之闻也。

错误,意必固我,是人都会犯。累,会犯;忙,会犯;年轻,有精力没经验,会犯;年老,有经验没精力,也会犯。怎么都会犯。光是生理、心理、气质、性格上的原因就有一大堆。记忆力差,思维跳跃,推理过度,联想失控,也是陷阱。

错误是人类认识的一部分,而且肯定是绝大部分。黄金不可能比沙子多。

我知道,我的书,错误一定很多。我不是精密仪器。

不犯错误不是人。机器才不犯错误(要犯也是跟着它的主人犯)。

错误分两种,一种是大错误,在总体认识上犯错误;一种是小错误,在字词、标点、引文等各种细节上犯错误。前者是探索性的错误,成亦萧何,败亦萧何,不一定能以对错论功过,如果它是为大问题当“靶子”,能以自己的失误,启发别人,引起争论,引起思考,很可能是成功之母、正确他爹。后者,一般叫“硬伤”,错就是错,不容商量。这样低级的错误,当然应尽量避免,却最不容易避免。

这次编书,我只对后者做一点订正,不做大修改。认识上的纠正,写在补记中,也只限非说不可、不说就可能误导读者的地方。我对别人的错误没兴趣,自己的错误也不想十步九回头,不断找补。无论大错误还是小错误,都只是当作一种认识过程来反省和检讨。已经成为历史的东西就让它付诸东流吧。

不过,有件事,我倒有点后悔,即过去发表的论文,脚注不周密、不统一,对读者查核原文不方便。这部分是因为我对这个问题的认识有一过程,部分是因为我国的学术界原本就没规矩。刊物,吝惜版面,往往求简,有人甚至认为,脚注太繁是为了骗稿费。关于这方面的认识,我在《入山与出塞》(北京:文物出版社,2004年)的后记中有详细讨论,有兴趣的读者可以找来看。

这是我的回顾与检讨,是为序。

2009年12月23日写于北京蓝旗营寓所

目　录

简帛和战国文字

文字考释

文字破译方法的历史思考

一般对古文字研究缺乏了解的人,常常会对文字破译有各种误解。特别是近年来中国史学界又起新旧之争,虚构了许多新旧对立。像"宏观阐释"与"考据学"的对立就是其中之一。在他们看来,文字破译是老掉牙的"传统思维",与"宏观阐释"毫不相干(楼上楼下,不在一个层次)。前者是靠大处着眼,假设先行,而它靠的却是精雕细刻,积沙成塔。

事情是不是这样呢?我想未必是这样,或者至少说不完全是这样。

一、"肺腑而能语,医师色如土"

朱德熙先生喜欢讲一句话,就是文字破译最像侦探破案。这个比喻很形象。

文字破译与侦探破案的相像之处,首先是它很重想象,有时能像福尔摩斯,凭蛛丝马迹,就把案情弄个水落石出。虽然现在有不少学者都在总结古文字的研究方法,特别是对文字的结构分析(偏旁分析),声旁啊,形旁啊,六书呀,三书呀,很重视,从中归纳出许多规律。但我们学这些东西,又用这些东西教人,常常免不了会有"纸上谈兵"的感觉。因为它很难解决的是"运用之妙"。

古文字学的"运用之妙"是什么?是想象。而想象总是包含了猜测的成分。以至有人老是把文字破译当作猜谜射覆、智力游戏,以为这是一个可以凭想象力“跑马”的自由领域。

1955 年，中国的考古学家在安徽寿县发掘过一座蔡侯墓，在当时很轰动。这个蔡侯是谁？本来出土铭文是写明了的：他的名字叫。但这个名字很怪，谁也认不出来。没办法，大家只好猜。怎么猜呢？我们都知道，蔡国迁都寿县，只有五代就灭亡了。也就是说，大家只能在这五个蔡侯或略早的蔡侯中选择。而当时也真的就有六七种意见。实际上是把所有可能都占全了①。这种情况在研究早期中国的各个领域都很常见，说得好听是“百花齐放，百家争鸣”，说得不好听是“公说公有理，婆说婆有理”。

对于想象力的充分运用，各种假说的并存也许是一种补偿。中国话叫“平分秋色”。说实话，干我们这一行，有人希望的就是这种情况。“无头公案，死无对证”，对真正的侦探当然是不幸，但对侦探小说的作者反而是好事。因为他正好可以借此编各种“推理小说”，调动读者的想象。在这方面，我们碰到的情况与宏观阐释并没有两样。大家一样是“大处着眼，假设先行”。但问题是你怎么证明你的想法呢？在有些人看来，证明并不是去发现事实，而只是为自己的假设铺设逻辑轨道，中国话叫“自圆其说”。他们觉得空白越多，自由度才越大。所以还专挑年代早、线索少的字来考。讲战国秦汉还小心一点，越往前胆子越大，甚至以为文字破译要比其他领域更多想象余地②。

事情真的是这样吗？

其实，我看情况正好相反。因为文字破译要回答的是简单事实，就像拿破仑死于哪一年，这个问题是不可以争论的。它的答案只有一个，对就是对，错就是错，比起各种复杂的阐释系统，反而最少选择余地。虽然在线索不明

① 中国社会科学院考古研究所《新中国的考古发现和研究》，文物出版社，1984 年，303 页。

② 《金文编》王国维序强调“阙疑”，但郭沫若不以为然，讥为“懒汉思想”。其实这个词可做正反两面理解。从肯定的方面讲，它是一种必要的慎重。西方法律讲究“无罪推定”，即在正式判决前，先要假定被告无罪。中国古代治学讲究“阙疑”，也是害怕冤枉古人。考证古文字虽非“人命关天”，但也不能乱造“冤假错案”。

的情况下，想象总是不可避免，但这和文字破译的答案是两回事。文字破译的答案也许我们不知道，就像“历史真相”，可能永远是个谜，但这正像你的童年经历，即使回首如梦，什么也记不清，但不能随意编造。破译文字胡猜乱蒙，最大克星是地下出土的新材料。中国有句老话，叫“肺腑而能语，医师色如土”。地下发现一出来，很多猜测都要扫地出门，这是件很不客气的事情。比如上面这桩公案，真相大白是在20多年以后。真相一出来，众说并存的局面就被打破，剩下的其实还是一个答案。

下面我就来讲讲这个答案。

这个答案是“申”字。它的认识有一个过程。

（一）70年代，湖北随县曾侯乙墓出土了一套编钟，铭文提到各国钟律。这些国名中恰恰就有这个字。当时裘锡圭先生参加整理，马上就想到以前碰到过这个字。虽然这个字的出现，在辞例上也是孤立的，但是它却把认识范围一下子缩小了许多。因为现在情况与以前已有很大不同，以前大家的猜测哪个是对的，现在必须符合新的条件，即它必须是东周时期常见的一个国名，而且这个国名又可排除在铭文所见的其他国名之外。在这种线索的启发下，裘先生猜测，它很可能是申国的申字。也就是说，上述各说，只有陈梦家先生的蔡昭侯（名“申”）说是对的。

（二）这个猜测是不是对，还要拿出结构分析的理由。过去在西周金文中有个𤕦字。这个字常见于册命金文。古代实行世官制，父死子继，在手续上要经过重新任命。遇到这种场合，铭文常常会说：从前先王曾命你的祖考如何如何，现在我又“𤕦𩫖乃命”如何如何。前人曾把这个字释为缅，以为𤔔是形旁，与糸相通；𤲸是声旁，与重同从东得声，辞义是继续的意思。但裘先生在提出上述猜测时，产生了另一个思路。他认为上述难字与这个字是同一个字，但并非从东得声，而是从田得声。这个分析是很有道理的。因为第一，古代的陈齐，汉代人叫田齐，陈与田古音相近；第二，陈字虽然从东，但并非从东得声，其古文写法是作陴，说明与申读音相近；第三，古人讲重复旧的命令恰恰是用“申”字（即“三令五申”之“申”）。这也就是说，“申”字的古体是从𤔔田声（《金文编》2204的“𤔲”字与2113的“𤕦”字是同一个字），严格讲是假“绅”字为之①。

（三）过去，裘先生提出他的新解，很多人不相信。但古代的申国在河南南阳。80年代，南阳地区先后出土了申公彭宇瑚和南申伯太宰的铜器。铭文“申公”是楚灭申之后所设的县公，见于《左传》；“南申”则是周宣王所迁封，见于《诗·大雅·嵩高》。这些铜器铭文中的“申”字就是写成“䨻”。它们证明，裘先生的说法是可以视为定论的。

这个例子在文字破译中很典型。它可以帮助我们理解什么叫成功的破译。我认为，一个成功的破译，无论多么巧妙，总还要靠一定的线索。说得不好听，就是还要靠一点“老天保佑”。因为没有线索，你的想象也就无所附丽；没有线索，你的猜测也就无法证实。这种线索有时也许并不能直接逼近答案，但它可以缩小问题的范围，使你不至于面对无数可能，好像大海捞针一样。这样的价值也是很大的。

二、几点反“常识”的经验之谈

在实际破译过程中，经验常常是最好的老师。所以我想选几个实际的例子，对破译方法做一点描述。

（一）越是看着相像，可能反而越不是这个字。

辨识古文字，入手处总是形体线索。一般人认为，破译文字，最简单也是最直接的方法就是看它与哪个字相像。但这个方法失败的可能也很大。过去中国唱戏的有个对联，上联是“是我非我，我是我，我又非我”，下联是“装谁像谁，谁装谁，谁就像谁”，这是讲演技的乱真。古人留下文字，虽然并未使出什么“障眼法”，故意要难为我们，但这里面疑似之间，扑朔迷离的情况确实很多。一个字和另一个字也许只有一点点不同，你可能会忽略它，或宁愿迁就自己的想象，

① 裘锡圭《史墙盘铭解释》，《文物》1978年第3期；《笔谈〈湖北随县曾侯乙墓出土文物展览〉》徐青松发言，《中国历史博物馆馆刊》1980年第2期；裘锡圭、李家浩《曾侯乙墓钟磬铭文释文说明》，《音乐研究》1981年第1期。

不肯去承认它，但这一点点不同往往就是至关重要的。你越是看着它像这个字，它往往越不是这个字。正合得上所谓“差之毫厘，谬以千里”。例如：

(1)[illegible](乏、引)〔毛公鼎〕　　[illegible](弘)〔史墙盘“弦”字所从〕①

(2)[illegible](豊)〔朱家集楚器〕　　[illegible](铸)〔朱家集楚器〕②

(3)[illegible](愆)〔朱家集楚器〕　　[illegible](盥)〔蔡侯申缶〕③

这三组例子，左边一字过去都被误释为右边一字，新版《金文编》甚至把(2)(3)的左右两字按误释同时收入。类似的例子还很多。

这种形近误释之所以值得警惕，有两个重要原因，一是古文字中凡与小篆比较变化不大的字，前人多已认出；二是古文字的讹变往往变化莫测，特别是战国文字，有些讹变简直莫名其妙。例如曲作[illegible]，与匕难以分辨④；冶作[illegible]，与侃极为相似。现在北京有些商店把“罐头”写成“缶头”，你要单把“缶”字挑出来，恐怕永远也不会想到它是读为“罐”。战国文字怪起来，有时就很接近这种程度。

对于防止形近误释，反证很重要。一个字的破译有时不仅要证明它是什么字，还要证明它不是什么字。像上面的右边一字就都是反证。

(二)线索不够，最忌“空白想象”。

对文字破译，想象很重要。但想象的掌握很难，常常会“溢出”事实的边缘。对有些事，你铆足了劲去干，就一定会有好处，但想象可不一定。我在前面讲过，文字破译的答案很窄，角度一偏，就会落空。而人脑有个规律，它在空白的地方一定要想象，而且一旦想开来，就很难停止，会弥漫扩散，“登山则情满于山，观海则意溢于海”。你原来没这个想法还好，有了就很难去掉。它会引导你，让你越想越像，一条道走到黑，结果当然是南辕北辙。

例如我们都知道，文字破译经常使用缺文。古人语短，只要缺文有四、五

---

① 于豪亮《说“引”字》，《考古》1977 年第 5 期。李零《为〈说“引”字〉释疑》，《古文字论集》(一)，《考古与文物丛刊》第 2 号。

② 李零《论东周时期的楚国典型铜器群》，《古文字研究》第 19 辑。

③ 李零《释“利津[illegible]”和战国人名中的[illegible]与[illegible]字》，《出土文献研究续集》，文物出版社，1989 年。

④ 李零《战国鸟书箴铭带钩考释》，《古文字研究》第 8 辑。

个字,你就很难补出来。过去楚帛书用普通摄影机拍照片,有不少字看不清,各家进行补释,花了很多心血,但我们拿红外线照片一核对,却几乎都是错的。它给我一个很深的印象,就是“空白想象”命中率太低。

以前,李学勤先生常说,古文字难认,难起来就是你做梦也梦不见。这虽然是句玩笑话,但确实是经验之谈。现在搞古文字,有些人好做“绝膑之举”(北京话叫“撅着自己”),这不但没有好处,反而会妨碍思维的正确导向。文字破译也是“巧妇难为无米之炊”。我们今天之所以能认识古文字,说实话,还是因为它有一条始终未断的线索。20世纪初,甲骨文一发现,很快人们就能把它认出,原因还是因为前面有宋人对金文的研究做基础,而宋人对金文的研究又是托福于汉代的小学和古文之学。线索一直可以通到先秦。

中国的古文字,纵有几千年,横有六七门,线索的搜寻范围很大。有些很早的字是靠很晚的字认出来。像商代甲骨文中的“引”字,西周金文中的“叕”字(),线索是在秦汉简帛文书中。现在的古文字学,从线索的角度讲,是个逆溯比较体系。前人识字,在没有大量的出土材料发现之前,主要是靠两条线索,一条是籀文—小篆—隶书系统的线索(来源于秦汉小学的识字课本),一条是六国古文系统的线索(来源于汉代古文经本的解读)。前者是西周文字的近亲(周秦地土相袭,文化相承),沿袭性较强,不像后者的变易度那么大。大家比较重视的主要是前一条线索,而比较忽略后一条线索。所以直到今天,大家仍有一个印象,就是西周文字比起战国文字反而好认。这里好认不好认,关键还在于线索。

(三)结构分析往往是“事后诸葛亮”。

结构分析是破译文字的重要方法。老一代的古文字学家,唐兰先生是聪明绝顶。他喜欢讲,你们认字都是“手工操作”,效率不高,我是“机械化生产”,一认就是一大批。他说的“一认一大批”,当然与他博闻强记、左右逢源有关,但更重要的是,他说他有一个法宝,就是偏旁分析。偏旁分析,从来源讲,还是出自许慎“六书”。但现在的古文字学家见到的材料要远远超过许慎,对各时期的文字特点有不少新认识,又受到现代语言学的影响,所以有各种新的偏旁系联方法(如唐兰、岛邦男)和“三书”说(如唐兰、陈梦家)的提出。这一方法当然很重要,可是它也不是万能的。它往往要以一定的解读线索为前提,并且要由一定的解读线索来检验,特别是离不开文字材料的辞例和语境(context)。

现在在中国,研究一般文字学的和研究铭刻学的,中间分野越来越大。搞铭刻学的,识字都不是孤立的,要附属于解读,认字是在一定的语境中去认。而搞一般文字学的不是这样,往往一上手就是各种文字编,甚至根本不管古文字,只在许学的范围里兜圈子。我记得唐先生有一次讲过,他说干我们这一行的人是被“章(太炎)、黄(侃)之学”革出教门。现在在中国,搞《说文》、《广韵》的人多集中在中文系,而搞甲骨、金文的则与考古、历史关系更深,的确是两个路子。但前者虽然推崇许慎,许慎《说文》的背景却是汉代的古文之学。我在一篇文章中讲过,西汉小学本来是不讲古文的,学的都是秦系统的识字课本。东汉以来小学开始讲古文,这是来源于古文经本的解读。《说文》与当时研究古今字(今古文对比)的书有关,而“古今字”的研究正是从古文经本的解读总结出来的①。

在解读过程中,字体的比较和辞例的研究往往要先于结构分析。这点古代和今天是一样的。特别是辞例,对破译的导向影响尤大。古文字中有许多字,直到今天我们仍不知怎样分析它,或者说不明白它与后来的字体在结构上有什么联系,但它是个什么字仍然可以确定。这里关键就是辞例把它卡住了。例如西周金文中的亯(就)字,过去有人把它读为京,后来陕西长安县出土了史惠鼎,上面也有这个字,辞例与《诗·周颂·敬之》中的“日就月将”相同,才知道它是个“就”字②。还有古文字中的贵字(馈字从之),它的写法是𧶠,过去一直不认识,后来我从鸟书带钩中发现“不择贵贱”这样的辞例,“贵”字正是这样写,才明白这是“贵”字③。但这两个字到底应当怎样分析,还是个值得讨论的问题。

① 李零《出土发现与古书年代的再认识》,《九州学刊》第3卷第1期。

② 陈颖《长安县出土的两件青铜器》,《文博》1985年第3期。李学勤《史惠鼎与史学渊源》,《文博》1985年第6期。

③ 李零《战国鸟书箴铭带钩考释》。

（四）越是曲折的解释往往越不可信。

在老一代的古文字学家当中，于省吾先生也是一位识字能手。他有个讲法，说古文字的答案近在眼前，只不过中间隔着张纸，一捅就破。我在考释文字的过程中也有这样的体会，即古文字的答案一经说破，都相当简单，根本用不着什么复杂的解释。相反，如果你的解释越是曲曲折折，假设套着假设，那我们就有一个直觉，这恐怕是靠不住的。

现在搞破译文字搞弯弯绕，最常见的是滥用通假。通假对于破译文字当然很重要。比如马王堆帛书和银雀山汉简，不经破读，就很难理解。但这一方法的"自由度"也是有限的。第一，它要受古音学规律的限制，古代通假，读音相近（韵纽均相近）是一层，比较宽；声旁相同（或同从某字得声）是另一层，比较窄。窄的情况还是比较多。第二，它还要受书写习惯的限制，有时并不是说读音相近就一定可以落实（音近只是一种可能），各时期的文字有各时期的特点，需要通过较多的实例去总结。有人不但不管第二层，就连第一层的规定也不遵守，仅凭想当然的"一声之转"曲成其说，这除了满足自己的想象，一点用也没有。

古文字的通假规律应该通过较多的实例去总结。过去，朱骏声按"右文说"分韵分声旁排列文字，探讨通假与词义的关系，主要是靠古书中的实例。王力先生的《同源字典》也是如此。这种工作当然很有益，但不足是没有吸收古文字中的大量实例。古文字不仅可以提供新材料，还可纠正我们对通假规律认识的许多不足。

三、文字破译的虚实："漫无是非"与"铁板钉钉"

现在，置身于古文字学界，人们常常会被一种"漫无是非"的气氛所包围。为什么大家会觉得"漫无是非"呢？我想有几个原因：

（一）在古文字的认识上，"今之所知"与"古之所存"差距太大，有些线索可能永远看不见，有些线索则藏头露尾，让你看不清。在理论上，我们可以在

“已知”与“未知”之间划一道界线，但实际上却很难掌握。例如现在的很多文字编，正编中的字其实并不可识，而附录中的字反而早就被人认出。

（二）在古文字的研究上，研究者的意见过于分歧。“小萝卜头”不用说，即使是大家，意见也难得统一。比如孙海波先生编了《甲骨文编》，容庚先生编了《金文编》，这些都是很有名的工具书，但让唐兰先生说起来，认对的还不到一半。唐先生水准高，看不上眼的东西自然很多。但他的意见是不是大家都能接受呢？也并不是，文字破译是冒险事业，犯错误的机会到处都是。在这个领域里没有“常胜将军”，即使大家也会犯错误，而且错起来照样是一塌糊涂（不可能说是什么“高明”的错误）。

（三）中国的古文字学界有手工业习气，几乎人人都搞“闭门造车”，信息不灵，缺乏及时的评价，前人做了什么，后人做了什么，别人做了什么，自己做了什么，很多“已识”和“未识”常常是一笔糊涂账。古文字学界的人都爱争“发明权”，但又没有“发明记录”，常常搞“重复制造”，不但今人与古人“撞车”，而且今人与今人也“撞车”。比如西周金文中“履田”（踏勘田界）的“履”字，过去见于大簋、散氏盘，吴式芬、章太炎已经认出，大家不注意。等到五祀卫鼎、九祀卫鼎出来，唐兰先生重新认出这个字，大家还以为是新发明①。现在这个字出现已经很多，除上述各器，还有倗生簋和师永盂，也都有人写过文章。可是新版《金文编》却把散氏盘的“履”字收在“眉”字下，大簋、师永盂和倗生簋的“履”字列为不识字，根本没有“履”字这一条。

但是尽管有以上这些情况，我还是认为文字破译并非“漫无是非”。它里面不但有许多东西可以做一定程度的落实，而且还包括了一些铁板钉钉的东西。因为第一，文字破译是否成功，毕竟还有不少标准可以判断，如字体线索的依据、辞例线索的依据、结构线索的依据。只要这些条件都具备，像上面讲的“申”字，就可以叫“铁板钉钉”。第二，判断文字破译是否成功，最好的办法是“读”，即把破译结果回输到有关材料中，看是否读得通，经得起重复

① 吴式芬《据古录金文》卷三之二；章太炎《论散氏盘铭二札》，《国学丛刊》第1卷第1期。唐兰《略论西周微史家族窖藏铜器群的重要意义》，《文物》1978年第3期。

和反证。现在的古文字研究，要想达到像“读”马王堆帛书和银雀山汉简那样一个水平还很不容易，但其各个分支都有一定的“可读性”，这里面肯定已包含了许多“铁板钉钉”的东西，只不过我们还没有加以认真总结罢了。

对文字破译的结果加以落实，现存的各种工具书还做得很不够。过去，容庚先生曾对宋代的金文研究做过总结，但对宋人识字的得失却未能详加论列。宋代以下，情况就更别提了。近代的古文字学（罗王之学），其实是个年轻学科，年头只有 80 年，传人只有四代。唐兰、容庚、郭沫若、董作宾、于省吾可以算是第一代，陈梦家、胡厚宣、张政烺可以算是第二代，李学勤、裘锡圭是第三代，下面的一批人是第四代。但就是这么一些人的研究，现在都是一笔糊涂账，学科内部没有一个自我估计。

所以，我很希望有人能写出一部古文字学的“发明史”出来。

四、不是结论的结论

据上所述，我们可以对中国的文字破译有一个大致的印象。我想，这个印象在许多方面都与一般的宏观阐释息息相通，如逆溯比较、假设先行，还有证伪方式，等等。如果说它们有什么明显的不同，我看倒是在这样一点，即它比一般宏观阐释往往需要更多的想象，但也受到更多的限制。

文字破译是“小道”，宏观阐释是“大道”。“小道”固应兼容于“大道”，但“大道”是不是也可以从“小道”受到一点启发呢？

1989 年 11 月 2 日在美国加州大学伯克利分校演讲

原载《学人》第 4 辑，南京：江苏文艺出版社，1993 年 7 月，453—464 页。

补记：现在看来，我对“猜测”和“犯错误”在破译过程中的必然性和必要性有点估计不足。

为《说“引”字》释疑

过去我们在甲骨卜辞和铜器铭文中经常碰到一个弓字加有一斜挑的字（甲骨卜辞作，殷金文作，西周金文作）。这个字与后世弘字有些相似，历来都释弘。于豪亮同志《说“引”字》[①]，第一次指出这个字应释为引。我很佩服他的这一发现，并在文章中作过一点小小的补充[②]。张忠松同志《〈说“引”字〉质疑》一文[③]，不同意于说，认为还应释弘。张文恢复旧说，并无积极证明，但其设疑置问实出于于文论证不尽严密，本文试图对于文再作一些申说补正。

（一）首先此字不是弘，古文字中另有弘字，这是很关键的一点。于文曾试图证明这一点，但他以㞷为鞃、假读为弘却不够恰当。这里我们且不谈㞷是否可以释鞃，㞷并非弘的本字是可以肯定的。那么弘字是不是有呢？我们说是有的，只不过这个字在于文写作的当时人们还未见到，它是在史墙盘的铭文中首次发现的，铭文中有“宖鲁邵王”一语，宖字作，字从宀弘声，实即后世宏字（宏与弘相通）。它的发现至关重要，因为它证明了弘字所从的厶应当是作封闭圆圈状。厶字亦为厷、公等字所从。在这样一些字中，它都是作封闭圆圈状，一直到汉代文字还是如此，隶写为厶那是非常晚的（按：甲骨文、金文厷字所从厶亦应理解为圆圈）。甲骨文和金文中凡是从厶得声的字，从没有写作斜挑的样子，所以这个字并非弘字，完全可以肯定。

（二）此字释引。于文最有力的证据是《周易》有“引吉”一词，甲骨卜辞

① 《考古》1977年第5期。

② 李零《春秋秦器试探》注20，《考古》1979年第6期。

③ 《考古》1981年第6期。

正好也有“[illegible]吉”一词。另外睡虎地秦简和马王堆帛书所见“引”字(包括帛书《周易》“引吉”之“引”)作[illegible]、[illegible]等形,与此字仍有相似处,张文对于氏的这些证据反驳缺乏说服力,只议上述商周间的“引”字和秦汉间的“引”字“二者具有明显不同的特征,不当视为一字”,未免夸大。我们认为商周时期的文字发展到秦汉会有变化本来很自然,它们只要在形体上确实有前后发展演变的线索,仍然可以是同一个字。关于这点,我个人的看法,小篆的引字应是比较后起的字体,它在秦汉之际的写法正好与《说文》列为部首的廴字非常接近。《说文》所收廴、引是读音相同的两个字。许慎说:“引,开弓也。从弓丨”;“廴,长行也,从彳引之”。对廴字,过去人们有两点怀疑:一是此字从不见于古书使用;二是《说文》从廴之字只有廷、延、建,加上派生的㢟部和隶于㢟部的延字,一共只有五个字。这五个字:廷字,见于金文均从乚旁;延,是汉代文字,即征;建字,见于蔡侯镈和中山王钺,也从乚旁;㢟字,甲骨文、金文皆从彳旁;延字,不见于商周古文字,可能与㢟是同一字,它们或从彳旁,或从乚旁(《说文》读若隐),无一从廴旁。郭沫若先生在《两周金文辞大系》小盂鼎考释中曾说“则是从彳引之之廴,古实无此字”。而不少《说文》研究者则认为廴、引是古今字。如段玉裁在其《说文解字注》廴字下说:“《玉篇》曰:‘今作引’,是引弓字行而廴废也。”我们认为廴并不是部首,但这个字古代还是有的,它正是引字的古体。因为我们注意到汉代文字的特点,就会发现许慎隶于廴部的廷、延、建等字在汉代最初一律都是从辵旁,他所谓“从彳引之”,其实乃是辵旁的一种隶书写法,由于将廴与辵旁的特殊写法相混淆,所以许慎虽保留了这个字的古读,但在编排他的五百四十部时却错误地把廴当做偏旁,排在彳部后,把它当做彳旁的变体,从引训“长”这一含义,把它解释为“长行也”。其实他保留的文字正是汉初的引字。《玉篇》、《广韵》收有三个引字:廴、引和弘。其中廴字的出现应最早,“它的写法与秦简和西汉早期帛书是一样的,还带有甲骨文和金文写法的特征。弘和引都是东汉碑文中才开始出现[1]。我们分析,弘可能是隶变的结果,也可能是以“人”为声旁(人、引

① 见汉陈球碑、刘修碑等。

古读同在真部)；引从丨，《说文》：“丨，上下通也，引而上行读若囟，引而下行读若逻”，正是以“引而上行”的“丨”代替了引字古体从下向上的一挑，“读若囟”也正与引字的古读相合(囟古读亦在真部)。

(三)引字的本义是开弓。作为引弓的引，商周古文字中仅一见。长由盉铭讲到穆王行飨礼，长由“即邢伯大祝射……邢伯氏(是)弜(引)不姦”，弜就是引弓的引字。古代寅、引同音，声旁可以互通，如蚯蚓的蚓古书往往作螾[1]。引字见于古书使用，还有长也、进也、伸也等义，甲骨卜辞有“引吉”，与《周易》相合，“引”是长的意思，引字见于铜器铭文，主要有以下数例：

(1)毛公肇鼎：“其用旮，亦引唯考”；

(2)毛公鼎：“丕显文武，皇天引厌厥德”；

(3)同上：“引唯乃智，余非庸又䎽”；

(4)同上：“无唯正䎽，引其唯王智，乃唯是丧我国”；

(5)秦公簋和镈：“高引有庆”；

(6)叔夷镈：“余引厌乃心。”

这几个“引”字，例(1)的读法还值得研究。例(2)(5)(6)用法基本相同，于文以长训之比较妥当。这里引训长与弘训大意义相近，如果释弘当然也可勉强讲通，我想过去人们把它读为弘也当有这方面因素在内，但这个字毕竟不是弘字。例(3)(4)于文也训为长，读如本字，其说则有商榷余地，我认为它在这里是个虚词，应读为《尚书》中的矧，意义同况。张文将这两个“引”字释为弘，说是“借为好”，弘与好意义既不相通，读音也迥别(好是古幽部字，根本无法与弘字相通假)，这种全无训诂学根据也违背音韵的说法是不能成立的。

以上我们从文字、训诂两方面为于豪亮同志释定的引字提供了进一步证明，意见当否，识者教之。

原载《古文字论集》(一)，《考古与文物》丛刊第2号，1983年11月，116—117页。

---

① 《荀子·劝学》：“螾无爪牙之利。”

古文字杂识(十五则)

一、□字

此字见于下述铜戈:

(1)攻敔王光戈①;

(2)王子孜戈②;

(3)玄翏之用戈③。

这个字一般都是单独使用,不与戈铭其他字连读,如(1)、(2)均在戈背,与正面的铭文分开;(3)在同一面,但书在戈援近栏处,与胡部的铭文也是分开的。按春秋战国时期戈铭惯例,单字铭文往往是作地名,但也有可能是其他特殊标识字。

我们分析,此字上半从手和丮[(1)手在左、丮在右,(2)、(3)丮在左、手在右],下半从呈或星[但(1)作□]。西周金文扬字作□、□、□等形。可见从手与从丮无别,从昜亦与从呈无别。这个字也许应释为捏或扬字。

上述三戈彼此形制相似,前两件明确属于吴国铸造,第三件有同样的单字铭文,也应当是吴国铸造。这个字对于辨识吴器有一定帮助。

---

① 《十二家》双四。

② 《文物》,1962 年第 4、5 期合刊,5 页图 1—3。

③ 《中原文物》,1982 年第 4 期,31 页图 2、3,1980 年河南新郑能庄出土。

二、公乘白剑

《贞松》12.19 著录一件错金鸟书的“⿱𡗗廾公剑”,正背各一行七字,摹本因书页容纳不下,每行后三字折写,其实原器是作七字直下(现在辽宁省博物馆陈列)。容庚《鸟书考》39 收之,释为:

⿱𡗗廾公自□吉□金,其以乍为用元剑。

此铭“吉□金”、“其以”、“用元剑”,读起来很别扭。刘雨同志曾对笔者说,他很怀疑原铭每行第一、二字互倒,第五、六字互倒,我很赞同他的看法。

受刘雨同志启发,我们对容文未能释出的字作了补释:

(1)铭文第一字作⿱𦘒⺀,《金文编》收入附录,《金文诂林附录》1779 页李孝定按语说:“此字下半与‘乘’字上半略近,不知何字。”

今按应释为“乘”;

(2)容释“自”应正为“白”;

(3)“白”下缺文残存下半,可辨是“睪”即“择”字;

(4)“吉”下缺文上半从入,与《博古》22 · 17 越王者白於易钟“⿱乑木”字同,下从木,仍应释“⿱乑木”。

经过订正,上述铭文应改释为:

公乘白睪(择)⿱乑木(厥)吉金,以其乍(作)为元用剑。

“公乘”,本指公家之乘,后用为爵称并转变为氏名[①]。战国铜器有公乘

① 《左传 · 昭公三年》:“公乘无人,卒列无长。”《汉书 · 百官公卿表上》列公乘为秦爵第八级,注云:“言其得乘公家之车也。”

鼎(《三代》2.16.6),中山王陵刻石有"公乘得",战国玺印中也有"公乘"氏。"白"是私名。其他与一般剑铭格式基本相同。

三、蔡戈

《鸟书考》30·31 著录两件"不知国名的"鸟书戈,铭文作:

(1)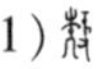之用玄翏(镠)(上海博物馆藏);

(2)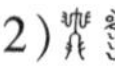之用玄翏(镠)《楚文物图片集》(一)23 页图 2(1955 年湖南长沙丝茅冲 M17 出土)。

容文将(1)的第一字释为"敊",(2)的第一字释为"蔡",两器的第二字均缺释。另外,《三代》19.37.4 也著录了一件与(2)同铭的戈(亦见《贞松》11.25)。

今按上述三戈应属同铭,它们的第一字均是"蔡"字。蔡侯诸器所见蔡字写法分两个类型:

Ⅰ型:(蔡昭侯诸器)、(蔡侯产剑);

Ⅱ型:(宋代出土蔡侯产戈)、(蔡侯产剑)。

Ⅰ型的特点是作正立人形,只在左右两足中的一足上加两划;Ⅱ型也是作正立人形,但在左右两足上都加两划,并有向上和向下的两手。这里的三件戈,(2)、(3)基本同于Ⅱ型;(1)是Ⅱ型的变体,但还保留着向上、向下两手的笔意,并附加支旁,也是蔡字。最近故宫博物院青铜器馆展出一件鸟书蔡侯产戈,"蔡"字残泐,但亦有作的偏旁。这三件戈应当都是蔡器,从器形纹饰判断,约在春秋晚期到战国早期,应当属于蔡迁州来之后。

蔡迁州来之后凡五代为楚所灭,这五代是:

昭侯申(前 518—前 491,在位 28 年);

成侯朔(前 490—前 472,在位 19 年);

声侯产(前 471—前 457,在位 15 年);

元侯(失名,前 456—前 451,在位 6 年);

侯齐（亡国无谥，前450—前447，在位4年）。

五代蔡侯，昭侯申铜器见于1955年安徽寿县发掘蔡昭侯墓，传世并有蔡侯申戈（《三代》19.45.2）；声侯产铜器见于1958—1959年安徽淮南蔡家岗发掘蔡声侯墓（M2），传世并有宋代所出蔡侯产戈（《考古》6.12，传“寿阳紫金山汉淮南王之故宫”出土）；成侯、元侯、侯齐的铜器尚未见到。上述戈铭第二字，对比铜器铭文中的齐字（如齐陈曼臣作）和战国玺印中齎字（即賫字，作），有可能是齐字的变体，戈或即侯齐所作。

蔡字作，还见于下述各器：

（1）蔡公子果戈①

铭：蔡公子果之用

（2）蔡公子从剑②

铭：蔡公子从之甬（用）

（3）蔡□□弔剑③

铭：蔡□□弔之用

（4）蔡戈④

铭：蔡铸戈（正）、（背）

另外，传1935年寿县出土的鸟书子戈⑤字体同于上述三戈，有可能也是蔡器。

四、新弨自敂戟的国别与越国字体的特征问题

这件戟是1955年湖北南漳县出土，现藏襄阳地区博物馆⑥。其铭文作：

---

① 三件：《三代》19.38.1、19.46.2，《文物》1964年第7期，33页图1、34页图2。

② 平凡社《书道全集》，1965年，第一卷，107。

③ 《三代》20.43.2。

④ 《山彪镇与琉璃阁》图版24∶1，25页附摹本，河南汲县山彪镇M1出土。

⑤ 《录遗》567。

⑥ 仲卿《湖北襄阳专区发现的两件铜器》，《文物》1962年第11期。

新弨自敓(令)弗(鉘)戋(戟)　　(胡部)

它的出土地虽属古代楚国,但从字体特征看应是越国铸造。

铭文"新弨自敓",容庚、商承祚两先生以前两字为人名,后两字为动词①,我们怀疑"弨自"是官署名或地名,"敓"应同曾侯乙墓遣册的"宫厩敓"、"新官敓"等,读为"令",是新任的"弨自"之令。"弗"即郾侯脮戈之"鉘",《玉篇》:"鉘,饰也。""戋"即"戟"字。

上述铭文中的"弨"字,原铭正当断折处,作,这个字和它的右半所从在越国铜器中出现很多,如所谓"能原钟"(两件《三代》1.35—39,按:这个名称并不正确,也有人称之为"奇字钟"),两者各出现五次;所谓"支利残片"②,两者各出现两次;还有所谓"越王者旨於易"诸器的"旨"字、"越王亓北古剑"的"古"字也同于后者。这个字,容庚、商承祚两位先生释为"弨"③,我们注意到它的右半所从实与所谓"越王者旨於易"诸器的"者"字(作)下半所从相同。西周金文"者"字一般下半从,春秋战国以来或演变为(陈侯午敦)、(侯马盟书)等形,并不是"旨"、"古"或"召"字。《说文》将者字隶于白部(不是白色的白而是自字的别体),下半从白,此从《说文》隶定。

上述铭文中的"自"字作,与越王州勾矛④和自乍用戈(《三代》19.37.2)中"自乍"的"自"字基本相同,这也是越国文字的写法。

越国文字,就现已发现的材料看,主要是书于兵器,如剑、戈、矛,其次是乐器。它们大多是用当时的"美术字"即富于装饰性的字体书写。其装饰手法主要有四种:(1)笔画盘曲萦绕(类似后世"九叠篆");(2)多填加饰笔,如加手、加口或其他笔画;(3)笔画多加修饰,如横宽竖窄、竖划当中有肥笔或将歧出的笔画书作剪刀形等;(4)多填加鸟形。这类字体虽亦见于他国铜

① 容庚《鸟书考》,载《中山大学学报》1964年第1期;商承祚《〈新弨戈〉释文》,载《文物》1962年第11期。

② 《文物》1961年第10期,25页。

③ 容庚《鸟书考》,载《中山大学学报》1964年第1期;商承祚《〈新弨戈〉释文》,载《文物》1962年第11期。

④ 《书道全集》(1965)第一卷104。

器,但使用似不及越国那么普遍和突出。

另外,我们还注意到这样一点,即越国文字似乎存在两种不同类型,一种比较易识(如者沪钟),其字体和铭文格式均与他国相似;另一种比较难认(如所谓“鄌原钟”、“支利残片”等),其笔画往往作卷云状,许多单字(如上述“弫”字和它的右半所从)并且经常重复出现,至今无法通读。

《说苑·善说》曾记载楚令尹鄂君子晳在游船上赞赏越人唱歌的故事。当时子晳听不懂越歌,歌词要由别人用汉语来翻译,说明越语与汉语有很大差异。近来有些研究者注意到《善说》所载既有汉字记音又有汉字翻译的《越人歌》,试图把它和壮语进行比较,对我们很有启发①。我们怀疑,当时越人可能有两套文字体系,一套是用汉字记汉语,一套是用汉字或改造了的汉字记越语(有点类似西夏文、契丹文和女真文等少数民族古文字),因此才出现上述情况。

古代少数民族可能兼用两种文字或借用其他民族的文字以记录本民族语言,这一点并不奇怪。例如四川地区的古巴蜀文字就包含两个类型,一种是图形文字(老虎纹、手心纹,等等),一种是形体类似老彝文的文字,并且古代巴蜀也用汉字书铭,如湖北荆门出土的所谓“大武戈”②,就都是用汉字书铭的巴蜀铜戈③。

五、秦石鼓文和楚帛书中的□字

古文字中有一个滿字,这个字曾见于甲骨卜辞,是作地名用。除甲骨卜辞外,它还见于秦石鼓文和楚帛书,其例如下:

---

① 韦庆稳《〈越人歌〉与壮语的关系试探》,《民族语文论集》,中国社会科学出版社,1981年,23—46页。

② 《文物》1963年第1期,64页,图1、2。

③ 我国湖南、广东等省也出土有不少用古代少数民族文字书写的器物,其中有些是属于巴蜀式,有些则可能属于其他文字。这类文字可能很早就有发现,如《淳化阁法帖》中所录“苍颉书”二十八字就与这类文字非常相像。

(1)~又鲎(小鱼),其斿(游)遡=(汕汕)(秦石鼓文《汧殹》篇);

(2)山川~浴(谷),不钦〔敬〕行(长沙子弹库战国楚帛书);

(3)以涉山陵泷汫凼~(同上)。

在上述各例中,该字显然都是作名词,例(1)是小鱼游动的地方,例(2)、(3)与山川陵谷有关,并与泷、汫、凼等与水有关的名词并列。

过去宋郑樵曾把这个字读为漫①,与上述文例作名词不符。前几年笔者写作《长沙子弹库战国楚帛书研究》,也没有认出此字。实际上宋以来不少石鼓研究者早已正确指出此字应释为濿,读为濑②。由于此字的释出理由知者较少,前人解释也比较简略,这里作一点解释。

按澫字从萬得声,萬在上古音系统中属明母元韵,似与濿字读音相隔,但是现在我们已经知道,古声旁从萬之字大多应归入与元韵可以对转的缉韵(或祭韵),其中半属明母(如邁、譪),半属来母(如糲、蠣)。这种半属明母半属来母的现象值得注意。许多研究上古音的专家都指出,上古来母字的谐声很复杂,可能有 bl-、pl-、ml 等复声母的情况存在。明母来母相谐,古文字材料中“命”“令”不分就是一个明显的例子,如盂鼎“文王受天有大令(命)”,曾侯乙墓遣册“命(令)尹”③。

古声旁从萬之字,往往亦从厲作。例如糲,《说文》:“粟重一秳,为十六斗大半斗,舂为米一斛曰糲,从米萬声。”④蠣(牡蠣的蠣字),《说文》:“蚌属,似蝗微大,出海中,令民食之。从虫萬声,读若赖。”这两个字唐代切音与赖同,后世均从厲作。这是来母字。我们再举一个明母字。《说文》:“勱,勉力

① 见元潘迪《石鼓文音训》、明杨慎《石鼓文音释》引。

② 元吾邱衍重编宋杨文昺《周秦刻石释音》已读澫为濿。清吴东发《石鼓读》云,澫同濿,《说文》“糲、蠣作糲、蠣”。又“濿,濑也。濿、濑古音通。《左传》:‘楚灭赖’,《公》《穀》作‘厲’。汉刘桢《鲁都赋》:‘文鱼游踊于清濑’,《韵补》音厲。”近人马叙伦《石鼓文疏记》亦云:“昔人谓此即《说文》之濿是也。濿借为濑。《说文》曰:濑,水流沙上也。’辞义正合。《左传》昭公四年传:‘灭濑’,《公》《穀》皆作‘灭厲’。《史记·南越传》:‘为戈船下厲将军。’徐广曰:‘厲一作濑。’《淮南·精神训》:‘冉伯牛为厲。’《论语》正义引作‘癞’,皆其例证。厲、赖双声。”又罗振玉《增订殷虚书契考释》中一〇及《石鼓文考释》亦据前人之说释甲骨文和石鼓文中的澫字为濿。

③ 参看洪家义《令命的分化》,《古文字研究》第十辑。

④ 睡虎地秦简《秦律十八种》解释粟米之率,糲字亦从萬。

也。《周书》曰:‘用勱相我邦家’(出《书·立政》)。读若萬(小徐本作‘读与厲同’)。”勱字的读音,唐代切音与迈同,《左传》庄公八年:“皋陶邁种德”,即假邁字为之。但正如许多研究者所指出,勱与勉勵的勵字其实是同一字。此字《说文》大、小徐本歧读,段注:“厲亦萬声,汉时如此读。”这些都说明古声旁从萬之字分属明、来二母并无划然界限。从萬与从厲之字本来是相通的。

根据这一线索,我们不难明白,澫字虽不见于古书,但却是古书中原来就有的,它就是濿字。

濿字在《说文》中是砅字的或体。《说文》:“砅,履石渡水也。从水从石。《诗》曰:‘深则砅’(出《诗·邶风·匏有苦叶》,字作‘厲’)。濿,砅或从厲。”作涉水讲的砅或澫字,古书多作厲。厲字和从厲得声的字,上面已说往往也从萬,而读音与赖相同。这里还可以举两个例子。一是古人把麻风病叫做癘,古书往往把癘书为厲[①],《庄子·齐物论》:“厲与西施”,《释文》:“如字,恶也。李(轨)音赖。司马(彪)云:病癩。”癘与癩可以相通。二是《史记·南越列传》:“下厲将军”,《集解》徐广引别本作“瀨”[②],《史记·东越列传》和《汉书·武帝纪》作“下瀨将军”,厲破读为瀨。

据此,上述三例中的澫字均应读为瀨。

瀨是什么?《说文》释为“水流沙上也”,《汉书·武帝纪》注引臣瓒曰:“瀨,湍也。吴越谓之瀨,中国谓之碛。《伍子胥书》有下瀨船。”《论衡·书虚》:“溪谷之深,流者安洋;浅多沙石,激扬成瀨。夫涛、瀨一也。谓子胥为涛,谁居溪谷为瀨者乎?”《楚辞·九歌·湘君》:“石瀨兮浅浅”,洪兴祖《补注》:“石瀨,水激石间,则怒成湍。”由这些解释,我们对瀨字的含义可得如下认识:

(1)瀨是溪谷中常见的一种河滩浅水;

(2)这种浅水从底部布满沙石(即碛)、高低不平的河床上流过;

(3)由于水浅流急,河底不平,往往激扬而成涛状。

---

① 睡虎地秦简《封诊式》“癘”作“厲”。

② 《史记·南越列传》作“下厲将军”,《集解》应劭曰:“瀨,水流涉上也。”“涉”是“沙”字之讹,应从《说文》改正。

汉代的下濑将军是指挥下濑船的将军。下濑船就是专门行于“濑”这种浅水急流上的一种平底船。

六、银雀山简本《孙子》“芋之亡地然而后存,陷之……”

这两句,今本作“投之亡地然后存,陷之死地然后生”,简本“芋”作“投”,整理者于“芋”字无说。前几年我在一篇文章中把此“芋”字按古齐地方言读为菹或苴,以为是沮的借字①,这个解释其实是不对的。

现在我们认为,简本“芋”实应读为“汙”(即“污”或“洿”),是陷下之义,如《大戴礼·少闲》“汙池土察”,注“汙,洼也”;《广雅·释诂三》“洿,深也”;《淮南子·说山》“文王污膺”,注“污膺,陷胸也”。“芋”读为“汙”(或“污”、“洿”),适与下文“陷”字为对文。

至于今本“芋”为什么作“投”,倒是很可能古本有按齐地方言书“芋”为“苴”并讹为“置”者,所以《史记·淮阴侯列传》韩信语引《兵法》作:“陷之死地而后生,置之亡地而后存。”“置”正与“芋”字地位相当。今本“投”是“置”字的对文,《孙子·九地》曹操注引用孙膑语即作“兵恐不投之于死地也”。但今本下句仍保存了“汙”“陷”对文的本子。

1984年11月9日

原载《古文字研究》第17辑,北京:中华书局,1989年6月,282—290页。

七、释“㚇”、“虢”、“虡”和“虩”

西周金文讲古代册赏,所述赏赐之物有时会涉及弓矢、干戈(即盾戈)、

① 李零《银雀山简本〈孙子〉校读举例》,《中华文史论丛》1981年第4期。

甲胄等戎器,如:

(1)小盂鼎:"王令(命)赏盂……弓一矢百,画皋虎一,贝胄一,金干一,戚戈一……"(《三代》4.44—45)[按:金文常见"戈琱(雕)戚",从这一铭例看,"戚"似与"琱"含义相近,而并非戈上的某个部位];

(2)伯晨鼎:"王命韐侯白(伯)晨曰:'㓨(嗣)乃且(祖)考,侯于韐。易(赐)女(汝)……旂五旂,彤(彤弓)彤(彤矢),旅弓旅矢,戈戈虎胄……"(《三代》4.36.1);

(3)豦簋:"豦䭫(拜)韻首,休朕匋君公白(伯)易(赐)氒臣弟豦井五量(粮),易胄(甲)胄干戈……"(《三代》6.52.3)(按:"衶"原作㐱)

这三个例子中标有圆圈的字是与弓矢、干戈并列,而与胄有关,显然应指甲,但学者只把最后一例的"衶"释为"甲",而把前两例中的"皋虎"和"皋虎"释为"皋"[①]。

按上述释读,追溯起来,都是受清代学者孙诒让影响。在《名原》和《古籀余论》中,孙诒让说:"审校文义,甲、胄二物相将,不宜偏举,白晨鼎以皋与胄同锡,盂鼎以画皋与贝胄同锡,则亦与甲同物矣。"[②]这是很有见地的。但他在分析这个与"甲"相当的字时却拐了一个弯。盂鼎中的这个字,他未做隶定。而伯晨鼎中的这个字,他隶定作"皋虎",以为左半是皋字之误,右半是虎,读为"皋比"之"皋"或"建皋"之"皋"。同样,在《古籀拾遗》中,从文义推求,他把例(3)中"胄"上之字也释为"衶",读为"甲"[③]。学者对孙氏考释的第三字倒还有怀疑[④],但对他考释的前两字却并无异辞,看来孙氏之说似乎已成定论。

现在,在古文字材料中,比上述铭文年代晚,我们还碰到下述三个例子:

(1)中山王䜌方壶:"氏(是)以身蒙夲胄,以栽(诛)不怂(顺)。"

(2)望山楚简:"……皋虎占之曰吉。"(M1:简95)

---

① 参看周法高等《金文诂林》第六册,香港中文大学,1974年,3158—3163页。

② 同上。

③ 参看李孝定等《金文诂林附录》,香港中文大学,1977年,2028页。

④ 同上。

（3）包山楚简："周赐讼郷之兵虘𩏩（执）事人宫（邑）司马竞丁，以亓政（征）亓田。"（简81）（按："郷"字从邑从𡚦，后者是安字的省体，不是女字。）

这三个例子，除例（2）是人名，其他两例是类似铭例。学者把这几个字也读为皋，没人怀疑。其实这一考释是值得重新考虑的。

首先，从字形看，上述㚔、虢、虘和虢四字用法相同，并且都含有㚔旁或径以㚔出之。经典从㚔之字皆作幸，与"不幸"之"幸"（《说文》作"㚔"）无别，其实是两个字。孙氏所释，小盂鼎铭中模糊不清的那个字，从好的拓本看，显然是从虎从㚔，郭沫若、陈梦家都已指出这一点①。而伯晨鼎铭中孙氏隶定为"虢"的那个字其实也与皋字无关，对比史墙盘的"盩"字，我们认为，它的正确隶定应作"虢"。所有这些字都不从皋。

其次，从读音看，《说文》卷十下："㚔，所以惊人也，从大从羊。一曰大声也。凡㚔之属皆从㚔。一曰读若瓠。一曰俗语以盗不止为㚔。㚔读若籋。"铉音"尼辄切"。我们无论从许氏"读若"还是该字的唐代切音，都得不出㚔读皋音的结论。虽然《说文》㚔部所隶六字，其中盩、报是幽部字，䩷是觉部字，与皋音近，郭沫若曾把虢字解释成"从虎报省声"②，但现在我们知道，虢字在中山王䜌方壶的铭文中是写成"㚔"，而㚔字的读音从唐代切音看，上古音应属泥母叶部，可见"报省声"一类说法也是不足为据的。

最后，从文义看，古书虽有"皋比"，是指虎皮，也有"建皋"（亦作"键櫜"），是指用虎皮包裹的弓韬戈囊一类东西。但虎皮可以示武，却不是铠甲；弓韬戈囊可以容兵，却非护身之物，恐无相代之理。况且"皋胄"或"兵皋"这样的辞例，我们在古书中也从未发现。关于孙氏之说在辞例上的破绽，日本学者白川静似有所觉察。他指出，虢字见于盂鼎还有弓衣、甲衣两属的可能（因为是一物一句），但在伯晨鼎的铭文中却"难以之属诸弓矢，又不能是戈之櫜，故或应为属于甲胄之物"③，这是对的。但可惜的是，他仍把这个字当成皋字。

---

① 参看周法高等《金文诂林》第六册，香港中文大学，1974年，3158—3163页。

② 同上。

③ 参看周法高等《金文诂林补》第三册，中央研究院历史语言研究所，1982年，1347—1351页。

对学者公认为皋的上述各字,现在我们的看法是,它们根本就不是皋字,而是甲字,即“甲胄”之“甲”的本来写法(有别于干支之甲)。㚔字,甲骨文作等形,学者以为桎梏之形。读音,于省吾先生以为许氏诸说应“以读若籋为是”,“《说文》籋与钳互训”,“㚔为籋的本字”[①]。周法高先生也引桂馥《义证》,指出《说文》“读若瓠”乃“读若瓠讘”之误,其音如讘,㚔、甲同属古叶部字,唯前者为泥母,后者为见母,声纽不近,“不知‘㚔’是否可读为‘甲’”[②]。籋、讘都是古叶部字,可见即使按汉代读音,它与甲字也是比较接近的。《说文》从㚔之字皆与刑狱拘禁之事有关,如“睪”是监视犯人,“执”是拘捕犯人,“圉”是关押犯人,“盩”是抽打犯人,“报”是论罪定刑,“簕”是审讯犯人。我们怀疑,㚔字古音原同于甲,乃关押之押的本字;虢字从之,则是柙的本字。《说文》卷六上:“柙,槛也,以藏虎兕。”《论语·季氏》:“虎兕出于柙。”柙是老虎笼子,所以从虎从㚔。虡、虢皆其变形。早期的“甲胄”之“甲”本来就是假古押字或柙字为之(按:殓尸玉衣古称“玉柙”,正像甲)。

另外,顺便说一句,古文字中的“㚔”字虽像桎梏之形,但本身并不是梏字[③]。

八、释“”、“”和“”

这三个字都见于楚文字,前两字是一种用法,后一字是一种用法,应分开讨论。

我们先讲前一种用法。其铭例是:

(1)鄂君启节(舟节):“自鄦(鄂)市,逾油(淯),让(上)滩(汉),~厢,~芸(郇)昜(阳);逾滩(汉),~邽;逾顕(夏),内(入)邔(涢),逾江,~彭弢(泽),~松(枞)昜(阳);内(入)濡(泸)江,~爰陵;让(上)江,内(入)湘,

---

① 参看《金文诂林补》第五册,2745—2749页。按:甲骨文“执”、“圉”、“虢”等字从之。

② 同上。

③ 梏字在古文字材料中的写法与㚔并不相同,有关材料待发表。

～鄵，～郏（洮）昜（阳）；内（入）灉（耒），～郙（郴）；内（入）澬（资）、沅、澧、灖，让（上）江，～木閘（关），～郢。”（按：舾字原作𦧹，所从舌乃古舌字，并非从止从目。）

（2）鄂君启节（车节）：“自鄂（鄂）市，～昜（阳）丘，～邡（方）城，～畐（菟）禾（和），～梄（柳）焚（棼），～緐（繁）昜（阳），～高丘，～下鄵（蔡），～居鄛（巢），～郢。”

（3）见于望山楚简、天星观楚简和包山楚简中的占卜简，是一种套语，格式多作“自××（日辰）以～𡨻戢（岁）之××（日辰）”。

在上述铭例中，例（1）、（2）是用第一种写法，例（3）两种写法都有，皆与“自”相对，表示同样的意思。只不过例（1）、（2）中的“自……，～……”是表示路程的起讫，而例（3）中的“自……，～……”是表示时间的起讫。

过去，朱德熙先生在《鄂君启节考释（八篇）》中曾讨论过这个字。他认为，从字形考虑，此字是“帝”字的异体，因此把它读为“适”，解释成“往”的意思[①]。我们也曾猜测，这个字或许是“㡀（祇）”的变体，暂时把它读为“抵达”之“抵”[②]。现在看来，这些想法都得重新考虑。

按上述铭文中的怪字，其实是“就”字的一种简写。西周金文的“就”字有两种写法，一种作𩫏，象重亭之形，学者多隶定为亯；还有一种是加有辵旁。过去学者多把此字当成“京”字的异体[③]。《金文编》旧版还比较慎重，把它列于“京”字后，别为一字，但新版则与“京”字合并。不过，也有学者不这么看，如高田忠周和朱先生都曾根据《说文》、《正始石经》、《汗简》和《古文四声韵》中的有关线索，指出此字应释为“就”[④]，只不过没有引起重视罢了。

1980 年，史惠鼎在陕西长安县出土，对人们重新认识这个字是重要推

---

① 朱德熙《鄂君启节考释（八篇）》，收入《朱德熙古文字论集》，北京：中华书局，1995 年，189—202 页。

② 李零《包山楚简研究（占卜类）》，收入《中国典籍与文化论丛》（一），北京：中华书局，1993 年，425—448 页。

③ 参看《金文诂林》第七册，3523—3528 页。

④ 高田忠周说见《金文诂林》；朱德熙说见所撰《释亯》，收入《朱德熙古文字论集》，北京：中华书局，1995 年，1—2 页。

动。因为史惠鼎铭有“日就月将”一语，是见于《诗·周颂·敬之》和《礼记·孔子闲居》的古代成语。鼎铭“就”字从辵从亯，正与《正始石经》等假借为“戚”字的“就”字相同①。

古书中的“就”字有成就、趋就二义。《尔雅·释诂》以成训就，以终训就。《广雅·释诂》也以就字与归、往同训，与即、因同训，与长、久同训。这里除最后一条是假借之义，其他多与成就、趋就之义有关。西周金文中的“申就乃命”是再次下达此命的意思，而本节开头所列三例中的“就”字是抵达或到的意思。这种含义正是从成就和趋就之义引申。

下面再讲一下“贎”字的用法，其铭例亦见于鄂君启节（舟节、车节同）：

> 大攻（工）尹脽台（以）王命₌（命，命）窭尹恕楮、裁尹逆、裁敏（令）肌为鄿（鄂）君启之赓（府）～鑄（铸）金节。

过去，朱德熙先生曾把节铭中的这个字分析为从贝从商，认为其右旁虽与上面第一字同形，但古文字往往把“啇”写成“商”（如银雀山汉简和某些汉印），因此他把这段话理解成大工尹脽奉王命命窭尹等三人为“鄂君启之府商”铸造金节②。但是现在既然我们已经知道，这个字是从贝从就，那么我们恐怕就得另寻出路。

现在考虑，铭文中的这个字也许应当读为僦。《广雅·释言》：“僦，赁也。”《史记·平准书》索隐引《通俗文》：“雇载曰僦。”《商君书·垦令》：“令送粮无取僦。”《九章算术·均输》：“一车载二十五斛，与僦一里一钱。”“僦”既可指雇用舟车载运，也可以指运费所值。而节铭所述正与舟车载运有关，释为“僦”是比较合适的。

节铭“鄂君启之府僦”是指鄂君启之府的运费。节铭所述舟、车、担徒的数量规定和换算方法、沿途驿站的招待规格以及关税的征免等，凡此均与运

① 陈颖《长安新旺村出土的两件青铜器》，载《文博》1985年第3期；李学勤：《史惠鼎与史学渊源》，收入所著《新出青铜器研究》，文物出版社，1990年，122—125页。

② 朱德熙：《鄂君启节考释（八篇）》，《朱德熙古文字论集》，北京：中华书局，1995年，189—202页。

费的计算有关。

由这一释读,我们还联想到楚王命节的读法。现已发现的王命节,铭文皆作:

王命$_{=}$(命,命)遄(传)赁一檐(担)飤(食)之。

这是比舟节、车节规格要低的担徒之节。铭文大义是,节奉王命,命沿途驿站给雇“担徒”一名,供应饭食。睡虎地秦简《传食律》:“御史卒人使者,食粺米半斗,酱驷(四)分升一,采(菜)羹,给之韭葱。其有爵者,自官士大夫以上,爵食之。”所说“食之”与此同。

铭文中的“赁”应读如本字,而不是“任”,它和鄂君启节铭文中的“僦”正是相关之词。

1995年12月1日写于北京蓟门里

原载《于省吾教授百年诞辰纪念文集》,长春:吉林大学出版社,1996年,270—274页。

九、热气寒气,以为其序

子弹库帛书,中间的短篇是讲“四时”创造的神话,其中有两句迄无确解。它们是:

寛既既,以为亓斌。

上面八个字,第二、四两字应释“气”,五至七字是“以为其”,这都很清楚。但第一、三和八字却值得讨论。

(一)第一字。

此字旧释寮,字形相似,但并不吻合。饶宗颐先生以为“熏”字的异构(按:参看《金文编》0062 录番生簋熏字)①,现在看来也有问题。

近读《包山楚简》(文物出版社,1991 年),我发现一个与此有关的字,作以下不同写法:

(1)(简 82),原释鼈;

(2)(简 97),原释綤;

(3)(简 115),原释鼈;

(4)(简 115),原释鼊;

(5)(简 124),原释鼊;

(6)(简 125),原释鼊;

(7)(简 194),原释鼊。

这些例子都是人名用字。另外简 139 还有“戝”字[辞例作“大脰尹公夓与~卅=(三十)”],简 179 还有“鼎”字[辞例作“~人登(邓)苍”],也都含有类似的偏旁。

上述各例,(1)—(7)都是由三部分组成,左上为臭[(2)、(3)]或炅[(1)、(2)、(5)、(6)],右上除(4)、(5)作糸或系,其他还有待研究,下半为黽[除(2)作糸]。其左上所从偏旁的臭即这里讨论的第一字所含,可以证明臭往往省体作炅。由这一线索我们还可推论,《古玺文编》187 页的寘字(作或)与帛书此字是同一字。

现在我们都已知道秦汉隶书往往把热字写成炅②。如马王堆帛书《老子·德经》,甲乙两本的“静胜热”,“热”均作“炅”。但更早一点的热字是作什么样呢?这个问题却值得探讨。《说文解字》卷十上火部热字是从火埶

① 饶宗颐、曾宪通《楚帛书》,香港:中华书局,1985 年,17—l8 页。

② 朱德熙、裘锡圭《七十年代中国出土的秦汉简册和帛书》,载《中国语文研究》1984 年第 6 期,1—12 页。

声。但宋代的古文字书热字却作□(《汗简》66 页背和《古文四声韵》卷五 14 页正引《义云章》),黄锡全《汗简注释》(武汉大学出版社,1990 年)422 页认为□是□之讹,字应隶定作爇。它的左半与𡭴极为相似,使我们产生怀疑,热字作炅可能是一种字形讹变,即由□演义成□或□,再演变成□。总之,帛书𡩜字应分析为从宀热声大概是没有什么问题的。

上揭例(1)至(7),字从黽,我们怀疑即古书表示灼龟之义的爇字。如《周礼·春官·菙氏):“凡卜,以明火爇燋。”爇燋均指灼龟。燋,《说文解字》卷十上有𪏿字,释为“灼龟不兆也”,亦燋龟之燋的专字。后者为𪚰(秋)字所从。秋字的战国写法往往作□、□(参看《古玺文编》,178 页),现在看来是从禾从热字的省体。例(1)、(2)、(5)、(6)、(7)的右半现在还不易确定,我们怀疑例(1)、(7)也许是丮旁的省略(参看《金文编》0444 执字、0723 箕字所附𩕳字,1135 夙字)。

当然这里应当说明的是,秦汉用为热字的炅虽然字形与《说文解字》卷十上释为“见也”的炅字相同,但却并不是同一个字①。还有秦公簋“锇静不廷”,第一字亦从炅,学者释为镇。如此说可靠,则炅与真读音应相同或相近,也不会是这个字。《说文》炅字,唐代切音为古迥切,于上古音为见母耕部,真字是章母真部,都和热字的读音(日母月部)相距甚远。我们在上文已说明,热字作炅恐怕并非原形,乃是𡭴的省体,它与这两个例子只是凑巧同形罢了。另外,过去学者认为炅字是从火日声②,现在也值得重新考虑。

上面提到的包山楚简中的戭字不详何物,鄓字是地名也无法确指,但这两个字并非从尞是可以肯定的。

(二)第二字。

此字,我曾疑为害③,曾宪通先生采之,读为百④,现在从文例看,应是寒

---

① 朱德熙、裘锡圭《七十年代中国出土的秦汉简册和帛书》,载《中国语文研究》1984 年第 6 期,1—12 页。

② 同上。

③ 李零《长沙子弹库战国楚帛书研究》,北京:中华书局,1985 年,68 页。

④ 饶宗颐、曾宪通《楚帛书》,香港:中华书局,1985 年,271 页。

字。寒字,金文写法与小篆相近,是作、[参看《金文编》1714 寒字和附录下 335(应释𪏽),此字作],与之相似。

(三)第八字。

饶宗颐先生旧释㽞(即疏的本字),但后来又改释殽,以为淆乱之义。今按帛书此字仍以释㽞为妥,读为序(古书中的疏、叙、序三字均有条理之义,音同义通)。帛书此篇的上文有“山陵不㽞,乃命山川四𣫢(海)”两句,饶先生指出这里所述与《书・吕刑》“禹平水土,主名山川”相似,“命”是命名之义,至确。但下句既然是说为山川四海命名,照理说上句应是讲山川未经命名时的情况。山陵未有其名则乱,“不㽞”应指无序而不是有序,也是很明显的。可见以淆乱释㽞字正好是把意思搞反了。

在古代数术之学中,四时之序是以阴阳二气的消长来解释,如《管子・乘马》“春夏秋冬,阴阳之推移也。时之长短,阴阳之利用也。日夜之易,阴阳之化也”。“阴阳”的另一种表达是“寒暑”,如《易・系辞下》“寒往则暑来,暑往则寒来,寒暑相推而岁成焉”(过去《千字文》称之为“寒来暑往,秋收冬藏”)。古代有三十节气(《管子》的《幼(玄)官(宫)》和《幼(玄)官(宫)图》)和二十四节气(《汉书・律历志下》),它们都是从阴阳二气或寒暑二气析分。这里的“热气寒气,以为其序”对古代思想史的研究很重要,因为它说明了,楚帛书中不但有“五行”的概念(如“青、赤、黄、白、墨木之精”和“五正”)①,而且也有“阴阳”的概念。

十、蔡、㚘、太

在古文字中有一组与“大”字相关的字很值得讨论。它们是:

(一)蔡。

蔡字在古文字中是像人形钳其足,如《金文编》0080 所录下述各字:

① 李学勤《长沙楚帛书通论》,《李学勤集》,黑龙江教育出版社,1989 年,266—273 页。

(1)(𫊣钟)、(蔡侯申钟);

(2)(九祀卫鼎);

(3)(蔡公子果戈)(蔡戈)。

这个字,过去是据《正始石经》蔡字的古文(作)而认出。由于《石经》此字与尗相似,故旧多隶定为尗,很少有人怀疑。但尗是脂部字,蔡是祭部字,古音并不相近,隶定为尗并不合适。现在与古文字对照,我们可以看出,《正始石经》的字形是有讹误的,其正确写法是作人形而钳其左足、右足或双足。古人以刑具加颈叫钳,加足叫釱。釱字从大得声,而蔡是清母月部字,大是定母月部字,两个字的读音也相近。所以我们认为这个字应即釱字的初文。

(二)叕。

《说文解字》卷十四下叕部解释此字曰:"叕,缀联也。象形,凡叕之属皆从叕。"释义是据讹变的字形。古文字中的叕字,现在我们已知是作,从西周到秦汉一直如此①。字形皆像人形而钳其双手双足。叕,古音为端母月部字,与蔡、大等字亦相近。另外,叕也有省形作者,如中山王譻鼎铭:"邵(昭)~皇工(功)",中山王譻壶铭:"明~之于壶",从文义看皆读为缀。后者字形与蔡字也相近。

(三)太。

包山占卜简记祷祠神物,首祭之神名(简210、213、215、227、237、243,亦作、)。从祭祀顺序看,其地位在"侯(后)土"和"司命"、"司祸(过)"之上,我们把它释为太,理解为太一②。

按古人有时把"道"称为"一"或"大",或"大(太)一",用之天象则指极星。《老子》第二十五章:"有物混成,先天地生。寂兮寥兮,独立而不殆,可以为天下母,吾不知其名,字之曰'道',强为之名曰'大'";《吕氏春秋·大

① 汤余惠《略论战国文字形体研究中的几个问题》,《古文字研究》第15辑,北京:中华书局,1986年,9—100页。

② 李零《包山楚简研究(占卜类)》,收入《中国典籍与文化论丛》(一),北京:中华书局,1993年,425—448页。

乐》:“道也者,至精也,不可为形,不可为名,强为之名,谓之‘太一’”;汉武帝甘泉宫太一坛也称“太畤”。湖北荆门出土的“兵避太岁”戈和马王堆帛书《避兵图》,其图中的“大(太)一”皆以形如“大”字的人形表示。可见“太一”可省称为“大”或“太”。

“太”是从“大”分化,古音为透母月部,与“大”字形、读音都很相近,不同处只是把刑具加于左手(但似是加于左足)。

上面三个字的关系可示意如下:

另外,在金文中,我们还发现两个从心从例(一)的字,它们是:

(1)中山王鼎:“尔毋大而~。”

(2)~子棘鼎:“~子棘之鼎。”(见《商周金文录遗》62,现藏故宫博物院)

例(1)从文例看应读为“泰”,是骄泰之义,而例(2)有两种可能,一种是读为“蔡子棘之鼎”,一种是读为“太子棘之鼎”。后者的可能性似更大。

现在我们见到的“太”字或“泰”字(可能与“汏”字有关)都是后起之字,它们的来源应即上面这组字。

十一、䎬

此字于文献罕见,但《说文解字》卷三下卂部收有这个字,解释为“击踝也……读若踝”,是以声训为说。在甲骨文和金文中,这个字除作人名和地名,有文义可寻的例子主要是:

(1)麦尊:“侯易(赐)者(诸)~臣二百家。”

(2)县妃簋:“易(赐)女(汝)妇爵~之……”

(3)史墙盘:“方蛮亡不~见。”

这几个例子,学者有释扬(唐兰)、释戒(裘锡圭)、释娱(李学勤、戴家祥)、释献(徐中舒)、释踝(于省吾)诸说①,核以上述辞例,似皆未安。

近来,我有一个考虑,这个字也许最好读为谒。根据是:第一,谒是影母月部字,而𠭯是匣母歌部字(以踝音推测),属于声母相近的阴入对转字;第二,从文义看,释谒也都可以讲得通。如例(1)"诸～臣",学者多以为是贴身侍卫,东周以来的王公近臣正有所谓"谒者"。《孙子·用间》:"凡军之所欲击,城之所欲攻,人之所欲杀,必先知其守将左右、谒者、门者、舍人之姓名,令吾间必索知之。"《墨子·号令》:"谒者侍令门外为二曹,夹门坐,铺(餔)食更,无空。门下谒者一长,守数令入中报。四人夹令门内坐,二人夹散门外坐,客见,持兵立前,铺(餔)食更,上侍者名。"例(3)"方蛮亡不～见"是说四方蛮夷宾服,都来朝见,文义通顺。例(2)释为"谒之"也毫无格碍。

按谒字,古书有谒告、请谒等义。《左传》昭公四年:"入弗谒",杜预注:"见也。"《释名·释书契》也说"谒,诣也",都说明谒是进谒之义。"谒臣"盖即"客见,持兵立前"的掌谒之人,故字作双手持戈。

十二、羊百韧

师同鼎述师同伐戎,所获战利品有"羊百韧"。过去我们怀疑韧字是刲字之误,不确②,但这个字从文义看肯定是个量词。按古书从韧之字有絜字和挈字,也是量词。《说文解字》卷十三上糸部:"絜,麻一耑也",段玉裁注:"一耑谓一束也。"絜又借为挈,参看朱骏声《说文通训定声·泰部》。《墨子·备城门》:"守城之法,必数城中之木,十人之所举为十挈,五人之所举为五挈,凡轻重以挈为人数,为薪樵挈,壮者有挈,弱者有挈,皆称其任。凡挈轻重所为,使人各得其任。"则以挈作为计算守城之木的量词。故"羊百韧"似应读为"羊百絜"或"羊百挈",是说有一百捆羊肉。古人以十条干肉为一束,

① 参看周法高编《金文诂林补》,台湾福元印刷事业有限公司,1982 年,903—912 页。
② 李零《"车马"与"大车"》,原载《考古与文物》1992 年第 2 期,72—74 页。

称为“束脩”,“羊百羽”的“羽”与“束”是类似之义。

十三、与川

古文字中有一种偏旁是作或,如:

(1)(《金文编》1099:朝歌右库戈)

(2)(《金文编》1802:衍□簋)

(3)(《金文编》1866:王子渔戈)

(4)(《包山楚简》简86)

(5)(《包山楚简》简170)

上述各例,除(1)为地名用字都是人名用字。例(1)是朝字。《说文解字》卷七上倝部:“朝,旦也。从倝舟声。”但从《金文编》1099所录朝字的不同写法我们可以看得很清楚,朝字的左半是像日在草中,而并非从倝;右半亦非从舟而是从川。其川旁的写法分三种,一种作(巛),一种作(川),一种作或。前两种写法,照许慎的讲法是两个字,但古文字无别,如楚帛书训作,从巛与从川同。这里川字的第三种写法最值得注意。因为《说文》所谓朝字舟声之说极易使人误解这是舟字的另一种写法。例(2),中间从第三种川字与从水同,原书释衍可从。例(3)应是渔字的一种异写,下从又,右从第三种川字,类似潮本作淖,后加此旁作潮(详下)。例(4)原书释逬,其实是巡字。例(5)应同(3),原书释舢,则是把右旁理解为州。

与上例(1)有关,值得注意的是陈侯因资敦是把“朝闻(问)诸侯”的“朝”字写成,此字《说文解字》卷十一上水部用为潮水的潮字,解释为“水朝宗于海,从水朝省”,徐铉说“隶书不省”。此字也见于《正始石经》,并被《汗简》61页正和《古文四声韵》卷二10页正引用〔按:前者脱出处,后者注出《石[经]》〕。可见是古文写法。隶书作潮,大概是沿袭秦系文字常见的“叠床架屋”之法。《太平御览》卷六八引《说文》“潮,朝也。从水朝”。其实此字从水与从川同,与朝实为一字。也就是说朝字本来就是潮水的潮字,用为朝

见之朝和表示平旦之义,反而是假借字。

1994 年 5 月 23 日写于北京蓟门里

原载《国学研究》第 3 卷,北京:北京大学出版社,1995 年,267—274 页。

十四、澅、澅

《古玺汇编》3200 和 3201 有两方小玺,印文俱作"舸 ~",第一字为第一种写法。同书 0212 有一官印,印文作" ~ 飤(食)之玺"(按:"玺"字原从金从尔,下同,不再说明),第一字为第二种写法。《古玺文编》把前者收入卷十一水部(274 页),后者收入附录二七(419 页),当作不识字[同样,这里的"舸"字和该字所从"冈"字见于《古玺汇编》附录五三(471 页),亦属不识字]。其实这里所考的两个字是同一字,即楚文字中的"流"字,三印从字体和印式看,皆可归入楚印,下试为说明之。

按《说文》是把"流"字隶于卷十一下沝部,所出字头是籀文写法,故别出篆文附于下。前者见于《石鼓·霝雨》。宋代古文字书的"流"字有许多不同写法,如《汉简》61 页所收作:

(《古文尚书》)

(《华岳碑》)

《古文四声韵》卷二,23 页所收作:

(《古老子》)

(《古尚书》、王惟恭《黄庭经》)

(《华岳碑》)

沶(《古文[尚书]》)

上述写法,《华岳碑》、《古老子》皆从沝,似是籀文"流"字的讹变;而《古文尚书》和《黄庭经》则从水从不。这种写法的"流"字也见于《荀子·荣辱》、《公羊传》成公五年、八年。

出土铭文中的“流”字目前仅见于战国铜器好盗壶，字作，辞例作“漕漕～涕”。其写法同小篆相似，但右旁上作，中作▽，下作虫，与“澅”字也很相似。又《古玺文编》2211 有一私印，印文作“乙”，其上字，《古玺文编》收入附录九（383 页），当作不识字，其实也应释为“䢨”。

楚文字中的“流”字何以从蛊或从蛊再夹一▽，其声旁值得分析。在楚文字中，带有这种声旁的字还有两个，一个是“融”字，一个是“嫞”字。如望山楚简和包山楚简卜筮类都提到楚人的先祖老僮、祝融和鬻熊。简文“祝融”作“祝韇”，“鬻熊”作“嫞酓”。李学勤先生指出，简文“韇”字与邾公钘钟“陆终”之“终”作“鷬”是类似写法，二者古音都在冬部；“鬻熊”的“鬻”简文作“嫞”，是因为“鬻”为喻母觉部字，幽、觉、冬三部是阴、入、阳对转的关系。所有这些字都是以蟲省声的蛊作声旁，而蟲正是冬部字[①]。这一考证，除蟲省声之说容可商榷（蛊和蟲无别，正犹古文字艸亦作卉或茻，不一定是省声），确为卓识。这里要指出的是，印文“澅”、“澅”释为“流”，同样属于幽、觉、冬三部对转的关系（流是来母幽部字）。

另外，古文字中从蛊的字还有两个，一个是李学勤提到的黄君孟器铭中的“䆝”，因为辞例作“子子孙孙则永宝～”，李先生读为“用”（属冬、东合韵）；还有一个是苏埠屯 M8 出土商代器铭中的族徽，字作，从正反双鬲和左右双虫，简报作者释为“融”[②]，但也有可能是“鬻”字。

楚文字中的“祝融”和“鬻熊”，“融”字的写法大体同于邾公钘钟的“陆终”之“终”；而“鬻”字，今体从鬲旁，古体从蛊声，也与“融”字有相通之处（二字都属于喻母冬、觉二部对转字）。况且楚以熊为氏（楚文字一律作“酓”），也是与鬻熊之名相承（楚文字亦作“酓”）。凡此均暗示，楚国世系中也许确实存在某种类似“父子联名制”的习俗。过去有些人类学家（如凌纯声、杨希枚）曾推断楚人使用这种制度，但是他们的例证多有问题[③]。其实真正反映该制度的材料

① 李学勤《论包山楚简中一组楚先祖名》，《文物》1988 年第 8 期，87—88 页。

② 山东省考古研究所等《青州市苏埠商代墓发掘简报》，《海岱考古》1989 年第 1 辑，254—273 页。

③ 文崇一《楚文化研究》所引各家之说，台北：中研院民族学研究所，1967 年，82—86 页。

主要是在“祝融—陆终(融)……鬻(融)熊—熊丽”这几个环节上。另外一个例子就是楚史上的叔熊[1]。因为这些例子同“流”字有关,附述于此。

上述印文中的“舸流”,两印同文,虽然印比较小,但不一定是私玺,而是与船舶通行有关的官印;如作私玺,恐怕得从左向右读,读为“流(游)舸”(“游”是古代常见的姓氏),也不大可能读为“舸流”。而“流食之玺”,“流食”疑读“游食”。古书游、流相互通假的例子很多,如“周游”同“周流”,“下游”同“下流”,等等[2]。“游食”也是古代常见的词汇,如《商君书·农战》“高言伪议,舍农游食”,《汉书·食货志上》“末技游食之民,转而缘南晦”,法家虽于“游食”颇有非议,然古之“游食”者众,应有司其事者。又睡虎地秦简《秦律十八种》有《传食律》,内容是讲驿传供给饭食的规定,“流食之玺”也有可能是传食之玺。

十五、希、敫、箬

这也是一组相关的字。

第一字见于九店楚简《日书》:

> 〔某〕敢告桑(?)滕(?)之子武㣇(夷):“尔居复山之𨸏(址)、不周之埜(野),帝谓尔无事,命尔司兵死者。含(今)日某,牐(将)欲飤(食)。某敢以丌(其)妻𥘵(?)妻女(汝),〔聖〕~芳粮以譴犨(犊)某于武㣇(夷)之所。君昔受某之聖~芳粮,由(思)某迷(来)遈(归)飤(食)故人。”(简43、44)

简文是兵死者(死于兵刃者)的亲属向武夷君(见《史记·封禅书》,据此

① 李零《楚国族源、世系的文字学证明》,《文物》1991年第2期,47—54、90页。

② 朱起凤《辞通》,上海:上海古籍出版社,1982年,1007—1010页。

可知是“司兵死者”之神)祝告,求他照顾兵死者的祷辞,在《日书》中是个独立的片断。其中“塱~芳粮”是祝告者献给武夷君的供品。整理者把第二字释为“粇”,盖以此字为米粮类,如同后面的“芳粮”。今年一月,美国学者夏德安(Donald J. Harper)教授曾以此字见询,我在电话里告诉他说,此字实为楚文字中的“币”字。后来,他在《论战国兵死者祷辞》(A Warring States prayer for men who die by weapons)一文中采用我对这个字的释读,并做了进一步的考证。他指出九店楚简《日书》中的“塱~”就是马王堆一号汉墓遣册中的“塱敝(币)”,乃是一种裂帛为之,类似今之纸币的古代钱币,这是非常正确的①。由此可见,原文中的供祭之物乃是由钱、粮两项构成。

第二字见于包山楚简遣册类,作:

一~廛(简260)

整理者释为“吱”,阙其左半不释,然收之②,摹为𢼸,列入“存疑字”,其实对照上面一字的写法,应释“敝”,简文器名可读“一敝廛”。

第三字见于包山楚简卜筮类,凡两条。一条见于“宋客盛公鬈聘于楚之岁,刑层之月乙未之日”两次连续占卜中的第二次。第一次是由石被裳卜之,第二次是由应会卜之。后者用“遷(迻)石被裳之祭”来表示这两次占卜的前后承袭,并提到“戲(且)雀位迟(迟)遂(践)”,最后说:

郿(应)敛(会)占之曰:吉,至九月憙(喜)雀立(位)。凡此~也,既聿(尽)遷(迻)。新(亲)父既城(成)。新(亲)母既城(成)。(简204、202反)

另一条见于“东周之客许盈归胙于蒧郢之岁,夏层之月乙丑之日”三次

① 作者所赠待刊稿,该稿曾于1997年春在芝加哥大学宣讲。
② 滕壬生《楚系简帛文字编》,武汉:湖北教育出版社,1995年,1133页。

连续占卜中的第二次。第一次是由五生筮之,第二次是由苦吉卜之,第三次是由苛嘉卜之。其中第二次占卜提到:

> 遷(迻)古(故)~,赛祷太备(佩)玉一环,侯(后)土、司命、司禍(祸)各一少(小)环,大水备(佩)玉一环,二天子各一少(小)环,峗山一环。(简213、214)

这段话的后面还接有"遷(迻)瓜殹(应)禽(会)之祱"和"遷(迻)石被裳之祱"等辞,也是用来表示此年占卜与上年占卜的前后承袭。

简文"迻"表示递嬗的关系,指把上一次的问题转到下一次去解决。"弆"是"舆"的省体,古音属喻母鱼部,同"迻"字的古音(喻母月部)非常接近,应是通假字。"襗"或"祱"是"敓之"的名词性表达。从简文的上下文关系看,"凡此~也,既尽迻"是指上面的占卜都已完成,并且还要继续。而"迻故~"也是说继续以前的占卜,即应会和石被裳在上一年进行的占卜,所以下文才有"迻二人之祱"的话。《周礼·春官·眡祲》:"眡祲掌十煇之法,以观妖祥,辨吉凶……正岁则行事,终岁则弊其事。"郑玄注:"弊,断也,谓计其吉凶然否多少。"简文"箒"相当"蔽"字,这里的用法似与《眡祲》"弊"字同,也是指吉凶之断,所不同者,唯易动词为名词耳。

关于古文字中的"敝"字,裘锡圭《说字小记》指出甲骨文"敝"字是象以物打掉或拂去"巾"上之尘土[①]。简文"帣"从巾釆声,似是从㡀讹变的新形声字,釆是并母元部字,敝是并母月部字,读音很相似。简文"帣"加攴旁,应即"敝"字。简文"箒"再加竹旁,则相当于"蔽"字。这是三者在形体上的关系。其用法随文而异,或读为"币",或读为"敝",然构形要素是一样的。

原载张光裕等编《第三届国际中国古文字学研讨会论文集》,香港:问学社有限公司,1997年,757—762页。

---

① 收入所著《古文字论集》,北京:中华书局,1992年。

西周甲骨

读《周原甲骨文》[1]

“周原甲骨”是20世纪后半叶最重要的考古发现之一。它包括:(1)1977年陕西岐山县凤雏村西周建筑遗址西厢房11号和31号灰坑中出土的1700余片甲骨(本书以H11编号的283片和以H31编号的10片只是其中有字或原先怀疑有字的甲骨);(2)1979年陕西扶风齐家村1、3、4号灰坑中出土的12片甲骨和在附近采集的22片甲骨(本书以FQ编号的7片只是其中有字或原先怀疑有字的甲骨)。这一发现在学术界曾引起热烈讨论,但长期以来,大家依据的主要是徐锡台先生(已故)和陈全方先生的早期摹本。这两套摹本,各有贡献,也各有不足,有些地方还存在矛盾,常令读者无所适从。值得欣慰的是,最近出版的曹玮先生编著的《周原甲骨文》,终于将这批材料中有字或原先怀疑有字的300片甲骨仔细核对,照相制版,彩色印刷。作者参校各家之说,逐片附注释文,并列有摹本对照表、释文对照表和论著目录,极便参考,使企盼已久的我和其他读者,有此一编,别无他求,多少疑惑,涣然冰释。这是我们应该感谢作者的。

笔者对甲骨夙无研究,只因研究占卜,偶尔也曾涉猎。周原甲骨,我曾仔细阅读,也做过一点讨论[2],但重新学习,还是大不一样。这次接到赠书,马上通读一遍,并重检徐(锡台)、陈(全方)、李(学勤)、王(宇信)诸家说,发现可以讨论的问题还很多,故草成此文,以就正于方家。本文不是书评,只是我的读书笔记,基础浅薄,草率急就,凡所议论商榷,不敢以为发

---

① 曹玮编著《周原甲骨文》,北京:世界图书出版公司,2002年。

② 李零《中国方术考》(修订本),北京:东方出版社,2001年,251—271页。

明，只求对自己的印象有所校正，也有助于读者的理解。惜周原甲骨，多为碎片，行款排列，难以复原。原书谨慎，除少数可缀合者（凡19片，缀合为9片），全按原始编号排列，释文亦悉遵原样，不标点断句，不括注读法，也不分类考释。这从“报告贵忠实”而言，当然值得称赞。但本文是以通读为目的，标点、括注必不可少，行款顺序也有所分辨，每条卜辞，还在编号后括注分类主题，以区分内容的不同（只能求其大概）。这些都是和原书不太一样的地方。这里应当说明的是，原文行款有“左读”（从左往右读）、“右读”（从右往左读）和“转读”（90度转向读）三种，有些句子间，还有界栏或空行，用以划分不同的卜辞，为说明行款走向和排列分布，我在释文中加了三种符号：| 表示界栏，「表示转行，/表示空行。其中，除“左读”特别加以标注，“转读”可视「号有无，其他都是作“右读”处理，有些并不一定准确。

H11

H11:1（祭祀和商、周关系）〔左读〕

癸子（巳），彝文武帝

乙，□贞：王其加（诏）衩

成唐，鬻（?）

𠬝（服）士女；其彝

血：羊三，豚三，由（思）又（有）正。

按：这是周文王时的卜辞。“彝”，像双手进奉反缚之牲，从殷墟卜辞的辞例看，当与杀牲祭奠有关。“文武帝乙”，即商王帝乙，“帝乙”是死后的称呼，当时的商王是他的儿子，即纣（或作“受”）；“□”，从宀，但内部不太清楚，旧释“宗”，连上读，以为是文武帝乙的宗庙，但此条与下H11:112同例，“贞”上一字是贞人名。“贞”是表示定夺的术语，与“卜”还不尽相同，“卜”是手段，“贞”是内容。“王”，学者分歧，一种以为是商纣王,一种以为是周文王,并引发此为商卜辞还是周卜辞的争论。笔者的看法是,此片与下 H11:82、84、112 同例,皆周文王释其囚禁于商[①],在商占卜商王册封周文王为西伯的记录,情况有如西周铜器的册命金文,被册命者可能是周的同族,也可能不是,但册命者是当时的周王,仪式往往在周王的宗庙举行;卜辞中的“王”,从下 H11:82 看,确为商王,但被册封者是周族的首领,占卜者当是周人,四条卜辞都是周卜辞。“商卜辞”说,盖泥于所谓“神不歆非类,民不祀非族”(《左传》僖公十年),以为周人的卜辞绝不可能记载商王的祭祀活动,其说诚可商榷。因为这类卜辞,重点不在商之祭祀,而在周之受封[②]。“其”,加于卜问待决的事项前,是表示可能发生或将要发生的事,有犹豫的口气。“加祝”,疑是祝告之义,上字从刀从卩,疑同“卲”,这里读为“诏告”之“诏”;下字原释“祭”,但细审乃从示从丮,明显不同于“祭”。“祝”,见于殷墟卜辞和西周铜器(如禽簋),用法与“祝”字相似,学者多以为是“祝”字的异体。“成唐”,即成汤。“鬻”,上字下半从鼎,上半不清,可能是彝铭常见的“鬻”字,即《诗·周颂·我将》“我将我享”的“将”字,一般以为是进奉之义;下字原隶定为从示从午从丮,但释“午”可疑,释“丮”有页字形人头,与一般的“丮”字也有别。“服士女”,是作牺牲的男女俘虏,“士女”原释“□母”。“其彝血”云云,是说用来祭祀的血包括三只公羊和三只小猪的血。“思有正”,是求告神祖,愿有所端正。“由”,原作“”,是表示愿望的卜筮术语,读音、含义皆同于“思”。这个字的正确释读,是由美国学者夏含夷(Edward L. Shaughnessy)先生首先提出,但发表出

① 文王之释,《史记·周本纪》说是因为闳夭之徒“求有莘氏美女,骊戎之文马,有熊九驷,他奇怪物,因殷嬖臣费仲而献之纣”,但上博楚简《容成氏》却说是因为“九邦”叛商,文王提出为商平定“九邦”。参看:马承源主编《上海博物馆藏战国楚竹书》(二),上海:上海古籍出版社,2002 年,285—288 页。

② 况且,古代民族专祭本族神祖,只能说是一般情况,易之征服关系,很多都相反。无论征服民族或被征服民族,都有彼此接受对方文化,改易宗教,甚至合并祭祀的例子,特别是那些具有“大一统”色彩的国家。如波斯王冈比西斯一世征服埃及,马其顿王亚历山大征服波斯,他们都有这类措施(拟于当地之王和续嗣当地的祭统)。我国的存亡继绝、五帝并祀和四海一家也是类似传统(清代的“广修庙”和近代的“五族共和”是其发扬)。周卜辞记商祭祀并非不可能。

来反而比较晚①。这种写法的“思”字也见于楚占卜简(如包山楚简的简246),加心旁和不加心旁完全一样。我曾以此支持他的看法②。另外,《离骚》“恖九天之博大兮”,其首字是楚文字中的“思”,但从囟的写法却并不准确。这个字与《说文》卷九上的“甶”字(“鬼”字所从)写法相同,可按后者隶定,但“思”字所从的“甶”与“鬼”字所从的“甶”在《说文》中完全是两个字,读音和含义都不同。它与《说文》卷十下的“囟”字(“囟门”之“囟”)也毫不相干。过去学者常以这两个字释读此字,是应该加以纠正的。

H11:2(择日)

自三月至

于三月月,唯

五月甶(思)尚(当)。

按:“思”,含义同上。“尚”,有庶几之义,用法或如“倘”,或如“当”,是表示可能性的选择。这条卜辞的意思是,从某年三月至于次年三月,这一年里的十二个月,只有五月是最合适的选择。类似的表达也见于楚占卜简,一般格式是“自××之月(用楚月名)以就××之月(用同样的楚月名)”,称为“尽卒岁”或“集岁”③。

H11:3(渔猎)

王唯田,

衣(卒)王田,

至于帛。

按:“田”,田猎。“衣”,同“卒”④。“帛”,地名。意思是说,王会田猎,一直进行,直到帛才停止。

---

① 夏含夷《试论周原卜辞“甶”字——兼论周代贞卜之性质》,《古文字研究》第17辑,北京:中华书局,1989年,304—308页。此文引及的李学勤说乃作者后补。

② Li Ling,“Formulaic structure of Chu divinatory bamboo slips,” translated by William G. Boltz, *Early China*, No. 15(1990), pp. 71-86.

③ 《中国方术考》(修订本),276—277页。

④ 裘锡圭《释殷墟卜辞中的“卒”和“律”字》,《中原文物》1990年第3期,8—17页。

H11:4(周、楚关系)

□□〔□〕

其散楚。|

乎尞(燎),师

氏舟尞(燎)。

按:此片右缘尚有两字残划,原忽之,今为补出(前面可能还有字)。“散”,不知是否为国名。“楚”,可能即楚国。“燎”,燎祭。此片所述,或与《国语·晋语八》“周成王盟诸侯于岐阳,楚为荆蛮,置茅蕝,设望表,与鲜卑守燎”有关。“师氏”,西周金文常见,为军事长官兼贵族子弟的军事教官。“舟燎”,盖燎于舟。参下 H11:14、83。

H11:5(兆辞)

卧(兆)曰:已。|

卧(兆)曰:其□……

按:“卧”,读“兆”,下为兆辞[①]。“已”,原释“巳”,过去治《说文》者多以为,“巳午”之“巳”与“已然”之“已”初为一字,宋《广韵》始明确分为二字(字形、读音都不一样)[②]。但从古文字材料看,商周时期的“巳”,除偶尔用作“祀”,主要是表示休止之义[③],其实是相当后世的“已”字,而不应读为“巳”(而且用于此处,也不能读为“祀”),因为当时用为干支的“巳”字,一律是用“子”来表示,明显不同。以“巳”为干支之“巳”,可能起于战国,如楚简中的干支就是采用这种写法。当时的“已”字也这样写。故“巳”、“已”不分,只能说是战国以来和宋代以前的特点,早了不

① 参看裘锡圭《释西周甲骨文的“卧”字》,收入张光裕等编《第三届国际中国古文字学研讨会论文集》,香港:香港中文大学中国文化研究所和中国语言及文学系,1997 年,27—37 页。

② 丁福保编《说文解字诂林》,北京:中华书局,1988 年,14239—14247 页。

③ 参看张政烺《殷契舂田解》,收入胡厚宣《甲骨文与殷商史》,上海:上海古籍出版社,1983 年,10—11 页。张先生认为,卜辞的“弜改”与“弜巳”是同一词,是不停、不变的意思。张玉金《甲骨文虚词词典》(北京:中华书局,1994 年)187—188 页也把“巳”与“改”列在一起,译为“应该”、“应当”。这两个字都是古之部字,声母不太接近,它们用于否定词“弜”后,语气虽相近,但按后世理解,前者是“永无休止”,后者是“始终不渝”,“巳(即已)”是“停”,“改”是“变”,两者还不完全一样。

是，晚了也不是。这种用法的“已”字，又见下 H11:76、114、134、141、200，以及 H31:1 和 FQ51。第二条兆辞，似未完，下面可能还有一两个字。

H11:6（兆辞）

卧（兆）曰：竝，由（思）克事。

按：这也是兆辞。兆辞是“竝”。“思”，表示愿望。“克事”，见《左传》昭公二十四年，是胜任其事的意思。

H11:7（筮占）

八七八七八五。

按：这是六爻卦画。类似卜辞，又见下 H11:81、85、90、91、177 和 FQ6。此皆卜筮并用之证明。

H11:8（商、周关系）

□埾（听）事，⌈

乎（呼）宅商西。

按：“听事”，听命行事，指臣事于商。上字原不释，像立人有耳，实与立人加耳又加口的“圣”（繁体作“聖”）字为同一字，这里读为“听”。“呼宅商西”，是说召命其定居于商的西土。我们怀疑，此片也与商王册命周方伯有关。商周册命不一定都是初命新遣，有些只是对既定权力的确认和批准。

H11:9

大出于□……

按：末字残，似是“川”字。

H11:10

贞。

按：右边和下方围以界栏。

H11:11（土田）

……子，王其更毕父陧（疆），⌈

由（思）亡咎。

按：“父”下一字，原摹而不释，此字左从阜（释文遗竖划），右从畺，应读“疆”,指田界①。“亡”字可辩,“咎”字尚存右划,原不释,今据文例释为“亡咎”。

H11:12(工程)

其又(有)大乍(作),其……

按:左边有界栏。“大作”,见《易·益》和《逸周书·祭公》(《礼记·缁衣》引之)等书,或指“兴作大事”(《易·益》孔颖达疏),或指“耕播耒耨之利”(《易·益》虞翻注),或称营建城邑为“经营大作”(《书·召诰》孔颖达疏),这里似指最后一义,即相当后世占卜事项中的“修造动土”。下 H11:59 也有这个词,似指水利建设。

H11:13

匕贞:既魄。

按:“匕”,贞人名。“魄”,见于殷墟卜辞,辞例作“~日”②,含义待考。

H11:14(周、楚关系)

楚白(伯)乞(迄)今蘱(秋)

来,卮(定)于

王其则。

按:“楚伯”,不知是否即下 H11:83 的“楚子”。“迄”,迄至。“卮”,原释“即”,但细审实与下 FQ2 释为“卪”的字相同。这个字,过去多以为是“御”字的异体,现在应重新考虑。因为此字,殷墟卜辞有两种用法,一种作“兹~”,表示结果的肯定;一种指“夕”以后的时段。西周金文也有这两种用法,如穆公簋“王夕飨醴于大室,穆公侑。~,王呼宰利赐穆公贝廿朋”,是表示“夕”以后的时段;而𠑇匜“今汝亦既有~誓”和“亦既~乃誓”,则是表示誓言的定立。黄天树先生说,殷墟卜辞和穆公簋中作时称用的这个字应相当后世时称中的“人定”,表示入寝就息的时段,字形本身应释“卮”,而以音近读为“定”③。最近发表的㚸公盨也有这个

① “疆”字或从自从彊,如南疆钲,见容庚《金文编》,北京:中华书局,1985 年,898 页。

② 参看《甲骨文字诂林》,第三册,北京:中华书局,1996 年,1878 页:1916;1888 页:1927。

③ 黄天树《殷墟甲骨文所见夜间时称考》,收入《新古典新义》,台北:学生书局,2001 年,73—94 页。

字,李学勤先生和朱凤瀚先生都是采用旧释[①],裘锡圭先生则把他过去释为“厄”的这个字改释为“孚”[②],其主要依据是,上博楚简《缁衣》与今本《缁衣》“孚”相当的字,字形与此相近。但他所举上博楚简中的那个字,左半弯曲如“乙”字,和这个字并不一定是同一字。况且,即便读“孚”,纳入上述辞例,也无法讲通,所以我采用黄天树先生的考释[③]。这里的“厄”,从下FQ2的例子看,似与居宫室有关,应是止息之义,并且后面接有“于”和用以表示所定状态或所定地点的词[④]。“则”,徐锡台先生指出,它很可能是《周礼·春官·大宗伯》“五命赐则”的“则”,即郑玄注所谓的“未成国”之地(注引刘歆说谓是“方五十里”的“子男”之地)[⑤]。“王其则”,可能是说王将要赐给他的畿内采邑。此片或与周王封楚有关。

H11:15(职官)

大保「

今二月往□……

按:大保,召公奭或其后代世居此官。此名又见下H11:50。

H11:16

今用。

H11:17

……族其于□

按:参下H11:37、116+175、278,上面的缺文也可能是“宬弔”二字。

H11:18

□云(?)

---

① 李学勤《论豳公盨及其意义》,朱凤瀚《豳公盨铭文初释》,收入保利艺术博物馆编《豳公盨》,北京:线装书局,2002年,23—34、55—64页。

② 裘锡圭《豳公盨铭文考释》,同注1引书,35—54页。

③ 李零《论豳公盨发现的意义》,同注1引书,65—81页。

④ 现在看来,豳公盨的“永定于宁”和FQ2的“思定于休命”和“思定于永终”是类似句式。注3引拙作说“‘于’在文中相当‘与’”,现在看来并不正确。

⑤ 徐锡台《周原卜辞十篇选释及断代》,《古文字研究》第10辑,北京:中华书局,1981年,401—412页。

出自龟。

按："云"（原文如此，不是"雲"），原不释。

H11:19（动物）

貘。

按：同"貘"，字亦见于商代铜器，同样从犬[1]。有些学者说，中国古代的"貘"，据《尔雅》、《尔雅翼》等书，应即今陕南和四川等地保留的大熊猫，而非今马来貘（T. indicus）[2]。这个字的发现，对动物学家很有意义。

H11:20（祭祀）

由（思）亡眚。/

祠自

蒿（郊）于

㞷。

按："亡眚"，没有灾祸。"祠"，古书以春祭为"祠"。"蒿"，读"郊"[3]，指郊祀，《左传》桓公五年"凡祀，启蛰而郊"，正在春季。"㞷"，是行郊礼的地点。

H11:21

曰：吝，由（思）

克事。

按："曰"，可能是"兆曰"之省。

H11:22（职官）

虫白（伯）。

按："虫"（原文如此，不是"蟲"），原释"蟲"，盖电脑繁化致误。此字单用（不是作偏旁），读音不同于"蟲"（《说文》卷十三上的此字是读如"虺"），故不能当作"崇国"的"崇"。"崇"与"丰"也无关。上博

① 《金文编》，687页：1639。

② 郭郛等《中国动物学史》，北京：科学出版社，1999年，31、102、115、523页。

③ 参看李学勤《释郊》，《文史》36辑，北京：中华书局，1992年，7—10页。

楚简《容成氏》记文王平定九邦,其中的“宗”才是“崇”,“丰”是另外一个国家①。

H11:23

于尚梳

H11:24

乍(作)天大……

按:左边有刻划符号(类似“大”字)。

H11:25(动物)

曰:㹤。

按:原释的字形是从丸从異。

H11:26

既吉。

H11:27

于伴、洛。

按:“于”后可能都是水名。第二字,似从水从步或从人从步。《说文》卷八上人部“伊”字,古文从人从死。上博楚简《容成氏》简26“伊、洛、瀍、涧”的“伊”字也是从水从死②。这个字也可能是“伊”字。“洛”,指洛水。此片或与治水有关。

H11:28(祭祀)

一戠(特),由(思)亡咎。

按:左上有界栏和残划。“戠”,原释的字形是从辛从戈,其实是“戠”字。此字在殷墟卜辞中多用为表示牛牲的“特”字。

H11:29

□

按:右下有界栏。下字,不识,或即“龙”字。此字又见下H11:89、

---

① 《上海博物馆藏战国楚竹书》(二),287页。

② 《上海博物馆藏战国楚竹书》(二),270页。

138+160。

H11:30(祭祀)

〔尞(燎)〕于

□,其……/

尞(燎)于河,……

按:“河”,原不释。

H11:31(周、密关系)

于宓(密)。(正)

周。(背)

按:“密”,密须,又见下 H11:136。“周”,刻于甲背,同样的例子还有下 H11:104。

H11:32

□,由(思)克

事。

按:首字,有点像是“门”字。此片与上 H11:6 格式相同,前面可能还有“兆曰”二字。

H11:33

于

H11:34

守

H11:35

□:岁

乘,由(思)

亡咎。

按:首字,似是“曰”字。

H11:36

[illegible]曰:其……(正)

四(?)(背)

按:背面的字,作四横划,原不释,疑是“四”字。

H11:37

□用……

宬弔(叔)〔族〕……|

□□(正)

兹□(背)

按:“宬叔”,又见下 H11:116+175、278。“兹”,犹言“此”,为指示代词。

H11:38

王卜。

H11:39

隹(唯)二〔月〕……

H11:40

隹(唯)四〔月〕……

H11:41(动物)

骈骕

按:二字皆从马,上字,右半与“㐬”字相近,但下半有所不同,现在隶定如“流”字所从,可能是笔误;下字,右半隶定如“束”者,其实是“剌”(金文多用为“烈”)字所从,和“束缚”的“束”不是一个字。

H11:42(祭祀)

□

□邑,乃[illegible]用牲

按:第二行,首字似是“利”字,第四字,从爪从爿从又,与《金文编》1294 页:740 所从相同。

H11:43(兆辞)

卧(兆)

H11:44

童隹

按:下字,原不释。

H11:45(职官)

毕公

按:毕(原作“畢”,下同)公高或其后代世居此官者。

H11:46(地名)

上阴

按:下字,原不释。

H11:47(兵戎)

大徦(还),由(思)

不大追。

按:“大还”,归也,故曰“思不大追”。

H11:48(渔猎)

迺渔,

既吉,

兹□。/

王其□……

按:第一行第一字,原不释,第二字,有表示水旁的一划,原释“鱼”。

H11:49

唯。

H11:50(职官)

大保。

按:右边有界栏。此名又见上 H11:15。

H11:51+107(登人?)

□人其二千,兹□/

□豊

按:此片行款比较特殊,一行在右,从上到下竖书;一行在左,从上到下横书。其两行各为一段,并非转行连读。右边一行,“人”原释“尸”,“二千”原释“于”。左边一行,上面一字,仅存下半,难以辨识;下面一字,原释“豊”。此片或与“登人”有关。

H11:52

……周,乎(呼)□卜,曰:……

按:首字,原不释。第三字,原隶定为从宀从玉从又从贝,从宀从玉不误,但从又从贝仍有疑问("又"似"父";"贝"当龟版接缝,似乎并不存在)。

H11:53

隹(唯)□

H11:54

浊,既吉□

按:原仅附摹本,不释字。"浊",原文如此,不是"濁"字。

H11:55

隹(唯)十月既死〔霸〕,……甶(思)

亡咎。

H11:56

且夜

按:首字,原不释。

H11:57+155+163

㲃(?)中

按:上字,左从粤,右似从兄,原释"甹"。参下 H11:98。

H11:58

□

H11:59+118(工程)

大乍(作),其于九鸆。

按:据前言 11 页,此片是由 H11:59 和 H11:118 缀合而成,但这里只注 H11:59,是一疏忽。"大作",见上 H11:12。"九鸆",是指"大作"的地点。下字,从聿从鹰,疑读为"津",原不释。郭店楚简《穷达以时》简 4 "津"作"潚"①。"九津",似与河道有关。

① 参看张守中等《郭店楚简文字编》,北京:文物出版社,2000 年,159 页。

H11:60

……□其

……/

……〔思〕亡咎。

按:“亡”字仍有残划,不用补字。

H11:61

□王

身。

H11:62

(无字)

H11:63

(界栏加三角形符号)

按:原作“□”,其实是符号。下 H11:106、169、281 也有这类符号。

H11:64(农业)

……亡(?)年

按:上字,原释“亡”,似有可疑。

H11:65

弗用兹卜。

按:“弗”字可见,不用补字。

H11:66

帣

按:原不释。

H11:67

□□

H11:68(周、蜀关系)

……伐蜀。/

……兹。

H11:69

㪤

其任□

入□

按:首字,左半不清。“任”,所释仍有疑问。

H11:70

罙白□其

按:“白□”,原作一字,释为“昜”。

H11:71

□□(正)

其(背)

按:正面文字不清,右边有一三角形符号。背面似是两字(从下往上读),“其”下还有一字,似是“又”字。

H11:72(地名)

王周

按:“周”,原不释。

H11:73

㒸。

按:此字又见下 H11:126、127、187。

H11:74

庶

按:下 H11:153 有“庶蛮”。

H11:75+126

今萅(春),王其□

按:据前言中讲,此片是由 H11:75 和 H11:126 缀合而成,但这里只注 H11:75,是一疏忽。此行左边有曲尺形界栏,首末两字在上下栏线外,“萅”字的右边似有字迹。

H11:76(兆辞)

卟(兆)曰:已。

按：首字尚存下半，不用补字。

H11：77

由（思）亡咎。

H11：78（祭祀）

七牢

按："七"字，原不释。参下 H11：99、119、133。

H11：79

（无字）

H11：80

王其往□

山𩰫

按：末字，原只摹写，似不够准确。

H11：81（筮占）

七六六七六六。

H11：82（祭祀和商、周关系）〔左读〕

〔□□，彝〕才（在）文武

〔丁，□贞〕：王其加（诏）帝

〔□〕天，用（？）典曹（册）

周方白（伯）〔□□〕，由（思）

正亡ナ（左），〔□□□

□，□〕王受又（有）又（祐）。

按：据行款和文义补字。此片与上 H11：1 和下 H11：84、112 格式相似。第一行，前两字应是干支。"才"，原不释。第二行，缺文估计只有三字，首字接上文"文武"，可能是"丁"字；"丁"下是贞人名和"贞"字，情况同于下 H11：112"彝文武丁，必贞"；"王"是"用典册周方伯"的主语，显然不同于后面的"周方伯"，可以证明这类卜辞中的"王"都是商王。第三行，首字疑是"𥛚"字，第三字有残划，似是"用"字；"典"指典册；"册"，原加口在下，下同。这种写法的"册"字，殷墟卜辞多见，学者以为是杀牲之义，但古之祭告往往要杀牲血祭，将祷求誓告之辞书之于册，与牲同埋，后世也是如此。我认为，“册”字本身还不是指杀牲，而是指加在所埋之牲身上的“书”和用这种“书”来册告，这里的“册”肯定是指册封（告于神而封之），而绝不可能是以周文王为祭牲[①]。第四行，“周方伯”，即古书所说的“西伯”（见《书·西伯戡黎》、《孟子》的《离娄上》《尽心上》等篇），也就是后来的周文王，缺文也可能作“于西”；末字连第五行读。第五行，“思正亡左”，“思正”即上“思有正”，“正”、“左”相反，“左”是不正，“正”是“不左”（参看《汉书·杜周传》“是背经术惑左道也”，颜师古注：“左道，不正之道也。”），下文残缺。第六行，缺文第二字，据下 H11:84，可能是“于”字。

H11:83（周、楚关系）

曰:今𦼰（秋），

楚子来，告

父後此。

按:“楚子”，是周王对楚国国君的称呼。《史记·楚世家》说周成王始“封熊绎于楚蛮，封以子男之田”。“告父”，人名。末字，原不释。这两句不应读为“楚子来告，父後此”。

H11:84（祭祀和商、周关系）〔左读〕

贞:王其求又（祐）

大甲，𠕋（册）周方

白（伯）□。由（思）正

不𠂇（左），于受又（有）又（祐）。

按:这条卜辞是讲商王求祐于其祖先大甲，册封周方伯。“求”，原释“桒”，学者或释“祷”[②]，现在从郭店楚简的发现看，我更倾向于早期甲

① 《礼记·曲礼》“约信为誓，莅牲曰盟”，疏:“盟之为法，先凿地为方坎，杀牲于坎上。”《左传》也提到“坎血加书”（僖公二十五年）、“坎，用牲埋书”（昭公六年）、“坎，用牲加书”（昭公十三年）。

② 冀小军《说甲骨文中表示祈求义的桒字——兼谈桒字在金文车饰名称中的用法》，《湖北大学学报》1991 年第 1 期，35—44 页；陈剑《据郭店简释读金文一例》，收入安平秋等编《北京大学中国古文献研究中心集刊》2，北京:北京燕山出版社，2001 年，378—396 页。

骨学家的旧释，即读为“求”（专表祈求义的“求”，与来源于裘皮义的“求”写法不一样）[①]。此字又见下 H11：112、174，也应这样读。“周方伯”下面一字，暂时难以隶定，疑即周文王名，相当典籍中的“昌”字。“思正不左”，略同上 H11：82“思正亡左”。“于受有祐”，参上 H11：82“〔□〕王受有祐”，“于”下疑脱“王”字或省“王”字。

H11：85（筮占）

七六六七一八。曰：其

六既鱼（渔）。

按：“六”，原不释。参上 H11：48。

H11：86（地名）

毕

H11：87

其舟彳

鼒于

按：第二字，从舟从彳，“彳”，为殷墟卜辞所习见[②]。

H11：88

白

H11：89

弓

按：参上 H11：29 和下 138+160。

H11：90（筮占）

六六七。

H11：91（筮占）

六六七七五〔□〕。

按：此行的右边还有一斜划。

---

① 李零《郭店楚简校读记》，北京：北京大学出版社，2002 年，76—77 页。

② 参看《甲骨文字诂林》，第四册，3398—3400 页：3335。

H11:92

龙

乎(呼)视

□

按:“视”,原释“见”。末字,似是“芑”字。参下 H11:154。

H11:93

贵

按:此片倒置,似从止从贝,原不释。

H11:94

甗子

H11:95

毌。

按:可能是兆辞,原释“母”。参下 H31:4。

H11:96

□告于天,由(思)亡咎。

按:或说此片应与下 H11:133 缀合,接于其后①。

H11:97(周、蜀关系)

蜀

克

按:“克”字在,不用补字。

H11:98

女公用

塱。

按:末字,原不释,疑与上 H11:57+155+163 的首字相同。

H11:99(祭祀)

二牢

① 陕西周原考古队等《岐山凤雏村两次发现周初甲骨文》,《考古与文物》1982 年第 3 期,10—22 页。

按:“二”,原不释。参上 H11:78 和下 H11:119、133。

H11:100

其从王□

H11:101(地名)

新邑

按:“新”,似有可疑。

H11:102(工程)

视工(功)于洛。

按:“视工”,原释“见工”。这个词也见于应侯钟和应侯簋,为应侯私名①,但这里的“视工”不一定是人名,而很可能读为“视功”,即对工程进度的视察②,应侯钟和应侯簋的“视工”反而可能是取义于此。“洛”,可能指“洛水”。参上 H11:27,又上 H11:12、59。

H11:103

□其甾

按:“甾”,原不释。

H11:104(地名)

周

H11:105(音乐)

乇磬。

按:下字,原不释。

H11:106

市(?)

(下面有界栏和三角形符号)

---

① 韧松、樊维岳《记陕西蓝田县新出的应侯钟》,《文物》1975 年第 10 期,68—69 页;韧松《〈记陕西蓝田县新出的应侯钟〉一文补正》,《文物》1977 年第 8 期,27—28 页;朱凤瀚《应侯见工簋》、《应侯见工钟》,收入保利艺术博物馆编《保利藏金》(续),广州:岭南美术出版社,2001 年,122—127、156—159 页。

② 《书·洛诰》“汝受命笃弼,丕视功载,乃汝其悉自教工”,可能就是讲“视功”之事。“教”,《尚书大传》作“学”,以为“效也”,疑亦读为《礼记·月令》之“效功”。

按:“市”,写法与兮甲盘的“市”字相近,但又不完全一样,所释尚有疑问。它的下面不是文字,而是界栏加三角形符号,情况与上 H11:63 和下 H11:169、281 同,原释“峀”。

H11:108(署辞)

自不指

按:同下 H11:131、135、188。这几条,李学勤先生指出,其文例同于殷墟卜辞的所谓“署辞”,“不指”,见于不指方鼎,是人名①。H11:172 作“自指”,“指”可能是“不指”的省称。

H11:109

□

按:此字可能是“女”字,也可能是“卮”字。参上 H11:14 和下 FQ2。

H11:110(周、巢关系)

征巢

H11:111+161

□……

其吾五□

按:“五”下仍有残划,原止于“五”,下不释。

H11:112(祭祀和商、周关系)〔左读〕

彝文武丁,必

贞:王翌日乙酉,

其求再(称),

〔□〕文武丁豊

〔□□〕□卯

〔□□□〕𠂇(左)王。

按:据行款和文义补字。第一行,“文武丁”,商王文丁;“必”,贞人

① 王宇信《西周甲骨探论》,北京:中国社会科学出版社,1984 年,李学勤序。不指方鼎,见周文《新出土的几件西周铜器》,《文物》1972 年第 7 期,9—12 页。

名，原不释。第三行，“求”，参上 H11:84；“称”，卫盉有“称旂”，应是类似仪式。此字像旗帜，旧释“中”，原书从之，但此字与通常的“中”有所不同，中间没有圆圈。第四行，“武丁”上面的字已残，从残存笔划和文义看，应是“文”字，原缺而不释。第五行，“卯”上一字，似与“乙”、“丁”、“己”、“辛”、“癸”五字均不合，疑非天干用字。第六行，最后四字，也可能是“思亡左王”，即但愿不会与王意相左。

H11:113（渔猎）

辛未，王

其逐虘（虎）兕，

〔由（思）〕亡眚。

按：此是田猎卜辞。

H11:114

弜已。其

罠艮（服），由（思）

正。

按：“弜已”，“弜”是否定之辞，表示不要[1]；“已”，表示停止，原释“巳”。参下 H11:134、141。第二行首字，上从网，下从丸，原释“㒸”。“思正”，见上 H11:82、84 和下 H11:130，后面或接“亡左”，或接“不左”，但这里只有“思正”。

H11:115（商、周关系）

□商其舍□

按：参上 H11:8，或与商王册命周方伯有关。

H11:116+1759

宬弔（叔）族

按：参上 H11:37 和下 H11:278。

H11:117（祭祀）

---

① 裘锡圭《说“弜”》，收入所著《古文字论集》，北京：中华书局，1992 年，117—121 页。

祠自蒿(郊)

于周。

按:参上 H11:20。

H11:119(祭祀)

□,其三牢。

按:首字,右半从欠。参上 H11:78、99 和下 H11:133。

H11:120+137

□

□□

H11:121

□

按:疑是刻划符号。

H11:122

帝

H11:123

其丽

按:“丽”,原作“麗”。

H11:124(车马)

……车

……乘。

按:“车”,原不释。

H11:125(祭祀)

□五百牛。

按:左边似有界栏。

H11:127

乙卯,豚。

按:末字,同上 H11:73 和下 H11:187。

H11:128

己酉，㕘。

按：末字，同上 H11：73、127 和下 H11：187。

H11：129

□□其

按：前两字，似是“癸亥”或“□万”，第二字的右边似乎还有一字。

H11：130（祭祀和商、周关系）〔左读〕

〔□□□□〕。由（思）正

〔□□，□□〕受又（有）又（祐）。

按：参上 H11：82、84、114。此片是同类卜辞的结尾部分。

H11：131（署辞）

自不指。

按：同上 H11：108 和下 H11：135、188。

H11：132

王畲（饮）㬎□

按：“㬎□”，上字为殷墟卜辞常见，用法与“登”相似[①]。这两个字，原作一字，释为“秦”。

H11：133（祭祀）

三牢。「

丁卯，王才（在）□

按：此片若与上 H11：96 缀合，可读为“三牢。丁卯，王在□，告于天，由（思）亡咎”（H11：133 的末字与 H11：96 的首字应合为一字）。参上 H11：78、99 和下 H11：199。

H11：134

王□……/

弜已。

按：参上 H11：114 和下 H11：141。

① 参看《甲骨文字诂林》，第二册，953—956 页：1030。

H11:135(署辞)

自不楷。

按:同上 H11:108、131 和下 H11:188。

H11:136(周、密关系)

今☐,王由(思)

☐往宓(密)。

按:“今”下似是“菅”字。“密”,密须,见上 H11:31。

H11:138+160

以

按:参上 H11:29、89。

H11:139

己

H11:140

(无字)

H11:141

弜已。

按:参上 H11:114、134。

H11:142

☐

按:似是界栏。

H11:143

(无字)

H11:144(干支)

甲申

按:原不释。

H11:145

☐

按:似是界栏。

H11:146

（无字）

H11:147

□

按:似是“桑”字。

H11:148

（无字）

H11:149

（刻划符号）

按:作两斜划交叉,同下 H11:275。

H11:150

（无字）

H11:151

□□

按:上字,与“乏”相似。“乏”字的上面一笔是斜划,与“正”不同①。下字,不识。也可能原文是刻划符号,并非文字。

H11:152

辛

H11:153

庶䜌（蛮）

H11:154

乎（呼）视

按:“视”,原释“见”。参上 H11:92。

H11:156

（无字）

H11:157

① 参看《金文编》,90 页:0199。

□

H11:158

□

按:也可能是"五"字。

H11:159

自

H11:162

□

H11:164

□若□

H11:165

(无字)

H11:166

(刻划符号)

H11:167

王贞

H11:168+268(兵戎)〔左读〕

叀二胄。

按:"叀",同"惠",与"唯"略同,具有强调、必要和肯定的语气①。参下 H11:174、237。此片只有一行,但却属于"左读"类的卜辞。

H11:169

(界栏加三角形符号)

按:原作"□",其实是界栏加三角形符号。同样的例子还有上 H11:63、106 和下 H11:281。这些例子,或作"□",或作"刻划符号",应当统一起来。

H11:170

① 参看《甲骨文虚词词典》,92—116 页。

庚子，

遂（逐）其四……

按："庚"前"四"后，原书多一字，原片无。

H11：171

□

按：此字上半为"亯"，也可能是"亳"字。

H11：172（署辞）

自揩

按：参上 H11：108、131、135 和下 H11：188。

H11：173

（刻划符号）

H11：174（兵戎）〔左读〕

贞：王其□用

胄，叀二十□

胄，乎（呼）求□，

由（思）不女王

□。

按："其"和"叀"在殷墟卜辞中经常配合使用，"其"是提出问题，用以引出选择范围；"叀"是给出答案，用以引出选择结果①。这里也是采用类似句式。"胄"，头盔，参上 H11：168+268 和下 H11：237。"二十"，原释"亍"。"求"，参上 H11：84。"女"，看不太清。

H11：176

□

H11：177（筮占）

七六六六七六。

H11：178

① 参看《甲骨文字诂林》，第四册，2979—3001 页：2953。

□

H11:179

□

H11:180

(无字)

H11:181

H11:182

(无字)

H11:183

□

H11:184

(无字)

H11:185

(无字)

H11:186

□□

H11:187

乙丑,flag。

按:末字,同上 H11:73、127、128。

H11:188(署辞)

自不楷。

按:同上 H11:108、131、135。

H11:189(兆辞)

曰吉/

其五□

正□□

按:“五”下有字,“正”下似是“王受”。

H11:190

(界栏)

按:原作"刻划符号"。

H11:191

(无字)

H11:192

(无字)

H11:193

□□

H11:194

(刻划符号)

H11:195

□

H11:196

□

按:疑是"尤"字,原仅附摹本,不释字。

H11:197

(刻划符号)

H11:198

□

H11:199

(刻划符号)

按:疑是界栏。

H11:200

已,其

□

按:"已",原释"巳"。

H11:201

（无字）

H11:202

睿

按:原作“□□”。

H11:203

（无字）

H11:204

（无字）

H11:205

□

H11:206

（无字）

H11:207

（无字）

H11:208

（无字）

H11:209

□

H11:210(祭祀)

王……

其五牛。

按:参上 H11:125。

H11:211

（无字）

H11:212

（无字）

H11:213

□/

癸

按:原仅附摹本,不释字。

H11:214

(刻划符号)

H11:215

(无字)

H11:216

(刻划符号)

H11:217

□

H11:218

(无字)

H11:219

(无字)

H11:220

(无字)

H11:221

(无字)

H11:222

用隹(唯)告

H11:223

(无字)

H11:224

(无字)

H11:225

(无字)

H11:226

□

按:原仅附摹本,不释字。

H11:227

(无字)

H11:228

(无字)

H11:229

□

H11:230

□

H11:231

(无字)

H11:232(周、胡关系)

其于伐[

㝬(胡)侯

按:“侯”字可辨,不用补字。

H11:233

(无字)

H11:234

(无字)

H11:235

(无字)

H11:236

(刻划符号)

H11:237(兵戎)〔左读〕

叀三胄。

今

按:参上 H11:168+268、174。

H11:238

（无字）

H11:239

（无字）

H11:240

（无字）

H11:241

人

按:原不释。

H11:242

按:原来的摹写不够准确。

H11:243

□

H11:244

自

H11:245

自

按:原不释。

H11:246

王用

按:“用”,原不释。

H11:247

（无字）

H11:248

□由□

按:左边有界栏。第二字似非“由”字,末字似是“不”字。

H11:249

（刻划符号）

按:似是界栏。

H11:250

(无字)

H11:251

(刻划符号)

按:似是“方”字。

H11:252

(刻划符号)

按:似是界栏。

H11:253

(无字)

H11:254

(无字)

H11:255

(无字)

H11:256

Ⲁ

H11:257

□

按:似是“大”或“人”字。

H11:258

(无字)

H11:259

□友

H11:260

(无字)

H11:261

□王□

H11:262

（无字）

H11:263

（无字）

H11:264（筮占）

□

按:似是卦画“八一八”或“公”字。

H11:265

（无字）

H11:266

（无字）

H11:267

（无字）

H11:269

□

按:原仅附摹本,不释字。

H11:270

□

H11:271

（无字）

H11:272

（无字）

H11:273

□□

按:上字似从彳旁。

H11:274

（无字）

H11:275

（刻划符号）

按：同上 H11：149。

H11：276

□

H11：277

□隹

按：上字，似是“卜”字。

H11：278（职官）

宬弔（叔）

按：看不清。参看 H11：37、116+175。

H11：279

□

按：原仅附摹本，不释字，似为“万”、“亥”或“一人”。

H11：280

□□

H11：281

（界栏加三角形符号）

按：同上 H11：63、106、169。

H11：282

□

按：左侧横书，似是“巳”字，右侧横书，似是“五”字。

H11：283

（无字）

H31

H31：1

已唯。

H31:2(周、繇关系)

唯衣繇(?)

子来降,

其执罘

氒吏。/

才(在)尔卜,

曰:南宫辟(?)

其乍(作)。

按:原仅附摹本,不释字。“”,从㫃。“南宫辟(?)”,人名。

H31:3

㱿,其五十人

往,由(思)亡咎。/

八月辛卯卜,

曰:其瘖取。

按:“㱿”,读法待考。此字见于殷墟卜辞,多用于讲灾眚,学者或读为“摧”①。“取”,原释“攺”。

H31:4

乃则□

隊戋。由(思)亡咎。/

用

即弗克□□。/

卧(兆)曰:毋。

按:第四行第五字似是“安”字。第五行的“毋”字是表示否定的词,原释“母”。

H31:5

① 参看《甲骨文字诂林》,第二册,1672—1676页;1732。

□□𩫖(城)

H31:6

□

H31:7

(无字)

H31:8

(刻划符号)

H31:9

(刻划符号)

H31:10

(无字)

FQ

FQ1(渔猎)

王以我枚单

兕勿卜。

FQ2(宫室)

保贞宫,/

吉。

由(思)卮(定)于休令(命),/(左边)

由(思)卮(定)于永冬(终)。/

用由趙(逋)妾,/

此由亦此亡。/(右)

按:这是周原甲骨中唯一保持完整的龟版,对研究西周卜辞的排列形式很重要。其六条卜辞皆自外向内横书,集于"千里路"。原书以右边三组为上,左边三组为下,我的理解正好相反,是先读左边的四、五、六条,再读右边的一、二、三条。上第一条(原来的第四条),“保”是贞人名,“贞”后的“宫”是卜问事项,即所居宫室。第二条(原来的第五条),“吉”是兆辞。第三、四条(原来的第六条和第一条)都有表示愿望的“思”字和表示止息的“卮”字,一是希望卮于“休命”(古书和金文习见,是善命之义),二是希望卮于“永终”(古书和金文习见,是长久之义),表示健康、长寿一类的含义。这里的“卮”,同上 H11:14,上文已说,应当读为“定”。“令”,原不释,此字左边的斜道不是笔划,所从卩像侧视跪坐的人形,背部弯曲处只有细线连接,足部不太明显,但仔细观察,还是“令”字。第五、六条(原来的第二、三条),“用”,可表示原因或条件假设,这里相当于“如果”。两“由”字,原释“吉”,但当时的“吉”字,写法与此不同。这里是一种警告,即不要使用逃亡的女奴,如果依靠她们,随时都会逃亡。

FQ3(饮食)

今又(有)酉(酒)□,□食叟危(?),延(诞)隹(唯)华卤,食□又(有)酉(酒)。曰:既丧□,乃□。

按:此作一行刻。“叟”、“卤”,原不释。“延”,相当于古书中的“诞”,是表示时间延续的助词,略相当于“乃”或“则”①。“丧”下一字,左半从豕,右半不清。

FQ4(车马)

曰:其衣车马由(思)。

FQ5

曰:巳。/

曰:巳。/

□□□□。/

大骊。

按:“骊”,原作“驪”。

FQ6(筮占)

① 参看《甲骨文虚词词典》,242—246 页。

一六一六六八。(正面)

六八一一一八,八八六六六六,一八六八五五,六八一一一一。(背左)

六九八一八六,九一一一六五。(背右)

按:这是周原甲骨中唯一保持完整的胛骨,对研究西周卜辞的排列形式很重要。其正面一卦,原释"□一六六六八"。背面右边第一卦,原释"六八八一八六",但第二字实同下面一卦的"九"字①。

FQ7

王其罘(?)

按:末字,字形尚有疑问。

上述甲骨,史料价值最高,是涉及商、周关系的 H11:1、8、82、84、112、115、130 七片。它们都属于"左读"的卜辞("左读"的卜辞还有 H11:168+268、174、237)。这七片甲骨,涉及商纣封西伯,至关重要。因为,据上博楚简《容成氏》,我们才终于知道,周之所以能以"小邦周"克"大邑商",不仅在于它有庸、蜀、羌、髳、微、卢、彭、濮八国之助,即得到今陕西宝鸡地区以南和以西,还有今四川地区的后援,在于它有一个巩固的后方,还在于文王借平定九邦之叛为脱身之计,取得商纣的册封和信任,打着商"西伯"的旗号,合法东进,把他们的势力扩展到商的腹心之地。简文说,这九个国家是丰、镐、舟、石、于、鹿、耆、崇、密须。它们除密须在周北(与今甘肃和陕北地区的戎狄部族有密切关系),丰、镐在周东(占据着关中平原的核心地区),其他多分布于今晋南、豫西(即夏文化的中心地区),甚至还可能包括与商王畿邻近的今河北南部一带。周人得其地,乃成合围之势。古书讲文、武图商,都强调"文王拘羑里",但前因后果,很多环节都不清楚。上述七片甲骨透露的恰好就是这一环节。今取与上博楚简对证,相互都有补充,令

① 这两个"九"字,其中第一字,简报的摹本不够准确,有点像"八"字。这曾使我怀疑,张政烺先生把它释为"九"(见所作《试释周初青铜器铭文中的易卦》,《考古学报》1980 年第 4 期,403—415 页)也许不对,但现在从照片看,他的释读完全正确(他可能目验过原件)。我在《中国方术考》(修订本)257 页根据曹玮先生提供的照片已经纠正过这一错误,但现在发表出来,仍然是释为"八"。

人豁然开朗。文王被囚，对周来说，本是坏事，但实际上却起了侦伺敌情和因势利导的作用①。文王是通过平定九邦才受封西伯，蚕食鲸吞，陷商朝于孤立，不然就不会有牧野之战的商纣兵败如山倒。这是我最感兴趣的地方。其次重要，可能要算讲周与其他小国关系（如周、楚关系，周、密关系和周、蜀关系）的几片。其他各片，虽然也有重要信息，但残碎太甚，无法深入讨论。老实说，仅以现存发现来讨论西周占卜，还很不成熟。我们希望今后会有更多的发现，为我们揭开西周甲骨的真实面目。

2003 年 2 月 4 日写于北京蓝旗营寓所

原载《古代文明》第 3 卷，北京：文物出版社，2004 年 12 月，220—256 页。

① 古书讲文、武图商，有所谓“吕望三就文王三入殷”的间谍故事，参看李零《〈孙子〉古本研究》，北京：北京大学出版社，1995 年，321—322 页。文王故事与勾践卧薪尝胆非常相似，故司马迁尝以“勾践困会稽”比之“文王囚羑里”（《史记 · 越王勾践世家》）。

读周原新获甲骨

(一)一号卜甲(背甲,较小的一块)

(1)第一条命辞(两行,字的笔画较细):

五月𫹬(哉)死霸壬午,衍奴(祭)□𦈡。吏(使)占者　　1

〔□〕来,卑至,王由(思)克逌于𢦏。　　2

【注】

“五月𫹬(哉)死霸壬午”,是记卜问的时间。第一字,只有下半,疑是“五”字。第三字,写法比较怪,与常见的“既”字很不一样,左半上面是一竖,中间是五和类似口或反止的笔画,下面是类似夕的笔画,右半从丮不从欠。这里疑是“𩜁”字的异体(从才从食从丮),相当于表示初始之义的“哉”字。西周金文的月相有“初吉”、“既生霸”、“既望”和“既死霸”,古书还有“哉生魄”(《尚书》的《康诰》和《顾命》,《汉书·律历志下》引作“哉生霸”。《武成》还有“哉生明”)、“旁生魄”(《逸周书·世俘》)和“旁死魄”(《武成》)。旧说“哉”是始义,“旁”是近义,“既”是毕义,应是表示月亮由明而晦的若干阶段。从道理上讲,有“哉生魄”,就有“哉死魄”。但“哉死魄”,古书未见,如我的推测不误,这里出现的“哉死魄”当属首次发现。“壬午”,“壬”字中间的肥笔是用双钩法表示的。

“衍奴□𦈡”,第一字,与“永”字相像,但其实不同,应该分析为从彳从侃省,字通于“衍”,为省刻字,这里直接写成“衍”。过去,我在《西周金文中的土地制度》一文中已指出这一点①。参看容庚《金文编》(北京:中华书局,

① 收入《李零自选集》,桂林:广西师范大学出版社,1998 年,85—111 页;原载《学人》第二辑,江苏文艺出版社,1992 年,224—256 页,初稿写于 1988 年。

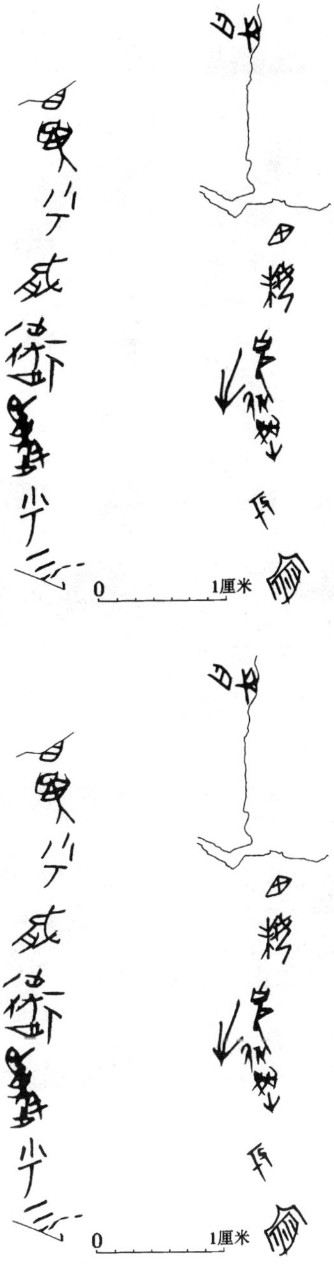

周原新获甲骨(摹本)

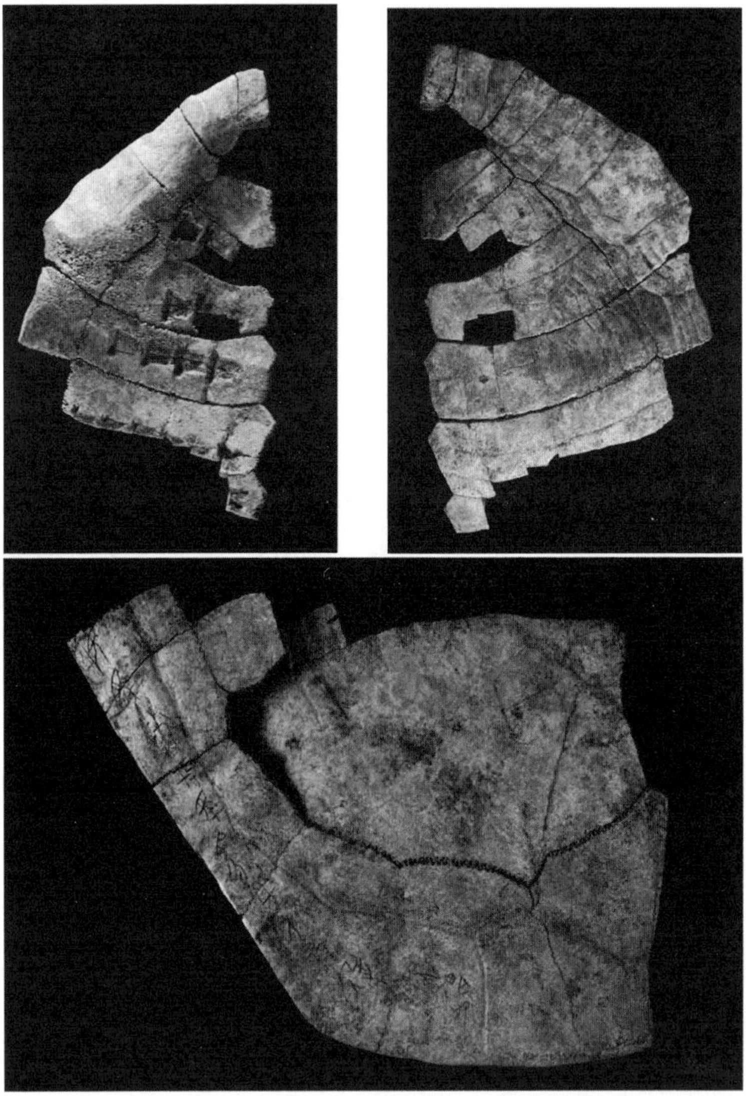

周原新获甲骨(照片)

1985 年)107 页:0252 的最后两例,以及 1183 页:098 和 1250 页:479。第二字,是“祭”字,但省去示旁。第四字,残去上部的右边,下从廾〔按:在讨论会上听徐天进先生说,裘锡圭先生对残划有所辨识,认为是从㫃从菐〕。

“吏占者〔□〕来”，读“使占者〔□〕来”。“来”字上面的字已残缺〔按：董珊先生在讨论会上发言说，“来”上残缺的部分还应该有一字，从行款看，非常正确〕。

“㝵至”，指等占卜者到达。

“王由克逸于㴋”，“王”，是商王还是周王，过去大家说，凤雏甲骨讲祭祀商王，其中出现的“王”肯定是商王，现在经过20多年的认识，我们都已明白，周人的甲骨，无论钻凿形式，还是卜辞体例，都明显不同于商式的甲骨。因此，逆反于过去的认识，现在学者多认为这里的“王”是指周王。说实话，我也有过这种考虑，但于心终有未安。这里，我想讲一下相反的理由。首先，这片卜甲上的“王”是商王还是周王，恐怕应联系过去出土的周原甲骨来考虑。后者虽然碎成小块，给断代造成困难，但很多带“王”字的碎片还是与这次的发现年代相近。过去出土的周原甲骨，凤雏所出，24片有“王”字，即H11:1、3、11、14、38、48、61、72、75、80、82、84、100、112、113、132、133、134、136、167、174、210、246、261，其中除少数作“三横一竖”式（如38、48、61、72、80、82、136、246、261），多数都是这种写法；扶风齐家所出，有两片提到“王”，即FQ1、FQ7，也是这种写法。这里面，明确属于商代末年的H11:82、84、112三片，其中的“王”，明显是商王，但两种写法都有。虽然从卜甲的形制、钻凿和文字内容看，这三片是西周甲骨，但卜甲中的“王”既然是祭祀商王的祖先，显然是商王，特别是H11:84的“王其典册周方伯”（“册”字的下面原来有口），肯定无法将卜辞中的“王”等同于周方伯。我理解，此片是记商王在商的宗庙祭祀商王的祖先，然后册封周方伯，情况就像西周金文记王臣册赏，不管被册者是否为周的同族，通常都是在周人的宗庙举行。周人把它记下来，关注点不在商王的祭祀，而在周方伯的册封。他的受封是在商王祭祀之后，但并不意味着周方伯是“非其鬼而祭之”，他也参与了商王的祭祀，更不必推论，卜甲一定是从商的都邑带回来的。顺便说一句，关于“册”字的含义，我认为殷墟卜辞中与杀牲有关带口字的“册”字都是指埋牲加书，而非杀牲本身，它和“典册”一语并无矛盾。去年2月，我写过另一篇读书笔记《读〈周原甲骨文〉》（《古代文明》第3卷），已经对有关误解进行过澄清。我指出，这些卜甲记商王祭祖，并不妨碍它们是周人的甲骨。第二字，是周式卜辞的特殊用字。它相当于古书表示愿望的“思”字，在卜辞中是命辞所嵌的关键字。我在《读〈周原甲骨文〉》中也讨论过它的含义，并对夏含夷教授和李学勤教授的理解进行过比较，介绍过学者对它的认识过程，说明我为什么倾向于夏含夷教授的意见（他把“思”理解为“愿”，而不是像通常理解的那样，把这个字当语首助词，没有意义）。第四字，从辵从皃，相当“邈”字（不可能是“退”字），这里是指所克之敌的国族名。第六字，当是地名，从宀从巛从月（下文重出，字从川，巛和川，作为偏旁，或同于水）〔按：李学勤先生在会上发言说，此字应分析为从宀从示从月，对我很有启发，但我的理解还略有不同〕。“克逿于㴭”，句式同于《左传》隐公元年“郑伯克段于鄢”的“克段于鄢”，我怀疑，“克”下面的字不一定是动词。

大义：五月哉死霸壬午日，举行某种祭祀。派占卜者前来，等他到了，王希望在㴭地战胜逿。

（2）第二条命辞（一行，字的笔画较粗，似为另一卜人刻写，字体与二号卜甲同）：

䙺（视）马，衠（赋）于马自（师），勿乎（呼）人于逆。见冬（终），甶（思）亡夗。

【注】

“䙺马”，上字从卜从见（立人见，同视），可能是表示与相度占验有关的视察之义，疑读为“视”，这里指相马。

“衠于马自”，第一字，从行从武，未必就是殷墟卜辞中从行从戈的字，这里读为“军赋”之“赋”，指征发军马。第四字，同于商周文字表示驻屯之义的“师”字。“马师”，疑指养马场。

“勿乎人于逆”，“乎”读“呼”，下同。“逆”，地名，疑即唐叔虞所居之鄂（今山西乡宁县）。《史记·楚世家》“熊咢”的名字，出土器铭作“逆”。这里指不要在逆地召聚军队。

“见冬”，上字，有别于立人见（视），是作跪人，但末笔上扬，则与一般的“见”字略有不同，可能是书写草率所致。“冬”，写法比较潦草，大形与一般“冬”字同，而与“以”字有较大差异，但它的右边一笔不是内卷而是外卷，笔势有所不同。这里暂读“见终”，指一直到赋马之事结束。

“甶亡夗”，第三字，写法略同“咎”字的上半，但没有口，从字形看，很可能是“死”字，或可读为“宛曲”之“宛”，表示不顺利〔按：第三字，写法略同“咎”字的上半，但没有口，过去出土的周原甲骨，其中多有“思亡咎”三字，故我把它读为“思亡咎”，但徐天进先生在讨论会上说，裘锡圭先生有另一种释法，他认为这里的第三字是“死”字，今从字形看，更为吻合〕。

大义：相马，征发军马于马场，不要在逆地召聚军队。但愿直到相马结束，都没有什么不顺利的事情发生。

（二）二号卜甲（背甲，较大的一块，字体同上第二条命辞）

（1）第一条兆辞：

曰：母〔□□〕（转行接下读）

〔□□□〕□妹，克𦅻于𢇛。

【注】

“曰”，从过去出土的周原甲骨看，应是“兆曰”的省略（参看：拙作《读〈周原甲骨文〉》）。

“母”，兆辞的判断之语，疑读“毋”。下文残缺，估计还有两个字。按以上为横写。这条兆辞是先横写，“母”下约缺两字，然后作90度转折，接着竖写。

“妹”，上有残文一字，残文上约缺三字。

“克𦅻于𢇛”，辞例同第一条命辞的“克𨑳于𢇛”。“克”下一字，不识，似可分析为上从小，中从叕，下从中，也是所克之敌的国族名，句式同上“克𨑳于𢇛”。第四字，所从巛改作川，余同，显然是同一字。按此句连上“〔□□□〕□妹”为竖写〔按：会上分发的摹本，行款不够准确，是把“曰母”与“□妹”等字摹成一行，缺字的情况也没反映出来〕。

大义：文字残缺，无法通读。这条兆辞可能是与一号卜甲的第一条命辞相应。命辞是表示愿望，兆辞则是根据兆象得出的答案。

（2）第二条兆辞：

曰：异。乎（呼）𦝠卫夏，乎（呼）□……

【注】

“曰”，同上。

"异",也是兆辞的判断之语。

"乎朓卫夏",第二字从月从戉,疑是"岁"字的异体,可能也是国族名。"卫",戍卫之义。古文字中的"夏",过去多以为是"夒"字,应纠正(可对比史墙盘和秦公簋的"夏"字)。这里的"夏",疑是商代的夏邑,即夏墟。夏墟,一说在今山西翼城东南,一说在今山西夏县西北,应以后说为是。

"乎☐",第二字,上面是两横画,下面的一横则断开,似"三"而非"三"。下面的文字残缺。这两句话都有"乎"字,似与一号卜甲的第二条命辞有关。那条命辞提到"勿呼人于逆"。

大义:兆辞是"异",下所述似是用来回答一号卜甲的第二条命辞,讲兵力的调遣,其中包括对夏邑的戍卫。

另外,与上共出还有腹甲一块和其他碎片两块,因为无字,这里不再讨论。

最后,试作六点总结:

(1)这一发现的最大意义还是考古学的意义,即它为今后的发掘提供了宝贵线索。其地层关系和共出关系,以及年代学和地理学上的意义,对重新理解周原遗址的总体关系,特别是它与凤雏遗址的关系,非常重要。听徐天进先生介绍,这个遗址是在凤雏以北的岐山脚下,两处遗址是什么关系,两处发现的甲骨是什么关系,这些都是今后值得思考的问题(据严文明先生说,凤雏甲骨并非藏于凤雏宫室遗址内,两者并不是同一时期的东西)。现在根据地层和共出陶片判断,徐天进先生是把这几片卜甲定为商末周初之物,非常审慎,我很赞同,但我考虑,如果从这两片甲骨和凤雏甲骨的比较看,单就甲骨而言,还是以定为商末之物更准确。我认为,凤雏甲骨的年代,以 H11:82、84、112 三片看,应在武王克商以前七年的前后,其主体与此次的发现年代相近(不排斥有个别不同时期的东西),都是属于帝辛即商纣王在位的最后一段时间里,早也不会早多少,晚也不会晚太多。

(2)新出现的月相名"哉死霸",第一个字的字形还应作进一步论证。它的发现,对西周历法的研究有重要意义。过去,学者讨论西周金文中的月相,主要是集中于"初吉"、"既生霸"、"既望"和"既死霸"四名,夏商周断代工程的专家们关注的也主要是这四个名称[①]。上述发现使我们考虑，除去这四个名称，"哉生霸"、"哉死霸"和"旁生霸"、"旁死霸"也很重要，古人对月之明晦盈亏恐怕有更细致的时段划分，以前的讨论要重新考虑。很可能，当时的月相是按"两点六段"排列（两点，其实也可以说是三点，还包括与朔相邻的晦，但全文没有相当晦的术语），即初吉和既望是"两点"（前者，《夏商周断代工程1996—2000年阶段成果报告》说是"出现在初一至初十"，还向后延伸），哉生霸、旁生霸、既生霸、哉死霸、旁死霸、既死霸是"六段"。哉生霸、旁生霸、既生霸在上半月，表示由晦而明，由亏而盈；哉死霸、旁死霸、既死霸在下半月，表示由明而晦，由盈而亏，每段各五日。

（3）一号卜甲中的"王"是商王还是周王，非常关键。这里有三个可能：一是周人在西土一直就称王或很早就称王，二是如文献记载是在武王灭商以前七年才称王，三是武王灭商以后才追称。我怀疑，文王称王可能还是出于武王追称，他在释羑里之囚后是商纣册封的周方伯，其实是打着商王的旗号四处讨伐，起码在商王面前不敢自称为王。过去，凤雏甲骨H11:82、84、112三片中也出现过"王"字，卜辞中的"王"明显是商王。学者曾一度认为，商王祭商王，这样的甲骨一定是商甲骨，它们是在商都占卜之后，被周人带回周原。后来，大家对周式甲骨的形制特点（如方凿）和书写特点有了清楚的认识，才知道这些甲骨是周人的甲骨，周人的甲骨会提到商王，其实一点也不矛盾。比如这三片甲骨，它们固然提到商王祭商王，但中心是讲商王册命周方伯。周人记载此事，完全合理。现在，学者认为周人甲骨上的"王"当然就是周王，这也不对，其实是从一个极端走向另一个极端。我觉得，谈论这个问题，首先我们要区分甲骨的年代，不能一概而论。武王克商以后的"王"当然是周王。武王克商以前的"王"，有两种可能，一种可能是商王，如上面提到的三片甲骨；一种可能是周王，即文王已经称王。后一种可能，当然应当考虑，但结论还为时过早。起码在没有明确证据前，我们不能认为西周甲骨中的"王"都是周王。

---

① 夏商周断代工程专家组《夏商周断代工程1996—2000年阶段成果报告》，北京：世界图书出版公司，2000年，35—36页。

(4)这次发现的卜辞,其中有若干国族名,如一号卜甲两“克”字下的宾语,二号卜甲两“乎”字下的宾语,以及地名“㴞”、“逆”、“夏”,这些对商周地理的研究也有重要价值。我怀疑,这些地名都在今晋南一带,所述事件应与上博楚简所述“文王伐九邦”中的伐于、鹿、耆、崇等国有关[①],是围绕夏代故地的军事行动。事件的年代应在文王释羑里之后,按《史记·周本纪》的说法,即商纣在位的最后七年。

(5)以往周原地区发现的西周卜龟都是碎裂的小块,此次发现的卜龟,两块背甲虽非整版,但缀合后的个体仍很大,显然属于大型龟版(是否为 *Testudo emys*,即所谓亚洲大陆龟,仍有待检验)。这种龟版应即古书说的“大宝龟”(《书·大诰》),其修治、钻凿和版式排列对西周甲骨的研究也很重要。

(6)由于此次发现的卜辞,字数较多,全文(包括残文和缺文)应在 61 字以上,辞例也相对完整,它对分析西周卜辞的格式也很有帮助。这里,我是把一号卜甲上带“思”字的两条卜辞理解为命辞,而把二号卜甲上带“兆曰”或“曰”字的辞例理解为兆辞。这或许有助于对凤雏甲骨的重新理解。

追记:2004 年 1 月 9 日,在北京大学震旦古代文明研究中心目验徐天进先生所示新出周原甲骨,当晚草记印象于蓝旗营寓所;2 月 21 日上午参加北京大学震旦古代文明研究中心的座谈会,再次目验这批甲骨,对卜辞的排列顺序和若干疑难字有进一步了解;会上听取学者的意见,也有许多启发。当晚对旧稿作进一步修改,对卜辞的顺序和其他细节都有所调整。凡吸取其他学者的意见均括注按语说明之。

2004 年 1 月 9 日写于北京蓝旗营寓所

2004 年 2 月 21 日修改杀青

原载《古代文明》第 5 卷,北京:文物出版社,2006 年 12 月,197—203 页。

① 参看李零《三代考古的历史断想》,《中国学术》2003 年第 2 辑,188—213 页。

商周铜器

“车马”与“大车”(跋师同鼎)

1981 年陕西扶风下务子村出土了一件师同鼎。鼎铭是记西周夷王和厉王之际周、戎间发生的一场战斗:周方有一名叫师同的军官追击敌人①,颇有斩获。战斗的规模虽然不大,但铭文提到当时的战争已经有战车和辎重车的配合使用,却与《孙子兵法》和《司马法》提到的车制可以相互印证,对军事史的研究很有价值。

对这篇铭文,陕西周原扶风文管所《周原发现师同鼎》和李学勤《师同鼎初探》已有考释,可参看②。本文则着重从军事学的角度分析铭文,并对二文提出若干商榷。下分三段讨论:

(一)羿畀其井(形),师同从(纵),折首执讯。

这是概述已经发生的战斗。扶文和李文都认为铭文第一句的头两字是谓语动词,主语在另一器上,这里只是铭文的后半篇;第二句的“从”字是一般的跟从之义,指师同从某人出征。但笔者考虑,铭文分铸虽多见于钟镈,但彝铭极为罕见,从规模判断,这里所述只是周、戎间偶然发生的小战斗,而非

---

① 师同是以官为氏。西周晚期铜器铭文以师为氏的人名很多。师有许多种类:一类是“师保”之“师”,是教育贵族子弟的老师;一类是“亚旅、师氏”之“师”,是带兵打仗的军官;还有一类是司钟鼓等乐器的乐师。这三种职司在早期有密切关系:当时的贵族教育是武士教育,平时从习射御之“师”与战时从征之“师”是一回事;而古代作战指挥是靠金鼓旌旗,战士坐作进退有如舞蹈,必应乎其节,和音乐也有密切关系。春秋时期的钟铭常可见“武于戎攻(功),诲(谋)猷不飤”这样的话(如王孙诰钟),就是指“乐”与“戎”的关系。师嫠簋的器主,职司“小(少)辅(傅)鼓钟”,也说明“师”与“乐”有关。

② 扶风文管所《周原发现师同鼎》,《文物》1982 年第 12 期,下简称“扶文”;李学勤《师同鼎初探》,《文物》1983 年第 6 期,下简称“李文”。

师同鼎:铭文

出于王命的大举征伐,故下文不言册赏,原铭恐怕是完整的,未必有复杂的背景交待。

这段话的解释,关键是"从"字。我理解,它并非一般的跟从之义,而是个专门的军事术语,即古书表示追击敌人的"纵"字。

《司马法·仁本》:"古者逐奔不过百步,纵绥不过三舍,是以明其礼也。"又同书《天子之义》:"古者逐奔不远,纵绥不及。不远则难诱,不及则难陷。"这两段话都提到"纵"字。"纵"与"逐"(追击)含义相近,但除追击之义,还有跟踪的意思①。“逐奔”是追临阵溃逃之敌,“纵绥”是追撤退远走之敌②,二者的距离限制也不一样。古人反对“逐奔”、“纵绥”逾度,后人很难理解。《孙子·军争》有“穷寇勿迫”一语,明人赵本学改成“穷寇勿追”。毛泽东诗词“宜将剩勇追穷寇”,反用其典,所据似即赵注本。在后人看来,敌人跑了不追,岂有此理?但古人确实是这样讲。因为当时作战靠的是队形即阵法,在运动状态下很难保持协同,遇敌败走,一窝蜂去追,会自乱阵脚,反为敌乘。《仁本》所说“百步”,参看《周礼·夏官·大司马》述教战之法,是队列行进的基本节限,要立表为标志,“及表乃止”;而“三舍”,参看《左传》,则是用来表示行军的距离。古代行军,常规速度为日行三十里,每到三十里要宿营,叫做“舍”(《左传》庄公三年)。一般说,只要有三舍之地,双方就脱离了接触的可能,所以当时常有“退舍求平”的事。晋文公以“退三舍避之”报答楚成王(《左传》僖公二十八年),也是根据这一点。敌人远走,紧追不舍,比“逐奔”危险更大。《孙子·军争》说两军争利,日行百里(超过三舍),只有1/3的人能到达,会使全军覆没(“则擒三将军”);日行五十里(不到二舍),只有1/2的人能到达,也会使先头部队陷敌(“则擒上将军”);日行三十里(一舍),才能有2/3的人到达。这就是讲高速行军的危险。其常规速度比《左传》所述还慢。

“从”读为“纵”也见于下述二器:

(1)不其簋:“戎大同(恫),从(纵)追女(汝)……”

(2)多友鼎:“……从(纵)至追博(搏)于世。”

这些铭文中的“从”都是指追击敌人,而不是从征之义。

由第二句含义的确定可以反推,铭文第一句应是讲引起师同追击的原因。我认为这句话中的头两字应是主语,即敌酋之名;“井”读为“形”,表示出现(《广雅·释诂三》训形为见)。意思是敌酋一出现,师同就跟踪追击。

铭文第三句是战争类金文所常见。“折首”指斩首,“执讯”指生擒。

---

① 《淮南子·览冥》:“纵矢蹑风”,注:“纵,履也。”

② “绥”是退却之义,《司马法》佚文:“将军死绥”,注:“有前一尺,无后一寸。”《左传》文公十二年把双方同时后撤叫“交绥”。

（二）寽（捋）车马五乘，大车廿，羊百㓞（絜），用徃（造）王羞于黾。

这是讲师同所获的第一类战利品。“寽”是表示夺取，“用”是表示处置。“寽”与“孚”都是战争类金文的常见术语。扶文认为前者是后者的或体[①]，这是不对的。李文引𩰫簋“寽（捋）戎孚（俘）人百又十又四人”，指出二者字形有别，并不混用，很正确。笔者感觉，“孚”可做名词修饰语，加于所获物或人之前，表示战争所得；而“寽”则未见作这种修饰语，含义仍有一定区别。

这些战利品，“车马五乘”是由马拖曳的5辆车，“大车廿”是由牛拖曳的20辆车，“羊百㓞（絜）”是100捆羊肉干。

铭文提到的两种车很重要。西方学者在研究文明起源的问题上一向很重视车的发明。中国的车是什么时候出现的？专讲发明传说的《世本·作篇》说“奚仲造车”。奚仲是薛人的祖先，当夏代，但目前出土最早的车却属于商代晚期的殷墟时期。近来，美国学者夏含夷（Edward L. Shaughnessy）有专文讨论这一问题[②]，认为中国的马车是来源于苏联的中亚地区。本文不讨论这一问题，这里只想借夏文的“马车”定义谈谈古代的车制。

夏含夷先生说他讨论的“马车”是指“一种旨在搭乘有限的几位乘员，下有两个有辐的车轮，前有一装在车体中部的独辕，由两匹或两匹以上的马拖曳的轻型运载工具。在分析中国商代与西周的交通器械时，以上之定义将不会带来任何困难。因为当时根本不存在任何其他种类有轮的或被拖曳之运载工具的实证，诸如近东上古时代由牛或驴拖曳的、盘型轮（即所谓辁）的‘战车’或是四个轮子的‘大车’”。可是这里铭文却提到“大车”，而且这种“大车”与“车马”并列，证之文献，显然就是指牛车[③]。

《孙子·作战》和《司马法》佚文都提到两种车，一种是由马拖曳的战车，一种是由牛拖曳的辎重车。在《作战》中，“驰车千驷”、“破车罢马”是指前者，而“丘牛大车”是指后者[④]。在《司马法》佚文中，有所谓两种“出军法”，

---

① 新版《金文编》0439 也把二字误混为一。

② 夏含夷《中国马车的起源及其历史意义》，《汉学研究》七卷一期（1989 年第 6 期）。

③ 李文已指出大车是牛拉的车，但未从军事制度上去说明。

④ 《作战》除“驰车千驷”还提到“革车千乘”，曹操注以为后者是指“丘牛大车”，不一定对。

一种是按四进制的井、邑、丘、甸、县、都,一种是按十进制的井、通、成、终、同。前者规定“丘”(方4里,144夫)要出“戎马一匹,牛三头”,“甸”(合4丘)要出“长毂一乘,马四匹,牛十二头”。“丘”所出之牛即《作战》所说“丘牛”,“长毂”即《作战》所说“驰车”①。铭文可以证明,早在西周中、晚期之交,战争中已有这两种车的配合使用。

铭文提到的“羊百㓞”,“㓞”是量词,读为“絜”,是捆、束之义。扶文、李文将此字断在下句,亦可商。因为“用造王羞于黽”与“用铸兹尊鼎”是同样的句式,“用”字上不应再加字。

下面一句,第二字扶文释“徣”是对的(但读“告”,于下断句,则不可从),李文释“徣”则误。此字与徣明显不同,而与颂簋“造”字(作由、窖、窖)所从相同,同下文“用铸”句,应是谓语动词,这里是进献之义(《小尔雅·广诂》训造为进);而“王羞”则是宾语,这里指进献之物(羞有进义)。李文以为“王羞”是指王之膳食,即上“羊百㓞(絜)”,亦通。但这些羊肉是装在“大车”上,献肉自然也就包括了车。“黽”是献物地点,扶文释“抡”,李文释“龟”,均可商(参鄂君启节“黽”字)。全句大义是说在黽地把上述战利品献于王。

(三)孚(捋)戎金胄卅,戎鼎廿,铺五十,铨(剑)廿,用铸兹障(尊)鼎,子子孙孙其永宝用。

这是讲师同所获的第二类战利品。内容与上不同,全部是铜器,包括头盔、鼎、铺、剑四项;处置亦不同,是用来给自己铸造彝器。

这里的四种铜器,李文认为都是北方少数民族特有的器物,“戎金胄”是他们特有的头盔;“戎鼎”是他们特有的炊食器;“铺”读“鬴”(鍑类铜器),是他们特有的盛食器;“剑”也是北方系统的剑,可从。这里的“剑”应是戎人使用的主要兵器,如同周人使用的戈。根据考古发现,当时西北戎族使用的剑应属直刃短剑系统。

古代销兵铸器常见于金文,如:

(1)𪒠侯鼎:“𪒠侯隻(获)巢,孚厥金胄,用乍(作)旅鼎。”

---

① “驰车千驷”一词多见于《管子》,是一种四匹马驾的轻便战车。

(2)楚王酓忎鼎、盘:“楚王酓忎战隻(获)兵铜,正月吉日,㝅铸匋(铄)鼎(或‘少盘’)。”

还有更出名的例子是秦始皇“收天下之兵,聚之咸阳,销以为钟鐻,金人十二,重各千石”(《史记·秦始皇本纪》)。它们若不是被董卓、苻坚等人毁掉,保存下来,当是“世界奇观”。

归纳全铭,可将师同的战果列具如下:

(1)杀伤敌兵员:不详;

(2)缴获敌车辆:战车5辆,辎重车20辆;

(3)缴获敌甲胄:头盔30件;

(4)缴获敌兵器:剑20柄;

(5)缴获敌食器:鼎20件,铺50件;

(6)缴获敌食物:羊肉干100捆。

这里的(1)虽然不详,但据其他各项可试做推算:战车,若每辆配甲士3人(包括车右、车御、射手各1人),应有甲士15人;辎重车,若每辆配厮养1人,应有20人。食器,若以盛食器铺计算,敌兵员应有50人,即除上述35人,还应有徒兵15人与战车相配,平均每辆战车有车兵3人、徒兵3人。这些兵员,车兵15人与徒兵15人是战斗员,皆配以头盔,故头盔有30件;而战斗员中,车御和射手各5人不用剑,故剑有20柄。当然,这里所述也许并不是全部。铭文所述战车远远少于辎重车,有两种可能,一是对方以少量兵车护送辎重,被全歼;一是对方弃其辎重而逃,留下的辎重车是全部,但兵车并不一定是全部。

过去,研究军事史的学者多据《左传》、《国语》、《战国策》等书的个别描述,形成笼统概念,以为戎人作战都是以步兵或骑兵为主,这种看法恐怕要重新考虑。因为古代的戎人有许多分支,如召犬戎杀周幽王的申和护送周平王东迁的秦,也都曾被中原诸夏看作“戎”。但他们都有较高的文化,并不像想象的那样野蛮。现在的考古发现也说明,与戎有关的遗迹、遗物情况很复杂,未可一概而论。铭文中的戎人是以战车和辎重车配合作战,便是很好的证明。

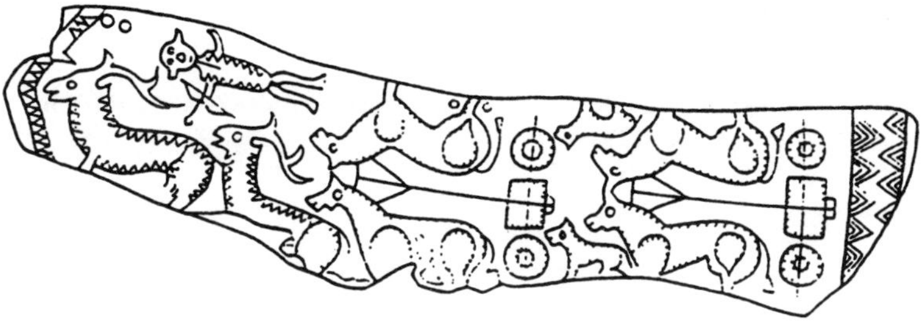

南山根骨板上的马车

1990 年 5 月 26 日写于美国西雅图

补记:铭文“韧”字,拙作原文疑是卦字之误,非是,但以为量词,则今仍坚信。按此字疑读为挈,《说文解字》卷十三上糸部:“挈,麻一耑也”,段玉裁注:“一耑谓一束也。”絜又借为挈,参看朱骏声《说文通训定声·泰部》。《墨子·备城门》:“守城之法,必数城中之木,十人之所举为十挈,五人之所举为五挈,凡轻重以挈为人数,为薪樵挈,壮者有挈,弱者有挈,皆称其任。凡挈轻重所为,使人各得其任。”是以“挈”为计算守城之木的量词。古人以十条干肉为一“束”,称为“束脩”,这里的“韧”应与“束”相似,今改正。

又 1963 年发掘的内蒙宁城南山根 102 号石椁墓出土过一件骨牌,上面刻有用田车猎鹿的场面。车作一辕双马,与中原战车相似。遗物属夏家店上层文化,年代约在西周晚到春秋早。学者多认为其族属应与古代东胡有关。此亦北方草原民族使用战车之证。材料见《考古学报》1981 年第 4 期:《宁城南山根 102 号石椁墓》,图版 7。

原载《考古与文物》1992 年第 2 期,72—74、106 页。

重读史墙盘[1]

史墙盘铭在西周金文中是非常典雅的作品，因而也是非常难读的作品。此器出土后，曾引起热烈讨论，学者见仁见智，各有贡献，留下宝贵意见。惜事过境迁，远离热点，逐渐被人忘却，至今缺乏系统总结。二十多年过去，当年参与者泰半作古，而存疑待考处比比皆是，重读之下，反觉新鲜，故折中众说，益以新解，试提出我们的看法。

一、出土情况

史墙盘是 1976 年 12 月 15 日出土于陕西省扶风县庄白村南的一座铜器窖藏，编号是 76FZH1[2]。窖藏位于周原遗址保护区的核心部位，与之邻近的刘家、李家、任家、上康、齐家、齐镇、召陈、云塘、下务兹、强家等地点，还有岐山县京当附近的凤雏、董家、贺家等地点，也有很多类似的窖藏发现。从汉代以来，仅有记录的重要发现就有 30 多起，出土铜器逾千件[3]。

庄白窖藏是一个古老的史官家族，即微史家族，当周室东迁之际，在其故居附近留下的铜器窖藏。这一窖藏共出土西周铜器 103 件，其中 74 件有

---

① 本文于各家考释皆择善而从，凡有商榷，仅限重要分歧处，引用时贤和前辈之说多用简称，详文后所附"引用文简称"。

② 陕西周原考古队《陕西扶风庄白 1 号西周青铜器窖藏发掘简报》，《文物》1978 年第 3 期，1—18 页。

③ 国家文物局主编、陕西省文物事业管理局编制《中国文物地图集》陕西分册，下册，西安地图出版社，1998 年，274—324 页。

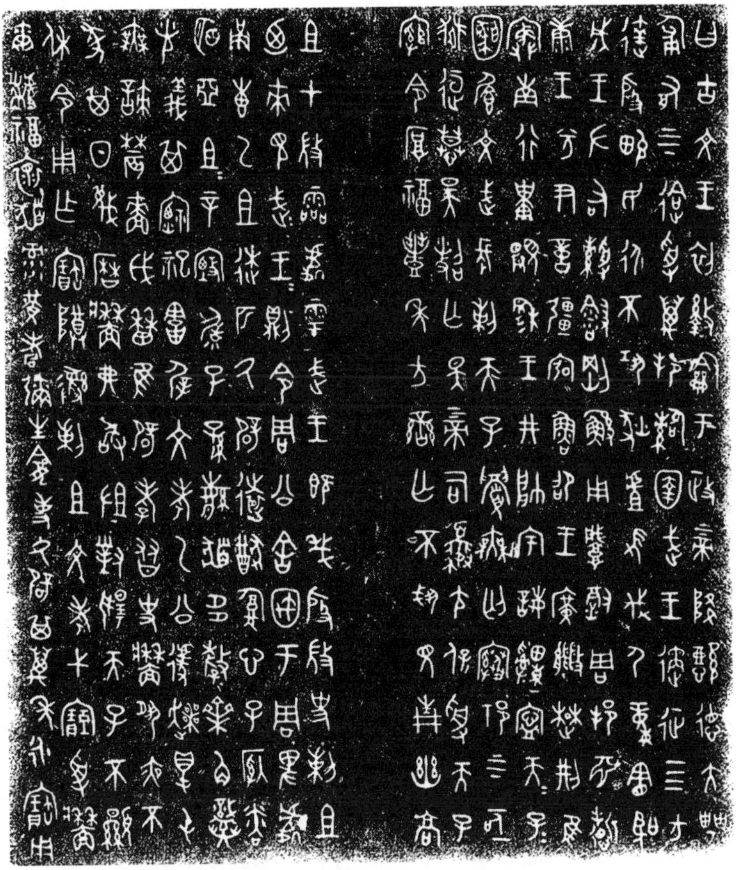

史墙盘

铭文,学者称为"微史家族窖藏铜器群"。它们包括:

(一)商组铜器(2 件)[①]

(1)商尊(1 件:11 号)。是一个族徽为"龏",名字叫"商"的人,为了记

① 传世同人之器有商作父丁犅尊盖,中国社会科学院考古研究所《殷周金文集成》,第十一册,中华书局,1992 年,5828 号。铭文作"商作父丁吾尊";传世相关之器有:(1)商妇甗(《殷周金文集成》,第 3 册,中华书局,1989 年,867 号),铭文作"商妇作彝,龏";(2)庚姬簋(《三代吉金文存》卷六,44 页,拓片二),铭文作"庚姬作鬻母宝尊彝,龏"。按:"父丁",应即"文辟日丁";"商妇",疑即"庚姬"。

念“庚姬”（疑是商的妻子）受“帝司”（疑是商的上级）赐赏（赐贝和赐丝），为“文辟日丁”（疑是商的父亲）作器。

（2）商卣（1件:42号）。与上同铭。

这组器物，从器形风格、字体特征和年代序列考虑，年代约在康王时。

（二）斩组铜器（4件）①

（1）斩尊（1件:43号）。是一个族徽为“𣞤”（下简称“木羊册”），官职为“作册”，名字叫“斩”的人，为了记念某王十九年五月戊子，他在厈邑受王命，为相侯主持贶土（赐封土的仪式），受王赐赏（赐金和赐臣），而为“父乙”（史墙盘称为“乙祖”）作器。

（2）斩觥（1件:41号）。与上同铭。

（3）斩方彝（1件:24号）。与上同铭。

（4）斩斝（1件:23号）。也是“斩”为“父乙”作器，族徽同上。

这组器物，从器形风格、字体特征、铭文内容和年代序列看，年代约在昭王时，根据铭文，可知是铸于昭王十九年，即昭王第二次伐楚前，也就是说，它是昭王末年的铜器。

（三）丰组铜器（7件）②

（1）丰尊（1件:1号）。是一个族徽同上，名字叫“丰”的人为了记念某年六月既生霸乙卯，他在成周受王命，参加大矩朝觐周王的仪式，受大矩赐赏（赐金和赐贝），而为“父辛”，即上组器铭的“斩”（史墙盘称为“亚祖祖辛”，瘐钟称为“高祖辛公”）作器。

（2）丰卣（1件:44号）。铭文同上。

（3）丰爵（4件:87、90、91、96号）。也是“丰”为“父辛”作器，有族徽，同上。其中96号纹饰不同，铭文脱去“丰”字。

---

① “斩”，旧释“折”或“旂”，其实是“质”字所从，并非“折”或“旂”字，参看陈剑《说慎》（收入《简帛研究二〇〇一》，上册，广西师范大学出版社，2001年，207—214页）对金文“质”字的考释。

② 此字与一般的“丰”字有别，这里暂释为“丰”。

(4)丰觯(1件:72号)。只有与上相同的族徽,纹饰与上各器相近。

这组器物,从器形风格、字体特征和年代序列看,年代约在穆王时。

(四)墙组铜器(3件)①

(1)史墙盘(1件:5号)。是一个官职为"史",名字叫"墙"的人,为"文考乙公"(即上组器铭的"丰")作器。

(2)墙爵(2件:95、98号)。是史墙为"父乙"(即上"文考乙公")作器。

这组器物未见族徽。我们从史墙盘铭的内容看,其年代必在穆王后,学者多认为是共王时候的器物。但此盘器形偏晚,却是问题。史墙本人还见于懿王元年的师酉簋。他的活动时间可能主要是在共、懿之际(详第四节),器物是共王末年的东西。

(五)癲组铜器(48件)②

(1)微伯鬲(5件:39、45、48、52、62号)。铭文作"微伯作齋鬲"。

(2)微伯癲匕(2件:73、74号)。铭文作"微伯癲作匕"。

(3)癲簋(8件:6、13、14、26、47、53、56、69号)。是癲为其祖考制作的祭器。

(4)癲盂(2件:4、7号)。发掘者称"釜",应订正为"盂"。铭文作"微作癲宝"。

(5)微伯癲簠(1件:27号)。这类器物,过去称"豆",现在知道,应即古书中的"簠"(唐)。铭文作"微伯癲作簠,其万年永宝"。

(6)癲盨(2件:12、13号)。是记某王四年二月既生霸戊戌,癲在周师录宫受王册命(右者是司马),铭末有族徽,同上斦、丰二组。

① 史墙,又见师酉簋,《殷周金文集成》,第八册,中华书局,1987年,4288—4291号。该器铭文是记某王元年正月,王在吴大庙,呼史墙册命师酉(右者是公族鸿釐),此器是懿王元年之器。

② 传世同人之器有宋代出土的癲鼎,铭文是记某王三年四月庚午,王在丰,呼虢叔赐赏癲,《殷周金文集成》,第五册,中华书局,1985年,2742号;传世相关之器有宋代出土的叀鼎,铭文作"叀作微伯娟氏□鼎,永宝用。犇",《殷周金文集成》,第四册,中华书局,1986年,2491号。

(7)三年𤼈壶(2件:19、20号)。是记某王三年九月丁巳和己丑,王在郑和勾陵两次宴飨,𤼈受王赐赏(一次是赐羔俎,一次是赐彘俎),而为“皇祖文考”作器。

(8)十三年𤼈壶(2件:21、22号)。是记某王十三年九月初吉戊寅,王在成周司土虒宫册命𤼈(右者是夷父),𤼈受王赐赏(赐衣履),因而作器。

(9)𤼈爵(3件:88、92、94号)。88、92号铭文作“𤼈作父丁”;94号铭文作“𤼈作父丁,作尊彝”。“父丁”即史墙。

(10)𤼈钟(21件)。编钟分三套:

(a)𤼈钟第一套(原为8件:29、32、9、10、28、31、57、? 号,现缺第八件)。最大。前四件同铭,提到𤼈的“高祖”、“亚祖”、“文考”,“胥尹氏典(?)厥威仪,用辟先王”,可见他们是尹氏(即作册尹)的下属,责任是职掌威仪;后四件同铭,作“𤼈作谐钟,万年永鼓”(“谐”,原从双耒三犬,与从三力的劦写法有别,这里疑读为“谐”)。

(b)𤼈钟第二套(原为8件:8、30、?、?、16、33、62、65号,现缺第三、四件)。铭文连读,形式是仿史墙盘,可以校正史墙盘的释读。

(c)𤼈钟第三套(原为8件:59、67、64、61、63、66、60、58号)。是用四种不同形制的编钟杂配。其中一种是59、67号,形制属西周中期,有铭文二字,似是族徽;一种是64号,形制属西周晚期,有𤼈作的长铭,其中提到𤼈的“高祖辛公”、“文祖乙公”和“皇考丁公”,可见𤼈的“高祖”即墙的“亚祖”,𤼈的“文祖”即墙的“文考”,𤼈的“文考”即墙;一种是61、63、66号,亦西周晚期的钟,没有铭文;一种是60、58号,亦西周晚期的钟,没有铭文。

这组器物,除第三套的两件西周中期的钟,其他各器,从器形风格、字体特征和年代序列看,约在孝、夷、厉之际。微伯𤼈是此族长子(唐)。

(六)伯光父组(10件)①

伯先父鬲(10件:35、37、40、46、49、50、51、54、68、70号)。铭文作“伯先

① 传世同人之器有伯先父瑚,铭文作“伯先父作宝瑚,其万年永宝用”,《殷周金文集成》,第九册,中华书局,1988年,4535号。

父作妣尊鬲,其万年子子孙孙永宝用”。其器形与瘐组的微伯鬲相似,只是纹饰略晚(前者饰直纹,后者饰重环纹,余同)。也许伯先父是瘐的后人,他也是一位长子。

这组器物,从器形风格看,约在宣、幽之际。

(七)其他铜器

(1)可能属商组(1件)。

五爵(1件:89号)。形制较早,铭文作“五”,字体与一般的“五”字不同,而同于商周数字卦使用的“五”字。

(2)可能属㸤组(6件)。

(a)陵方罍(1件:17号)。是一个族徽为“”,名字叫“陵”的人为“父日乙”(疑是陵的父亲)作器。此器为罍,只有浮雕的兽面、弦纹和罍特有的圆涡,缺乏可供断代的典型纹饰①,其铭文字体也不像是早期风格。我们怀疑,它与㸤组器物年代相近,“父日乙”或与上面的“父乙”为同人。

(b)父乙觚(1件:85号)。它的族徽是放在“父乙”的前边。

(c)勺(4件:99、100、101、102号)。无铭,可能是附属于陵方罍。

(3)可能属丰组(6件)。

(a)贯耳壶(1件:36号)。无铭。

(b)爵(1件:93号)。无铭。

(c)觚(2件:2、3号)。无铭。

(d)觯(2件:71、75号)。无铭。

(4)可能属墙组(1件)。

孟作旅爵(1件:97号)。铭文作“孟作旅”。

(5)可能属瘐组(15件)。

(a)圆鼎形温食器(1件:34号)。无铭,纹饰与瘐组相似。发掘者称“圆

① 罍,东周以来多称“缶”,器形虽有变化,并按用途不同分化为尊缶和盥缶两种,但仍用涡纹作装饰。巴蜀地区的罍就连器形都没有太大变化。

鼎”,其实是作温器用①,作用类似东周时期作食器用的圆炉(自铭“炉盘”)②。

(b)方鼎形温食器(1件:25号)。无铭,纹饰与𤼈组相似。发掘者称“方鼎”,其实是作温器用的方鼎③,东周时期的方炉有些可能也是作温器。

(c)鬲(2件:38、55号)。饰斜角云纹和直纹,形制与微伯鬲相似,无铭。

(d)觚(4件:18、83、84、86号)。器形相似,纹饰不同,无铭。

(e)铃(7件:76、77、103、81、78、80、79号)。形制较晚,可能是属于𤼈组编钟的组合,无铭。

上述器物应是伯先父所埋,埋入铜器也是以其父辈的𤼈组最多,其实是伯先父家族的铜器。

下面,我们先着重讨论一下这组器物中的史墙盘,然后再来讨论史墙盘与它们的关系。

二、释文和语译

(一)释文(按照拓本行款抄写)

曰古文王,初盭龢于政,上帝降懿德大甹(屏),1

匍(溥)有上下,迨(合)受万邦。𩡧圉武王,遹征四方,2

达殷畯民,永不巩(恐)狄(惕),虘(且)[illegible]伐夷童。宪(宪)圣3

成王,ナ(左)右绶敍刚鲀(御),用[illegible](肇)㱿(彻)周邦。𥈭(睿)𢐌(哲)4

康王,分尹啻(亿)彊(疆)。弦(弘)鲁卲(昭)王,广能(能)楚刑(荆),隹

① 周永珍《西周时期的温器》,《考古与文物》1981年第4期,28—33页。按:这类器物有好几种器形,其中只有独柱鼎自铭“𡨴(炒)鼎”,其他尚未发现自铭,这里暂用朱凤瀚先生的定名。朱凤瀚《古代中国青铜器》,南开大学出版社,1995年,73—74页。

② 湖北省博物馆《曾侯乙墓》,上册,文物出版社,1989年,204—207页。

③ 参看本页注①周永珍文。按:这类器物或自铭为“鬲”,学者多称“方鬲”,但它的器形和功能却不同于一般的鬲,这里暂用朱凤瀚先生的定名。

(惟)5

𡧊南行。𢦏䚯穆王，井(型)帅宇(訏)诲(谋)，䌛(申)寍(宁)天子。天子6

𩁹(恪)𡲬(缵)文、武长剌(烈)，天子𩁹(眉)无匄，𧼸𠊀上下，亟(极)7

獄(熙)𧻚(桓)慕，昊𥟍(照)亡昊(斁)。上帝司夏九，保受(授)天子8

䌢(绥)命厚福丰年，方䜌(蛮)亡不𠬝视。青(静)幽高9

且(祖)，才(在)𢼸(微)霝(灵)处。雩(粤)武王既𢦏(戡)殷，𢼸(微)史剌(烈)且(祖)10

乃来见武王。武王则令(命)周公舍圂(寓)，于周卑(俾)处。11

𪹏(憨)叀(惠)乙且(祖)，逑匹氒(厥)辟，远猷𦚢(腹)心子𠭰。𤔲(粦)12

明亚且(祖)且(祖)辛，𡨦(娠)毓(育)子孙，𩬃(繁)猶(祓)多孷(釐)，栘(齐)角𧸓(炽)13

光，义(宜)其禋(禋)祀。害(胡)屖(夷)文考乙公，遽趬𠫑屯，14

无諫(积)𨍼(农)啬(穑)，岁𥞀(稼)隹(惟)辟。孝䇂(友)史墙，夙夜不15

彖(弛)，其日蔑曆。墙弗敢取(沮)，对扬天子不(丕)显16

休令(命)，用作宝隮(尊)彝，剌(烈)且(祖)文考弋(式)𡨦，受(授)墙17

尔𩵋，福褱(怀)猶(祓)录(禄)，黄耉弥生，龛(堪)事氒(厥)辟，其万年永宝用。18

(二)语译(按照内容分段翻译)

话说当年的文王，他初步取得了政治上的安定与和谐，上帝把德行高尚的大臣赐给他，让他普遍占有宇内的土地，让他受到所有国家的拥护。

果断刚毅的武王，于是出征克商，安抚百姓，让他们再也不必担惊受怕，并且挥师东进，征伐夷奴。

博闻多能的成王，他的左右大臣都精明强干(?)，所以能全面控制我们的国家。

睿智聪明的康王，还精心规划(?)这疆域辽阔的国土。

宽仁厚义的昭王，他使楚国的人民无不归顺，因而打通了(?)通往南方的道路。

敬法守德的穆王，不但遵循昭王的宏图大略，还反复告诫(?)当今的天子。

当今天子继承了文、武二王的功业，当今天子的长寿可以不求而得，他高高在上，掌管一切(?)，令所有臣民，思慕其德，如沐春光(?)，恩泽广被，无远弗届。上帝的祭司夏亢，保佑当今的天子，赐福当今的天子，让他长命、多福、丰收，四方蛮国无不前来朝拜。

文静含蓄的高祖，当年安居在微邑。

武王克商之后，微史家族的烈祖前来投奔武王。武王命周公赐采邑给他，让他住在〔周公管辖的〕岐周故地。

乐善好施的乙祖，善于配合他的君王，深谋远虑，尽心竭力(?)。

心明眼亮的亚祖祖辛，他不但繁育子孙，福运昌隆，〔祭牲〕也犄角整齐，皮毛鲜亮，利其祭祀，香火不绝。

老成持重的文考乙公，兢兢业业，四处奔忙(?)，惟恐耽误农业收成，每年的庄稼都种得好。

孝亲爱弟的史墙，日夜不懈，每天都自强自励。墙不敢荒怠政事，拜谢天子隆恩，称扬天子厚宠，为此铸作贵重的祭器。烈祖文考会有求必应，赐墙文采，为他祈降福祉，让他长命百岁，足以胜任辅弼君王的大任，虽累世积年，也能永远珍藏它们，使用它们。

三、注释(按照内容分段讨论)

1. 曰古文王，初盭龢于政，上帝降懿德大甹(屏)，匍(溥)有上下，迨(合)受万邦。

这段话是讲文王受天命，奄有天下。其谐韵情况是：王、下、邦，鱼部和阳部；政、甹，耕部。“曰古”，是古代讲故事的套语，犹言“话说很久很久以前”。“文王”，《逸周书·谥法》对“文”字有七种解释，多与仁恩慈爱一类含义有关（如“慈爱惠民”、“愍民惠礼”），文王是以谦和爱民善养老而著称，正合这种名号。“初斁龢于政”，类似铭例也见于师询簋和秦公钟、簋。“斁”即“盭”字所从。“盭”，见《说文》卷十二下，许慎说此字“读若戾”，古书或假“戾”字为之。“戾”有多种含义（如善、止等），这里是安定之义（裘）。“上帝降”，“上帝”，原作合文，是一种抽象的人格神；“降”，古书多指上天降命（戴）。“懿德大甹”，是指有美德的重臣。“懿德”，美德，是古书和金文常见的词；“大甹”，下字原从双由，这里读为“屏”，含义同于“藩屏”之“屏”。类似写法的“屏”字也见于班簋、番生簋和毛公鼎，都是用为动词。文献所用，很多也是作动词，但偶尔也有作名词者（如《书·康王之诰》的“建侯树屏”）。这里的“屏”似是名词，指上帝所降有美德的重臣（李甲）。“匍（溥）有上下”，是指普遍地占有广大领土。这句话，瘐钟第二套作“匍（溥）有四方”（同样铭例又见大盂鼎、师克盨和秦公钟、簋），可见“上下”与“四方”是含义相似的词。古人以上下四方为“六合”（如贾谊《过秦论》称秦并天下，“以六合为家”），好像房屋的上下和四壁。“上下”、“四方”都是指古人所谓的”宇内”（如秦会稽刻石称秦始皇“平一宇内”）。“迨受万邦”，是指受到所有国家的一致拥护。“迨受”，应读“合受”，《书·皋陶谟》作“翕受”（唐、于乙）。按：“曰古”，又见楚帛书述羲和四子传说的开头。古书有“曰若稽古”一语（见《尚书》的《皋陶谟》、《尧典》和《逸周书》的《武穆》等篇），或说是从“曰古”发展而来（裘），似可商榷。段玉裁《古文尚书撰异》卷一指出，“曰若”一词见于古书多作“粤若”（或“越若”），它们在西周金文中本来是作“雩若”（如麦尊、小盂鼎，西周金文无“粤”字，“雩”即“粤”字的初文，参下“雩”字释），而不作“曰若”，文献虽以“曰”、“粤”互训，但在铭文中它们的写法却并不混淆。又“懿德大甹”，学者或分读，以“懿德”和“大屏”为两句话或并列结构，亦可商榷。又“匍有”，是“溥有”的借读（戴）。这个词，文献或作“敷佑”（《书·金縢》），或作“抚有”（《左传》襄公十三年），从本铭上下文看（“溥有”是对“合受”，“上下”是对“万邦”），皆非正读。

2. □圉武王，遹征四方，达殷畯民，永不巩（恐）狄（惕），虘（且）□伐夷童。

这段话是讲武王克商和征服东方。其谐韵情况是：王、方、童，阳、东合韵。“□圉”，美称。第一字，学者多以为是刚毅、威猛、勇武一类含义，但字形隶定极不统一。我们怀疑，其右半上部与金文“褰”字所从相同，从索与从糸同，此字实相当于它簋的“□”字，即“緟”字的古体，这里疑读为“果毅”之“果”。《左传》宣公二年引君子说，谓“戎，昭果毅以听之之谓礼。杀敌为果，致果为毅”，“果”有决断之义。第二字，是古代谥法用字，《谥法》说“威德刚武曰圉”。这两个字都与武王称“武”有关。“武王”，《谥法》对“武”字有六种解释，其中三条是“刚强直理”、“威强敌德”和“克定祸乱”，武王是以果断刚强、克商诛纣而著称，正合这种名号。“遹”，古书有循、顺之义，作为语首助词，含义略同于“遂”（于乙）。“达殷畯民”，与《书·多士》“革夏俊民”是类似用法。“达殷”，即《书·顾命》“用克达殷，集大命”的“达殷”，旧说“达”是通的意思，指褫夺殷人的天命而有之（唐、李甲、连）。但也有人认为，此字是挞伐之义，与“通达”之“达”无关（裘、徐、戴）。“畯民”，指治理人民，大盂鼎有“畯正厥民”一语，是类似的话。“永不恐惕”，是说人民再也不必为暴政和战争而担惊受怕。“巩狄”，疑读“恐惕”，是恐惧、怵惕一类意思（戴）。“虘”，古文字多用为表示转折之义的“且”字。“□”，诸家说异，一种以为是“微”字所从，而以音近读为“挥”或“麾”字，“挥伐”是“奋伐”之义（唐、赵）；一种以为是“征”字所从，而以音近读为“惩罚”之“惩”（裘校）。“夷童”，童是男奴隶（徐、于乙），这里是对夷人的贱称，犹后世所说“胡虏”。按：“畯”字，见《说文》卷十三下田部，许慎以为“田畯”之“畯”，非此所当。这里的“畯民”，文献或作“俊民”（如《书·洪范》的“俊民”，《史记·宋微子世家》作“畯民”），“俊民”是“畯民”的借读。“畯”是动词（“畯民”和“达殷”是类似结构），它有治理之义，或与田畯治田有关。又此字见于铭文，还有“畯臣”、“畯疐”等用法，前者疑读“隽臣”，是永臣之义；后者疑读“畯至”，是高高在上之义，均与此不同。又“永不巩狄”句，学者受毛公鼎“不巩先王配命”和“永巩先王”句影响，往往于“巩”字下绝句，而把“狄”字断在下句，以为铭文除讲克商伐夷，还有其他许多小国，不但断句别扭，而且所考也难以落实，兹不取。

3. 害（宪）圣成王，𠂇（左）右毂䋎刚鲧（御），用肇（肇）𢽾（彻）周邦。

这段话是讲成王对已获国土的治理。其谐韵情况是：王、鲧、邦，鱼部和阳部。“宪圣”，美称。“宪”有敏义，《谥法》作“献”（但《史记正义》引作“宪”），解释是“博闻多能”、“聪明睿哲”。“圣”有明义，《谥法》对“圣”字的解释是“称简〔赋〕善”和“敬宾厚礼”。“成王”，《谥法》对“成”字的解释是“安民立政”，成王是以初定天下而著称，正合这一名号。“左右毂䋎刚鲧”，似指左右大臣精明强干，如周、召二公和太公就是这样的大臣。“毂䋎”，待考，上字从索从受，应即“绶”字；下字左半从合从米，右半从羽旁之半从又。“刚鲧”，类似古书所说的“强御”，下字疑即从鱼从支的古“渔”字，这里读为“刚御”（李甲）。“彻”，上半是古文字常见的“彻”字（见殷墟卜辞、何尊和𧺪羌钟，像以手取鬲），这里只是加了火旁在下。该字本来是“撤除”之“撤”的本字，后世为了区别于“通彻”之“彻”，遂为此字加手旁，为“通彻”之“彻”加彳旁[①]。在古代训诂里，“彻”可训治、训税。按：“宪圣”，或以为即井人妄钟的“宪宪圣趠”（黄、戴、于甲）。近有学者提出，“宪宪”乃重言以修饰“圣趠”，与这里的“宪圣”不同，铭文“宪圣”实相当《书·秦誓》、《礼记·大学》的“彦圣”（何）。又“鲧”，或释“纶”（唐、裘）。

4. 㴞（睿）𢡺（哲）康王，分尹啻（亿）彊（疆）。

这段话是讲康王对国土的进一步治理。其谐韵情况是：王、强，阳部。“睿哲”，美称。“睿”，原作“㴞”，是深刻的意思。《谥法》无“睿”，但有“叡”字，解释是“圣也”。“哲”，原从哲从德（类似写法见于克鼎），是聪明的意思。《谥法》无“哲”字，但周考王的双字谥是作“考哲王”，可见仍是谥法用字。

---

① 《说文》卷三下“彻”字的古文是从彳从鬲从支，就是以古彻字加彳旁，篆文从育乃是鬲字的讹写。

《谥法》“聪明叡哲曰献”，也是以“叡”、“哲”连言。又《诗·商颂·长发》有“濬哲惟商”句，学者或释“渊哲”，读为“濬哲”（唐、李甲），“濬”与“睿”、“叡”通。“康王”，《谥法》对“康”字有五种解释，其中两条是“安乐抚民”和“令民安乐”，康王是以天下安宁、刑错不用而著称，正合这一名号。“分尹”，疑是规划管理之义。上字从八从万，金文铭例有“不敢不分不婁”一语，学者有各种猜测，“分”与“宾”字有关，读音同“擘”相近；“婁”即“画”字所从，疑读为“不敢不擘不画”。“亿疆”，“亿”，是形容数量很大；“疆”，指疆土。按：“𣶒”，在西周金文中是“肃”字所从，《谥法》无“渊”字，只有“肃”字（解释是“刚德克就”和“执心决断”），“肃哲”是古代习语（东周钟铭常见“肃哲圣武”这样的话），学者多把这里的“𣶒哲”读为“肃哲”，但“肃”虽从𣶒，读音却与“𣶒”字相差较远（戴）。古书除“肃哲”，还有“睿哲”、“叡哲”、“濬哲”，也是习语。“𣶒”即古“渊”字，像水回旋，与回互训（颜回字渊，是其证），读音与“睿”、“叡”、“濬”均相近。古代从睿的字多与从旋的字通假，与“渊”字音义俱近，这里当读为“睿哲”，或“睿哲”、“濬哲”。

5. 弦（弘）鲁卲（昭）王，广𢡱（能）楚刑（荆），隹（惟）寏南行。

这段话是讲昭王的南征和伐楚。其谐韵情况是：王、刑、行，阳、耕合韵。“弦（弘）鲁”，美称。“弘”有广大之义，“鲁”有纯美之义，《谥法》无“弘”、“鲁”。“昭王”，作谥号讲的“昭”字，古文字多作“卲”，《周礼·春官·小史》“辨昭穆”，《释文》“昭”作“卲”，仍保留了这种写法。“昭”有显、明等义，《谥法》对“昭”字的解释是“昭德有劳”和“圣文周达”。“广能楚荆”，毛公鼎有“康能四国”，是类似说法（“广”、“康”读音也相近）。这种用法的“能”应即古书、铭文“柔远能迩”的“能”，它是用怀柔的办法使对方感到相互亲近，相互适应（“雅不相能”的“能”就是这个意思）；“楚荆”，即楚国。“惟寏南行”，应指打通通往楚国的道路。按：“寏”，见《说文》卷七下，是院墙的意思（或体作“院”），非此所当之义。宋代出土的安州六器，其中的中方鼎和中甗提到“省南国贯行”，淮南蔡家岗2号墓出土的工𫊸王太子剑也提到“余处江之阳，至于南行西行”，“行”都是指道路（拙）。学者或读“惟贯南行”（裘），从文义看，很好，但中器的“南国贯行”，“贯”是形容词，写法与此不同，此字是否为“贯”字的借读，还有待进一步证明。

6. 㡀覭穆王，井（型）帅宇（讦）诲（谋），𤕌（申）寍（宁）天子。

这段话是讲穆王的进一步拓土。其谐韵情况是：王，阳部，与上文的阳部字谐韵；诲、子，之部。“㡀覭”，美称。“㡀”，是“祗”字的古文（见正始石经的《书·君奭》），字有敬义（唐），但《谥法》无“祗”有“祁”，解释是“治典不杀”，金文祁姓从女从此，“祁”与“祗”读音相近，原文或相当《谥法》的“祁”字。“覭”，尚无确释。“穆王”，段玉裁《说文解字注》卷七上谓经典所用“穆”字皆有幽微之义，则其含义适与“昭”字相反。《谥法》对“穆”字的解释是“布德执义”和“中情见义”，似“昭”者显于外，“穆”者隐于内。“型帅”，铭例多作“帅型”，是模仿效法之义。“讦谋”，大谋，当指昭王拓土的宏图大略。㝬簋“宇（讦）慕（谟）”是类似说法。“申宁”，可能类似《史记·周本纪》的“申诫”，这里是反复告诫之义。“申”，旧释“缅”，当改释“申”，“申”有重复之义（裘）；“宁”，疑非安宁之义，而是叮咛之义（“宁”有定义）。“天子”，指史墙所事之王。按：“覭”，疑是“炯”字。此字，旧或释“显”，或释“耿”，但金文另有“显”、“耿”。又关于“申”字的考释，可参看裘锡圭《谈曾侯乙墓钟磬铭文中的几个字》①。这段话的最后一句，学者或以为是下面一段的开头，因此把“申宁”当懿美之辞，但我们从谐韵的情况和内容结构看，好像并不如此。

7. 天子圝（恪）𡱒（缵）文、武长剌（烈），天子釁（眉）无匄，䙴𠨶上下，亟獄（熙）𧻚（桓）慕，昊𦐉（照）亡旲（斁）。上帝司夏尣，保受（授）天子䌯（绥）命厚福丰年，方䜌（蛮）亡不𠭯视。

这段话是讲史墙所事之王。其谐韵情况是：剌、匄，月部；下、慕、旲、尣，鱼部、铎部和阳部。“恪缵”，是小心遵循的意思。上字，原从口从貉，学者多读“恪”，可从；下字，原从尸从食，据《玉篇》等古书，是“馔”字的古文，文献作

① 与李家浩合作，收入所著《古文字论集》，中华书局，1992年，418—428页。

“缵”、“餋”、“纂”，是遵循、继承的意思。西周金文常见“申圝”一词，疑即“申宁圝缵”的缩略。“文、武长烈”，指文王、武王留下的功德和事业。“天子眉无匄”，“眉”指秀眉，是老寿之相；“无匄”，是不求自得的意思。“讙𨚔上下”，第一字，从雚从寒；第二字，从邑从丅，学者或释“祁”，近有学者指出，此字并非从邑从示的“祁”字，而是从主得声，全句当读为“干主上下”或“管主上下”，是管领上下之义（何）。“亟熙桓慕”，“亟熙”，疑读“缉熙”，是光明之义；“桓慕”，“桓”有大义，“慕”有思义。“昊照亡斁”，“昊照”，是光芒四被的意思；“亡斁”，是没有穷尽的意思。“上帝司夏尢”，“上帝司”应即商组铜器中的“帝司”，“帝司”可能是太祝一类职官（唐）；“夏尢”，可能是“上帝司”的名字。“夏”，与秦公簋“夏”字相似，疑是“夏”字（唐、赵），或释“夒”（李甲）。“保授”，保佑和赐降。“保授”是古书固有的说法（《书・召诰》），不可分读，“缓命”，即金文常见的“绰缓永命”，是寿命长久之义。“方蛮”，指四裔各国。“𡚦视”，应是前来朝见的意思。按：“申恪”，上引裘锡圭释“申”字文以为略同《左传》宣公十五年和《国语・楚语下》的“申固”一词，是巩固之义，但金文有“圝夙夕”（如毛公鼎），用法同“虔夙夕”（如毛公鼎）和“敬夙夜”（如大克鼎），可见并非巩固之义。我们怀疑，文献“申固”反而是这个词的讹写。“天子眉无匄”，学者多以为与《诗・鲁颂・閟宫》“眉寿无有害”相同，但“用匄眉寿”是金文习见，与文献对比，“匄”字实相当于表示祈求之义的“介”字，“害”字当是借读。又“慕”，原从心从莫，金文多用为“谟”字，但这里的“慕”字未必这样读。又“𡚦视”，上字，疑读“谒”[①]；下字，是早期的“视”字。“视”，旧释“见”，但这个被释为“见”的字，目下的腿是直立，与第十一行作跪跽状的“见”字有别。最近裘锡圭先生指出，“见”、“视”二字，古文字写法相似，区别主要是看目下的腿作跪跽状还是直立状，跪跽者为“见”，直立者为“视”。殷墟卜辞、西周金文中的“视”字，其含义应即《周礼・春官・大宗伯》“殷頫曰视”的“视”[②]，此从裘说改释。以上是讲微史家族侍奉的西周列王，

---

① 参看李零《古文字杂识（五则）》，《国学研究》第三辑，北京大学出版社，1995年，267—274页。

② 裘锡圭《甲骨文中的见与视》，收入《甲骨文发现一百周年学术研讨会论文集》，台北：文史哲出版社，1998年，1—5页。

下面是讲微史家族本身。

8. 青(静)幽高且(祖),才(在)敚(微)霝(灵)处。

这段话是讲微史家族的始祖。其谐韵情况是:且、处,鱼部。“青(静)幽”,美称。“静”有静谧之义,“幽”有幽隐之义。《谥法》对“静”字有三种解释[“柔德考众(终)”、“供(恭)己鲜言”、“宽乐令终”],都是善谥;对“幽”字也有三种解释(“蚤孤有位”、“壅遏不通”、“动祭乱常”),皆属恶谥。“幽”本来是好词,用为恶谥乃后起。“高祖”,指微氏在商的始祖。“微”,即微史家族原来的居住地。其地点,据考在今山西潞城东北(李甲)。“灵处”,善处。按:秦公钟、簋有“鼏(宓)宅禹迹”一语,“鼏(宓)”有静义,与“静幽高祖,在微灵处”是类似表达。

9. 雩(粤)武王既𢦏(戡)殷,敚(微)史剌(烈)且(祖)乃来见武王。武王则令(命)周公舍圁(宇),于周卑(俾)处。

这段话是讲微史家族的另一祖先。其谐韵情况是:王、圁、处,鱼部和阳部。“雩”,相当“粤”字(字亦作“越”,古书“粤”是“雩”的讹写),学者多笼统称为发语词,但毛公鼎以“雩之”与“厤(历)自今”相对,“雩”字是指以前发生的事(黄)。此字实含有经过之义(古书对“越”字的用法还保存了这种含义),“粤若”或“越若”也有这种含义。“𢦏”,殷墟卜辞常见,此字相当《书·西伯戡黎》的“戡”字,参看夏渌《学习古文字散记》①。“微史”,是以原来的居地加官职而称。“烈祖”,指微氏在周的始祖。“舍宇”,指赐采地。“宇”,原从囗从禹,字同“寓”,㾓钟第二套正作“寓”。《说文》卷七下以“寓”为“宇”字的籀文,文献多作“宇”。“于周俾处”,是“俾处于周”的倒文,“周”即今周原(李甲)。按:楚官有箴尹,战国楚简有相应官名,所从与上释为“戡”字者相似,可为夏说佐证,参看拙作《读〈楚系简帛文字编〉》②。“于周俾处”

---

① 《古文字研究》第四辑,中华书局,1980年,147—151页。

② 收入《出土文献研究》第五集,科学出版社,1999年,139—162页。

句,据癲钟第二套,可知是“以五十颂(通)处”(唐),即封地有五百方里。学者多以此句连下句为读,把下字读为“甬”,还有学者把它解释为“以五十颂处”的“颂”字,并把“颂”字解释为“仪容”之“容”(裘),可商。

10. 㒼(慜)叀(惠)乙且(祖),逑匹氒(厥)辟,远猷匓(腹)心子䜌。

这段话是讲史墙的曾祖。“慜惠”,美称。上字原作“㒼”,并非“甬”字(戴、于乙),这里读为“慜”(戴),是怜恤之义。《谥法》对“慜”字有四种解释,其中两条是“在国遭忧”和“在国逢𧀼”。“慜”,字亦作“湣”(如齐湣王就是以“湣”为谥);“惠”,《谥法》的解释是“柔质受课”和“爱也”。又《谥法》说“慜民惠礼曰文”,正是以“慜”、“惠”并称。“乙祖”是以日名而称。“逑匹厥辟”,是说君臣相得。类似铭例也见单伯钟。“逑”,旧释皆误,现在根据郭店楚简,这个似乎从“来”的字,其实应改释“逑”,参看陈剑《据郭店简释读金文一例》。“远猷”,即远谋。胡簋有“宇(讦)慕(谟)远猷”,“讦谟”和“远猷”或“讦谋”均见于《诗·大雅·抑》。“腹心”,见《诗·周南·兔罝》,指心腹之臣。“子䜌”,未详。下字似从入得声。按:盘铭讲先公先王,照例在其名号的前面加有两字为称的懿美之辞,“乙祖”句也应如此,学者或以“㒼”字属上(读为“容”),“叀”字属下(读为“唯”)(裘),可商。铭文“逑”字,其所从之“求”与“裘”字所从不同,应是表示祈求之义的专字。

11. 𥄳(粦)明亚且(祖)且(祖)辛,䆄(娠)毓(育)子孙,𦃃(繁)猶(祓)多孷(釐),桥(齐)角䰜(炽)光,义(宜)其𥛒(禋)祀。

这段话是讲史墙的祖父。其谐韵情况是:辛、孙,真、文合韵;孷、祀,之部。“粦明”,美称,大概是耳目聪明之义。“亚祖”,“亚”有次义,这里应指次于“高祖”的“祖”(详下节讨论)。“祖辛”,是以日名而称。“娠育”,繁育。“娠”,原从宀从禋,疑以音近读为“娠”,是怀孕的意思,文献亦作“震”(戴);“育”,是产子的意思,参看《诗·大雅·生民》。“繁祓多釐”,是福气很多的意思。“繁”,原从泉,但并非从泉得声,此字与“多”相对,应读为繁;“祓”,亦与下“釐”字相对,“祓”、“釐”皆有福祉之义。叔向父簋有“降余多福繁孷

(鳌)”,是类似的句例。“齐角炽光”,疑指祭牲犄角整齐,皮毛鲜亮(连)。“宜其禋祀”,指利其祭祀。按:“彝明”,金文常见,或说读为“文明”,但与今语“文明”含义不同,是指耳目聪明(何)。瘐钟第二套提到“𠂔角义(宜)文神”,“𠂔角”与这里的“齐角炽光”,“宜文神”与这里的“宜其禋祀”是类似表达。

12. 害(胡)屖(夷)文考乙公,遽趞𪓑屯,无谏(积)襛(农)啬(穑),岁𤰈(稼)隹(惟)辟。

这段话是讲史墙的父亲。其谐韵的情况是:屯、穑,文、职合韵。“胡夷”,美称。东周钟铭常有此语。《谥法》对“胡”字的解释是“保民耆艾”、“弥年寿考”、“大也”,对“夷”字的解释是“克杀东(秉)正”、“安心好静”。“文考”,指史墙的父亲。古人常以“文”字加于死去的先人,如“文祖”是指死去的祖先(亦称“皇祖”);“文考”是指死去的父亲(亦称“皇考”)。“遽趞”,未详,从文义推测,似是勤于奔走的意思,其含义或与瘐钟第三套的“圣趞”有关。“𪓑屯”,金文常见“𪓑屯无敃”一语,迄无确解,或说“𪓑屯”即“混沌”。“无积农穑”,“积”,原从言从朿,从文义看,似应读为“积”,是滞塞之义,与“辟”正好相反。“穑”,原作“啬”。“岁稼惟辟”,指每年的农事都很顺利。“稼”,原从双禾从田,与上“穑”字明显不同,可见并非“穑”字(裘);“辟”,是畅通之义。按:“稼”字像禾在田,“穑”字像麦在亩,《说文》卷七上是以“禾之秀实”与“谷可收”区别二者,《诗·魏风·伐檀》毛传也说“种之曰稼,敛之曰穑”,可见“稼”是长在地里的庄稼,“穑”是放进仓廪的粮食(拙)。这里的“无积”与“惟辟”,“农穑”与“岁稼”是互文见义的说法。

13. 孝𠣪(友)史墙,夙夜不彖(弛),其日蔑曆。墙弗敢取(沮),对扬天子不(丕)显休令(命),用作宝障(尊)彝。剌(烈)且(祖)文考弋(式)𡨦,受(授)墙尔𪔅,福褱(怀)猶(祓)录(禄),黄耇弥生,龕(堪)事氒(厥)辟,其万年永宝用。

这段话是讲史墙本人,大部分话都是套话。其谐韵情况是:墙、取、𡨦、𪔅,鱼部和阳部;生、用,耕、东合韵。“孝𠣪(友)”,美称,略同“孝弟”。《诗·小雅·六月》“张仲孝友”,毛传:“善父母为孝,善兄弟为友。”《谥法》有“孝”

无“友”,它对“孝”字有四种解释,其中两条是“五宗安之”和“慈惠爱亲”。“夙夜不弛”,犹言“夙夜不懈”。末字原作“彖”(《说文》卷九下谓“读若弛”),旧释“豢”,读为“坠”,然胡簋“墜于四方”,首字从之,读为“施与四方”①,对比字形,可知旧释皆误,字应读为“懈弛”之“弛”,或“懈惰”之“惰”,参看陈剑《金文“彖”字考释》。“其日”,犹言日日。“蔑曆”,疑读“勉懋”,是勉励之义。上字,可读“勉”;下字,早期写法是从厂从埜从甘,埜与金文“懋”字所从相同,可见从秝、从林都是后起,字与“曆”、“厯”不同。“沮”,败坏之义。“对扬”,报答颂扬。“天子”,指时王。“丕显休命”,指周王的恩宠。“烈祖”,这里似是泛称,指上文的高祖、烈祖、乙祖和亚祖。“文考”,指上文的“文考乙公”。“式”,是劝令之词,若今语“应”、“当”(裘)②。“竆”,迄无确解。其字形似与金文“贾”字(旧多释“贮”)有关,含义则与“休”、“赐”等字相近,疑此字可能相当文献中表示赐福之义的“嘏”字。“尔黻”,文采。“尔”,有靡丽之义,本指鲜花盛开之貌(《说文》卷三下:“尔,丽尔,犹靡丽也。”古书亦作“茶”,《说文》卷一下:“茶,华盛。”);“黻”,即《说文》卷七下“䵄”字,许慎的解释是“合五彩鲜色”,谓即《诗·曹风·蜉蝣》“衣裳楚楚”的“楚”字(洪、于甲)。“福怀”,“怀”有来义,意思是祈求福祉的到来。“祓禄”,二字皆有福祉之义。“黄耉弥生”,在金文中是形容长寿的套话。“黄耉”,是对九十岁老人的称呼,以其鬓发变黄,故称(《释名·释长幼》);“弥生”,“弥”有长义,这里是长命的意思。“堪事厥辟”,足以胜任辅佐君王的大任。类似铭例也见于“〔万〕年无疆”钟。按:“授墙尔黻福怀祓禄”句,瘐钟第二套有类似铭例,作“怀授余尔黻福”,学者或以“授墙尔黻福”为句,可商榷。“怀福”是金文习语,常可析言,作“怀……福”(类似“对扬”作“对……扬”,“昭格”作“昭……格”),我们理解,瘐钟的类似文句,其结构是“怀/授余尔黻/福”,其中的“授余尔黻”实相当史墙盘的“授墙尔黻”,它是把“怀”、“福”二字分置一句的首尾,而把“授余尔黻”当作宾语“福”的修饰补充成分;而盘铭的“福怀”

① 张政烺《周厉王胡簋释文》,《古文字研究》第三辑,中华书局,1980年,104—119页。

② 参看裘锡圭《释“柲”》,收入裘锡圭《古文字论集》,中华书局,1992年,17—34页。

则是“怀福”的倒语，宾语“福”被放在谓语动词“怀”的前面，成为形式上的主语，后面的“祓禄”则是表示“福”的内容。故这里仍作四字一断（拙）。

四、几点讨论

（一）出土地点

过去，学者多认为，上述铜器窖藏密集发现的区域是西周旧都岐周所在，这里必有西周王室的宫殿、陵墓和铜器发现。但我们从历年的考古记录看，这类发现却几乎没有（只有厉王㝬簋和㝬钟是例外）。当地出土，主要还是西周王臣的随葬铜器和窖藏铜器。它使我们怀疑，上述地区主要还是采邑区。按照《周礼》等书的说法，周代的王臣采邑应在王畿之内，郊遂之外的县、都之内。这类行政区划，过去都以为是后儒理想化的晚期制度，但西周铜器铭文有“丰寰（县）”和“郑寰（县）”，却证明当时已有类似的制度存在，不能完全抹杀。西周时期的县，它们和春秋战国以来作为公邑制度的县不一样，主要是私邑性质的采地，但并不是后人虚构。我们推测，丰县可能是古丰、镐一带（今陕西长安县一带）的采邑区，郑县可能是古岐周一带（今凤翔、扶风、岐山一带）的采邑区，它们和周王的都城和郊遂可能邻近，但并不就是周王本人的居住区。上述发现地点或许就在郑县的范围之内或附近①，研究西周时期的采邑，有一点应注意，周原地区的铜器窖藏往往都与附近的宫室遗址有关。它们很多都是周避犬戎之祸，仓皇逃跑所遗，埋藏地点就在居住地点附近。例如距这一窖藏南约60多米，有西周宫室遗址发现，估计就是窖藏主人的故居②。

（二）史墙盘和窖藏中其他铜器的关系

过去，学者讨论史墙盘，多认为它提到的史墙家族有六个人（包括史墙本

① 李零《李零自选集》，《西周金文中的土地制度》第三节，广西师范大学出版社，1998年，85—111页。
② 陕西周原考古队《陕西扶风庄白1号西周青铜器窖藏发掘简报》，《文物》1978年第3期，1—18页。

人在内），他们的活动年代大体是对应于文、武、成、康、昭、穆六王，如李学勤先生的看法就是代表（李乙）。他以高祖当文，烈祖当武，乙祖当成、康，㠱当昭，丰当穆，墙当共、懿、孝，㾓当懿、孝。国内学者多数都认同这种看法。但值得注意的是，在上述窖藏铜器中，其实并没有年代较早，可以确认为史墙高祖和烈祖的器物。相反，其主要内涵却是㠱、丰、墙、㾓四组。比这四组早，有商组；比这四组晚，有伯先父组。现在国外学者有不同意见，这就是罗泰先生的想法。他认为：(1)铭文中的高祖、烈祖可能是同一人，其年代约在商、周之际，或最晚在武、成之际，下面不与乙祖相接，中间约缺两三代或三四代；(2)史墙一族是从㠱分出的新族，"乙祖"以下的几代要重排。由于有这种考虑，他对窖藏铜器的年代有两种推测，一种是从李学勤先生排定的㾓组年代上推，以乙祖当昭，㠱当穆，丰、墙当共，㾓当懿、孝；另一种是从林巳奈夫先生排定的器形年代顺排，以乙祖当穆，㠱当共，墙当孝，㾓当宣。他认为，庄白窖藏的主体是㠱、丰、墙、㾓四组，其中并没有高祖或烈祖的东西。不仅如此，整个器群的年代也应适当移后，比较接近于犬戎之祸发生的年代（罗）。现在折中二说，我们的看法是，史墙盘讲微史家族，虽然是从头说起，但它的前两个先公和后四个先公并不是接叙。高祖和烈祖，他们不但和乙祖间有缺环，而且彼此也接不起来。我们怀疑，高祖是微氏在殷的始祖，烈祖是微氏在周的始祖①，他们虽然都是史墙的祖先，但离史墙的家族太远，其实是这一分支以外的祖先。高祖和烈祖，他们的器物，窖藏里没有，但比㠱、丰、墙、㾓早或晚，还各有一代。早一代，可能是㠱之父。晚一代，可能是㾓之子。因此庄白窖藏主要是以"木羊册"为族徽的那个史官家族的铜器，其年代应适当移后。

(三)铭文中的周代史实

作为研究西周历史的铭刻资料，大家都说，史墙盘是重大发现，这没有错。但认真讲，我们从盘铭了解的史实，很多都是老生常谈，它们对我们的知

---

① 黄盛璋先生也指出，"高祖一般指宗庙中始祖，如陈侯因资敦：'高祖皇帝'。高祖不必为剌祖的上一代"。

识并没有太多补充,其重要性反而在印证史料。它可以说明,史墙作为西周时代的史官,他对其当代历史的概括,和后来先秦古籍的传说,还有司马迁称道的西周史实是高度一致的。下面是我们的几点印象。

(1)铭文讲文王,主要是讲他受命称王。它讲"初盭龢于政"(可能指"决虞、芮之讼"),讲"上帝降懿德大屏"(可能是指文王得吕尚、太颠、闳夭、鬻熊、散宜生、辛甲之属),都和文王称王的传说有关。文王称王,古人有两说:一说是生前受命称王,受命之年即在他决虞、芮之讼,取得西土各国拥护后;还有一种说法是武王克商后追称。铭文所述属前一种。文王活着的时候,他是否已在西土自称为王(就像当时的吕王、丰王、矢王一样),现在没有证明。我们怀疑,他的受命称王,恐怕是周取天下后倒追其事假托的预言。因为这里,"上帝降"以下是讲文王受命的内容,包括受臣受疆土,受臣在前,得土在后,后者是文王死后的事情(拙)。

(2)铭文讲武王,主要是讲他克商伐夷。有人以为铭文除这两大战役,还涉及其他国家,恐怕不对。古人讲武王,主要是克商伐夷,铭文也是如此。

(3)铭文讲成王、康王,主要是讲他们的治理疆土。铭文讲"肇彻周邦","彻"字可能与"彻法"有关,古人训彻为治是指履亩,即"彻田"(《诗·大雅》的《公刘》和《嵩高》毛传);训彻为税(《广雅·释诂二》),是指履亩出税,即百亩什一而税(《孟子·滕文公上》赵岐注)。它是一种对国土进行普遍调查,然后按统一税率征收农业税的制度。《诗·大雅·江汉》说"式辟四方,彻我疆土",和铭文是类似用法。这种制度称为"彻",可能既有撤取之义,又有通彻之义(《孟子·滕文公上》说"彻,彻也",可能是以前一"彻"字训后一"彻"字,或以后一"彻"字训前一"彻"字)。孟子说周行彻法,大概彻法是在周代才得到普遍推广。周人以彻法治疆土,可能在成王初定天下后。

(4)铭文讲昭王、穆王,主要是讲他们的对外扩张。昭王拓土,主要是南征和伐楚。昭王南征,铜器铭文多有记载,盘铭也讲到这一点。但它们都没有提到昭王的丧师陨命。这是铜器铭文的特点(它们都是记念文字,所以报喜不报忧)。穆王拓土,盘铭只说"型帅讦谋",没有具体内容,其他铜器也没有讲。古人说穆王欲肆其心,周行天下,好像哪里都去,比昭王跑得还远,但我们从《穆天子传》和《竹书纪年》看，其拓土主要在西北方向，所征主要是犬戎。周之灭亡，是因南征淮夷，北伐西戎，腹背受敌。其实昭、穆拓土，已经埋下祸根，所以史家多有批评。

(5)讲时王，主要是讲他的守成法，遵旧规。共王以“共(恭)”为号，良有以也。

(四)铭文中的史墙世系

过去，李学勤先生讨论庄白器群，他是把史墙世系直接对应于盘铭所述的西周列王，已如上述。但值得注意的是，唐兰先生已经指出，史墙家族是从斦组开始分立，其族徽“木羊册”也是从这组器物才出现，然后延续于丰组到瘐组(墙组未见)。后来，罗泰先生对李先生的说法提出商榷，就是延续了唐先生的思路。罗泰先生指出，铭文“亚祖”是重要的世系术语。这一术语不仅见于史墙盘和瘐钟，也见于南宫乎钟。在史墙盘中，它是“乙祖”的儿子，“乙公”(丰)的父亲，“史墙”的祖父。瘐钟也有这个词，是作“丕显高祖、亚祖、文考”，或“高祖辛公、文祖乙公、皇考丁公”。南宫乎钟也有这个词，是作“先祖南公、亚祖公仲必父之家”，或“皇祖南公、亚祖公仲”①。他认为瘐钟的铭文，其读法有两种可能，一种是以瘐钟的“高祖”或“高祖辛公”为史墙盘的“亚祖祖辛”，瘐钟的“亚祖”或“文祖乙公”为史墙盘的“文考乙公”；一种是以瘐钟的“高祖”或“高祖辛公”为史墙盘的“高祖”，瘐钟的“亚祖”或“文祖乙公”为史墙盘的“乙祖”。在两种可能中，他更倾向于后一读法，即以“亚祖”为表示固定世次的术语。

现在我们的看法有点不同。我们分析，史墙一支虽然确实是从斦分出，但在史墙当时，按照服制规定，他至少还要提到自己的曾祖，即从斦再向上追述一代(东周时代的“以王父字为氏”仍是采取这一做法)，所以它是从“乙祖”开始讲起，一直讲到自己，其实是奉“乙祖”为“高祖”，斦为“亚祖”，丰为“文考”。而瘐，则是奉斦为“高祖”，丰为“亚祖”，墙为“文考”。瘐钟的“高

---

① 中国社会科学院考古研究所《殷周金文集成》，第一册，中华书局，1984年，181号。

祖”和史墙盘的“高祖”恐怕并不一样。它们虽然都是表示“始封之祖”，但史墙盘的“高祖”是大宗的始祖，瘐钟的“高祖”则是小宗的始祖。它们的“亚祖”都是从后一种“高祖”往下数。其关系可以示意如下：

(1)史墙的世系。微氏的高祖(在商的始祖)……微氏的烈祖(在周的始祖)……乙祖(史墙的曾祖)——亚祖祖辛(史墙的祖父，即阠)——文考乙公(史墙的父亲，即丰)——史墙本人；

(2)瘐的世系。高祖或高祖辛公(瘐的曾祖，即阠)——亚祖或文祖乙公(瘐的祖父，即丰)——文考或皇考丁公(瘐的父亲，即史墙)——瘐本人。

至于南宫乎钟的“亚祖”，它和铭文中的“先祖南公”是什么关系，这个问题也值得讨论。我们理解，“亚祖公仲必父”应是从“南公”一族分出的“公仲氏”。铭文“先祖南公”则是指南公氏的始祖(大盂鼎中的“南公”)或南公氏与这位“亚祖”相连的祖先。它的“亚祖”与庄白器群并没有矛盾，上面同样可以有类似意义的两种“高祖”①。

另外，还可顺便提到的是，庄白窖藏的伯先父组，现在我们还不太清楚，它的器主与瘐是什么关系。但我们从宋代出土的瘐鼎知道，有一个叫叀的人曾为瘐和瘐的妻子作器。我们怀疑，他也许就是 1980 年陕西长安新旺村出土史叀鼎的器主。该鼎引有与《诗・周颂・敬之》类似的词句，看来也是一位很有文采的史官。他也许就是瘐的后人，并与伯先父为同人或同辈。

(五)铭文风格和谥法问题

盘铭是一篇风格特异的作品，它和常见的西周金文都不太一样(戴)，既不是用来记念官爵册命、军功受赏和诉讼获胜，也有别于一般祭祀、媵嫁类的金文，比它们形式更复杂，风格更典雅。它除了讲自己的祖考，讲他们侍奉的天子，还历述西周列王和微氏家族的光荣，把事情追到很远。特别值得注意的是，它对所述人物名号的处理。第一，它讲先王，一律是以谥号加“王”字，

---

① 包山楚简述墓主卲𬂀之祖考，包括昭王和文平夜君、郚公子春、司马子音、蔡公子家，其中昭王是墓主的始祖，我们从年代和世系考虑，他和后面的四代，中间也有缺环。湖北省荆沙铁路考古队《包山楚简》，文物出版社，1991 年，简 200、203、205、214、240。

而于时王称“天子”，不用谥号。它的六个王号，“文”、“武”是一对（开国之君），“成”、“康”是一对（守成之君），“昭”、“穆”是一对（拓土之君），它们都不是随便加上去的，而是根据这些周王的生平实迹。《谥法》说“施德为文，除恶为武”，“文”、“武”的含义正好相反。“成”、“康”，《谥法》说“安民立政曰成”，“安乐抚民曰康”，含义也相近。“昭”、“穆”，上文已说，则是以光明和幽隐相对，乃昭穆制度所起，也是一对。这六个王号，“文”、“武”、“成”、“康”是一类，它们都是沿袭商代的王号，只有“昭”、“穆”是因康王迁庙而新创。当时这类字眼很流行，我们翻检西周器铭中的人名当不难发现，当时的很多王臣（出身周族的王臣），他们也采用了这类谥号。第二，他讲先公，除高祖和烈祖，一律是以日名加祖考字，这也是一种作用类似谥法的称呼，学者多已指出，史墙一族是殷遗，这种称呼是沿袭殷俗，所以和周人不太一样。但殷臣事周，他们的先公名号，前面也一样用“皇”、“文”、“烈”、“桓”等字眼，则是杂用周俗，庄白器群也有这类称呼。第三，在盘铭中，不管先公、先王，它们的名号前还多加有双字的懿美之辞（“曰古”和“微史”是例外）。这种词汇与谥法用字非常相似，都是用来颂扬先公先王的美德。它使我们不能不考虑铭文与史墙所袭官职的关系。

史墙一族是西周的作册，在职官系统上是属于史官。它的上司是“作册尹氏”，并且与“帝司”或“上帝司”一职有关。《周礼・春官》叙史官之职，有太史和小史。太史掌谥法，在国君和卿大夫的丧仪上，要诵读诔辞，赐谥给死者，小史也负责“奠系世，辨昭穆”。可见精通谥法和世系，是史官的责任。过去，在疑古思潮的影响下，学者多怀疑谥法是很晚才出现。即使后来，学者对怀疑本身再怀疑（例如指出史书中的生人用谥，都是后来的史家所加，不能说明当时人也这么叫，这和铜器铭文的情况是一样的），也还是不敢相信西周中期以前就有谥法。对这种看法做重新思考，史墙盘有它特殊的价值。因为第一，史墙盘有成套的西周王号，其中的周初四王，他们的王号是袭用商代，可见这种做法有很早的来源；第二，史墙盘的王号是一种懿美之辞，它们是概括自该王的生平事迹，至少要晚于他获得这种评价之后（就像“十大新闻”都是年终才能评出）；第三，史墙盘的王号多是两两相对，这应与处理死人的庙制有关,周人怎么安排昭穆,怎么安排服制,既维持祭祀系统的延续,又限制家庭规模的发展,这些都和谥法有很大关系;第四,铭文除上述谥号,还另外加有用双字表示的懿美之辞,它使我们不能不考虑,春秋以来的双字谥或三字谥,它们可能也有较早的来源,特别是如果我们考虑到一个人有这么多的名号,它们不一定都是死后才加,这还有助于化解大家经常争论的生称和死谥的关系问题①。

铭文说,微史先公"授墙尔黻"。史墙明世系、谙谥法,文笔典雅,辞藻华丽。在这篇二百八十多字的铭文中,我们看到的是一个史官家族的传统。

2001年1月28日写于北京蓟门里寓所

原载《吉金铸国史》,北京:文物出版社,2002年,42—57页。

引用论文简称

唐:唐兰《略论西周微史家族窖藏铜器群的重要意义》,《文物》1978年第3期,19—24转42页。

裘:裘锡圭《史墙盘铭解释》,同上,25—32页。

黄:黄盛璋《西周微家族窖藏铜器群初步研究》,《社会科学战线》1978年第3期,194—206页。

徐:徐中舒《西周墙盘铭文笺释》,《考古学报》1978年第2期,139—148页。

李甲:李学勤《论史墙盘及其意义》,同上,149—157页。

李乙:李学勤《西周中期青铜器的重要标尺》,《中国历史博物馆馆刊》1979年第1期,29—36页。

戴:戴家祥《墙盘铭文通释》,《上海师范大学学报》1979年第2期,60—82页。

于甲:于省吾《墙盘铭文十二解》,《古文字研究》第五辑,中华书局,1981年,1—16页。

① 李零《楚景平王与古多字谥》,《传统文化与现代化》1996年第6期,23—27页。

赵:赵诚:《墙盘铭文补释》,同上,17—25 页。

于乙:于豪亮《墙盘铭文考释》,《古文字研究》第七辑,中华书局,1982 年,87—101 页。

连:连劭名《史墙盘铭文研究》,《古文字研究》第八辑,中华书局,1983 年,31—38 页。

拙:李零《文王称王、昭王伐楚及其他》,田昌五主编《华夏文明》第二册,北京大学出版社,1990 年,406—420 页。

裘校:裘锡圭《史墙盘铭解释》一文的校语,收入尹盛平主编《西周微氏家族青铜器群研究》,文物出版社,1992 年,264—283 页。

罗:罗泰(Lothar von Falkenhausen)《有关西周晚期礼制改革及庄白微氏青铜器年代的新假设:从世系铭文说起》,李零译,收入臧振华编《中国考古学与历史学之整合研究》,中央研究院历史语言研究所(台北),1997 年,651—676 页。

何:何琳仪《墙盘剩语》,台湾第一届古文字与出土文献学术研讨会论文(2000 年 11 月),作者所赠待刊稿。

论𤼈公盨发现的意义

最近，保利艺术博物馆新近收藏了一件非常重要的铜器，即𤼈公盨。承博物馆负责人不弃，以铭文拓本寄示，嘱为考释，并送原器至寓所，供作检验，使我先睹为快，大饱眼福。特别是，器物送上海博物馆去锈后，博物馆负责人还将新摄器形照片和口沿花纹拓本遣人送来学校，为我提供充分的研究便利，尤其令人感动。今不揣浅陋，草记印象，和大家一起讨论。

一、器形、纹饰和字体

此器失盖，胎壁较薄，除锈前，器身和器底满布黄泥和锈斑，器身上的泥土表面印有席纹，清晰可辨。器形，四隅虽是圆角，但器壁较直，作椭方形，两侧有兽首鋬一对，器底有跗足四个（四面正中有⌒形开口，类似瑚的器足）。纹饰，口沿为对称的长尾凤鸟纹（宽面左右各两对，窄面左右各一对），器腹为三道瓦棱，瓦棱下有一道突起的弦纹。这是它的基本特征。

按盨在铜器发展史上非常重要。它的功能与盂、簋相似，也是盛食器，但来源不同，它不是从盂、簋派生，而是从西周中期的附耳方鼎发展而来[①]，在当时是一种新型的盛食器。附耳方鼎，西周早期就有，器的高宽比例近似，给人感觉好像比较高，纹饰多作饕餮纹；西周中期以来，高度降低，宽度增加，给

① 保利艺术博物馆编《保利藏金》，王世民文，岭南美术出版社，1999年，96页。

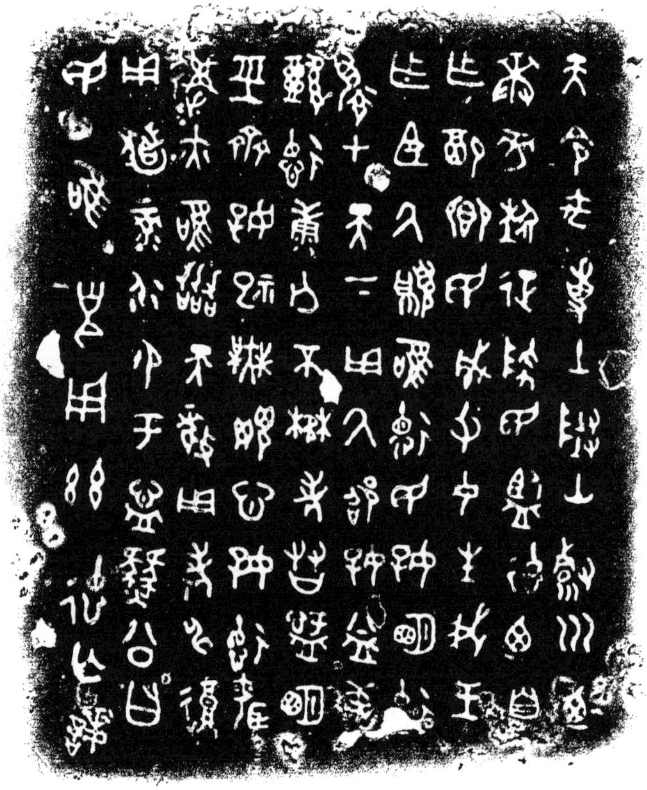

𤼈公盨

人感觉是器形变矮，纹饰也有变化，多半是以顾首夔龙或长尾凤鸟装饰口沿，瓦纹装饰器腹。例如1975年陕西扶风县庄白出土的两件㺇方鼎就是这一时期最典型的附耳方鼎①。早期的盨，估计就是脱胎于这种形式的附耳方鼎。最初，它的器形不太固定，器纽、器足和器耳有多种形式。纽，除矩形纽，还有环纽，或作捉手盖，类似于簋。足，除柱足，还有圈足和跗足，或在圈足、跗足

① 北京大学考古文博学院等编《吉金铸国史》，文物出版社，2002年，图版40、41。按：上引王世民文提到年代最早的盨是"晋侯墓地中相当于穆王前后的第一组13号墓所出"，"因尚待修复，形制、纹饰不详"。最近，我和王世民先生一起在山西省考古研究所侯马工作站参观库房，得见原器，器形是由两件附耳方鼎扣合而成，盖是口大底小，器是口小底大，和目前看到的盨差距较大。

下加环纽或短柱式小足。耳,除附耳,还有兽耳和兽首衔环。但在后来的发展过程中,风格逐渐统一。其原始形式,应是保持附耳方鼎的样子,器耳为附耳,器足为柱足,器盖上有矩形纽,即类似 1983 年陕西宝鸡县贾村出土的夨胜盨(虽然该器年代略晚)①。但新趋势是易附耳为兽首鋬,易柱足为圈足或跗足,与鼎告别,向簋靠拢。它和西周晚期敛口带盖、腹饰瓦纹的簋有类化趋势(影响恐怕是相互都有),二者的器名常互借或连称(但盨可称"簋"或"盨簋",簋却从不称"盨"或"簋盨"),以至宋代以来,在很长一段时间里,所有金石学家都分不清簋和盨的关系,一直是拿"簋"当盨的器名,反而以"彝"、"敦"二名分别称呼真正的簋(以"彝"称无盖敞口的簋,以"敦"称带盖敛口的簋和"西瓜鼎"式的敦)。比如 1937 年,罗振玉编《三代吉金文存》时,他还是这样分类②。直到 1941 年,容庚先生才把它们的关系分清③。现在,大家熟悉的盨,也是最典型的盨,其实是西周晚期的盨,即圈足(或跗足)兽首鋬,盖饰矩形纽,腹饰瓦纹的盨,但它的形成背景比较复杂。对于判断这件盨的年代,早期背景是必要参考。

另外,研究盨的年代,其晚期发展和使用下限也值得考虑。盨的流行时间很短,主要是西周中晚期。但盨的出现在铜器发展上是标志性事件,不仅对西周晚期簋的发展和瑚的出现有很大影响,而且还预示了整个东周时期的变化趋势,即器物普遍配置带纽的盖(除矩形纽,还流行环纽和兽纽),可以却置,器形趋于双合化和盒形化,器耳流行兽首衔环。如果归纳盨的发展,我们可以说,它出现于西周中期,盛行于西周晚期,东周以来逐渐消亡(不像瑚,一直流行于春秋、战国时期)。但这只是比较笼统的说法。实际上,西周以后,盨并不是一下子就没有了,或绝对没有了。我们只能说,它的使用已不太普遍,其实还是有一些偶然的发现。如春秋中期,甘肃礼县的赵坪墓地还出土有盨④;春秋晚期,淮水流域也发现过类似秦器花纹的盨(原藏安徽省博物馆,现

① 高次若《宝鸡贾村再次发现夨国铜器》,《考古与文物》1984 年第 4 期,107 页转 94 页。
② 罗振玉《三代吉金文存》,卷前总目,1937 年(据中华书局 1983 年重印本)。
③ 容庚《商周彝器通考》,上册,北京:哈佛燕京学社,1941 年,19—27 页。
④ 赵坪墓地的铜器曾在北京大学赛克勒考古与艺术博物馆展出(2001 年 4—5 月)。

存中国历史博物馆)①;战国时期,仍有貌似方鼎的盨发现②。此外,河北易县燕下都16号墓还出土过模仿西周晚期风格的仿铜陶盨,年代也在战国时期③。

现已发现的盨,我的印象,主要是穆、恭二王以后的盨④。西周中期的盨(懿、孝时期的盨),是形成中的盨。西周晚期的盨(厉王和厉王以后的盨),是典型的盨。𤔲公盨,从基本特点看,属于前者。它与最近上海博物馆"晋国奇珍"展展出的四件一套的晋侯对盨比较接近⑤,并与保利艺术博物馆收藏的白敢畀盨有相近之处(两者口沿上的夔龙纹很相似)⑥。上海博物馆展出的四件一套的晋侯对盨是流散文物,器形都是椭方形。它包括上海博物馆收藏的三件和范季融先生收藏的一件,推测可能是出于山西曲沃县北赵村晋侯墓地的2号墓,即晋侯对夫人的墓⑦。它们和推测出于1号墓的另外四件晋侯对盨不同。后者,上海博物馆只展出了一件,即上海博物馆收藏的一件⑧。它的器形是椭圆形。上海博物馆展出的椭方形盨,也是薄胎,也有兽首鋬和三道瓦棱,大形和这件盨比较接近。但不同点是,它们都是圈足,器盖、器底都有环纽,而此器是跗足,因失盖,盖纽形制不详。口沿的纹饰也不一样,晋侯对盨是顾首夔龙,它是长尾凤鸟。

说到晋侯对器,其年代值得讨论。现在学术界尚有不同意见,主流看法是"釐侯说"(李学勤、李伯谦、黄锡全、冯时、朱凤瀚,夏商周断代工程亦采用这种意见),年代约当共和时期和宣王初年⑨。另外一种意见是"靖侯说"(孙华、张长寿),年代约当厉王晚年⑩。此外,还有年代略早的"或厉侯或靖侯

---

① 安徽省博物馆编《安徽青铜器》(明信片),上海人民美术出版社。

② 《商周彝器通考》,下册,图144。

③ 《考古学报》1965年第2期,93页,图16:3、4。

④ 王世民、陈公柔、张长寿《西周青铜器分期断代研究》,文物出版社,1999年,102—109页。

⑤ 上海博物馆编《晋国奇珍》,上海人民美术出版社,2002年,78—84页。

⑥ 《保利藏金》,91—96页。

⑦ 《晋国奇珍》,78—84页。按:这一推测主要是以墓中出土铜器的碎片为依据。

⑧ 《晋国奇珍》,76—77页。按:这一推测主要是以墓中出土铜器的碎片为依据。

⑨ 《史记·晋世家》说"釐侯十四年,周宣王初立。十八年,釐侯卒,子献侯籍立"。据《世本》和谯周《古史考》,"籍"是"苏"之误,可见釐侯的年代是在共和时期和宣王初年,即公元前840—前823年。

⑩ 《史记·晋世家》:"靖侯十七年,周厉王迷惑暴虐,国人作乱,厉王出奔于彘,大臣行政,故曰'共和'。"可见靖侯的年代应在厉王在位的最后十七年,即公元前858—前841年。

说"(裘锡圭)和年代更晚的"穆侯说"(卢连成)①。我们的感觉是,上面讨论的晋侯对盨,它们的圈足虽为重环纹,给人印象是时代稍晚,但器形还是属于"形成中的盨",而不属于"典型的盨"。特别是其口沿上的顾首夔龙,与𢦏方鼎基本一样(保利艺术博物馆的白敢畀盨的花纹也与之基本一样)。而𢦏方鼎,同出的同人之器——𢦏簋,主题花纹是陈公柔、张长寿先生定为所谓"大鸟纹"的II7式;白𢦏饮壶的主题花纹是陈公柔、张长寿先生定为所谓"长尾鸟纹"的III3式②。一般认为,白𢦏诸器是西周中期的铜器,这两种鸟纹也是西周中期的花纹。我感觉,这四件盨的年代可能晚一点,但不会太晚。

现在讨论的豳公盨,它口沿的凤鸟纹,仍比较接近陈公柔、张长寿先生定为所谓"长尾鸟纹"的III5式,即穆王时期的鸟纹③,给人的印象比较早。器形,则大体接近上面讨论的四件晋侯对盨。这四件盨,即使采取年代较早的靖侯说,也晚于穆、恭二王。它的铭文字体与史墙盘接近。史墙盘,学者多定为恭王时器,即使晚一点,也在懿、孝之际④。这是我们的主要参考依据。

综合上述考虑,我的印象是,这件盨的年代,似以定在西周中期偏晚比较合适。

二、铭文考释

释文:

天令(命)禹尃(敷)土,陸(随)山豂(浚)川,乃

① 徐天进《晋侯墓地的发现及研究现状》,收入《晋侯墓地出土青铜器国际学术讨论会论文集》,上海书画出版社,2002年,517—529页。

② 《吉金铸国史》,图版42、43;《西周青铜器分期断代研究》附录一:陈公柔、张长寿《殷周青铜容器上鸟纹的断代研究》。

③ 《西周青铜器分期断代研究》附录一:陈公柔、张长寿《殷周青铜容器上鸟纹的断代研究》。

④ 李零《重读史墙盘》,收入《吉金铸国史》,42—57页。

𠂢(别)方埶(设)征。隓(?)民监(鉴)德,乃自
乍(作)配乡(飨)。民成父母,生我王
乍(作)臣,氒颢(昧)唯德。民好明德,
憂(扰)才(在)天下,用氒邵(诏)好益(谥),美
歅(懿)德,康亡不楙(懋),考(孝)吝(友)恬(讦)明,
巠(经)齐(济)好祀无䫉(期)。心好德,昏(婚)
遘(媾)亦唯𧖴(协)。天𠩺(厘)用考,申(神)遉(复)
用猶(祓)录(禄),永后(定)于盜(宁)。㷜公曰:
民唯克用兹德亡诲(悔)。

考释:

天令禹尃土,陸山𡿺川,乃𠂢方埶征。

参看《书·禹贡》。《禹贡》曰:“禹敷土,随山刊木,奠高山大川。”《禹贡》序曰:“禹别九州,随山浚川,任土作贡。”又《诗·商颂·长发》“禹敷下土方”。此铭与《禹贡》、《长发》语句相似。

“天令禹尃土”,“令”读“命”,“尃土”即“敷土”,铭文合于《禹贡》所说“禹敷土”。按《禹贡》“敷土”,《史记·夏本纪》作“傅土”,“傅”与“敷”通。古人对“敷土”有三种解释:一曰分土(《史记集解》引马融说),二曰布土(《禹贡》郑玄注),三曰治土(《孟子·滕文公上》赵岐注)。此外,《诗·商颂·长发》郑玄笺、《周礼·春官·大司乐》郑玄注,还有以“敷”为“溥”,释为广大之义者,说详孙星衍《尚书今古文注疏》卷三。这里应以“布土”说最为合理。全句的意思是说:上天授命禹,让他来部署和规划天下的土地。孙星衍曰:“《说文》云:‘尃,布也。’‘敷,敀也。’书传以‘敷’为‘尃’,音相近,假借字。”铭文“敷”正作“尃”。

“陸山𡿺川”,读“随山浚川”,是顺应山势,疏浚河川之义。“陸”,从双左,但𠂇作又,反正无别。《史记·夏本纪》是以“行山表木”语译《禹贡》的“随山刊木”,但《禹贡》郑玄注是以“刊木”为斩除之义。铭文无“刊木”。

“浚”,原从川从叡。“乃方埶征”,第二字上从求①,下从𠬞(与艸有别),疑是“拜”字的异写(“拜”字从手与从𠬞同),这里读为“别”(“别”是并母月部字,“𢍰”是帮母月部字,读音相近)。“埶”,古书多用为“设”。“别方设征”,与“禹别九州……任土作贡”含义相似。

隓(?)民监德,乃自乍配乡。

“隓(?)民监德”,“隓(?)民”,疑相当古书中的“黎民”、“烝民”、“庶民”等词。“隓(?)民”上字左半为自旁,右半似从双虫,或可读为“流民”②,但不能肯定。“监德”,读“鉴德”,指心明其德而感念之。

“乃自乍配乡”,读“乃自作配飨”,疑指民戴禹德,以之配飨上帝。

民成父母,生我王乍臣,氒顈唯德。

“民成父母”,指民成婚配。

“生我王乍臣”,指生下我辈,为王作臣。中方鼎“易(赐)于武王乍(作)臣”是类似的辞例。

“氒顈唯德”,读“氒昧唯德”。铭文是说,我辈为王作臣,他们最不明白的地方恰好就是“德”。“氒”同“厥”,下同。此字一般多理解为“他(或她、它)的”或“他(或她、它)们的”,但这里和下文的“氒”字却相当于“他(或她、它)”或“他(或她、它)们”。“顈”,即《说文》卷九上页部释为“昧前也”并且“读若昧”的“顈”字,这里读为“昧”。

民好明德,寡才天下,用氒卲好益,美歅德,康亡不楙,考喜恬明,巠齐好祀无𣪕。

“民好明德”,“明德”,是针对上文“氒昧唯德”而讲,“昧”和“明”含义正

---

① 但与通常所见像裘皮的“求”字不同,参看李零《郭店楚简校读记》,北京大学出版社,2002年,76—77页。

② 参看李零《古文字杂识(二则)》,收入张光裕等编《第三届国际中国古文字学研讨会论文集》,香港问学社有限公司,1997年,757—762页。

好相反。

“餥才天下”,“餥”,从食从忧省,这里读为“扰”。“扰”有柔顺、驯化等义。《周礼·夏官·服不氏》“掌养猛兽而教扰之”,郑玄注:“扰,驯也。教习使之驯服。”《周礼·夏官·职方氏》把马、牛、羊、豕、犬、鸡称为“六扰”,就是指驯养的动物。典籍“柔远能迩”,西周金文有之(如晋姜鼎、大克鼎、番生簋),其相当于“柔”的字,是从忧得声,也是类似含义。“才”读“在”。这里是说民好明德,则天下归心,无不驯服。

“用毕邵好益,美欥德”,读“用毕诏好谥,美懿德”。“邵”,从邑不从卩,此即《周礼·春官》所谓的“诏号”之“诏”(《大宗伯》、《小宗伯》、《职丧》),是宣告之义。“诏好谥”与“美懿德”,乃互文见义,指用有道德寓意的辞汇作人的善谥,加以宣告,彰显其德行。“康亡不楙”,读“康亡不懋”,意思是安于享乐者无不自勉自励。“康”是逸乐之义,“懋”是勉励之义。《书·康诰》两言“懋不懋”,“康”即“不懋”,不懋当懋之,故曰“康无不懋”。

“考客愊明”,疑读“孝友讦明”,指孝友之道大明。“孝友”,《诗·小雅·六月》“张仲孝友”,毛传:“善父母为孝,善兄弟为友。”“愊”,从心从盂,疑读“讦”,古书多训“讦”为“大”[①]。“讦明”,即大明。此亦明德之义。

“巠齐好祀无䢔”,疑读“经济好祀无期”,指维持禋祀不绝。“经济”,有经营操办之义。“好祀”,指美好的祭祀。“无䢔”,下字似从其从卂,这里读为“期”。

心好德,聒遘亦唯𢾊。

“心好德”,内心好德。

“聒遘亦唯𢾊”,“聒遘”,读“婚媾”;“𢾊”,读“协”。意思是说,如内心好德,婚姻也会协调。

天𩰫用考,申逿用猶录,永卮于宁。

“天𩰫用考,申逿用猶录”,读“天釐用考,神复用祓禄”。按“天釐”与“神复”

---

① 参见《尔雅·释诂上》、《方言》卷一。

互文,“考”与“祓禄”互文,这里指天以寿考为赐,神以福禄为报。“𠩺”,即“釐”字所从,这里读为“釐”。“釐”有赐义,西周金文中用作赏赐的“釐”,字多从贝,但声旁是一样的。“申”,在西周金文中,除作干支字,多用为“神祖”之“神”(如大克鼎、杜伯盨,后者的“皇申祖考”就是“皇神祖考”),与加示旁的“神”字没有区别。西周金文表示重复之义的“申”,如册命金文常说的“申就”之“申”,是假“绅”字的古体为之,和“陈”字的写法有关,而与这种写法的“申”字不同。“退”,从辵与从彳通,楚简读为“复”或“覆”的字往往这样写,这里读为“复”。“复”有回报之义。“猶录”,写法同史墙盘。“猶”,《说文》卷三髟部列为“鬈”字的或体,这里读为“祓”。“祓”,《尔雅·释诂下》训“福”。“录”,同“禄”,《说文》卷一上亦训“福”。作为合成词,两者是同一个意思。

“永厄于寍”,第二字,是在卩旁的左侧加一斜画,略向左撇。此字见于殷墟卜辞(或体从人)和穆公簋,都是表示“夕”以后的时称,过去有许多不同解释,黄天树先生认为,此字即今“厄”字,而以音近假为“定”,相当后世的“人定”①。“人定”,是黄昏(即“夕”)之后入寝就息的时段,“定”是“止”、“息”之义。另外,此字又见于𠑇匜,辞例作“今女(汝)亦既又(有)~誓”,“亦既~乃誓”,读为“今汝既有定誓”,“亦既定乃誓”,亦通②。第四字,见中山王方壶,辞例作“~又(有)寍(懅)悬(惕)”,有些学者是读“宁”③,但也有学者怀疑,它和“宁”字并不是同一个字④。按西周金文“宁”字多从此,中山王圆壶有“不能宁处”句,其“宁”字也从此,恐怕还是读“宁”更好(在中山王方壶的铭文中是“岂”的意思)。“定”、“宁”含义相近,古书常连言,如《淮南子·精神》“气志虚静恬愉而省嗜欲,五脏定宁充盈而不泄”,《淮南子·本经》“天下宁定,百姓和集”,《论衡·宣汉》“四海混一,天下定宁”,这段话的

① 黄天树《殷墟甲骨文所见夜间时称考》,收入《新古典新义》,台北:学生书局,2001年,73—94页。

② 这里的两个“厄”字,学者或释“卩”,读为“节”,如李学勤《岐山董家村训匜考释》,收入所著《新出青铜器研究》,文物出版社,1990年,110—114页。

③ 朱德熙、裘锡圭《平山中山王墓铜器铭文的初步研究》,《文物》1979年第1期,42—52页;于豪亮《中山三器铭文考释》,《考古学报》1979年第2期,171—184页。

④ 李学勤、李零《平山三器与中山国史的若干问题》,《考古学报》1979年第2期,147—170页;张政烺《中山王𰯼壶及鼎铭考释》,《古文字研究》第1辑,中华书局,1979年,208—232页。

意思是说“永远安宁”,“于”在文中相当“与”,是既定且宁的意思(参看王引之《经传释词》卷一)。

豳公曰:民唯克用兹德亡诲。

“豳公曰”,第一字,或加攴旁,金文辞例,有“～王”,乃豳地之王,又为周师驻屯之所,刘心源释“燹”,潘祖荫疑同典籍“豳”字①,学者多从这两种说法,但还缺乏足够的证据。这里仍按字形隶定,暂时不做讨论。此铭“豳公”,疑是王室大臣,不能确知究为何人。

“民唯克用兹德亡诲”,读“民唯克用兹德亡悔”,意思是下民只有恪遵上述道德,才能没有悔吝之忧。这是豳公在铭文结尾特意强调和告诫的话,但“豳公曰”以前也应是豳公的话。

按此铭凡十行九十八字,前九行皆十字,最后一行为八字。这八个字,它的前三字间距较宽,“民”、“唯”之间有一浅坑,初以为“心”字,目验乃是垫片痕迹,其空字距离实与“唯”、“克”两字同,中间不会再有字。

三、几点感想

(一)铭文的格式

这篇铭文,格式比较特殊,和过去常见的铭文都不太一样。过去,陈梦家先生把西周铜器铭文分为四类:

1. “作器以祭祀或纪念其祖先的”;
2. “记录战役和重大的事件的”;
3. “记录王的任命、训诫和赏赐的”;
4. “记录田地的纠纷与疆界的”②。

---

① 参看周法高主编《金文诂林》第12册,香港:香港中文大学,1974年,5976—5985页。

② 陈梦家《西周铜器断代》(三),《考古学报》1956年第1期,65—114页。陈先生已指出,在这四类当中,第一、第三两类最多,第四类最少。

这四大类,第一类可简称为"祭祀类",第二类可简称为"战功类",第三类可简称为"册赏类",第四类可简称为"诉讼类"。如果再加上"媵嫁类",则有五类。它们都属于家族性的纪念文字,即纪念祖考、纪念通婚、纪念战功、纪念封赏以及诉讼胜利。这些当然是现有铭文的主体,数量最多。但数量较少的例外也值得重视。比如,我已指出,史墙盘的铭文就比较特殊,和上述五类都不一样①。

这次发现的铭文应当算哪一种?我的看法是,它和上述五类也不一样,形式和内容都不一样。过去,大家常说,发现一篇铭文,如同发现一篇《尚书》,要讲文体,铜器铭文和《尚书》最接近。这话有一定道理,但并不完全准确。因为认真比较,《尚书》和铜器铭文,它们除语言相近,并不一样。严格说,金文五类,类似文体,《尚书》并没有,《逸周书》也没有。唯一有点交叉,只是金文"册赏类"和《尚书》的某几篇"命"(如《顾命》和《文侯之命》)。

按《尚书》类型的古书,即先秦所谓"书",本即"文书"之"书",乃档案之别名。这类档案,因文体不同,各有名称,似可粗分为四类:

1. 掌故类(典、谟)

古人有以历史掌故垂教训的传统。如《左传》文公六年、《国语·楚语上》有所谓"训典",《尚书》有《尧典》、《舜典》,是所谓"典"(义同"典故"之"典")②;《尚书》有《大禹谟》、《皋陶谟》,是所谓"谟"(取谋议之义)。它们都是以古史传说垂教训的篇章(《益稷》、《禹贡》也属于这一类)。《尚书》中的《虞夏书》各篇,基本上是这一类。当然,《尚书》和《逸周书》,它们也包含年代稍晚的故事(如《尚书》的《太甲》、《西伯戡黎》、《金縢》,等等)。这一类讲教训,和第二类的"诰"、第四类的"训"有交叉,但它的特点是不托空言,借助历史掌故。

2. 政令类(训、诰、誓、命)

① 李零《重读史墙盘》,收入《吉金铸国史》,42—57页。

② 杜预注说"训典"是"先王之书",韦昭注说"训典"是"五帝之书",《说文》卷五上也说"典"是"五帝之书也"。可见这里的"典"不是一般的简册,而是专指经典化的、掌故化的,可以垂为教训的古史传说。

《尚书》有《伊训》、《高宗之训》(即《高宗肜日》),《逸周书》有《度训》、《命训》、《常训》,是所谓“训”(此类多为教训之辞,《尚书》的《沃丁》、《洪范》、《无逸》也属于这一类);有《帝告(诰)》、《仲虺之诰》、《汤诰》、《尹诰》(即《咸有一德》)、《盘庚之诰》(即《盘庚》)、《大诰》、《康诰》、《酒诰》、《召诰》、《洛诰》、《康王之诰》,是所谓“诰”(此类多为布政之辞,但也含教训之辞,有时与“训”无别,《尚书》中的《微子》、《梓材》、《多士》、《多方》、《立政》也属于这一类);有《甘誓》、《汤誓》、《泰誓》、《牧誓》、《费誓》、《秦誓》,是所谓“誓”(誓神曰誓,此类多为誓军旅之辞);有《肆命》、《原命》、《说命》、《旅巢命》、《微子之命》、《贿肃慎之命》、《顾命》、《毕命》、《冏命》、《蔡仲之命》、《文侯之命》,是所谓“命”(此类多为命官之辞)。

3. 刑法类(刑、法)

《左传》昭公十四年有“皋陶之刑”、昭公六年有夏“禹刑”、商“汤刑”和周“九刑”,《逸周书·尝麦》有周成王《刑书》,《尚书》有《吕刑》,是所谓“刑”;《管子·任法》有黄帝置法之说,《左传》昭公七年有《周文王之法》,《逸周书》有《刘法》,是所谓“法”。

4. 戒敕类(箴、戒)

《左传》襄公四年有《虞人之箴》,《逸周书·尝麦》有成王箴大正之辞,是所谓“箴”(此类多属劝谏之辞)。《大戴礼·武王践阼》提到周武王“退而为戒书”,《逸周书》有《大戒》,是所谓“戒”(此类多属警告之辞)。

同《尚书》类的古书相比,我的印象是,这篇铭文的开头和第一类有关,也是以历史掌故作引子,但下面的内容则近于训、诰、箴、戒。它主要是讲道德教训,而不是纪念某一具体事件,和铜器铭文是不一样的。它更接近于章学诚所谓的“议论文词”①,即后世古书的主体。我们应注意的是,《尚书》虽来自古代的文书档案,但它们变为古书,变为后世可以阅读的材料,其实是选取的结果(不管这种选取是不是由孔子来完成)。它之区别于自己的母体,即原始的文书档案,主要在于,它更关心的并不是具体的制度或政令,也不是

① 章学诚《校雠通义》,古籍出版社,1956年,47页。

历史细节本身,而是围绕重大历史事件的议论和思想,它们引出的教训和借鉴,情况比较类似后世“事语”类的古书(如《国语》)。这篇铭文的文体,要比以往发现的铜器铭文更接近《尚书》(特别是其中讲道德教训的篇章),也更接近我们习惯上称为“古书”的东西。这在铜器铭文中还是首次发现,它对探讨古书的渊源很重要。

(二)铭文的内容

此篇是以禹平水土为整篇铭文的引子,这也是很重要的发现。因为大家都知道,20世纪二三十年代的疑古运动,禹是重点怀疑对象。过去,在《古史辨》第一册的中编,顾颉刚先生在他与钱玄同、刘掞藜、胡堇人讨论古史的几组文章中,一开始就是讨论这个问题[①]。他怀疑,禹和夏本来并没有关系,二者发生关系,是因为夏铸九鼎,代代相传,传到西周,上面有各种动物纹饰。许慎说“禹,虫也”(《说文》卷十四下内部)。顾颉刚先生怀疑,“禹或是九鼎上铸的一种动物”,“大约是蜥蜴之类”,只是到了西周,才被神化,从一条虫变成最古的人王。这就是鲁迅先生在《故事新编·理水》中大加嘲笑,所谓“禹是一条虫”的来历[②]。当时,顾先生以为《诗·商颂·长发》是最早提到“禹”的文献,并据王国维说,把《长发》定为西周中期宋人的作品。他认为,东周以来,所有关于禹的传说,都是从《诗经》推演;《尚书》中讲禹事的《禹贡》等篇,都是战国时期的作品。这些说法固然值得商讨。但我们都知道,顾先生是以大胆假设,提出问题,勇于开拓见长,属于“但开风气不为师”的学者类型[③]。他的研究,虽有疏放考证的地方,未必都能颠扑不破,但他提出的问题,他所搜集的材料,他所开拓的领域,经常都是后人讨论的基础。

按“禹”于早期文献多见,肯定不是秦汉虚构。如《诗》有《小雅》的《信

---

① 参看《古史辨》第一册,中编,朴社,1933年,59—198页。按:此编所收的10篇文章作于1923年2月至1924年2月,历时整整一年。

② 《鲁迅全集》,人民出版社,1956年,330—333页。

③ 参看顾潮《历劫终教志不灰》引顾颉刚致谭其骧信(1935年3月18日),华东师范大学出版社,1997年,161—165页。

南山》,《大雅》的《文王有声》和《韩奕》,《鲁颂》的《閟宫》,《商颂》的《长发》和《殷武》;《书》有《舜典》、《大禹谟》、《皋陶谟》、《益稷》、《禹贡》、《五子之歌》、《仲虺之诰》、《洪范》、《立政》、《吕刑》和《书序》;《逸周书》有《大聚》、《商誓》、《尝麦》和《太子晋》;《左传》有庄公十一年,僖公三十三年,文公二年,宣公十六年,襄公四年、二十一年和二十九年,昭公元年和六年,哀公元年和七年;《国语》有《周语下》、《鲁语上》、《鲁语下》、《晋语五》、《郑语》和《吴语》。至于《礼记》、《论语》、《孟子》,以及其他先秦诸子(除了《老子》),也是盛言禹功(特别是《墨子》)。这些文献,它们讲"禹",最热闹的传说,都是围绕他平治水土、划分九州,即《禹贡》所说的故事。这类故事,不仅是中国古代帝王传说的重要组成部分,也是中国地理学和制图学一向推崇的基本观念,以至《山海经》也好,《水经注》也好,凡古今之言舆地者,无不推崇于此(参看刘歆《上山海经表》、郦道元《水经注》序)。而其代表性词汇,就是《左传》襄公四年引《虞人之箴》所说的"禹迹"(禹走过的地方)①。

在上述古史讨论中,王国维先生并不是直接参与者。但1925年,即紧接在顾先生他们的讨论之后,他在他的讲义即《古史新证》中还是对这一问题给予了响应。如讲义序言对"信古"和"疑古"都有所批评:批"信古",是以《古文尚书》和《今本纪年》为例;批"疑古",是以抹杀尧、舜、禹为例。他说"疑古之过",在于"乃并尧、舜、禹之人物而亦疑之。其于怀疑之态度、反批评之精神不无可取,惜于古史材料未尝为充分之处理也"。为了说明这一看法,他特意在介绍性的第一章后,一上来就讨论"禹",并以"禹"作为第二章的题目。在这一章里,他讨论了两件铜器,一件是秦公簋(王氏作"秦公敦"),一件是叔弓镈(王氏作"齐侯镈钟")。前者是春秋秦国的铜器,提到"鼏宅禹责(迹)"。后者是春秋齐国的铜器,提到"虩虩(赫赫)成唐(汤),处禹之堵"。秦为嬴姓,齐为姜姓,它们都是周王室封建的异姓国家,一个西处雍州,一个东临海隅,它们都说,自己是住在禹活动过的地方。这对证明大禹传说的古老,当然是有力的证据。

---

① 按:《文王有声》"维禹之绩",《殷武》"设都于禹之绩",两"绩"字应读为"迹"。

王氏说：

> 夫自《尧典》、《皋陶谟》、《禹贡》皆纪禹事，下至《周书·吕刑》，亦以禹为“三后”之一。《诗》言禹者，尤不可胜数，固不待借他证据。然近人乃复疑之。故举此二器，知春秋之世东西二大国，无不信禹为古之帝王，且先汤而有天下也。①

现在发现的燹公盨，年代属于西周中期，这不仅比王氏举出的秦公簋和叔弓镈年代更早，而且语句与《禹贡》相似。这不仅对研究“大禹”传说流行的年代很重要，也对研究《尚书》中《禹贡》等篇的年代很重要。至少是把《禹贡》式的传说，从战国向前推进了一大步。现在，我们必须承认，这类说法在西周中期已经流行开来。

（三）铭文的主题

燹公盨铭从大禹治水的故事往下讲，主要是讲“德”。其叙述方式略同于《尚书·洪范》。《洪范》陈箕子之言说：

> 我闻在昔，鲧陻洪水，汩陈其五行；帝乃震怒，不畀洪范九畴，彝伦攸斁。鲧则殛死，禹乃嗣兴，天乃锡禹洪范九畴，彝伦攸叙。

它也是以上天命禹平治水土为前提，讲“彝伦”。他所谓的“彝伦”，就是

---

① 王国维《古史新证》，清华大学出版社，1994年。按：后来，顾先生把《古史新证》的第一、二章收进他主编的《古史辨》第一册的下编（264—267页），并附跋语：“颉刚按，读此，知道春秋时齐、秦二国的器铭中都说到禹，而所说的正与鲁、宋二国的颂诗中所举的词意相同。他们都看禹为最古的人，都看自己所在的地方是禹的地方，都看古代的名人（成汤与后稷）是承接着禹的。他们都不言尧、舜，仿佛不知道有尧、舜似的。可见春秋时人对于禹的观念，对于古史的观念，东自齐，西至秦，中经鲁宋，大部分很是一致。我前在《与钱玄同先生论古史书》中说：‘那时（春秋）并没有黄帝、尧、舜，那时最古的人王只有禹。我很快乐，我这个假设又从王静安先生的著作里得到了两个有力的证据！’”按：对禹的传说，顾氏主疑，王氏主信，倾向不同，但他们都承认它自西周以来已广为流行。

由“洪范九畴”(“初一”至“九”所叙)安排的生活秩序。这和铭文比较相似。

按此铭说话人是“豳公”(出现一次),说话对象是“民”(出现四次),教训“民”的是“德”(出现六次)。它所强调的是“德”。铭文中的“德”字,其第一次出现,原文是“天命禹敷土……隓(?)民鉴德,自作配飨”,上来先讲禹的“德”。禹的“德”是什么?是上天命禹治平水土,任土作贡,让住在禹域之内的人民衣食有自,生生不已。可见圣人的“德”,作为榜样的“德”,其实是“生民之道”,它是来自上天的授命。“德”第二次出现,原文是“民成父母,生我王作臣,乒昧唯德”,则是说生民昧“德”,要靠教化,让他们喜欢这种“德”,遵用这种“德”。所以铭文第三、第四和第五次提到“德”,就是反复申说“民好明德”的重要性。“民好明德”的重要性是什么,原文讲得很清楚,就是“扰在天下,用乒诏好谥,美懿德,康无不懋,孝友讦明,经济好祀无期”,“婚媾亦唯协”,它强调的是旌表德行,提倡孝养父母,友爱兄弟,调和婚姻,繁育子孙,维持祭祀不绝,也就是说,还是落实在“生民之道”。第六次,也是最后一次,铭文是由“豳公曰”作结,强调“民唯克用兹德”。全文以“德”始,以“德”终,“德”在铭文中处于中心位置。如果我们把这篇铭文当文章读,它最好的题目就是“好德”或“明德”。

铭文所说“好德”,《洪范》三言之,《论语》两言之,可摘录于下:

> 五,皇极:……而康而色,曰:“予攸好德。”汝则锡之福……于其无好德,汝虽锡之福,其作汝用咎。
>
> 九,五福:……四曰攸好德。(《书·洪范》)
>
> 子曰:吾未见好德如好色者也。(《论语》的《子罕》和《卫灵公》)

至于“明德”,古书所见更多,如《易》的《晋卦》,《书》的《康诰》、《梓材》、《召诰》、《多士》、《君奭》、《多方》、《君陈》、《文侯之命》,《诗》的《大雅·皇矣》。此外,《左传》的隐公八年,僖公五年、二十二年和二十八年,文公十八年,宣公三年和十五年,成公二年和八年,襄公十九年、二十四年和二十六年,昭公元年、七年和八年,定公四年,还有《礼记》的《大学》、《中庸》,它们也都提到了“明德”。文献中的“明德”有两种用法,一种是以“明”为形容词,一种是以“明”为动词。前者居大多数,后者只有《康诰》、《多方》的“明德慎罚”。而《大学》之两言“明明德”,则是追述早期文献而对两者都有所强调的新词汇。

我国治思想史的学者,多谓周人重亲尚德。䜌公盨铭的发现,对探讨中国古代思想史有重要意义,这是用不着我来多说的。

(四)地理观念问题

研究中国近代学术史,有一件事非常重要,这就是1934年顾颉刚先生受上述讨论鼓舞,发起出版《禹贡》杂志和成立禹贡学会①。顾先生治舆地,也是属于高屋建瓴。他想从中国地理学的核心概念入手,重新梳理我国的民族演进史和地理沿革史②。这对我国地理学史的研究无疑具有深远意义。五年前,我随唐晓峰先生发起创办《九州》杂志,就是想把顾先生提倡的研究讨论和学术气氛——自由讨论,平等对话,互相批评,互相尊重——继续下去。当时,我们不仅给杂志起了“九州”这个名字,还在每期扉页上,请不同的学者重复书写“芒芒禹迹,画为九州”(《虞人之箴》)。现在杂志已出到第三册。䜌公盨的发现,无异天助神思。在该刊第一册上,笔者曾专门讨论铜器铭文中的“禹迹”,以及“中国古代地理大视野”中的“九州”概念。当时,我曾这样议论:

> “禹迹”或“九州”,有出土文献为证,不仅绝不是战国才有的概念,可以上溯于春秋时代,而且还借商、周二族的史诗和书传可以上溯到更早,显然是一种“三代”相承的地理概念。这种地理概念是一种有弹性的概念,虽然夏、商、周或齐、秦等国,它们的活动中心或活动范围很不一样,但它们都说自己是住在“禹迹”,这一点很值得注意。它说明“九州”

① 早在1923年底,即上述讨论即将结束时,顾先生就已提出,“依本文的顺序,这一期应办《禹贡》”。参看顾颉刚《启事三则》,《古史辨》第一册,中编,187—188页。

② 参看《历劫终教志不灰》,158—173页。

的大小和界划并不重要。并且从古文字材料我们已经知道,古书所说的“雅”字,比如《诗经》中《大雅》、《小雅》的“雅”,本来都是写成“夏”。可见“夏”不仅是一种地域狭小、为时短暂的国族之名,而且还成为后继类似地域集团在文化上加以认同的典范,同时代表着典雅和正统(“雅”可训“正”),与代表“野蛮”的“夷”这个概念形成对照,为古代“文明”的代名词。春秋时代,中原“诸夏”强调“尊王攘夷”,使“夷夏”的概念更加深入人心。在这方面,秦是一个好例子。这个国家,不但其贵族本来和山东境内或淮水流域的夷人是一家,而且族众也是西戎土著,一直到战国中期的秦孝公时仍很落后,“僻在雍州,不与中国之会盟,夷狄视之”(《史记·秦本纪》),但有趣的是,就连他们也是以“夏”自居。证据有二,一是上面提到的秦公簋,二是睡虎地秦简《法律答问》。后者涉及秦的归化制度(即现在的移民法),规定秦的原住民叫“夏”,归化民叫“真”,只有母亲是秦人,孩子才算“夏子”,如果母亲不是秦人或出生于外国则只能叫“真”不能叫“夏”。所以“九州”不仅是一种地理概念,也是一种文化概念。①

豳公盨的发现再次证明,以“夏”为起点的“三代”概念在古代是何等深入人心。

最近,在上海召开的“新出土文献与古代文明研究”国际学术研讨会(上海大学,2002 年 7 月 28—30 日)上,应会议邀请和有关方面批准,我向大会介绍了《上海博物馆藏战国楚竹书》第二卷中归我负责注释的《容成氏》。《容成氏》,现存五十三简,篇幅较长,内容是讲上古帝王传说,它是从容成氏等一大批上古帝王,一直讲到尧、舜、禹和年代更晚的商汤和周文王、周武王,内容非常丰富。其中讲禹,重点也是大禹治水的故事,讲他如何疏导山川,划分九州,涉及很多重要的地理问题。篇中所述九州之名和山川形势,不尽同于《禹贡》。这不仅为重新认识传世文献中的《禹贡》提供了新的线索,也为深入探

① 李零《中国古代地理的大视野》,收入《中国方术续考》,东方出版社,2001 年,255—269 页。

讨出土文字材料中的“禹”增加了新的材料。将来材料公布,会有进一步的讨论。

2002 年 8 月 29 日写于北京蓝旗营寓所

补记:最近,到山东省博物馆参观,我又发现一件西周时期的柱足盨,即《山东省博物馆藏品选》(山东省博物馆编,山东友谊出版社,1991 年)图版 51 和《殷周金文集成》第九册(中国社会科学院考古研究所编,中华书局,1988 年)4436 著录的𢓊盨。此器与带矩形纽器盖的附耳方鼎十分相似,但自名为“盨”,盖器均饰重环纹和瓦纹。这也是盨源自附耳方鼎的重要证据。

原载《中国历史文物》2002 年第 6 期,35—45 页。

读杨家村出土的虞逑诸器[①]

陕西眉县杨家村窖藏出土的铜器共有二十七件，包括四十二年逑鼎两件，四十三年逑鼎十件，单叔鬲九件，逑盘、逑盉一对，叔五父匜一件，单五父方壶两件，𠆢盂一件，铭文共八套。其中除𠆢盂年代较早，不是同一家族的铜器，其他都是属于一个职官为虞、私名为逑的人所作，这里称为"虞逑诸器"。我把读后感写在下面。

一、铭文释文

（一）逑盘（图1）

逑曰：

不（丕）显皇高且（祖）单公，趄趄（桓桓）克明悊（慎）氒德，夹1 釁（诏）文王、武王达殷，雁（膺）受天鲁令（命），匍（溥）有四方，竝2 宅氒堇（勤）疆

---

① 本文是以陕西省考古研究所曹玮先生提供的初步释文为基础，与最近在北京世纪坛展出的原器（见盛世吉金——中国宝鸡21世纪重大考古发现首展，北京世纪坛，2003年3月10日—4月10日）校核，并参考陕西省文物局等编印的展览图录《盛世吉金》（北京出版社，2003年）而写成。文章写出后，3月19日接到北京大学考古文博学院博士后研究生董珊送来的待刊稿《略论陕西眉县发现的西周单氏家族窖藏青铜器铭文》（下简称"董珊文"），3月20日听取了李学勤先生在北京大学中文系孑民讲座上的报告，现在修改，又参考吸收了他们的意见，凡此均加说明，其他先我而言，与拙稿重复处，不再一一说明，请参看他们将来发表的正式文章。又本文引用器铭，多随文注明《殷周金文集成》（中国社会科学院考古研究所编，中华书局，1984—1994年）的出处；引用字体，多随文注明《金文编》（容庚编，中华书局，1985年）的出处。前者，下简称《集成》，后面的号码是卷数加序号。后者，下称《金文编》，后面的号码是页码加序号。

图1　逑盘铭文(拓本)

土,用配上帝。

雩(粤)朕先高且(祖)公弔(叔),克逑3匹成王,成受大令(命),方狄不亯(享),用奠四或(国)万邦。4

雩(粤)朕皇高且(祖)新室仲,克幽明氒心,𩛥(柔)远能㹜(迩),5会召(诏)康王,方褱(怀)不廷。

雩(粤)朕皇高且(祖)惠仲盠父,6盭龢于政,又(有)成于猷,用会邵

（昭）王、穆王，盗（调）政（正）四方，厮7伐楚刑（荆）。

雩（粤）朕皇高且（祖）零（灵）白（伯），沓（粦）明氒心，不彖（弛）□8服，用辟龚（恭）王、懿王。

雩（粤）朕皇亚且（祖）懿仲，敳谏谏，克9匍（辅）保氒辟考（孝）王、徲（夷）王，又（有）成于周邦。

雩（粤）朕皇考10龚（恭）弔（叔），穆穆趩趩（翼翼），龢訇（均）于政，明陵（齐）于德，亯（享）辟剌（厉）王。

逑11肇尸（纂）朕皇且（祖）考服，虔夙夕，敬朕死事，肄（肆）天子12多易（赐）逑休。天子其万年无疆，耆黄耇，保奠周13邦，谏辪（乂）四方。（前一半）

王若曰：“逑，不（丕）显文武，膺（膺）受大令（命），14匍（溥）又（有）四方，则繇（由）隹（唯）乃先圣且（祖）考，夹詔（诏）先王，爵15堇（勤）大令（命），今余隹（唯）巠（经）乃先圣且（祖）考，醽（申）豪（就）乃令（命），令（命）女（汝）疋（胥）16𤇾（荣）兑，耦嗣（司）四方吴（虞）、禁（林），用宫御。易（赐）女（汝）赤市幽黄，17攸（鋚）勒。”

逑敢对天子不（丕）显鲁休䵹（扬），用乍（作）朕皇且（祖）18考宝障（尊）盘，用追亯（享）考（孝）于前文人。前文人严才（在）上，廙（翼）才（在）19〔下〕，丰丰（蓬蓬）彔彔（勃勃），降逑鲁多福，睂（眉）寿𦒍（绰）𩔊（缓），受（授）余康𪊨，屯（纯）20右（祐）通录（禄），永令（命）霝（灵）冬（终）。逑畯（畯）臣天子，子子孙孙永宝用亯（享）。21（后一半）

（二）四十二年逑鼎（图2）

隹（唯）卌又（有）二年，五月既生霸乙1卯，王才（在）周康穆宫。旦，王各（格）大2室，即立（位）。嗣（司）工椒（散）右吴（虞）逑，入门，3立中廷，北乡（向），尹氏受（授）王赘（赉）书。4王乎（呼）史淢册赘（赉）逑。

王若曰：“逑，5不（丕）显文武，膺（膺）受大令（命），匍（溥）有四方，6则繇（由）隹（唯）乃先圣且（祖）考，夹詔（诏）先7王，爵堇（勤）大令（命），奠周邦，余弗叚（暇）8谭（忘）圣人孙子。余隹（唯）闸（狎）乃先且（祖）9考，又

图2　四十二年述鼎铭文(拓本)

(有)粪于周邦。肄(肆)余乍(作)□朝10 訇。余肇建长父侯于枈,余令(命)11 女(汝)奠长父休,克奠于㡀自(师)。12 女(汝)隹(唯)克弗(井=型)乃先且(祖)考,㝨严(玁)〔允(狁)〕,13 出,戠(捷)于井阿,于厤巖。女(汝)不(丕)艮戎。14 女(汝)[illegible]长父,以追博(搏)戎,乃即宕(荡)15 伐于弓谷。女(汝)执嘂(讯)隻(获)聝,孚(俘)器16 车马。女(汝)敏于戎工(功),弗逆朕亲令(命)。17 赘(赉)女(汝)鬯(秬)鬯一卣,田于鄽卅田,于18 降廿田。”

述拜稽首,受册赘(赉)以19 出。述敢对天子不(丕)显鲁休𩫏(扬),20 用乍(作)𩰬彝,用亯(享)孝于前文人。21 其严才(在)上,趩(翼)才(在)下,穆穆秉明德,22 丰丰(蓬蓬)㲋㲋(勃勃),降余康虔,屯(纯)又(祐)通录(禄),23 永令(命)釁(眉)寿𦀚(绰)䌛(绥),畯(隽)臣天子。24 述其万年无疆,子子孙孙永宝用亯(享)。25

(三)四十三年逨鼎

隹(唯)卌又(有)三年,六月既生霸丁亥,王1才(在)周康穆宫。旦,王各(格)周庙,即2立(位)。嗣(司)马寿右吴(虞)逨,入门,立中廷,北3乡(向),史減受(授)王令(命)书。王乎(呼)尹氏册令(命)4逨。

王若曰:"逨,不(丕)显文武,雁(膺)受大5令(命),敷(溥)有四方,则繇(由)隹(唯)乃先圣6考,夹醟(诏)先王,爵堇(勤)大令(命),奠7周邦,肄(肆)余弗谩(忘)圣人孙子。8昔余既令(命)女(汝)疋(胥)𤇾(荣)兑,𤔲嗣(司)9四方吴(虞)、𣐭(林),用宫御,今余佳(唯)巠(经)乃10先且(祖)考,又(有)爵于周邦,𤕌(申)豪(就)11乃令(命),令(命)女(汝)官嗣(司)歷人,毋敢妄(荒)宁,12虔夙夕,𢦏(叀)雍我邦小大猷。雩(粤)乃13専(布)政事,毋敢不𦘔不井(型)。雩(粤)14乃𩛥(讯)庶又(有)㕁(戾),毋敢不中不井(型)。15毋龏橐,龏橐隹(虽)又(有)宥从(纵),乃敄(侮)16鳏寡,用乍(作)余我一人死,不小(肖)隹(唯)死。"

王17曰:"逨,易(赐)女(汝)鬯(秬)鬯一卣,玄衮衣,18赤舄,驹车求較(较),朱19虢𩊁(靳),虎冟熏裹,画𨏥20画转,金甬,马四匹,攸(鋚)勒。敬夙夕,21毋灋(废)朕令(命)。"

逨拜稽首,受册22佩以出,反入堇(瑾)圭。逨敢对天23子不(丕)显鲁休𢼸(扬),用作朕皇24考龏(恭)弔(叔)𩰫彝。皇考其严25才(在)上,廙(翼)才(在)下,穆穆秉明德,丰丰(蓬蓬)㚔㚔(勃勃),降26〔余〕康𢨇,屯(纯)又(祐)通录(禄),永令(命)27𥄳(眉)寿𦑒(绰)𩕢(绥),畯(隽)臣天子。逨其万年28无疆,子子孙孙永宝用亯(享)。29

(四)逨盉

逨乍(作)朕皇高且(祖)单1公圣考䵼(尊)盉,2其万年子孙永宝用。3

(五)单叔鬲

单弔(叔)乍(作)孟𡠧(祁)䵼(尊)彖,其万年子子孙孙永宝用。

（六）单五父壶

单五父乍（作）朕1皇考隮（尊）壶，2其万年子子3孙孙永宝用。4

（七）弔（叔）五父匜

弔（叔）五父乍（作）旅也（匜），其1万年子孙永宝用。2

（八）盂

乍（作）宝盂，其子子1孙孙永宝用。。2

二、问题讨论

（一）作器者的名字

旧释“逨”，可商。这个字，写法同于逑盘“逑匹成王”的“逑”，以及墙盘“逑匹氒辟”的“逑”。两者必须统一。西周金文中的这个字，现在从郭店楚简的线索看，是相当“君子好逑”的“逑”，在铭文中是匹配之义①。此字所从的“求”，不但和“来”字不同，也与今“求”字有别。后世的“裘”字，都是“裘皮”之“裘”的本字，字形是另一来源。这种写法的“求”，后世已失传，其实就是学者释为“桒”的那个字。后者在甲骨文中的辞例是“～雨”、“～年”、“～禾”，在金文中的辞例是“～福”、“～寿”、“祈～”，并与“匄”字互文，今或读为“祷”，但早期甲骨学家是释为“求”，我看还是早期甲骨学家的读法更顺理成章②。

作器者名“逑”，他的字，全称是“叔五父”。“叔”是加在字前表示行辈，“五”是与名相应（互训或反义）的字本身，“父”是加在字后表示性别，说明他是男性。古人以“五父”为字有陈公子佗（见《左传》隐公七年、庄公二十二

---

① 参看陈剑《据郭店简释读金文一例》，收入安平秋等编《北京大学中国古文献研究中心集刊》2，北京燕山出版社，2001年，378—396页。

② 李零《郭店楚简校读记》，北京大学出版社，2002年，76—77页。

年),其名、字关系,学者或以《诗·召南·羔羊》的"素丝五纶"为解①。又鲁故城有"五父之衢",可能也与人名有关②。这里的"五父",可能是另一种名、字互训,"五"疑读为"伍",如伍子胥,《汉书·古今人表》作"五子胥"。而"伍"有匹配之义,如古书常说的"与某某为伍"(如《史记·淮阴侯列传》、《汉书·司马迁传》等,例子很多),又医方讲究"配伍禁忌",都是这种意思。

(二)作器者的身份

铭文中的"逑",身份是周王室的虞官。"虞",铭文作"吴"。《书·尧典》"舜命益作朕虞",马融注:"虞,掌山泽之官名。"《周礼·地官》有"山虞"、"林衡"、"川衡"、"泽虞"四官,管山林川泽。这是我们的一般印象。但西周职官中的"虞",除掌山林川泽,也掌苑囿和动物的畜养。如同簋和免瑚(《集成》8:4270—4271、9:4626),铭文所见虞,是掌"场"、"林"、"虞"、"牧"③。"场",为场人("场",古书亦作"畼"),是管休耕地的官员;"林",为林衡,是管山林的官员;"虞",为驺虞,是管苑囿和驯养鸟兽的官员(《周礼·天官·钟师》);"牧",为牧人,是管畜牧的官员。逑任虞官,应是世官。逑盘讲周王册命逑,说"今余唯经乃先圣祖考,申就乃命,命汝胥荣兑,䵼司四方虞、林,用宫御"。"经"可训"法",这里是依循之义④。"申"是再的意思。"就"是成的意思。"胥荣兑",是辅佐"荣兑","荣兑"是以荣为氏的人名(荣氏是西周大贵族)。意思是说,按他先辈的官职,命他继续担任这类官职。他的职责主要是辅佐荣兑,管虞、林和宫室用度,有点类似后世的少府⑤。但他的权力还不止于此。在宣王四十三年鼎的册命中,宣王在他的原有职务之上,又增加了一条新的任命,命他管"歷人"。"歷人"见《书·梓材》,作"肆

---

① 周法高《周秦名字解诂汇编》,台北中华丛书委员会,1958年,128页。

② 周法高《周秦名字解诂汇编补释》,同上,78页。

③ 同簋的作器者"同"和铭文提到的"吴(虞)大父",都是虞官,详见下文讨论。

④ 参看郭沫若《两周金文辞大系图录考释》,上海书店出版社,1999年,下册,204页。

⑤ 古代财政系统向有"食"、"货"之分(《汉书·食货志》)。"食",出自土地和农业,供政府、军队消费;"货",出自山林川泽和工商业,供王室消费。战国以来,有大府、少府之设,分掌之。大府主"食",少府主"货"。虞与后世少府的职能有关。

往奸宄、杀人、歴人宥”，学者对“歴人”有不同解释，但一般都同意是和司法惩治的对象有关①。《大戴礼·子张问入官》讲“君子入官”的七种不利，其中有“歴”，解释是“狱之所由生”，卢辩注：“歴，歴乱也。”他的新职显然与司法有关。此外，他还参加战争。如四十二年逑鼎就提到逑随杨侯长父伐猃狁，因功受赏。虞和军事有什么关系？和“歴人”有什么关系？这个问题也值得讨论。我的看法，虞的职能，除掌山林川泽，也管驯养鸟兽和畜牧业，其中也包括养马。比如，《尧典》中的“益”，古书也叫“伯益”，是舜的虞官，他的职责就是掌“草木鸟兽”。伯益是秦、赵等国共奉的远祖，《史记·秦本纪》称为“大费”，说他“佐舜调驯鸟兽，鸟兽多驯服”。大费的子孙，在夏、商、周三代都是以养马和驾车而著称，如费昌为商王汤御，造父为周穆王御，皆其著称者。秦的祖先非子，也是因为为周孝王在“汧渭之会”（今陕西宝鸡县）养马，“马大蕃息”，才受封于秦。我想，逑参加战争，很可能是与他管养马或御马有关。例如“逑”的祖先惠仲盠父（“盠”字应怎么隶定，还值得进一步探讨，这里暂时写作“盠”）就曾为周昭王和周穆王养马，这有50年代出土的盠器可以证明。“歴人”，则可能与使用囚犯、俘虏和奴隶于制造业和土木工程有关。工商业，后世属少府管，此时可能与虞官有一定关系。虞与王室有密切关系，古书说文王“询于八虞”（《国语·晋语四》），可见是很重要的职官。

（三）作器者的世系

铭文所见“逑”的世系是八代，计“皇高祖”或“先高祖”五人，“亚祖”一人，下来是他的“皇考”，以及他本人。其称谓、所当王次和有关人物，可列述如下：

（1）皇高祖单公。当文王、武王，即叔方鼎的“单公”②。

（2）先高祖公叔。当成王，疑即贤簋和恒簋的“公叔”，恒是公叔之子③。

---

① 参看《盛世吉金》，李学勤序。

② “单公”，见叔方鼎（《集成》4：2270），与此疑是一人。

③ “公叔”，见贤簋（《集成》7：4104—4106）和恒簋（《集成》8：4199—4120），与此疑是一人。

(3)皇高祖新室仲。当康王,即盠器的“大仲”①。

(4)皇高祖惠仲盠父。当昭王、穆王,即盠器的“盠”和同簋的“惠仲”,同是惠仲之子②。

(5)皇高祖灵伯。当恭王、懿王,或即同簋的“吴(虞)大父”,同以惠仲为考,辅佐虞大父,似是大父之弟③。

(6)皇亚祖懿仲。当孝王、夷王,未详④。

(7)皇考恭叔。当厉王,或与史颂诸器中的“恭叔”为一人⑤。如果是,则颂与逑为兄弟。颂是史官,但负责工商业,“官司成周贾,监司新造贾,用宫御”。其“用宫御”,实与此同。

(8)逑。当宣王。

这些祖考名,“单公”,是单氏之祖,“公”是长者之称,多用称王朝卿士,铭文未著其名、字,这是第一代单公⑥;“公叔”,应是单公下面分出的公叔氏。“新室仲”,可能是从公叔氏分出的属于仲这一行辈的新支,不一定是人名。他们是逑的先辈中,年代相当周初的几个重要人物。西周中期以来(昭王以下),庙制开始发达,不但分昭、穆,谥法也非常流行,如这里的“惠”、“灵”、“懿”、“恭”,都是谥法用字。其人名前面所加的“伯”、“仲”、“叔”都是行辈字。这里面,只有“惠仲盠父”是以字称,“逑”是以名称,其他都不著名、字。逑的四世祖考,包括惠仲盠父(高祖)、灵伯(曾祖)、懿仲(祖父)和恭叔(父亲)。灵伯是惠仲的长子,还属于惠仲这一支,但他的儿子是次子,必须分出为另一支,所以称为“亚祖”。“亚祖”以上,一律称为“高祖”。这些“高祖”,只是单氏家族中与逑有关也比较著名者。其中公叔、新室仲和惠仲都是小宗。

---

① “新室仲”,即盠驹尊、盠方尊、盠方彝(《集成》11:6011—6013、16:9899—9900)的“大仲”。“大仲”又见大簋(《集成》8:4165)。

② “惠仲盠父”,即驹尊、盠方尊、盠方彝的“盠”和同簋(《集成》8:4270—4271)的“惠仲”。

③ “灵伯”,铜器未见,或即同簋的“吴(虞)大父”。

④ “懿仲”,铜器未见。

⑤ “恭叔”,见史颂鼎、史颂簋、史颂壶(《集成》5:2827—2829、8:4332—4339、15:9731—9732),与此或是一人。

⑥ 参看《盛世吉金》,李学勤序。

谈到西周铜器铭文中的“高祖”和“亚祖”①,过去我曾做过一点讨论。我认为,史墙盘的“高祖”,诚如罗泰教授所说,不一定是指直系先祖,他和“亚祖”之间的世次可以是断开的,而且年代也可以隔得较远,但瘐钟铭文中的“高祖”却是和“亚祖”相连。也就是说,“高祖”的概念可远可近。逑盘的发现,是很好的印证②。惠仲盠父曾为昭、穆二王养马,他的名字应怎样隶定,现在还有不同看法。《穆天子传》卷一提到穆王西征的“天子之御”,有造父、三百、耿翛、芍及。此人可能是类似人物。他是这个家族中比较重要的人物,并且是西周大贵族益公的子孙。下面还要谈到③。

(四)铭文的格式

这次发现的三套长铭,其格式值得注意。逑盘是记逑担任虞官的任命,未著年月。四十二年逑鼎是记逑任虞官后,伐猃狁有功,受周王册赏(铭文叫“册赉”)。四十三年逑鼎是记周王对逑的另一次册命。逑盘的铭文是分前后两半,前一半是缅怀先祖,略同史墙盘,不同点是,史墙是把列王、列祖分开讲,它是合在一起讲;后一半是摘录宣王对他的初命。两者都有固定的程式。四十二年逑鼎和四十三年逑鼎,也是沿用当时册命的套语,与宣王时期的毛公鼎最为相似。

(五)有关发现

(1)1955 年眉县李家村出土的盠器。器物是由李村农民(李含章、李焜等)发现和上交,出土地点在村北的半塬上,与杨家村邻近。出土铜器,包括驹尊两件(一件为全器,一件存盖),方尊一件,方彝两件。铭文分两套,驹尊同铭,方尊、方彝同铭④。这五件铜器,驹尊之一(全者,图 3)和方彝之一是

---

① 据《史记・周本纪》,周之先祖有“高圉”、“亚圉”,或与这类称呼有关。

② 李零《重读史墙盘》,收入北京大学考古文博学院编《吉金铸国史》,文物出版社,2002 年,42—57 页。

③ 铭文中的其他人名,如“荣兑”、“司工散”、“史減”、“司马寿”都是因叙事而连带提及。其中“史減”见于寰鼎和寰盘(《集成》5:2819、16:10172)。“孟祁”也是这一家族之外的女子。

④ 李长庆等《祖国历史文物的又一次重要发现》,《文物参考资料》1957 年第 4 期,5—9 页。

图3 盠驹尊

藏于中国历史博物馆,其他三器藏于陕西历史博物馆。过去,学者对它的年代有不同看法,现在看来,应是穆王或恭王时的器物。作器者“盠”即逑器铭文中的“惠仲盠父”,盠器提到他的“文祖益公”和“文考大仲”。“文考大仲”,即逑器的“新室仲”。“文祖益公”,也可能是公叔的同辈,而不一定是公叔本人。这是他的直系祖考。“益公”,金文多见,为王室大臣,“益”是封邑名①。其有关铜器多属西周中期②,而这位益公年代较早,也可能是第一代益公。现在看来,益公也是单氏家族的一个分支,这是很重要的发现。

(2)1972年眉县杨家村出土的旟鼎。器物是由杨家村的农民王双海发现和上交,出土地点在村北300米的土壕边。这件体型巨大的鼎现在藏于陕

① “益公”之“益”不从水,并用为“谥”字(《金文编》,344页;0793),写法当理解为兮的省体加皿旁。
② 参看吴镇烽《金文人名汇编》,中华书局,1987年,212页。

西历史博物馆。一般看法,它是康王时的铜器,如果作器者"旟"与逑属于同一家族,则此鼎的作器者就应当是新室仲,"旟"是他的名①。

(3)1987 年眉县杨家村窖藏出土的逑钟和逑镈。器物是杨家村砖厂取土时发现,据说是出土于窖藏,地点距上述大鼎的发现地点只有百余米。原出土钟、镈十八件,有五件流失海外,剩下十三件,包括编钟十件、编镈三件。它们除一件在中国历史博物馆,其他在眉县博物馆。编钟分三组,甲组两件,无铭;乙组四件,有铭;丙组四件,无铭;丁组为编镈三件,无铭②。流失海外的五件,从编钟的组合规律推测,应为编钟四件,编镈一件。编钟属上乙组,其中两件在美国,一件在克利弗兰博物馆(Cleveland Museum of Art),高 70.3 厘米,有铭文 128 字,是乙组中的第二件③,还有两件较小,一件在纽约私人手中,一件在香港私人手中,另外一件编钟和一件编镈,下落不明。它们与这次的发现是同人之器。

这些发现,出土地点邻近,附近应有重要居址。我个人认为,此地就是盠器所述"执驹"的地点,即西周金文中的"庠"、"豆"二邑所在④。我们希望,考古工作者能做进一步调查和发掘,或许还有新的发现。

三、若干词句的理解

除上面已经讨论过的若干词句,铭文中还有许多词句值得讨论:

---

① 郭沫若《关于眉县大鼎铭辞考释》,《文物》1972 年第 7 期,2 页;史言《眉县杨家村大鼎》,同上,3—4 页。

② 刘怀君《眉县出土一批西周窖藏青铜乐器》,《文博》1987 年第 2 期,17—25 页;《眉县出土一组青铜乐器》,《中国文物报》1990 年 8 月 16 日,第 1 版。

③ 此器流入美国,最初见于 1987 年出版的一本图录,即:Robert Hatfield Ellsworth, *Later Chinese Painting and Calligraphy*, 1800-1950, First Edition, Vol. 3, New York: Random House, 1987。1988 年,美国学者罗泰先生曾有所讨论,见 Lothar von Falkenhausen, *Ritual Music in Bronze Age China: an Archaeological Perspective*, Ph. Dissertation, Harvard University, 1988, Part 1, pp. 367-368。1989 年,上述图录的作者(纽约古董商)将此器转售于克利弗兰博物馆。参看:Machael R. Cunningham, Stanislaw J. Czuma, Anne E. Wardwell and J. Keith Wilson, *Masterworks of Asian Art*, pp. 26-27。

④ 我将另文讨论这一问题,见《三代考古的历史断想》。

（1）明悊（慎）乓德。读“明慎乓德”。辞例同《易·旅》“明慎用刑”①。

（2）夹雷。读“夹诏”。类似《左传》常说的“夹辅”（僖公四年、二十七年，宣公十二年）。“诏”有辅相之义②。

（3）并宅乓堇疆土。读“并宅乓勤疆土”。“宅”是定居之义，意思是说定居于单公辅佐文王、武王苦心经营的疆土之内。类似用法在铜器铭文中很多，如何尊（《集成》11:6014）、秦公簋（《集成》8:4315）。

（4）雩。读“粤”。逨盘的六个“雩”字和四十三年逨鼎的两个“雩”字，都是相当于古书中的“粤”或“越”，毛公鼎有“雩之”对“历自今”的例子（《集成》2:2841），可见此字含有表示过去发生之事的含义。

（5）肄。读“肆”。此字一般训为“故”，是承原因句之后，引其结果句的转折词。《尔雅·释诂》训为“今也”的“肆”，也是同样的意思。它只是在表达既往之事的句子后，才具有相当于“今”的含义。

（6）成受大令。读“成受大命”。意思是成就其所受大命。下文“有成于猷”、“有成于周邦”的“成”也是这个意思，但是名词。

（7）方狄不亯。读“方狄不享”。这里的“方”与下文“四方”的“方”写法不同，用法有别。此句与下“方怀不廷”是类似表达，两处的“方”写法相同，含义也一样，都是表示方始之义，而不是广大之义；“狄”，与“怀”相当，也是动词，疑应读为《诗·鲁颂·泮水》“桓桓东征，狄彼东南”的“狄”，即相当于“剔”（剔除之义），而不是“逖”（遥远之义）。“不享”，是不来进贡的意思，古书常与“不廷”并说，如《大戴礼·五帝德》“举皋陶与益，以赞其身，举干戈以征不享不庭无道之民”。

（8）方褱不廷。读“方怀不廷”。“方”，含义同上“方狄不享”的“方”。“怀”，是怀归之义。“不廷”是不来朝见的意思，毛公鼎有“率怀不廷”，为类似表达，但“方”和“怀”意思并不一样。按古书也把“不享”和“不廷”称为

---

① 参看陈伟武《旧释“折”及从“折”之字平议》，《古文字研究》第22辑，中华书局，2000年，251—256页；陈剑《说慎》，收入李学勤、谢桂华主编《简帛研究二〇〇一》，广西师范大学出版社，2001年，207—214页。

② 杨树达《全盂鼎跋》，收入《积微居金文说》，中华书局，1997年，41—42页。

“不享觐”(《穀梁传》僖公五年、昭公三十二年)。《诗·商颂·殷武》有“莫敢不来享,莫敢不来王”,也是这类意思。

(9)盜政四方。读“调正四方”。秦公钟、镈有“谐朕国,盜百蛮”,“盜”与“谐”互文。“谐”,原从两耒三犬,学者多释“协”,但甲骨、金文另有“劦”字,才是真正的“协”字;而此字多用于钟铭,表示乐声之和,这里读为“谐”。而“盜”,则以音近读为“谐调”之“调”(“盜”是定母宵部字,“调”是定母幽部字,古音相近)。按今语“调整”,古书是作“调正”,多指乐音的调整(如《魏书·广平王传》等)。但古人既用这样的词讲音乐,也用这样的词讲政治。如下文“和均于政”,“和均”也是既用于讲音乐,也用于讲政治。

(10)厮伐楚刑。读“厮伐楚荆”。第一字,旧读“扑”,但古书没有这种辞例,近有学者提出,此字是与“戋”字的古文写法有关,当改释为“翦伐”[①]。按金文“伐”字有两种不同写法,一种声旁上部作甾形,一种与此字声旁相同(《金文编》,158页:0379),所释尚有疑问。

(11)不象□服。读“不弛□服”[②]。第三字,原器漏铸,疑是“阜”字,原文似是不懈怠其职责的意思。

(12)敉谏谏。含义待考。

(13)亯辟剌王。读“享辟厉王”。“辟”字残,董珊文辨为“辟”,可信。

(14)耆黄耇。第一字,从老从者,不是“耆”字。

(15)谏辪四方。读“谏乂四方”,含义待考。

(16)则繇隹乃先圣且考。读“则由唯乃先圣祖考”。第二字,原文从言,严格隶定是对应于“䌛”,而不是“繇”。它在铭文中是相当于表示原因的“由”字,意思是说,这一切全是靠了你的先辈。

(17)𢍜堇大令。读“𢍜勤大命”。第一字,从其他两件鼎的“有𢍜于周邦”句看,应是勋劳之义,过去或释“爵”,或释“勋”,或释“劳”[③]。释“爵”于

① 刘钊《利用郭店楚简字形考释金文一例》,《古文字研究》第24辑,中华书局,2002年,277—281页。

② 参看孟蓬生《释“象”》,《古汉语研究》1998年第3期,70—71页。又陈剑待刊稿《金文“象”字考释》也有类似意见。

③ 参看李孝定《金文诂林附录》,香港中文大学,1977年,1456—1471页。

形为胜（合于此字的上半），但于义不通。释“勋”、释“劳”于义为胜，但缺乏字形根据。特别是金文另有“劳”字（《金文编》，902 页：2215），与此不同。这里暂时按字形隶定，阙疑待考。

（18）粡。过去有“并”、“兼”、“摄”等各种猜测①，字形和含义还有待进一步研究。

（19）康𤔲。金文常见，下字的写法，一般是从爪从网从又，有时还加虍旁（多加在下面），逑器也是加虍不加虍，两种写法都有，可见虍旁不是声旁，声旁是另一部分。此字，前人或释“虔”，读为“康健”②。

（20）畯臣天子。读“隽臣天子”。“隽”，有长久之义。以上见逑盘，凡此所释辞例重见下面两器者，不再重复说明。

（21）尹氏受王赘书。读“尹氏授王赉书”。这里是说作册尹氏把王册赏逑的册书授予到场的逑，“受”应读为“授”。

（22）余隹闸乃先且考，又爯于周邦。读“余唯狎乃先祖考，有爯于周邦”。“闸”，见于豆闭簋，过去是释为“闭”（《集成》8：4276），但其所从“才”，金文与“甲”无别，此从董珊文释。这个字的读法，董珊文猜测，也许是读为“念”，我则怀疑是读为“狎”。《尔雅·释诂下》：“狎，习也”，这种用法在古书中很多，如《左传》襄公四年“民狎其野”，《国语·周语中》“未狎君政”，都是这个意思，其中并没有贬义。此语与下四十三年鼎的“今余唯经乃先祖考，有爯于周邦”是类似的句例。

（23）肄余乍□朝訇。读“肆余作□朝訇”。第四字缺。第五字残，疑释“朝”。早期的“朝”字多从川或从水（《金文编》，460—461 页：1099），正是这样写。此句也可能是读为“肆余作汝朝询”，意思是要逑时时朝见，问政于他。

（24）余肇建长父侯于杨。“杨”，所从“昜”，上面缺“日”，此从董珊文释。董珊文认为铭文的“长父”，就是《新唐书·宰相世系表》所说“杨氏出于

---

① 参看《金文诂林附录》，1544—1555 页。

② 参看《金文诂林附录》，1723—1731 页；郭沫若《盠器铭考释》，《考古学报》1957 年第 2 期，1—6 页。

姬姓,周宣王子尚父封为杨侯”的“尚父”,此说出现很晚,暂时可备一说。按《新唐书·宰相世系表》之说亦见《广韵》。古书另有“晋封杨侯”说,见《汉书·扬雄传》和《元和姓纂》卷五,盖把杨侯之后在晋者误解为始封的杨侯①。

(25)余令女奠长父休,克奠于毕自。读“余命汝奠长父休,克奠于毕师”。铭文中的两个“奠”字并为“定”义,盖指逑护送杨侯,定其居于驻屯之地。铭文中的“师”字与“师氏”之“师”不同,乃“西六师”、“殷八师”之“师”,是驻屯之称。

(26)克弗。另器作“克井”,“弗”是错字,应读“克型”。

(27)罙严允。第一字,上半残,下半与“辟”、“樊”等字所从相同,应与另器(尚未除锈)核对。

(28)出。出击。

(29)女不艮戎。读“汝丕艮戎”。“艮”有止、限之义(见《易·艮》等书),这里指拦击戎人。

(30)。待考,疑是捍蔽之义。

(31)鄌。右半从卩不从邑。以上见四十二年逑鼎,凡此所释辞例见下器者,不再重复说明。

(32)雍我邦小大猷。读“叀雍我邦小大猷”,似指专主其谋。

(33)不叏不井。读“不叏不型”。“叏”,或释“画”,或释“规”②,还不能肯定。此句应与下文的“不中不型”相似,都是不合规矩的意思。

(34)乃甐庶又沓。读“乃讯庶有戾”。此句是对应上文的“乃布政事”。“讯”,指司法审讯。“戾”,原作“沓”,同“吝”,古书用为通假字,如《礼记·大学》“一人贪戾”,郑玄注:“戾,或为吝。”古人多以“罪”训“戾”(《尔雅·释诂上》),这里是指触犯刑律者。

(35)毋龏橐,龏橐隹又宥从。读“毋龏橐,龏橐虽有宥纵”,“龏橐”,待考;“宥纵”,应是宽赦之义。李学勤先生在他的演讲中,对这段话有专门讨

① 参看赵超《新唐书宰相世系表集校》,中华书局,1998 年,上册,121—122 页。

② 参看周法高《金文诂林》,香港中文大学,1974 年,第 4 册,1808—1816 页。

论,对我很有启发。

(36)用作余我一人[illegible]。末字,写法有点怪,左半如倒置之口,右半从卩,董珊文释“夗”,读“怨”,但其他几件或作“死”。

(37)不小隹死。读“不肖唯死”。以上见四十三年逑鼎。

2003 年 3 月 15 日初稿

3 月 24 日改定于北京蓝旗营寓所

补记:4 月 12 日,世纪坛撤展之际,宝鸡文物局的任周方先生、眉县文化馆的刘怀君先生,以及世纪坛的吴莛女士,为我特意安排到库房参观,让我目验原器,核对释文,从而了解到四十三年鼎的铭文,其中一件是三范错位,两件是分载连读。过去,我只见过钟铭连读,没见过鼎铭连读,这是重要发现。另外,我还向任、刘两位先生请教了宝鸡地区和眉县本身的地形、地貌,学到很多知识,又克利弗兰博物馆藏钟,材料是承上海博物馆的李朝远先生提供。均此致谢。

原载《中国历史文物》2003 年第 3 期,16—27 页。

冯伯和毕姬

——山西绛县横水西周墓 M2 和 M1 的墓主

山西绛县横水西周墓地是近年的重大考古发现①。去年夏天，在周原遗址与西周文化国际学术讨论会上，我听过吉琨璋先生的精彩报告。他说，这两座墓的墓主，从出土铜器的铭文看，M2 的墓主是倗伯，M1 的墓主是某姬，姬上的怪字不认识，引起我的浓厚兴趣。休息时，我向他讨教，这个怪字怎么写，他给我比划了一下。我说，这恐怕是毕字。晚上，他给我看电脑中的铭文，我发现，这个字有不同写法，但经过比较，还是毕公的毕字。通读铭文后，我提出我的初步判断：倗伯即冯伯，冯伯是媿姓；毕姬则是毕公在晋国的后裔，可能与后来晋六卿中的魏氏有关。最近，阅读横水西周墓地的发掘简报和发掘者合作撰写的研究论文②，还有李学勤先生的文章③，我想就这一问题补说几句，讲四点意见，供大家参考。

（一）我们先说冯伯，为什么我要把倗读为冯。

倗，铭文字形，严格讲，是从勹从朋。朋是朋贝之朋，像串贝，为货币单位。勹旁，虽然是从人旁分化，但古文字是两个不同的偏旁，还是有区别，从人是后世的隶定，许慎已经这样写（《说文・人部》）。加上勹旁的这个字，在

---

① 宋建忠等《山西绛县横水西周墓地》，国家文物局主编《2005 中国主要考古发现》，70—77 页。

② 山西省考古研究所《山西绛县横水西周墓发掘简报》，《文物》2006 年第 8 期，4—18 页；吉琨璋等《山西横水西周墓地研究三题》，以下简称《三题》，同上，45—49 页。

③ 李学勤《绛县横北村大墓与鄘国》，《中国文物报》2005 年 12 月 30 日，第 7 版。

古文字中,经常是作朋友的朋,而有别于朋贝的朋。值得注意的是,在古文字中,它还有个用法,是作冯字。比如《左传》中的楚令尹薳子冯,他的冯字,淅川下寺铜器就是写成倗。传世古文,如《古文四声韵》卷一第十一页背引《王存乂切韵》,冯字略为走形,但还可看出,也是这种写法。还有,《诗·小雅·小旻》"不敢暴虎,不敢凭河",其中的"凭"字,《说文·水部》作"淜"。倗读冯是没有问题的。

倗伯,从发表的倗伯爯簋看,其名为爯。西周铭例,行辈字,伯仲叔季的伯是嫡长,和孟不同,孟是庶长。内服王臣多称公、伯,公是老臣,伯是嫡长,和亲属制度有关。很多伯都是以嫡长袭官爵。外服诸侯,一般称侯,但古方国的君长,也往往称伯,情况很复杂。《三题》例11的倗季鸟尊,既称季,似可说明,这里的伯是行辈字。

冯,其族姓值得讨论,《三题》引用的12个例子足以说明,它是媿姓。特别是例2倗仲鼎,还先此证明,倗、毕是互为姻娅。例10虎叔作倗姒簋,作者引用我和董珊(我以前的学生)署名的有关讨论,说倗读冯,冯是姬姓,倗姒是夫氏。这一讨论是由董珊执笔[1]。他的意见,倗读冯很正确,但冯为姬姓却失之考索。冯为姬姓,是传统姓氏书的说法,这个说法,从铜器铭文看,并不正确[2]。

(二)冯到底是什么姓?《世本》佚文有两种说法[3]。

一是姬姓说。《世本》佚文作"冯氏,文王第十五子毕公高之后,毕万封魏,支孙食采于冯,因氏焉"。这种说法,汉代就有。如《说文·邑部》:"鄢,姬姓之国,从邑冯声。"《东观汉记·冯魴传》:"冯氏,其先,魏之别封,曰华

---

① 《保利藏金》编辑委员会《保利藏金》,广州:岭南美术出版社,1999年,86页。

② 格伯簋,倗生的生,现在都同意,是外甥之甥,即强调其母氏或舅氏。这种称谓,当是侨民所用,即他的出生地是一个国家,随母或舅来到另一国家。睡虎地秦律有以母方和出生地为侨民定国籍的规定。我怀疑,金文所谓生,古书所谓甥,很多都是余子、赘婿,因为出外谋事,特意表明出生地,亦犹女子出嫁而有母氏。下面提到的冯简子,大概也是这类人。

③ 清代学者为《世本》辑佚,各家辑本,以秦嘉谟《世本辑补》最为详赡,下以此本为主。参看《世本八种》,北京:商务印书馆,1957年,215、307页。

侯,华侯孙长卿,食采冯城,因以氏焉。”后来的姓氏书多主此说。

二是归姓说。秦嘉谟辑本,归姓下面有四支:

(1)归氏,《世本》佚文作“胡子国,归姓,为楚所灭,子孙姓归氏”,即楚昭王所灭的胡国(《春秋》三传定公十五年),据说在今安徽阜阳;

(2)河宗氏,《世本》佚文作“主河者,因以为氏”,河宗,作为地名,是“河伯无夷之所都居”,在阳纡之山的附近(《穆天子传》卷一),即河宗氏的祖庭,据考,在今内蒙古河套一带。河伯无夷,原来是沿黄河南下的鬼方之酋,后来,在民间信仰中变成黄河之神。《水经注·洛水注》引《竹书纪年》就有洛伯与河伯斗的传说。河伯之名,《庄子·大宗师》、《楚辞·九歌》、《山海经·海内北经》等书,也作冰夷、冯夷、冯迟,冰与冯,夷与迟,都是通假字,这里值得注意的是,这个部族首领是以冯为氏;

(3)冯氏,《世本》佚文作“归姓,郑大夫冯简子之后”,冯简子见《左传》襄公三十一年,是子产执政时的著名大臣,他在郑为官,但祖籍可能是晋地;

(4)鄘氏,《世本》佚文作“出自伯絮,国在虞、芮间”,《穆天子传》卷一提到河宗伯夭和鄘伯絮(絮,或作綮),他们都出自河宗氏,鄘,其实就是冯,正如倗可读冯。

这四支,胡氏是一支,在南方;河宗氏、冯氏和鄘氏,说是三支,其实是同一来源,在北方。归纳起来,《世本》记载的归姓,主要是胡、冯两支。冯氏更重要。冯氏归姓说,汉代也有人讲,如《潜夫论·志氏姓》说战国时期的韩国有冯亭(上党人),秦有冯劫,汉有冯唐、冯奉世(上党人)、冯衍等,都是出自这一支,但此说不如前者影响大。

(三)这两种说法,哪种对?我们可以讨论一下。

姬姓说,从出土发现看,并不正确,但冯氏与毕公之后的魏氏有关,还是值得注意。倗仲鼎和横水二墓的发现都证明,冯氏与毕氏可能世代通婚。毕姬所出的毕氏,是毕公之后在晋地者。毕万是它的后裔。毕万封魏,上距横水西周墓,大约还有两百多年,当然不可能证明,晋国的毕氏最初也住在魏。但有趣的是,魏在今芮城,而《世本》佚文说,河宗氏的伯絮,“国在虞、芮间”,

正与魏邻近。而魏从鬼声,也让人联想,这个地名会不会与冯氏所出的鬼方有关。当然,我们也不排斥,魏氏之后,或有与冯氏共处,而以同一地名为氏称为冯者。即使姬姓说,里面也折射出某种历史事实。

归姓说,现在证明,是冯的本姓。《世本》所谓归姓,《左传》所谓怀姓、隗姓,金文是作媿姓。据王国维考证,它们都出自鬼方,归、怀、隗三字,都是媿的通假字,鬼方以媿为姓,正如羌为姜姓之戎,猃狁为允姓之戎,都是以族为姓①。他的考证,虽然仍有争论,但我以为,是远见卓识。《左传》定公四年说,周公辅佐成王,封唐叔于晋,赐怀姓九宗。怀姓九宗,就是媿姓的九个部落②。它们是哪九个部落,今已难知其详,但金文中的媿姓,有冯有胡(如倗仲鼎胡叔簋),正可印证《世本》之不虚。特别是冯氏,乃是源出河宗氏的正宗嫡脉,肯定是怀姓九宗中最重要的一支。前人说,鬼方和狄有关,狄分白狄、赤狄。春秋战国,鲜虞、中山是白狄,东山皋落氏、潞氏、甲氏、留吁、铎辰、廧咎如是赤狄。白狄是姬姓,赤狄是媿姓。后者可能就是怀姓九宗的后裔。

(四)最后,我想说的是,冯、毕的关系还值得深入探讨。

晋史,是周移民与夏遗民或当地土著通婚融合的历史。冯、毕是其缩影。这次发现的横水大墓,M1 的随葬品比 M2 奢侈豪华,毕是王室贵族,冯是当地土著,水平不一样。我们要注意的是,冯、毕的关系,不仅是儿女亲家,还是“战略伙伴关系”。

晋灭霍、魏、耿,是靠赵、毕、韩。霍和霍以北,主要由嬴姓的赵开拓和据守(让人想起西土的秦);晋南,则主要由周移民开拓和据守。韩、毕皆姬姓分支。毕万封魏,在今芮城,近于冯,正如赵近霍而韩近耿。耿在今河津,扼龙门口,在上游。魏在其下游,南北呼应,都是沿黄河最宽阔处设立的重要据点。魏悼子迁霍地的吕(因而也以吕为氏),一度北上,占有今万荣和夏县一

① 王国维《鬼方、昆夷、猃狁考》,《观堂集林》卷十三,1 页正—12 页背,收入《王国维遗书》,上海:上海古籍书店,1983 年,第二册。

② 陈公柔《说媿氏即怀姓九宗》,收入氏著《先秦两汉考古学论丛》,北京:文物出版社,2005 年,101—107 页。

带,重心始终在晋西南。

河宗氏本来是黄河上游的部落,是传说中黄河之神的子孙。他们沿黄河南下,落脚于晋西南,而有西周时期的冯,毕氏则来自西土。他们在此汇合,结成这样一种关系,实在耐人寻味。

这段婚姻的后面,一定还有很多故事。

原载《中国文物报》2006 年 12 月 8 日,第 7 版。

东周铜器

春秋秦器试探

——新出秦公钟、镈铭与过去著录秦公钟、簋铭的对读

春秋时期秦国的有铭铜器出土不多。过去见于著录主要有两件:一件是宋吕大临《考古图》卷七第九至十一页所收秦公钟(实为镈),为宋仁宗庆历年间叶清臣守长安时所得,早已失传①;一件是传说1921年甘肃天水县附近出土的秦公簋,现藏中国历史博物馆②。两器铭文内容相似,都提到"十又二公"。历来考释者都断定它们是同一个秦公所作,但因为对"十又二公"排列不同,而于作器者有成公、穆公、共公、桓公、景公五说。最近陕西宝鸡县杨家沟公社太公庙大队新出土了一组同铭的春秋秦国铜器,包括六件一套的编钟(缺第六件)和三件一套的编镈共八件。值得注意的是,这一铭文与上述二器字合句应,出于同一格式③,并且明确提到"文公、静公、宪公",可据以推定它们的作器时代大约是在秦武公前后。这一发现不仅对重新探讨上述二器的内容与年代问题有重要帮助,而且对理解春秋秦国的历史也有许多启发。

---

① 此镈仅有摹画的图形。郭沫若在《殷周青铜器铭文研究》一书中曾据此镈与《博古图》所绘叔夷镈的图形相似,以后者确定前者的年代,这是不对的。容庚《宋代吉金述评》(《学术研究》1963年第6期)曾指出后书图形每每有混用前书之处,举例有十几器之多,其中即有此器。实际上,这两张图不只是相似而且是完全相同,后者就是混用前者。

② 此簋形制纹饰犹存西周末期之风,如盖器的瓦纹、圈足的环带纹,但口缘所饰蟠虺纹已开新时期的作风。其外壁有秦汉人加刻"西一斗七升大半升,盖"(盖)、"西元器,一斗七升,奉簋"(器)等字,知为秦汉时西县官物,与出土地点吻合。

③ 这种铭文格式的沿袭,对铜器研究很重要,类似的一例是新近陕西省扶风县庄白出土丙、丁两组癫钟对墙盘铭文的抄用。

图一　秦公镈

图二　秦公簋(1)

图三　秦公簋(2)

今合新旧两组器铭对读，试释如下：

秦公曰：我先且（祖）受天令（命），□（赏）宅受或（国）。

赏，用为被动意义，与受同义。赏宅，是说受封邑；受国，是说受国土列为诸侯，一句话指的是两件事。按《史记·秦本纪》载秦之称秦，始于非子邑秦。非子原出大骆之族，最初居于西犬丘（在今甘肃天水县西南），为周孝王养马于汧、渭二水之间，因为马养得好，周孝王有心立他为大骆嫡嗣，但阻于申侯之言不得立，所立为申侯之女所生子成。成居于西犬丘，非子则被“邑之秦”（在今甘肃清水县东北）。秦先祖于周受封邑的只有非子，其后不闻更有封邑之事，铭文所谓“赏宅”，显然就是指非子。又同书载襄公将兵救周，护送周平王东迁洛邑，卓有功劳，周平王封他为诸侯，将岐以西周人旧土赐给他，让他从西戎手里去收复，说到“襄公于是始国”，这应当就是铭文所谓的“受国”。文公卜居“汧、渭之会”，曾说“昔周邑我先秦嬴（即非子）于此，后卒获为诸侯”，就是追忆这两件事。可见这两件事都是秦历史上的大事。

【对读】

秦公钟：“秦公曰：不（丕）显朕皇且（祖）受天命，竈（奄）又（有）下国。”①

秦公毁：“秦公曰：不（丕）显朕皇且（祖）受天命，鼏（宓）宅禹责（跡）。”②

这个开头与上铭是一样的，也是讲秦先祖于周受有封邑和国土，只不过

① 竈又下国，应即《诗·鲁颂·閟宫》“奄有下国”，秦公毁“竈囿”，钟铭作“匍有”可证，此从旧释。《石鼓·吴人》：“𠭊（载）西𠭊（载）北，勿（忽）竈勿（忽）代”，竈亦奄字。或以之为竈，恐非是。

② 鼏，或释幎训覆，或释迥训远。然此字见于国差𦉜，作“齐邦鼏静安宁”，字实假为宓静之宓。此亦当读宓，宓宅犹言安居。禹责，《诗·商颂·殷武》：“天有多辟，设都于禹之绩”，《左传》哀公四年：“芒芒禹迹，画为九州”，这里指传说中的九州。

上铭是将“赏宅”和“受国”合而言之，这里是两器分别言之，钟铭是讲“受国”，𣪘铭是讲“赏宅”。𣪘铭“鼏宅禹责”，禹责指传说中的九州。九州是中原诸夏对其居住活动范围的一种说法，实际上是夷夏杂处。秦人僻处雍州，归化于周后，自视入于诸夏行列，故为此语。

剌（烈）= 邵（昭）文公、静公、宪公，不豖（坠）于上。

剌=，威武貌。昭，显现，《诗·大雅·文王》：“文王在上，於昭于天”，传：“昭，见也”，“见”是见于天，这里的“不豖于上”也是说在天上。文公、静公、宪公，是襄公之后的三个秦君。文公很重要，在位五十年，是秦创国事业的实际完成者。在他之前，襄公虽受封诸侯，名义上拥有岐以西之地，但实际上至死未能收复。只是到文公，才尽逐西戎，扩地至岐，收周余民，立史记事，正式把周人早期活动的周原一带接收下来。后来宪公迁都平阳（在今陕西宝鸡县以东阳平镇附近），德公再迁都雍（在今陕西凤翔县南），都是沾溉他的余泽。静公是文公长子，史称“不享国而死”，实际并未在位，称公是死后赐谥。过去人们排列下铭“十又二公”都不算他，但现在此铭却将静公与文公、宪公并列，可知死后赐谥的公实际上仍应计算在内。这对订正下铭的年代很重要。宪公，《史记》有两种记载，《秦本纪》作“宁公”（《集解》引徐广说作“曼公”），《秦始皇本纪》作“宪公”，旧多从《秦本纪》，以“宪”为“宁”（或“曼”）字之讹，今得此铭适证其反：无疑“宁”（或“曼”）是“宪”字之讹①。铭文提到这三个公很重要，说明作器的秦公应是“宪公”之后，宪公有子武公、德公、出子，三人都曾在位，其中出子先立，在位六年，居西陵（未详）、葬衙（在今陕西白水县东北）；武公其次，在位二十年，居葬均在平阳；德公最后，在位两年，居雍，葬不详（参见表一）。武公居葬均在平阳，与铜器出土地点十分接近（仅数里之隔），作器的秦公可能就是武公，或者器是出子作而武公时入藏。

① 汉代文字中宁、曼、宪三字极易相混，如罗福颐《汉印文字徵》：宁作、曼作、宪作。《史记》中宁、曼相混，除这一例外，还有《晋世家》“晋侯子宁族”，《索隐》引《世本》作“曼期”，《赵世家》“至宁葭”，《索隐》曰“一作蔓葭”。

【对读】

秦公钟:“十又二公,不豕(坠)在上。”

秦公毁:“十又二公,在帝之矿”。①

此与上铭对应,也是说秦先祖有灵在天,但上铭仅于“十又二公”特别标出作器者之曾祖、祖父、父亲三代,不备举。关于“十又二公”,旧有五说:(1)宋杨南仲说,自非子至宣公,是为成公说②;(2)罗振玉说,自秦侯至成公,是为穆公说③;(3)宋欧阳修说,自秦仲至康公,是为共公说④;(4)容庚先生说,自庄公至共公,是为桓公说⑤;(5)宋杨南仲及欧阳修或说(郭沫若同志赞同此说),自襄公至桓公,是为景公说⑥。这五说,只有穆公说是逆算,认为只有称霸西戎、即《左传》中大书特书的穆公足以当此铭“剌=趄=”,由此上溯推得“十又二公”;其他四说都是顺算,只是算法不同。成公说是从始邑于秦的非子算起,共公说是从《史记·十二诸侯年表》首列的秦仲算起,桓公说是从始见称公的庄公算起,景公说是从始封诸侯的襄公算起。诸说都未把静公计算在内,如算上静公,都当提前一公,修正为宣公、成公、康公、共公、桓公五说。比较五说,穆公(成公)说完全是凭先人之见,毫无根据;共公(康公)说以《年表》首列秦仲为理由,但《年表》首列秦仲是因为此表始于西周共和元年,适当秦仲四年;景公(桓公)说虽貌似合理,但不顾庄公已见称公的史实,也过于主观武断;真正值得考虑的只有成公(宣公)、桓公(共公)二说。二说相比,桓公说即修正后的共公说,是以文献明确记载的庄公始见称公为依据,比较最为合理。这里我们肯定庄公称公,初看似乎

① 矿,见于酃侯鼎、麦尊,皆封邑名,于此或释坏(即坯,义为土丘),或释覆,或释侧,要与猶钟“在帝左右”、叔夷镈“又严在帝所”义近。

② 《考古图》卷七,9—11页。此书引用欧阳修说出其所撰《集古录跋尾》,见《欧阳文忠全集》卷一三四。

③ 《贞松堂集古遗文》卷六,13—16页。

④ 《考古图》卷七,9—11页。此书引用欧阳修说出其所撰《集古录跋尾》,见《欧阳文忠全集》卷一三四。

⑤ 《秦公钟毁之时代》,《考古社刊》第6期。

⑥ 《考古图》卷七,9—11页。此书引用欧阳修说出其所撰《集古录跋尾》,见《欧阳文忠全集》卷一三四。

令人感到奇怪：秦人正式受周封的是襄公，庄公怎么可以是第一个公呢？但其实却并不奇怪。因为它与武王灭商，周人追称文王正是一样的，也是出于追称[①]。而且，这种追称不同于一般的追称，乃是属于创国前的第一代追称，它同古人屡屡称道的"受命"说直接有关。虽然从实际上讲，文王并未正式称王，但按照"受命"的观点解释，却可以认为是已经称王，而且在比较正式的意义上（有别于古公、季历的追称太王、王季）甚至是第一个王。这一点的确立很重要，它可以帮助我们理解，为什么墙盘铭历述周初各王是把文王列为第一个王，为什么《史记·殷本纪》既说文王称王是死后追谥，又把所谓"断虞芮之讼"的那一年说成是文王受命称王之年。古人所谓"受命"虽然都是倒追其事，假托天命为其取得政权的合法依据，但在古人本身却是十分认真的说法。我们对文献记载庄公始见称公这一点是不应该做轻率否定的。

邵（昭）合皇天，以虩事蠻（蛮）方。

邵，昭显。合，配也。此承上而言，是说"不豕于上"的文公、静公、宪公等先祖考配于皇天上帝。《诗·大雅·文王》："永言配命，自求多福"，"殷之未丧师，克配上帝"，传皆以"配天命而行"为释，即其所当之义。下铭对应此句作"严龏夤天命"，可为旁证。虩，《说文》："虩，《易》：'履虎尾，虩虩恐惧'"，是恐惧的意思，引文出于《易·履》，今本"虩"作"愬"，是通假字，《公羊传·宣公六年》："灵公望见赵盾，愬而再拜"，何休注："愬，惊貌，知其欲谏，欲以敬拒之"，是愬兼有敬、惧二义，与恭、惕等字同，这里应是小心畏忌的意思。事，观下铭可知，不可读为"使"，仍应读如本字，是对待的意思。虩事蠻方，指秦为周慎守西陲，以和西戎，主语仍然是前面的三个公。三个公都是死人，但在古人的观念

① 文王称王是出于追称，《史记·周本纪》兼有二说，一说生前受命称王，一说死后追谥，很矛盾。其实"受命"就是追谥时假托，《正义》批驳郑玄所谓文王生前即已"改正朔、布王号"是正确的。庄公称公也是出于追称，前人也已指出，见《毛诗正义·秦风·秦谱》孔颖达疏。

中，可以俨然同于在世的时公。

【对读】

> 秦公钟、𣪕："严（俨）龏（龏）夤天命，保㸓（乂）氒秦，虩事䜌（蛮）夏"。①

上句是敬畏天命的意思，与上铭"邵合皇天"相当。䜌夏，是兼言蛮夷、诸夏，说明当时秦人已不再局处于西戎之地，同中原诸夏也有了来往。"虩事"既连诸夏而言，知"事"不可读"使"，役使中原诸夏，这不是当时秦人所能讲的话。

以上是作器之秦公称扬其先祖功烈的铭辞。

> 公及王姬曰：余孛（小子），余夙夕虔敬朕祀，以受多福，克明又（有）心，盭（戾）龢胤士，咸畜左右，𧺝（蔼）₌允义，翼（翼）受明德，以康奠𤞷（谐）朕或（国）、盗（肇）百䜌（蛮），具即其服。

公，即上文秦公。王姬，见于文献多指王室下嫁诸侯之女。盭龢，见于师訇𣪕及墙盘、㾜钟等器，作"盭龢于政"。盭同戾，《尔雅·释诂》："戾……定……止也"，《诗·大雅·桑柔》："民之未戾，职盗为寇"，《云汉》："何求为我，以戾庶政"，与"盭龢于政"用法相同，二字义为安定和协。胤士，《说文》："胤，子孙相承续也。"殆指世袭的卿僚。咸畜左右，是说全都收罗在身旁。𧺝𧺝，于省吾先生释蔼蔼②，《说文》："蔼，臣尽力之美，从言葛声，《诗》曰：'蔼蔼王多吉士。'"康奠，康，安也；奠，定也。𤞷字，像两耒三犬，此字卜辞多见，率作两耒两犬，为地名。见于金文有：(1)㾜钟："敢乍（作）文人大宝

① 严同俨，《尔雅·释诂》："俨，敬也"；龏，同龏，《说文》："龏，悫也"；夤，《说文》："夤，敬惕也"，是敬畏的意思，《尚书·无逸》："严恭寅畏天命"，与此同例。保㸓，金文或作保辪，从杨树达《积微居金文说》释乂，义为治理。

② 于省吾《双剑誃古文杂释》。

龢钟”，与此同形；（2）𤔲卣、罍（旧皆误为尊，据 *The Freer Chinese Bronzes*PL. 52 与《怀米》上 7 正）：“王占攸田𤔲，𤔲乍（作）尊𫳅”，三犬有两犬在上、一犬在下（《金文编》误分为两字），为人名；（3）下钟铭：“𤔲龢万民”，字从刀；（4）者减钟：“𤔲于我霝”，与（3）同形；（5）叔夷镈：“龢䜌而又（有）事”，字复从言。观上数例，此字多用以形容钟声和美。《左传》襄公十一年晋侯赐乐器给魏绛，曰：“子教寡人和诸戎狄以正诸华，八年之中，九合诸侯，如乐之和，无所不谐，请与子乐之”，正是借乐之和以比况人事之和，所用即谐字，又例（3）与《周礼·天官冢宰》“以谐万民”同例，例（5）字且从言，都说明此字当以读为龢谐之谐较为合适。郭沫若同志曾释此字为协[①]，今天我们讲协和与谐和似乎音义俱同，但卜辞、金文协字乃劦田之劦的专字，与谐古音有别，一在叶部，一在脂部，绝不相混，两个字是应加以区别的。鍌，应即盗。宋郭忠恕《汗简》盗即作鍌，盗所从次，《说文》别列籀文作㳄，与此相同。又《石鼓·汧沔》“其籃氏鲜”，字复从竹，张政烺先生释罩[②]。意当与《诗·小雅·南有嘉鱼》“烝然罩罩”之罩同。这里似当读为肇或兆，即《诗·商颂·玄鸟》：“肇域彼四海”的肇字，是正的意思。肇训正，亦见《国语·齐语》“竱本肇末”韦昭注。服，在其字后，显系名词，指“百蛮”为秦附庸所即臣守之职。

【对读】

秦公钟：“曰：余虽（唯）孛（小子），穆＝帅秉明德，叡尃（敷）明井（型），虔敬朕祀，以受多福，𤔲（谐）龢万民，唬（虔）夙夕，剌（烈）＝桓＝，万生（姓）是敕，咸畜百辟胤士，䵹（蔼）＝文武，锟（镇）静不廷，䪥（柔）燮百邦，于秦执事。”[③]

秦公毁：“余虽（唯）孛（小子），穆＝帅秉明德，剌（烈）＝桓＝，万民是敕。咸畜胤士，䵹（蔼）＝文武，锟（镇）静不廷，虔敳（敬）朕祀。”

---

① 郭沫若《殷周青铜器铭文研究》。

② 张政烺《猎碣考释》，北京大学潜社《史学论丛》第一册。

③ 叡，智也。尃，同敷，布也。桓桓，威武貌。敕，戒也。䪥，读柔，安抚义。燮，和也。

毁铭多剿钟铭而有节略。钟铭“曰”同于上铭“秦公曰”,也是用来表示秦公在不同时间所说的另一番话,与上铭格式相同。“慈龢万民”、“万民是敕”,与上“慈朕或”相当,是说秦内部的安定和谐。“锟静不廷,䰝燮百邦,于秦执事”,与上“簉百蠻”相当,是说秦外部的安定和谐。

乍(作)氒龢钟,霝(灵)音鍴=雝(雝)=,以匽(燕)皇公,以受大福,屯(纯)鲁多釐,大寿万年。秦公𢉩(其)晄(俊)黔在立(位),雁(膺)受大命,釁(眉)寿无疆,匍(溥)有四方。𢉩(其)康宝。

头两句钟铭习见。皇公,用法同于“皇祖皇考”,指秦先公。𢉩,读为其。

晄黔在立,晄同畯,读与下铭同;黔,见于黔镈,为人名,又见于师克盨,铭曰:“克黔臣先王”,见于师訇鼎,铭曰:“鍒明黔辟前王”,义不详,这里“晄黔”与下铭“畯疐”似乎意义相近。匍又,经传作“敷佑”,但金文用法却与“奄有”同,例如下钟铭“匍又”,毁铭即作“竈(奄)囿(有)”,又墙盘“匍(溥)又(有)上下”与“迨受万邦”对文,都说明“匍又”实即“溥有”,也就是普有、广有之义①。

【对读】

秦公钟:“乍(作)盄(淑)龢[钟]。氒名曰秙(固)邦,其音鍴=雝(雝)=孔皇(煌)。以邵(昭)零(格)孝享,以受屯(纯)鲁多釐,釁(眉)寿无疆。畯疐(至)在立(位),高引又(有)慶(庆),匍(溥)又(有)四

① 金文习见的“匍有四方”。《尚书·金縢》,作“敷佑四方”,传:“布其德教以佑助四方”,解释是很勉强的。杨树达在《积微居金文说》中就已对这种读法提出怀疑,认为“匍有”应读如《左传》襄公十三年“抚有蛮夷,奄征四海”的“抚有”,这大体是对的,但他之所谓“抚有”之“抚”,既与“奄”字对文,据《荀子·宥坐》“勇力抚世”,杨倞注“抚,掩也,犹言盖世”,则实与“溥”同。徐仲舒、唐兰先生和裘锡圭同志所写墙盘铭考释也都弃经传旧释而以溥有、抚有、普有等为释,可见这一句本来是应依金文本身正读的。又墙盘“匍有上下”,同出丙组𤼈钟作“匍有四方”,可见“上下”、“四方”意思是相同的。

(四方)永宝。宜。”①

秦公毁:“乍(作)[illegible]宗彝,以邵(昭)皇且(祖)䫌(其)严(俨)徵各(格),以受屯(纯)鲁多釐,覺(眉)寿无疆。畯(俊)疐(至)在天,高引又(有)慶(庆),竈(奄)囿(有)四方。宜。”②

毁铭“以邵皇且䫌严徵各”,旧多作“以邵皇且,䫌严徵各”断读,其实此句与钟铭“以邵霝孝享”是对应的,“邵”“各”分置一句首尾,很明显是离析“邵各”一词而言之。类似用法在金文中屡见不鲜,例如“帅刑”可作“帅”某某“刑”,“蔑曆”可作“蔑”某某“曆”,克盨:“敢对天子不(丕)显鲁休扬”,实际上等于“敢对扬天子丕显鲁休”。可见这一句在结构上应是“以邵/皇且/䫌严徵/各”③。昭格一词,金文屡见,推其意义当是祈求先祖昭显格至之义,也就是求其显灵。“严徵”是用来修饰“邵各”的,“严”当与“其严在上”之“严”同,是俨然的意思。又钟铭“畯疐在立”,毁铭作“畯疐在天”。畯,师俞毁:“畯在位”,畯是高的意思;疐,晋姜鼎:“乍(作)疐为极”,“乍疐”与“为极”互文,疐乃假为至字,是为民立极的意思,与《尚书·洪范》“皇建其有极”、“惟皇作极”用法相同,这里疐字的用法、读法与之相同;“在天”的“天”字,过去一般都认为是“立”字的讹写。

此下半篇是作器之秦公奉祀其先祖之辞。

① 䊀,所从古,下口字内有一短横,其实仍是古字(战国文字的古字口内有横)。此字也见于晋公盨,铭曰:“䊀燮万邦”,“䊀亲百尔”,旧无释。其实这个字是可以释出的,它应当就是叡觶、录㦰卣、录㦰尊铭“戍于辝自”用作地名的辝字,丰虽写在右边,但古文字左右可以无别。地名辝,甗甗、䣛卣作古,因此林义光《文源》曾指出辝、古是同一个字。高田忠周《古籀篇》也有同样看法,并指出古玺文、匋文中的圖字应即固字。古繁作为䊀,附加的丰可能是用来辅助表音代表古字所从的见母。这里䊀邦应当读作固邦,如同《国语·晋语》“夫固国者在亲众而善邻”之“固国”。晋公盨的“䊀燮”则与“戾和”意思相近。高引有庆,高者远也,引者久也,有庆即有福。引旧释弘,于豪亮《说“引”字》正之,其实这个字也就是《说文》列为部首的㐅字,引是后出之体。宜,缀于铭末,为秦器所仅见,同样的例子也见于春秋秦国兵器秦子戈与秦子矛,这个宜字有可能是作用类似族名的特殊标识字。

② [illegible],或释嘉,或释为,或释敃,均与字形不合。

③ “邵各”二字分读,日本白川静《金文通释》卷四已言之。徵,此为暂释,或释归。

表一　秦非子至景公世系①

君　名	年　代	居	葬
非子,邑于秦后号秦嬴	约周孝、夷、厉王时,在位时间不详	始居犬丘(即下西犬丘,在今甘肃天水县西南);后别邑于秦(在今甘肃清水县东北)②	
秦侯	约周厉王时,立10年		
公伯	约周厉王时,立3年		
秦仲	前844—前822年,立23年		
庄公,《年表》名"其"	前821—前778年,立44年	破西戎并有犬丘地,居其故西犬丘	
襄公	前777—前776年,立12年	《正义》引《帝王世纪》:"二年,徙都汧(在今陕西陇县南)。"《封禅书》:"秦襄公既侯,居西垂(即上西犬丘一带)。"③	《始皇本纪》:"葬西垂",《索隐》:"葬西土"
文公	前765—前716年,立50年	元年,居西垂宫;四年,卜居汧渭之会而营邑之④	葬西山(在西犬丘)。《始皇本纪》:"葬西垂"⑤

① 此表是据《史记·秦本纪》、《秦始皇本纪》、《十二诸侯年表》、《封禅书》等制成。表中凡不列出处者是据《秦本纪》,列有出处者为他篇异说。有关《集解》、《索隐》附列篇后。年代项除非子、秦侯、公伯三世仅列其大致所当西周各王外,余皆据《史记·十二诸侯年表》换算为公元纪年。

② 此犬丘乃西犬丘,即汉之西县。《集解》、《正义》以之为周犬丘(在今陕西兴平县东南)实误。秦,即汉陇西郡秦亭秦谷,见于《汉书·地理志》,《集解》、《正义》沿用其说。

③ 襄公"徙都汧"一条,《秦本纪》本文有脱。《正义》引《括地志》:"故汧城在陇西汧源县东南三里。"又引同书谓西垂即"秦州上邦县西南九十里,汉陇西西县是也"。按秦为周保守西垂,西垂当指周西部边陲,即所谓"岐以西之地",其所当范围为今甘肃东南部一带,包括西犬丘在内,西犬丘即秦守西垂之据点,故后人或视同一地。

④ "汧渭之会",如据该篇上文非子主马于"汧渭之间"(《正义》曰:"言于二水之间,在陇州以东。"),似乎是指襄公徙都之汧;但如据文公卜居此地时所说"昔周邑我先秦嬴于此",则应该是指非子所邑之秦。

⑤ 《集解》引徐广说:"皇甫谧云葬于西山,在今陇西之西县。"但《正义》引《括地志》却说:"秦宁公墓在歧州陈仓县西北三十七里秦陵山。《帝王世纪》云秦宁公葬西山大麓,故号秦陵山也。"并按:"文公亦葬西山,盖秦陵山也。"两说按之《始皇本纪》所说"葬西垂",似乎应以前说为是。

续表

君名	年代	居	葬
靖公,《始皇本纪》作“静公”	?—前718年,先文公卒,不得在位		
宁公,《正义》:“一云‘曼公’。”《始皇本纪》作“宪公”	前715—前704年,立12年	二年,徙居平阳(在今陕西宝鸡县东)。《始皇本纪》:“居西新邑”①	葬西山。《始皇本纪》:“葬衙(在今陕西白水县东北)”②
出子,《年表》作“出公”	前703—前698年,立6年	《始皇本纪》:“居西陵”,《索隐》:“一云居西陂”	同左《索隐》:“葬衙”
武公(出子之兄)	前697—前678年,立20年	元年居平阳封宫。《始皇本纪》:“居平阳封宫”,《集解》引徐广说:“一云平封宫”	葬雍平阳。《始皇本纪》:“葬宣阳聚东南”
德公(出子之兄)	前677—前676年,立2年	元年,初居雍城大郑宫,卜居雍(在今陕西凤翔县南)③	
宣公	前675—前664年,立12年	《始皇本纪》:“居阳宫”	同左:“葬阳”
成公(宣公弟)	前663—前660年,立4年	《始皇本纪》:“居雍之宫”,《集解》引徐广说:“之,一作‘走’”	同左:“葬阳”
缪公,名任好(宣公弟)	前659—前621年,立39年		葬雍
康公,名䓨	前620—前609年,立12年	《始皇本纪》:“居雍高寝”	同左:“葬竘社”

---

① 《集解》引徐广说:“郡之平阳亭。”《正义》:“按:岐山县有阳平乡,乡内有平阳聚。”《括地志》云:“平阳故城在岐州岐山县西四十六里,秦宁公徙都之处。”《太平寰宇记》卷三十:“《三辅黄图》云右辅都尉理所,秦宁公徙居平阳即此地,今县东十五里渭水故郿城是也。”按:平阳故城即今宝鸡县东阳平镇,与《正义》所说岐山县西四十六里之阳平乡当为一地,而非郿县故城。郿县故城说当由北魏改郿县为平阳县误托。

② 《集解》引《地理志》云:“冯翊有衙县”,《汉书·地理志》师古注:“即《春秋》所云‘秦晋战于彭衙’。”

③ 《集解》引徐广说:“今县在扶风”,《正义》引《括地志》云:“岐山县南七里故雍城,秦德公大郑宫城也。”

续表

君　名	年　代	居	葬
共公,《索隐》:"名貑",《年表》名"和",《穀梁传》宣公四年疏引《世本》:"秦伯稻,秦共公也"	前608—前604年,立5年	《始皇本纪》:"居雍高寝"	同左:"葬康公南"
桓公	前603—前577年,立27年	《始皇本纪》:"居雍太寝"	同左:"葬义里丘北"
景公,《索隐》:"《始皇本纪》作(哀)[僖]公",《集解》引徐广说:"《世本》云景公名后伯车也"	前576—前537年,立40年	《始皇本纪》:"居雍高寝"	同左:"葬丘里南"

经上讨论,我们确定,新出秦公钟、镈的年代大约是在秦武公前后,约当春秋前期之末(前697—前678年);过去著录秦公钟、簋的年代大约是在秦共公时,约当春秋中期偏后(前608—前604年)。这对春秋秦国铜器的断代研究无疑很有意义。但更重要的是,两组器铭的内容还涉及到了从非子至康公的一整段秦史:其中讲到了非子的"赏宅",讲到了襄公的"受国",讲到了庄公以来的"文公、静公、宪公"等"十又二公",这对理解秦创国前和创国初期的历史都很重要。

关于这一段历史,正如不少人已经指出,它是直接与秦的伐戎和继承西周有关。首先秦人的创国同戎灭西周和东周开始在时间上就是一致的。创国之前,秦本是出于大骆之族的一支,以非子别封于秦而得其名,秦人僻处今甘肃东南一带,世以养马畜牧为生,与周围西戎各族混处一地,但较早接受西周文化,和犬丘之族同为周人用以牵制羁縻西戎各族的重要力量。秦受封邑后,西戎为患,犬丘之族被灭。秦仲伐戎死于戎。庄公继位,始逆转其形势,破戎而复居犬丘,代替犬丘之族,从小宗跃居为大宗,为襄公创国打下基础。其后戎灭宗周,周人弃土东逃,为了自身的安全,不得已与秦人为誓,允其伐戎而有岐西之地，于是秦人不断向东发展，从西戎手里收复周人旧土。先是襄公伐戎至岐，徙都于汧。继而是文公重营秦邑，尽逐西戎而有岐西之地。再后是宪公、武公、德公徙都平阳与雍，即周人早期活动的岐周之地，把政治中心移至今陕西境内。最后直到穆公称霸西戎，“饮马于河”。实际上是把西周的地盘整个地接受了下来。秦的伐戎继周，从表面上看似乎只是一个由夷入夏的民族融和过程，但实际上却还反映了秦人从野蛮时代到文明时代的一般社会进化。这种进化虽然在时间上比周人落后了一整个时代，但与周人的发展却有着可以相互比拟的地方。因此可以打个比方说，秦的非子略相当于周的古公，庄公略相当于周的文王，襄公略相当于周的武王，文公略相当于周的成王。庄公始见称公和文王始见称王不谋而合，所反映的就是二者的类似性以及秦自身发展的阶段性。我们想，这也许就是理解上述器铭的内容，特别是“十又二公”的排列之关键所在了吧。

原载《考古》1979 年第 6 期，515—521 页。

读小邾国铜器的铭文

——兼论东江墓地的墓主和年代

本文是我提交“中国·山亭——小邾国文化学术研讨会”(2004 年 10 月 12—14 日)的论文,原先只是一篇笔记(写于 10 月 7 日),笔记是据王吉怀先生提供的材料写成①。会议期间,10 月 12 日下午,我参观了枣庄市博物馆举办的“小邾国出土文物展”,随后又实地参观了东江村的墓地发掘地点;10 月 13 日,又通读了会议代表提交的论文和听取了会议代表的发言,从中学到不少新东西,10 月 15 日,回到北京,我对原稿有不少订正和补充,凡有采择,不敢掠美,皆为注明。下面是我的初步印象:

一、发掘情况和我对墓葬分组的理解②

墓地位于山东省枣庄市山亭区(在枣庄市西北约 28 公里处)东南 1 公里

① 这些材料是:(1)李光雨、张云《山东枣庄春秋时期小邾国墓地的发掘》,《中国历史文物》2003 年第 5 期,65—67 页(下简称“李文 1”);(2)李光雨、郭宝华《枣庄发现春秋小邾国贵族墓地》,《中国文物报》2004 年 4 月 16 日,第 2 版(下简称“李文 2”);(3)李光雨《枣庄东江春秋墓地的发掘及相关问题》(稿本,下简称“李文 3”);(4)李光雨《枣庄市东江村小邾国墓地发掘情况及出土文物简介》(稿本,2004 年 3 月 20 日,下简称“李文 4”);(5)铭文拓本的部分复印件。

② 参看会议论文:(1)石敬东、刘爱民、苗永香《东江墓群及相关问题》(下简称“石文”);(2)徐加军、苗永香《小邾国都城及其相关问题》(下简称“徐文”);(3)苏昭秀、孙晋芬《小邾国贵族墓葬的形制及埋葬制度探讨》(下简称“苏文”);(4)杨爱国《小邾国贵族丧葬礼俗初探》(下简称“杨文”),以及李光雨先生在会上的介绍。这里试作归纳,并对墓葬重新分组,提出我的理解和推测。

东江村东南的一块台地上,位置在台地中部而偏于东南。台地北、东、南三面环山,西面是平川。20世纪70年代,墓地东南被铲平,据当地村民讲,曾发现过陶器、鹿角和兽骨。

2002年6月,墓地发生盗掘,三座古墓被盗空,一座被严重破坏;6月3日,枣庄市文物部门接到群众举报,6月5—8日派人发掘清理了剩下的残墓(即下1号墓);6月27日—7月17日,为防止盗掘,并发掘了另外两座古墓(即下2、3号墓)。

2003年6月18日—8月2日,枣庄市文管会、博物馆和山亭区文体局对墓地进行全面钻探,清理了被盗空的4、5、6号墓,解剖了墓地西侧和北侧的夯土残墙(东、南两侧的墙已在70年代被毁)。

墓地共有六座墓,我把我的理解讲一下。

我估计,这六座墓是三组夫妻并穴合葬墓。其中凡有墓道者,墓道皆朝东(4、1、2号墓有,5号可能也有)。人骨头向,4、1、5、6号墓虽然情况不明,但我们从2、3号墓的情况看,肯定也是朝东。故今以东为上,把这六座墓分为两个横排,从上到下,从右到左,分为三组:右上的4号和1号墓是第一组,右下的5号和6号墓是第二组,左上的2号和3号墓为第三组。这六座墓的东边和南边被破坏,是否有墓,无从判断,但其他地方无墓。

下面,按这一分组,对各墓的具体情况讨论一下:

(一)第一组(规模最大)

(1)4号墓(在右)。较大(6.35×6.54米)①,据说原有墓道②,器物被盗空,但还残留130枚铜镞,可以肯定墓主是男性。

(2)1号墓(在左)。较小(6×6米)③,有东墓道(长7米)④。出土铜器5件,包括鬲4件(有铭),瓶1件(有铭);陶器2件(皆罐)。此墓被盗,器物不

---

① 这里注的是墓坑开口的尺寸,东西长在前,南北宽在后,下同。

② 石文、苏文说有墓道,被挖。徐文、杨文未及。以下凡诸家说法同,不再说明;说法异,则出注说明。

③ 据石文、苏文。徐文作6×4米。杨文未及。

④ 据徐文、苏文。石文、杨文未及。

全,据下2、3号墓的铜器组合,可能还有鼎、瑚、壶、罍、盘、匜等器流失在外(据说部分器物被安徽省公安部门截获)。此墓墓主不详(肯定不是鬲、瓶铭文中的人物,详下节),但从第三组墓的情况类推,应是4号墓男性墓主的配偶。

(二)第二组墓(规模比第一组略小)

(1)5号墓(在右)。较大(6×5.2米),盗扰严重,器物无存,棺椁、葬式不明,是否有墓道也不详①。此墓墓主不详,但从第三组墓的情况类推,估计墓主是男性。

(2)6号墓(在左)。较小(残长2.5×4.1米)②,盗扰严重,情况与上相同。此墓墓主不详,但从第三组墓的情况类推,应是5号墓男性墓主的配偶。

(三)第三组(规模和第二组接近)

(1)2号墓(在右)。较大(5.8×5.7米)③,有东墓道(长7米),棺东西向,内有骨架一具(已朽),仰身直肢,从玉器的位置看,估计是头朝东④。出土铜器39件,包括鼎4件、鬲4件(有铭)、瑚4件(有铭)、壶2件(有铭)、罍1件、盘1件、匜1件、戈1件、剑1件、镞20件(?);陶器8件(皆罐);玉器4件(玉饰);骨器1件(残)。此墓出土兵器,可以肯定墓主是男性。“镞”,各文皆作“30件”,疑误,因为如果是30件,则此墓发现的铜器总数应当是49件。

(2)3号墓(在左)。较小(5.6×5.2米)⑤,无墓道,棺亦东西向,内有骨架一具(已朽),葬式不明,从玉器的位置看,估计是头朝东。出上铜器19件,包括鼎3件、鬲2件(有铭)、瑚4件(有铭)、壶2件(有铭)、罍2件、盘1件、

① 石文说“是否有墓道不详”,苏文说“其平面整体形状原来可能是甲字形”。徐文、杨文未及。

② 据石文。徐文作南北宽4米,不记东西残长。苏文作东西残长1.5×4.14米。杨文未及。

③ 据石文。徐文作5.7×5.74米。苏文作5.6×5.7米。杨文作5.85×5.7米。

④ 据徐文。苏文作残长3米。石文、杨文未及。

⑤ 据石文。徐文作4.5×5.6米。苏文作5×5.6米。杨文作5.6×5.5米。

匜 1 件、匜鼎 1 件、匵 1 件、提链罐 1 件、削 1 件;陶器 7 件(皆罐);玉器 8 件(玦 2 件、耳勺形器 1 件、贝 5 件,原在铜匵内)。“匜”,李文 1 作“匜”,李文 2—4 作“舟”,未见原器之前,不知孰是孰非,今见原器,作椭圆形,两侧无耳,长端有流,与宋人称“舟”自名为“铆”的器物明显有别,无论从器形还是盘、匜组合的规律看都应定名为匜①。“匵”,古代弄器(玩赏之器),李文 1—3 作“方盒”,李文 4 作“方奁”,未见原器前,仅凭文字描述,已知何物,目验果然。笔者主张,这种器物,以后最好改称“匵”,详下第四节。“提链罐”,亦古代弄器,李文 1、2 称“提梁罐”,李文 4 称“提链罐”,当以后者为是。“耳勺形器”,李文 1—3 作“耳刀”,李文 4 改称“耳簪”,未见原器之前,很难想象,今见原器,略同今之挖耳勺,因不敢遽定其名,这里暂称“耳勺形器”。此墓出土的匵,见于出土发现,往往都是女性的随葬品,可见墓主是 2 号墓男性墓主的配偶。

二、铜器铭文的分析

下录释文都是破读后的铭文,原文怎么写,请看按语。

(一)一号墓

(1)郳友父鬲(4 件)。

郳友父媵其子胙曹宝鬲,其眉寿永宝用。

按:这是郳友父为其女儿所作的媵器,何以出在此墓,值得研究。铭文中的“郳”,一律作“鼄”,下不再注。这是作器者的国氏。“友父”,作器者的字。“友”字原从友从日,下不再注。据《世本》、《春秋世族谱》、《姓苑》、《姓纂》

① 王恩田《郳器与郳国》(会议论文)指出此器为匜。

和《颜氏家庙碑》等书载，郳友父名肥，为小郳国的始封之君。他的父亲名颜，字夷父。“媵”，陪嫁曰“媵”，原作“朕”。“其子胙曹”，是郳友父的女儿。“胙”，原从乍从刀，下从肉，可能是以封邑为氏[①]。“曹”，原从女从枣[②]，则为郳国之姓。“眉”，原作釁，下不再注。郳友父鬲不止四件，故宫博物院也有一件，与此同铭[③]。

（2）夤父鉼（1件）。

霝父君夤父作其金鉼，眉寿无疆，子子孙孙永宝用之。

按：“霝父”，人名，以字称，当是“夤父”之子。“夤父”，人名，以字称，当是“霝父”之父和当时的小郳君。“夤”，我初以为是“僉”字（古文字的“僉”字多从僉从口），并提出判断，它绝不是上“郳友父”的“友”字，而只能是友父之后的某个小郳君。今目验原器的盖器两铭，乃知此字是从亼从双卩从甘，识字虽异，判断不变。“作”，原作“乍”，下不再注。“金鉼”，“金”是表示铜铸，写法较怪，也许不是“金”字[④]；“鉼”，李文释“瓶”很对，但此字原从并从支，“鉼”或“瓶”都是破读后的写法[⑤]。这一器名的发现很重要，因为铜器自名，“鉼”还是首次发现。过去，铜器铭文中有个从金从比（或者还加皿）的字[⑥]，学者以为相当后世的“鉼”字或“瓶”字，其实却是扁壶特有的器名[⑦]，未

---

① 参看林沄《枣庄市东江墓地青铜器铭文部分人名的考释》、王恩田《郳器与郳国》（会议论文）。按：此“胙”非周公诸子封国中的“胙”，该“胙”是姬姓。

② 林沄《枣庄市东江墓地青铜器铭文部分人名的考释》（会议论文）引陈剑说，以为此字所从的枣是从𦍌分化。按：我认为，“𦍌”是“求”字的早期写法（与本来是表示裘皮之义的今“求”字不同），参看李零《郭店楚简校读记》，北京大学出版社，2002年，76—77页。

③ 见《殷周金文集成》第3册，北京：中华书局，1989年，130页：717。

④ 王恩田《郳器与郳国》（会议论文）认为此字是“仓”字。按：此字与战国文字的“仓”有相似之处，但西周和春秋早期文字，“仓”字不这样写。

⑤ 李兰昌、孙晋芬《枣庄东江春秋墓出土青铜器铭文试释》（会议论文）对此字的隶定最正确。按：此器的器形和器铭拓本见于山东枣庄小郳国贵族墓出土文物展印发的《考古新发现——小郳国揭密》，3页。

⑥ 容庚《金文编》，中华书局，1985年，912页：2227。

⑦ 参看李零《入山与出塞》，262页。

见原器前(只见盖铭,铭文不清,初疑从并从匕),我曾怀疑它是扁壶,及见原器,才识真相。“疆”,原作“彊”,下不再注。“子子孙孙”,原作重文,下不再注。“宝”,原从宀从示从缶。今铜器名称,一般是以作器者命名,但实际情况分两种,一种是作器者自作,作器者和器主是同一人;一种是作器者为他人而作,作器者和器主是两个人。这两套铭文属于后一种情况。郳友父鬲的作器者是郳友父,器主是胙曹。这件鉼的作器者是詹父,器主是霝父。此器不仅器形重要,铭文重要,而且对决定墓葬年代很关键。因为考古常识有一条,晚期墓葬可以出早期器物,早期墓葬不能出晚期器物。凡出土器物有早有晚,墓葬年代只能向年代最晚的器物靠拢,而不能向年代最早的器物靠拢。凭借这件器物,我们可以肯定,东江墓地的1号墓绝对不可能是郳友父的墓,而是比郳友父晚一代的墓①。上面已说,它的墓主应当是4号墓男性墓主的配偶。

(二)二号墓

(1)郳君庆壶(1对)。

郳君庆作秦妊醴壶,其万年眉寿永宝用。

按:“郳君庆”,作器者,“庆”从鹿从心,下不再注。“秦妊”,器主,可能是郳君庆的母亲,上一代小郳君的配偶。“秦”是氏称,但不一定是国名,也可能是邑名。《世本》说任姓(即妊姓)之国有十,曰谢、章、薛、舒、吕、祝、终、泉、毕、过。林沄先生说,“秦妊”可能出自任姓十国的“毕”②,王恩田先生说,

---

① 日用器和墓葬往往共时或时间相近,但贵重礼器不同,器物比墓葬早一、两代并不新鲜,特别是古代人收藏的“古董”。比如玉器,晚期墓出早期玉器,例子就很多,有时可以早出上千年。过去,在考古工作中,以年代最早的器物和著名人物的器物定墓葬年代,常发生误导,比如河南淅川和尚岭楚墓的一号墓出土过克黄之升,克黄是见于《左传》的著名人物,年代可以早到春秋中期,但其他器物却是春秋晚期和战国早期之物,过去定为克黄墓,就是明显的失误。

② 林沄《枣庄市东江墓地青铜器铭文部分人名的考释》(会议论文)。按:《世本》妊姓十国的“毕”,古书亦作“卑”(《潜夫论·志氏姓》)。

“秦妊”之“秦”可能是《左传》庄公三十一年“秋，筑台于秦”的“秦”，即今山东范县旧城南三里的秦亭[①]，可备参考。

(2)郳庆鬲(4件)。

郳庆作秦妊羞鬲，其永宝用。

按：“郳庆”，即上“郳君庆”。“郳”，原作“兒”，不从邑，下不再注。从邑的“郳”见于郳始□母鬲[②]、郳□止口权[③]、郳左冶戈[④]。

(3)鲁酉子安母瑚盖+鲁宰虢瑚器(1件)。

鲁酉子安母肇作瑚，其眉寿万年，子子孙孙永宝用。(盖)

鲁宰虢作旅瑚，其万年永宝用。(器)

按：盖器不同铭，是配合而成。盖铭，“鲁酉子安母”，鲁女，名“酉”，字“子安”，“母”字是女子称谓后常见的后缀，与男子称谓后的“父”字相对应。“瑚”，原从匚从古，下不再注，学术界长期误瑚为簠，虽有很多学者指出，一直得不到订正[⑤]。器铭，“虢”，原作正反二虎，是鲁宰的名，此字在古文字中经常出现，见于下寺楚墓的铜器，是相当蔿氏或薳氏[⑥]。

(4)鲁酉子安母瑚盖+正叔之士獻俞瑚器(1件)。

鲁酉子安母肇作瑚，其眉寿万年，子子孙孙永宝用。(盖)

---

① 王恩田《郳器与郳国》(会议论文)。

② 见《殷周金文集成》第3册，北京：中华书局，1989年，48页：596，第三字从辵，右半如何隶定还值得研究。

③ 同上，第16册，北京：中华书局，1994年，290页：10381。

④ 同上，第17册，北京：中华书局，1992年，174页：10969；参看李鲁滕、孙开玉《也谈“郳始鬲”》、孙敬明《郳器三释》(会议论文)。前文指出，郳始□母是狐骀氏(铜器铭文有“虘台丘君”)之女嫁于郳国，后文指出郳右冶戈是燕国兵器。

⑤ 参看李零《入山与出塞》，304页。

⑥ 参看李零《入山与出塞》，224、228—229页。

正叔之士&#xFFFD;俞作旅瑚,子子孙孙永宝用。(器)

按:盖器不同铭,是配合而成。盖铭同上。器铭,“正叔之士”,是表示“&#xFFFD;俞”的族源所出。“叔”原作“弔”。“正叔”,过去曾见于宋代著录的正叔盘[①],铭文作“鲁正叔之穴乍(作)鑄(铸)其御般(盘),子子孙孙永寿用之”,可以证明是鲁国的氏名。鲁桓公之后有“三桓”,即仲孙氏(孟孙氏)、叔孙氏、季孙氏,皆庄公母弟,此“正叔”或即叔孙氏。“&#xFFFD;俞”,上字从鷹从爻[②],应即《说文解字》卷十上鷹部解释为“解鷹属”的“&#xFFFD;”字,是作器者的氏,这一氏名曾见于&#xFFFD;仲□鼎和走亚&#xFFFD;孟延盨[③],看来是出自正叔氏;“俞”则是他的名。上述二器,都是鲁国的铜器。郳、鲁地土相邻,互为姻娅,铭文多徵,“鲁酉子安母”很可能就是出自“鲁宰虓”和“鲁正叔之士&#xFFFD;俞”的家族。

(5)毕仲弈瑚(1件)。

毕仲弈作为其膳瑚,其万年眉寿,子子孙孙永宝用之。(盖器同铭)

按:“毕仲弈,末字,从宀从艸”。此“毕”可能也是妊姓之“毕”。“膳”原作“善”,从羊从誩,写法比较怪,不但所从之羊被繁化,与《金文编》善字的最后两行略同[④],而且上面还有类似“北”字的笔画,李文4释为“北善”,旧作从之,徐在国先生仔细看过原器,他在会上指出,这件器物的双铭,一件羊上似北,一件不似北,所谓“北”字,恐怕是饰笔,今从其说改正。

(6)子皇母瑚(1件)。

子皇母作馍瑚,其万年眉寿,永宝用之。(盖器同铭)

① 见《殷周金文集成》,第16册,中华书局,1994年,134页:10124。

② 林沄先生在会上发言说,原铭爻下还有类似又的笔画,可备参考。

③ 见《殷周金文集成》第4册,中华书局,1986年,281页:2429;同上,第9册,中华书局,58—59页:4420、4421。

④ 《金文编》,中华书局,1985年,151—152页:0388。

按:“子皇母”,字“子皇”,缀以“母”字,不详何国之女。

(三)三号墓

(1)□君妇媿霝壶(1对)。

□君妇媿霝作旅壶,其年万,子子孙孙永用。

按:“□”,或以为从口从昆,疑是媿霝所出之国,对夫而称母氏。“君妇”,则是小邾君的儿媳。“媿霝”,媿姓,名霝。“旅”,原从旅从车。“壶”,下从廾,写法与《金文编》“壶”字(701—704页:1683)的最后两字略同。“其年万”是“其万年”的倒写。这对壶,从铭文语气看,是媿霝初嫁小邾时所作,当时的小邾君还不是邾君友,而很可能是霝父。从墓葬分组情况看,此人当是邾君庆的夫人,即此墓的墓主。传世同人之器还有两件:□君妇媿霝鼎和□君妇媿霝蓥①。

(2)郳庆鬲(2件)。

郳庆作秦妊羞鬲,其永宝用。

按:与二号墓所出郳君庆壶、郳庆鬲和下文的郳庆匜鼎是同一套器物。

(3)郳庆匜鼎(1件)。

郳庆作秦妊匜鼎,其永宝用。

按:“匜鼎”,原作“也鼎”,是带流的鼎,参看拙作《入山与出塞》294页。

---

① 《殷周金文集成》第4册,中华书局,1986年,312页:2502;同上,第15册,中华书局,1993年,117页:9434。

(4)郳公子害壶(4件)。

郳公子害自作瑚,其万年眉寿无疆,子子孙孙永宝用。

按:"郳公子害",不详是哪位小邾君的后代。

三、关于墓主、年代问题的推测

据上述线索,我的判断是,这一墓地的六座墓,它们的墓主可能是:

(一)第一组

(1)4号墓,墓主可能是第二代小邾君,名不详,字奝父。

(2)1号墓,墓主不详,奝父的配偶[①]。

(二)第二组

(1)5号墓,墓主可能是第三代小邾君,名不详,字霝父。

(2)6号墓,墓主可能是秦妊,名、字不详,霝父的配偶。

(三)第三组

(1)2号墓,墓主可能是第四代小邾君,即郳君庆,字不详。

(2)3号墓,墓主是媿霝,字不详,郳君庆的配偶。

至于年代,文献记载,郳犁来是郳君肥的曾孙(《左传》庄公五年疏)。可见,从郳君肥到郳犁来,前后应有五个小邾君,如把铭文中的小郳君排进去,他们可能是:郳君肥(字友父)—郳君某(字奝父)—郳君某(字霝父)—郳君

① 我认为,这两座墓,4号墓的墓主才是男性,1号墓的墓主肯定不是郳君友,而很可能是一位女性。李锦山先生认为1号墓的墓主不是郳友父,而是第二代小郳君,4号墓的墓主才是郳友父,君,则与我现在的看法不太一样。参看他的《郳国宫室墓葬及其相关问题》(会议论文)。

庆(字不详)—郳犁来(字不详)。邾君肥,是邾颜时别封。据《公羊传》昭公三十一年和《史记·鲁世家》,邾颜卒于鲁懿公九年或周宣王二十一年,即前807年。肥封当在此前。郳犁来,其事见于《左传》庄公五年和僖公七年,主要活动于前689—前653年。这是两个时间支点。利用这两个支点,我们可以把上面提到的五个小邾君,按30年一世,大致排比如下:

邾君肥(友父),约前?(不晚于前807年)—前777年,当周宣、幽二王时;

邾君某(䜌父),约前776—前746年,当周幽、平二王时;

邾君某(霝父),约前745—前715年,约当周平王时;

邾君庆(字不详),约前714—前690年,约当鲁隐、桓、庄公时;

郳犁来(字不详),约前689—前?年(不晚于前653年),约当鲁庄、闵、僖公时。

我怀疑,东江墓地并不包含第一和第五代小邾君的墓。墓地的第一组墓是邾䜌父夫妇的墓,约当周幽、平二王时,即东西周之交;第二组墓是邾霝父夫妇的墓,约当周平王时,即春秋早期的前段;第三组墓是邾君庆的墓,约当鲁隐、桓、庄公时,即春秋早期的晚段。主要时间是在春秋早期①。

四、余论

(一)小邾称郳其君称君考

东江墓地的发现,收获之一,是证明小邾与郳为一事。小邾出于邾,为区别其母国,《左传》称为"小邾",但铜器铭文不分大、小邾,一律称邾。郳是小邾的封邑。小邾又名郳,正如魏之称梁,曾之称随,前者是袭母国旧称,后者是以后起的封邑而名(此邑商代就有)。西周制度,建国称侯,往往遣公、伯

---

① 这里用的"春秋早期",大约是指平王元年(前770年)到惠王五年(前672年),其中包括鲁隐公元年之前的48年。

长子出外就封,而留次子袭官爵,在朝担任公、伯。这是一种分封子弟的形式。另一种形式是在原有领地内封别子为君。这种制度,西周有,春秋战国有,西汉也有,史学界叫封君制度。小邾就是邾国的封君①。大小邾皆以邾称,但国君称谓不同,大邾称公,同秦、楚和曹,小邾称君,同各国封君。邾改称邹是秦代称谓。始皇陶量出于邾城者,率钤"驺"字印,就是秦人的叫法,《史记》用为地名和氏名的"驺",是沿袭秦文字,写成"邹"又在其后。

(二)铜匵的定名

这里提到的铜匵,乃女性墓葬所常见,是一种盛玉的小铜匣,学者或称"鼎",或称"鬲",或称"盒",或称"奁",迄无定名。《说文解字》卷一二下匚部是把"匮"、"匵"、"匣"列在一起,转相训释。它们性质相近,都是箱盒类的容器。林梅村《中国古代藏书考》称为"匮"②,当然比称为"鼎"、"鬲"、"盒"、"奁"要好。如他提到"玉与石其同匮兮"(东方朔《七谏》)和"藏珉石于金匮兮"(王褒《九怀》),就是很好的例证。但这三种器物,混言无别,细分仍有所不同。一般说,"匮"比较大(可高达两米),是保险箱、文件柜类的器物,多用来盛书籍、档案③;"椟"、"匣"比较小,则往往用来藏玉、藏龟、藏珠,相当现在的首饰盒。后者铜木皆有,古书通用"椟"字。子贡说"有美玉于斯,韫椟而藏诸?求善贾(价)而沽(贾)诸"(《论语·子罕》),孔子说"虎兕出于柙,龟玉毁于椟中"(《论语·季氏》),《韩非子·外储说左上》也有郑人买椟还珠的故事。"椟"本来是指木制的"椟",宋以来的字书另有"鑟"字,则是放印的铜匣。"匵"才是珠宝盒的通名,比"匮"更准确。这里称为铜匵。女性多以铜匵随葬,这种现象,除林梅村教授有所涉及,陈芳妹教授也有专门讨论④。

---

① 孙敬明《郳器三释》(会议论文)也指出,"邾君"的"君"类似春秋战国时期的封君。

② 北京大学考古文博学院编《考古学研究》(五)下册,科学出版社,2003年,1013—1024页。

③ 参看李零《入山与出塞》,351—353页。

④ 见陈芳妹《晋侯墓地青铜器所见性别研究的新线索》,收入上海博物馆编《晋侯墓地出土青铜器国际学术研讨会》,上海:上海书画出版社,2002年,157—196页,陈文称"盒"。

(三)其他小邾君葬于何处

这次研讨会对三邾和郳城的地理位置也有所涉及。学者认为,邾国故城在今邹城市的峄山之阳,邾国别封的滥国则在今滕州市羊庄镇的土城村(宋代叫"小灰城"),邾国别封的小邾国或郳城有二,一在今山亭区东南的东江村(即墓地所在的台地),一在今山亭区西南的西集镇东(俗称"梁王城")。这次发现,只有三代小邾君的墓葬。一般认为,郳犁来以来的小邾君可能是葬在西集镇东或其他地方,但第一代小邾君邾友父的墓在哪里?如果不在4号墓中,也不在东江墓地被破坏的其他地方,则很可能是归葬于邾。

补记:2003年年底在上海博物馆开会,我曾在该馆库房见到两件邾庆瑚,大小、形制、铭文、纹饰相同。近承上海博物馆周亚先生告,器高约20厘米,口宽约24厘米,口长约29厘米,腹部饰两头龙纹,盖器对铭17字,重文2字,作"邾庆作秦妊瑚,其万年子子孙孙永宝用享"(按:邾,原从黾从朱;作,原作乍;瑚,原从匚从古)。我怀疑,这两件瑚,可能是从6号墓盗出。又周先生还在澳门古玩店里见到过小邾国的方壶、圆壶和瑚,铭文内容与这两件不同。又我在北京还见到一件杞伯为邾曹作的铜鬲,不知是否与我们讨论的六座墓有关。

2004年10月7日初稿

2004年10月18日改定

原载枣庄市山亭区政协编《小邾国文化》,北京:中国文史出版社,2006年,173—189页。

楚郪陵君三器[①]

1973年12月，江苏无锡前洲公社前洲大队社员在高渎湾芦塘里，从一米多深处挖出三件带有"郪陵君"铭文的铜器，同时发现的还有匜、洗以及据称为"刀"和"剑"的铜器各一件。其中除"刀"和"剑"已碎折成数截当时即被抛弃外，其他各器经冯其庸先生抢救，完好地保存了下来。前些时候，我们有机会看到了这批铜器，承冯先生嘱代为施拓照相，并承同意将有关材料先予发表，以飨读者。为此，我们对这批铜器作了尽可能的考察，把它们介绍给大家[②]。

有铭文的三件铜器，鉴一豆二，铭文基本相同，都是通体纯素，不施花纹，很明显是一组东西。

（一）鉴　高25厘米、口径54厘米。折沿，平唇，圜底，无耳，颈部微敛，与缓收的腹部界以一道细褶线。器形与汉代的销和鉴有类似处，但有一个突出特点是它的圜底。这种圜底鉴，过去很少见到。河南信阳长台关楚墓出土遣册载有"二方监"和"二圆监"，与出土实物对照，实际上是三件圆陶鉴和一件方陶鉴。那三件圆陶鉴也是折沿、平唇、圜底、无耳，与此铜鉴相似[③]。

---

① 本篇是李零和刘雨合作写就的。

② 这批铜器，铭文完好的只有鉴。两件豆部分铭文掩在锈底下，有些经去锈露出，还有一些因不能去锈，只能借助于X光透视。这些工作主要是由中国社会科学院考古研究所技术室、照相室以及北京隆福医院的同志们协助完成的。

③ 河南省文化局文物工作队《河南信阳楚墓出土文物图录》，图149、150、151，河南人民出版社，1959年。

铭文一行三十字,刻在鉴的颈部外壁(图一:左)。释文如下:

郪夌(陵)君王子申,攸(脩)辝(兹)敧(造)金监(鉴),攸(脩)立(莅)戢(岁)棠(尝)。吕祀皇祖,吕会父佳(兄)。羕(永)甬(用)之,官攸(脩)无疆。

铭文中的郪陵君是王子申的封君名,其封地在郪陵。“攸”字三见,末一字并连“官”字为读,似是动词,其读法还可以研究①。兹,此也。造,这里是“所造”之义。“兹造金监”可能如同十年陈侯午敦“用乍平寿造器享(敦)”以及兵器上常见的某某“之造戈”、某某“之所造戈”(“造戈”即“所造戈”之省),就是指这一铜鉴。“岁尝”,曾见于寿县朱家集出土酓肯、酓忎诸器,作“吕共岁尝”。岁尝之尝,即烝尝之尝。古书有所谓春祠、夏礿、秋尝、冬烝四时之祭,各书所记春夏祭名颇有异文,但秋曰尝、冬曰烝则是共同的。古人解释说,尝是指谷熟尝新,烝是指谷物的登藏。我们在铜器铭文中常常可以见到“以鼒(烝)以尝”这类话,有的铜器还以鼒器或尝器自名,如大师虘豆自铭“鼒䵼豆”,六年琱生簋自铭“尝毁”。但烝、尝二字,其使用可能亦如四时之猎名,并不十分固定。铭文中,尝、兄、疆诸字押韵。

(二)豆之一　通高29.1厘米、口径18.2厘米、足径15厘米。器形属于通常所说高校盘豆,浅盘,平底,高校上粗下细。盘与高校的足体分铸焊接(校体上端一侧有灌注焊锡的小孔),但现在二者已经分离。器身半个侧面布满红褐色锈斑。此器器形类似汉代的锭。战国楚墓曾出土同式陶豆或陶灯台,如新中国成立初湖南长沙龙洞坡战国楚墓出土的陶豆②,1965—1966年湖北江陵望山楚墓(M2)出土的陶灯台③。同样形制的铜豆是否在战国楚

① 攸字,或读为《国语·周语》“修其簠簋”的修,是置备之义。

② 《全国基本建设工程中出土文物展览》,图版178,中国古典艺术出版社,1955年。

③ 湖北省文化局文物工作队:《湖北江陵三座楚墓出土大批重要文物》,载《文物》1966年第5期,53页图25。

墓中发现过,我们不很清楚。1956 年山东临淄姚王村齐故地出土过同一形制的春秋末铜豆一式六件[①],类似的陶豆当地也出土过不少,有的并有陶印,表明自身是豆。1935 年河南汲县山彪镇战国墓(M1)出土两件铜豆[②],一件较此粗矮,一件较此细长,形制也是类似的。可见此种形制的豆在汉代以前已经流行。

铭文分刻两处。一处在盘口外壁,一行,原铭三十字,末五字为锈所掩,难以辨认;除记器名的一句作"攸彔散鋄盉"外,余同鉴铭(图 2:右)。另一处在盘的外底,两行,原铭二十三字,现在还可见十九字,第一行"四沓"二字和第二行"四□"二字为锈所掩,是据 x 光片补出的(图 1:右上)。盘口外壁铭文不再录,盘底铭文释文如下:

郢郏(?)府(府)所告(造),赀十沓四沓圣朱(铢);」效(?)襄,赀三朱二圣朱(铢)四□。

盘口铭文所记器名"盉",前所未闻。盉是豆的异名或是相近的另一种器名,待考,此处姑仍称豆。"盉"上一字在两件豆上字形稍异,似应以豆之二为正。这个字可能是形容金属质地、色泽的;或连"盉"字为读,解释为器名。盘底铭文中,"郢郏府",应为楚之郢地监造这批铜器的官署名。"赀"字不识,右半两点拓本不晰,照片有之(李家浩同志告,此字应释为冡,字不从贝,右半两点恐不是字画),疑是表示资费一类的字,以下所记似为造器所费之值而非器重。此器实测重 2509 克,当秦衡制八斤之多,而铭文所记却不过是一些比铢略大或略小的单位,因此不像是指器重。铭文分两次计值,第一次似较大,十沓、四沓连在一起,下面没有朱这一位,直接是圣朱。第二次计值似较小,最大一位是朱,次于朱的是圣朱,最末一位摹出的字不一定准确,隶定暂缺。

---

① 杨子范《山东临淄出土的铜器》,《考古通讯》1958 年第 6 期;《山东出土文物选集》,文物出版社,1959 年,图 112。

② 郭宝钧《山彪镇与琉璃阁》,科学出版社,1959 年,图版 13:1、2。

图 1

左：铜鉴铭文拓片（原大）及摹本（1/2）

右上：铜豆之一盘外底铭文拓片（原大）及摹本（1/2）

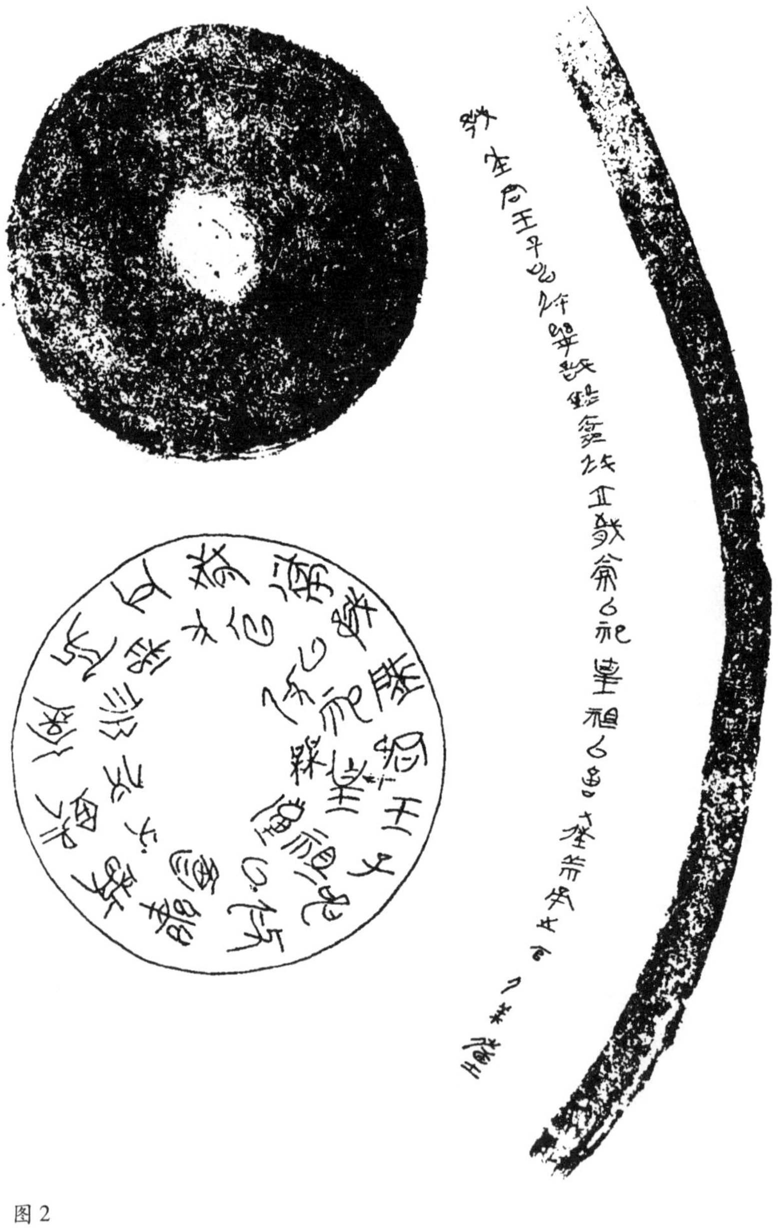

图 2

左：铜豆之二铭文拓片及摹本(1/2)

右：铜豆之一盘口外壁铭文拓片及摹本(1/2)

⾳、朱、圣朱和二行末字也许是大小相次的四种币值。“⾳”字不识，但从铭文看，似是“朱”的上一位。“朱”的下一位是“圣朱”。“圣朱”见于楚铜贝即所谓蚁鼻钱，过去释法颇有争议，近人有释为“各一朱”等的，今按应隶定为圣朱。“圣”字，出土材料中见的不多，过去寿县朱家集出土酓肯盘和两件匕（旧称勺）上有这个字，都是人名用字，对此启发不大。比较重要的是《楚文物展览图录》六八所录湖南长沙出土的一件铁足铜鼎，鼎铭刻在盖内外以及器内，三处同作“后圣刃”三字。刃，似与中山王墓出土铜器中记重的“刀”为一回事，在该墓所出器铭中，“刀”次于“石”下，“石”大于“刀”上千倍，因此“刀”就是“两”，与刃为同一字，乃“梁”字上半所从。圣字的读法，还未便遽定①。就此器铭文的前后关系看，圣朱当是次于朱、表示若干分之一朱的一种单位。而且如果这一铭文是以若干固定的币值累计，则圣还有可能是表示半的意思。铭文分两次计值，其义不甚了然。“攽襄”，可能如同“郢郄度所造”，是某一官署所造的省称。两次计值可能是因一器在两处分铸或器成后再经加工的缘故。这段铭文值得讨论的地方还很多，很明显，它对楚国币制以及衡制的研究都有参考价值。

（三）豆之二　通高 29.4 厘米、口径 19 厘米、足径 15 厘米。与豆之一形制相同，大小相近，重 2258 克。锈蚀情况也基本相同。

铭文刻在盘的外底，作螺旋状排列，自外向内盘绕两周半（图 2：左）。文字结体松散，字口带有规则的小毛刺，与鉴和豆之一的铭文风格差异较大，个别字并异构，如“夌”作“陵”，“棠”作“常”，“佳”作“倪”，“支”旁一律书作“支”（与鉴及豆之一书作“攵”不同）②。文字内容全同豆之一口外壁的铭文，其中“鋑盍攸”三字被锈所掩，是据 x 光片补出的。

两件没有铭文的铜器是否与上述三器同一出处，还有待进一步了解，也

① 圣字，各书所无，唯《古文四声韵》卷三收为“在”字。我们分析夏氏并非别有所见，他所谓“在”字的这个字，应即《说文》“圣”字。圣字在《说文》中的解释是“汝颍之间谓致力于地曰圣，从土从又，读若兔窟”，是个方言字。《说文》所收“怪”字从之。怪，后世俗体作恠，夏氏取半边为读，遂以为“圣”与“在”可以相等。圣与圣字形相近，但并不一定是一个字。

② 支旁的这两种不同写法，在隶书和楷书中仍有保留，⺄即后世隶定为支者，攵即后世隶定为攵者。

附记于此：

（一）匜　高9.5厘米、流至尾长33.5厘米、宽约24.5厘米。俯视略呈椭方形。流作平槽状，断面呈凵形。尾有兽首衔环。底平。口壁垂直，与腹壁界以一道细褶线，腹与底相接处也有一道相同的褶线。器形与汉代习见的匜基本相同。同样器形的铜匜，曾见于湖南浏阳县北岭出土的一组战国铜器中，云梦睡虎地秦墓（M11）也曾出土①。

（二）洗　高7.5厘米、口径20.5厘米。腹壁有一道细褶线。形状与汉代的洗无别。安徽寿县蔡侯墓也出土过形状类似的器物②，过去有称之为洗的，也有称之为盆的。

这批铜器中有两件可以按本身的铭文叫做“盍”，但器形是属于通常称之为豆的一类，它们与豆类铜器的关系是耐人寻味的。过去我们笼统称之为豆的铜器，器形有多种，器名有豆、笷（匿、铺、甫）、鐈诸称③。现在“盍”可以说是已发现的第四种名称④，它为豆类铜器的研究增添了新资料；并且因器形与汉代的锭相似，还为锭的出现和演变提供了研究线索。这一问题，本文不准备详加论列。

这里试就这批铜器的年代提出我们的认识。

单纯从器形考虑，这批铜器给人的印象似乎可以晚到汉代。但这些器形经历的时间比较长，正像商周之际、西周东周之际的铜器是跨越不同时代的。要确定年代，不能单靠器形比附，还要参照铭文来校正。根据铭文并结合出

---

① 湖南省博物馆《湖南浏阳县北岭发现青铜器》，《考古》1965年第7期，374页图1。孝感地区第二期亦工亦农文物考古训练班《湖北云梦睡虎地十一号墓发掘简报》，《文物》1976年第6期，图版5：1。

② 《寿县蔡侯墓出土遗物》，科学出版社，1956年，图版16：1、2.3，图版17：2。

③ 有自铭的铜豆仅见于西周后期以来。现有材料是：①铭豆，有两例，一为西周豆，材料未发表，器形同《商周彝器通考》下图397；一为战国豆，即铸客豆。②铭笷等，发现较多，春秋战国皆有，最早一例为微伯㾓笷，唐兰先生定为簠，谓今称簠者应改名为瑚。③铭鐈，两例，一件未发表，一件为上官鐈（器失，据前器应为春秋时常见之盖豆）。

④ 盍，易使人想到古书中的榼。日本林巳奈夫曾据出土实物的自铭证实汉代的榼为一种扁壶，见所著《汉代の文物》，京都大学人文科学研究所，1976年。金文《江陵凤凰山八号墓竹简试释》（《文物》1976年第6期）亦认为该墓出土的扁壶应即同出遣册上的“二斗榼一”。均与此不类。

土地点分析,我们认为这批铜器的年代是不能晚于战国时期的。

鄦陵君三器,从铭文内容看,是一位楚王子所作。豆之一的盘底铭文说明铜器是由“郢郄度”监造,这个府无疑是楚国的官署。而铭文中的“圣朱”也是楚国的币名。就字体而论,三器铭文当属于战国楚文字。

比较三器铭文的字体和辞例,我们很容易联想到寿县朱家集出土酓肯、酓忎诸器。它们不仅字体接近,如王、子、金、岁、尝、巳等字的写法所显示,而且有相同的辞例,如“岁尝”。楚王酓肯、酓忎,经近人考订实即史载楚考烈王熊完(前262—前238年)和楚幽王熊悍(前237—前228年)。这两个王都是战国最后期的楚王。史称楚考烈王时,楚势益衰,于二十二年(前241年)避秦东徙寿春,命其地曰郢。酓肯、酓忎诸器即徙都寿春后所遗。幽王之后只有五年,楚即被秦所灭。我们分析这三器的年代下限虽不晚于战国,但也并不会比这一段时间早多少。

这批铜器发现于今无锡市西北不远①。无锡一带在春秋时曾是吴国的中心地区,入战国而为越地,只是到楚怀王二十三年(前306年)楚灭越,始被楚国占领。战国后期著名的四大封君之一、楚考烈王时代的名相春申君,其封地在所谓“吴故墟”,也就是今天的无锡一带。楚器出于越地的这一带,也使人考虑,这批铜器的时代上限不应早于楚灭越的公元前306年。也就是说,这批铜器大约是作于公元前306—前223年的八十四年间,而且比较大的可能是在这一段时间的靠后,即在楚徙都寿春后的十八年间。

本稿的写成多承师友指教,器物的去锈、照相、透视和拓墨也得到许多同志协助,均此致谢。

原载《文物》1980年第8期,29—34页。

---

① 按此出土地有可能距王子申封地不远。鄦陵之鄦,字从我音,乃義字所从,古读与義同。其封地或与距此不远的宜兴县(古名義兴县)东的義山有关。

楚国铜器铭文编年汇释

楚国从西周初年就已立国,一直存在到战国末年。但是目前可以考定为属于楚国的铜器铭文,年代最早的只能到西周末年宣王前后,多数还是属于春秋战国时期。这段历史有明确纪年,见于记载的人物和史事也比较详尽,为铜器铭文的编年整理提供了便利条件。

在这篇文章中,我们对楚国铜器铭文按年代先后作了重新整理。讨论分上、下两篇,上篇是有铭文内证,可以考定或推估其王世或王年的铭文,下篇年代无法确考,只能参考器形、纹饰、字体和出土地点大致推估其时间范围的铭文。

上　篇

Ⅰ西周晚期

(一)楚公逆镈(熊咢器,前821—前800年,当周宣王七年至二十八年)

器形:佚;

铭文:《复斋》12背—13正。

此器是宋代出土,宋人记其出土、收藏有一些不同说法:

(1)赵明诚:"政和三年获于鄂州嘉鱼县以献。"(《金石录》卷十一《古器物铭》第五)

(2)石公弼:“政和三年武昌太平湖所进古钟。”(《复斋》33 石氏藏本自题器名)

(3)荣芑:“绍兴十四五年间,茂世先兄自成都运判除仓部元外部,总领淮东军饷,邵泽民见属云:‘我有雷钟,藏之久矣,两得秦桧之书见取,度不可留,为我达之。’会之偿以三千缗。”(《复斋》13 正荣氏绍熙四年题记)

据上,此镈是宋徽宗政和三年(1113 年)出土,出土时间是明确的。但出土地点有两说,赵说是在“鄂州嘉鱼县”(今湖北嘉鱼县),石说是在“武昌太平湖”。两说应以赵说为是,石说“武昌太平湖”,实为“嘉鱼太平湖”之误。顾祖禹《读史方舆纪要》卷七六载,“太平湖”在嘉鱼县“县南三十里”,与武昌远不相及。宋代的武昌在今湖北鄂城县,与嘉鱼并不邻近。武昌当是出土后转输所至,传闻致误。这里值得提出的是,秦观《淮海集》卷十四《吊镈钟文》曾记载“嘉鱼县傍湖中”出土“镈钟”,“其形有两欒如两瓦,左右九乳总三十六牙,鼓钲舞甬衡旋干之类考之不与礼合者无几。县令施君识其宝,谋献之太常,未果,乃输武昌库中。会其守解秩,佐摄事,见而恶之曰:‘那得背时物,畜之不祥也。’亟命投于兵器之冶”。秦观死于哲宗元符三年(1110 年),所记是这以前的另一发现,但与这一发现可能有关。其收藏,荣芑说是曾一度归邵泽民所有。看来大概也是欲献而“未果”,辗转落入私人手中。邵氏器归秦桧而得“三千缗”之赏,是由荣芑的哥哥荣茂世代为致意,这个记载应当是可信的。清陈诗、近人刘心源对荣芑所记表示怀疑是没有根据的。

此器见于《复斋》著录凡二本,一本在该书 12 页背至 13 页正,是王厚之所获秦桧子秦熺“一德格天阁”旧本。荣芑云:“今诸处所刊,咸其云仍,对之可见”,是此铭善本;另一本在该书 33 页,是王厚之续补入册的石公弼藏本,有石氏亲书器名及“公辅”(石公弼原名“公辅”)藏印,不如前本。两本都未附图,荣芑记其形制云:“钟高二尺有畸,纽上坐一裸鬼,盖雷神也。五色相宜,铭在钟里。”是此器为一高度约 60—70 厘米(以宋一尺约合 31. 2 厘米计)的纽钟或镈。荣氏说“铭在钟里”最为可异。刘心源指出,《复斋》此铭有框线围绕,很明显铭文是在钲间,这是对的;但他认为荣氏所记可能是另一器,则是不可能的。我们认为,“铭在钟里”恐怕就是指“铭在钲间”,或者记述有误。

释文(原铭反书,今皆为正之):

隹(惟)八月甲申,楚公逆自乍(作)[1]
镈,氒(厥)格(名)曰“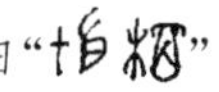”,[2]
,逆其万年,寿[3]
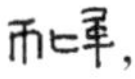,孙子其永宝。[4](钲间)

按:此铭见于阮元翻刻本《复斋》,不少地方已经失真,字体很难辨认,前人费了很大力气,才把其中一些较关键的字认出来。铭文“楚公”,是楚称王以前国君的自号。过去我们只知道周人封楚为子,从武王起,楚君自称为王,不知道楚君称王以前自己的称呼是什么样,铜器铭文正好补充了史籍记载的不足。此“楚公”名“逆”,“逆”字是孙诒让首先认出,他指出咢(咢)与逆同从屰得声,楚公逆也就是熊咢,这是非常正确的。“镈”字,右半上部残泐,是阮元首先释出,由此字的释定,我们可以得知这是一件镈。其上三字,一般都释为“夜雨雷”,旧多以荣芑所谓“雷神”附会之,恐不可信。丁山先生有另一释法,是把第一字释为“吴”,第二、三字合为一字释为“雷”,读作“吴回”。吴回是楚人传说的远祖,但此既云“楚公自作”则不是用来祭吴回,而君以吴回名镈也是讲不通的。我们考虑,这几个字从所处地位看,应是与“龢林钟”、“大林钟”、“需钟”等词相当的字眼,其中特别是需字,金文写法作(奠井弔钟),与此“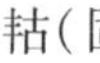”二字合文写法相近,疑摹写有误。“厥名曰、某某”,与秦公镈“厥名曰‘祜(固)邦’”,是相同的铭例,这一点钱坫也已指出。它是作器者为这件镈取的专名。下面四字,末字或释“公”,隶任下句,但其写法与公字有明显区别(中有一横,并有上出的两笔),我们把它断在上句,暂付阙释。“逆其万年”,与㝬钟“㝬其万年”同例,是西周晚期器铭习语。下面四字,仅“寿”字可认,“寿”字右上角有一“又”字,夹在两行之间,疑是将泐痕误刻为字。

楚公逆镈,除《复斋》二本外,还有一件伪器,见于《梦鄣》上 2 著录。此器据王国维说是“乙卯(1915年)冬见于沪肆,为上虞罗参事所得”。罗氏所印《梦郼》,全书器形皆用摄影,唯此器仅附全形拓本,很奇怪。其器形从拓片观察,是一件甬钟而不是纽钟或镈,遍体饰卷云纹(作风酷似湖南、广东、福建等省出土的越式铜钟),不留钲间,铭文四周无框线围绕,可见与宋人所录者并非一器。《周金》1补遗、《小校》1.34、《三代》1.20.1所用皆罗氏伪本(其中《周金》所录,铭文缺去下截,尤为可异)。容庚《通考》上216页云:“楚公钟为吴中苏某仿宋伪刻,罗振玉先生得之,且以‘楚雨’名其楼矣”,已辨其为伪。

按:此器考释曾摘要刊登于《江汉考古》1983年第2期,题目作《楚公逆镈》。该文插图,图一与图二互倒,图注亦误,图一应是拓本和释文,图二应是伪器全形拓本。

Ⅱ春秋早期

(二)楚公豪钟和戈(疑蚡冒熊眴器,前757—前741年,已入春秋初年)

1. 钟一

器形:《十钟》6;

铭文:同上,又《三代》1.6.1。

楚公豪钟存世者共有四件,这是其中最大的一件。它与下面的钟二、三都是陈介祺簠斋旧藏“十钟”中物。阮元《积古》3.2最先著录此器,称为“楚公镈钟”,清陈诗《湖北金石存佚考》因疑它是宋代出土的楚公钟,那是不对的。陈氏十钟后归日本住友氏,日人滨田耕作印为《陈氏旧藏十种》一书,这三种钟都收录在内。

释文:

楚公豪自乍(作)宝大$_1$

𩁹(林)钟,孙子其永宝。$_2$(钲间)

按:“豪”字,清以来研究者有各种猜测:(1)释守(阮元引“或说”);(2)

释为（扬沂孙、吴大澂说，孙诒让释“写”，郭沫若以为“为字之异”）；（3）释受（徐同柏说）；（4）释家（吴式芬说，方濬益释“豙”）；（5）释爰（柯昌济说）。这五说中只有第四说释家或豙是对的，证据是：长沙子弹库楚帛书有“豙女取臣妾”，“豙”读为“嫁”。铭文“楚公豙”也是楚称王以前的一位楚君。从钟的形制和铭文字体判断，此钟的年代范围大约应在西周末年到春秋初年。属于这一段的楚君，有熊母康、熊挚红、熊延、熊勇、熊严、熊霜、熊徇、熊咢、熊仪（若敖）、熊坎（肖敖）、熊眴（蚡冒），其名字无论各本异写情况如何，均未有直接作豙者。过去柯昌济先生以熊延当此铭楚公，是误以豙为爰字，假读为延；郭沫若先生以熊仪当此铭楚公，是误以豙为为字，假读为仪。其释字既误，则前提已经丧失。我们认为此铭楚公豙究竟是哪一位楚公，现在还不能确切断定，但如果考虑到古书所记楚君名可能有讹写，则上列各名也许要以熊徇特别是熊眴可能性较大，因为铭文豙，上所从爫有时侧写作ㅌ（参看钟二“豙”字的写法），与目字相近，而家字也与旬字相近。“大𩐣钟”，“𩐣”即禀字，禀，古书通林，《左传》庄公八年“雍禀”，《史记・齐太公世家》作“雍林”，这里应读为“大林钟”。“大林钟”又叫“大林”或“林钟”，是十二律的第八律，见《国语・周语下》。钟铭“大林”或“林钟”之“林”往往异作，有𠷎（虢叔旅钟等）、𣗋（克钟）、𨭹（瘨钟）、𨰰（兮仲钟第一器及柞钟）、鐔（兮仲钟第二、三、四、六器），𠷎（师臾钟）、𩐣（㝬钟）多体，林、亩（上或从米）、禀（上或从米）都是表音声符。据之，这里的𩐣字可以分析为从泉（即钟铭常见“丰丰㲋㲋”的㲋字所从，不是月或舟字）𩐣省声。

2. 钟二

器形：《十钟》6；

铭文：同上，又《三代》1.5.2。

此钟大小仅次于钟一，《簠斋》、《十钟》均列为第二器，但它的铭文与钟一、三、四不同，也许不是一次铸造。有些书把它列为第一器（《三代》）。

释文：

楚公豙自鑄（铸）𩐣$_1$

钟,孙$_=$(孙孙)子$_=$(子子)其永宝。[2](钲间)

按:"𨰿钟",于省吾先生考定即师𣪘毁"钖钟","𨰿"与"钖"同,并读为鐾。鐾是金之美者,即良铜。又《广雅·释器》:"赤铜谓之钖",钖也可能是指赤铜。近出多友鼎铭有"汤钟",读法应与此相同。

3. 钟三

器形:《十钟》7;

铭文:同上,又《三代》1.6.2。

这是陈氏所藏三件楚公豪钟中最小的一件。铭文除"孙"、"子",重文外,全同钟一。

4. 钟四

器形:佚;

铭文:《三代》1.7.1。

此器从拓本看又较上器为小,见于《攈古》2:21等书著录。容庚《海外吉金图录》释20云:除陈氏所藏三种外,《攈古录金文》二之二第廿一叶复著录一器,据浙江海宁僧六舟拓本,今不知藏谁氏。铭文除"豪"字在第一行末,全同钟三。

5. 戈

器形:《文物》1959年第12期60页;

铭文:同上。

发表于高志喜《"楚公豪"戈》一文(见上注刊物),1959年湖南省博物馆从废铜中拣出。这件戈由于形制奇特,其真伪在当时曾引起争论。于省吾、姚孝遂两先生断定此戈是仿楚公豪钟伪制。高至喜、蔡季襄两先生驳之,认为于、姚二位提出的种种疑点均不能构成此器为伪的确证,指出四川成都地区出土的战国铜器中即有此类形制的戈。后来冯汉骥先生更进一步就此戈的形制作专门讨论,指出它是属于四川地区常见的蜀式戈。他将蜀式戈分为五式,把这种戈列为其中的Ⅲ式,时代断在西周后期至战国早期。所以,这件戈在形制上并无问题。其铭文,商承祚先生目验原器,证明也是真的,但铭文系加刻。这一争论是很有益处的,它不仅对解决此戈的真伪有必要,而且还把楚、蜀文化的关系问题提了出来。

释文:

楚公冢秉戈(内)

传世楚公冢钟除以上四种,还有两件伪器:

(1)见于《金索 · 金》168,《陶斋》1. 17,《周存》1. 70,《大系》图 220、录 178、释 164,《小校》1. 15. 1,铭作"楚公冢自乍宝㝠大钟,孙子其永宝",系仿《积古》3. 2 而伪。《积古》所录即钟一,摹本缺画甚多,如"冢"作"家","㝠"作"㝠",本是摹写之误,而此钟全同《积古》,可见是仿制。

(2)见于《小校》1. 17. 1,铭作"楚公冢自鐺[illegible]钟,孙子其永宝",系仿钟二而字体粗劣,其"[illegible]"字是截取宜桐盂拼入。

这两件器,《大系 · 目录》、《通考》上 496 页并断为伪器。

另外,以楚公为名的铜器还有《善斋》礼器 2. 41、《小校》9. 103 所收楚公鍑(或鬻)、《小校》1. 18 所收楚公叹钟,这两件器也都不可靠。前者器形类似缶(《善斋》称鍑,《小校》称鬻),但铭作"楚公乍锑鼎";后者铭作"楚公叹乍靁龢旅钟,子孙其永宝用于宗",四行行四字,作正方形,亦与常见钟铭款式不合。

(三)楚子赆匿(有可能是楚令尹子元器,前? —前 664 年,约当楚堵敖至成王八年)

1. 匿一

器形:*Ancient Chinese Bronzes* PL. 576、《支那古美术图谱》上 29:

铭文:同上,又《三代》10. 15. 2。

这件匿仅有器部保存,见于国内著录,仅《陶斋》2. 44 画有图形。

释文:

佳(惟)八月初吉庚申。1

楚子暖盥(铸)飤$_2$

匿,子孙永保之。$_3$(器内)

按:“暖”字拓本不清,初看似作,仔细辨认是作,与鄂君启节“爰陵”的“爰”()字比较,可知释暖是对的。“子暖”究竟是什么人?郭沫若先生考为楚考烈王熊元,从器形看,失之太晚。熊元是战国末期的楚君,但此器器形属于西周晚到春秋早期大侈口匿向春秋晚到战国时期的方盒形匿过渡的形式,花纹是细密蟠虺纹,字体也相当早,应定在春秋中期,与熊元时代不符。这里的“子暖”,并不是“楚子”名“暖”,而是“楚”国的“子暖”。“子”不是爵称,而是从宗法身份讲的“子”,多冠于字前,亦可冠于名前。这个时期的楚君自称为“王”,绝没有自称为“子”的。也就是说,这件器并非王器,而是一个以“子暖”为字的楚国贵族的器物。它的器主也可能是春秋中期楚成王时的令尹子元。子元是字而不是名,《国语·楚语上》“昔令尹子元之难”,韦昭注:“子元,楚武王子,文王弟王子善也。”他的名字叫做“善”。当然也有可能,这件器是另外一个子暖的器物,与这个子元无关。

2. 匿二

器形:《支那古美术图谱》上30,《美掠》A257;

铭文:同上,又《三代》10.15.3。

此器旧藏大阪山中商会,现藏美国纳尔逊美术馆,仅存盖。白川静《金文通释》227称此盖与上面的匿一是同一器,未详何据。陈梦家先生说:“此器仅存全器之半,且残失其边。”与匿三情况类似。此器过去见于国内著录,仅有《陶斋》2.45画有器形。形制、铭文同一。

按:陈梦家先生说:“此器花纹形制,属于新郑的晚期,‘庚申’二字亦接近战国字体。作器者是楚国王子,恐非熊元,因时代不合。”年代比我们的估计要晚,但他指出此器与熊元无涉却无疑是对的。

3. 匿三

器形:《贞图》上39;

铭文:同上,又《三代》10.5.4。

此系罗振玉贞松堂旧藏,后为纽约山中商会获得,也是残去其边。《中日欧美澳纽所见所拓所摹金文汇编》(以下简称《汇编》)315 将上一器注为“盖”,此器注为“器”,以这两件为一器,未详何据。形制、铭文同匿一、匿二。

按:以上三器,只有匿一完整,匿二、匿三皆残,藏地又不在一处,著录者每每将其弄混,如近出孙稚雏《金文著录简目》仍以 Watson 氏著录的第一器为第三器,这是不对的。

Ⅲ春秋中期

(四)楚王媵邛仲嬭南钟(楚成王媵其妹江芈器,当前 671—前 626 年)

器形:佚;

铭文:《考古》7. 12、《薛氏》6. 67。

吕大临说此器是“眉山苏氏”藏,“得于钱塘”。《考古》著录此器有图,同于《博古》22. 77“蛟篆钟”,据容庚《宋代吉金书籍述评》(《学术研究》1963 年第 6 期,81—97 页),是由《博古》窜入。原器形已不得而知。

释文:

隹(惟)正月初吉丁亥,楚王1

賸(媵)邛仲嬭南龢钟,其瀪(眉)2

寿无彊(疆),子孙永保用之。3

按:“邛仲嬭南”,是楚媵嫁给邛国的女子。嬭是母姓,即古书中的芈,邛是夫氏,其名为仲南。各书著录邛器,它们的铭文表明,邛与楚、黄等国来往密切,应是江淮间的诸侯国。郭沫若先生以为它就是古书中的江国是可信的。江国铜器,现已发现最早的一例是江小仲母生鼎,时代约在春秋早期,鼎铭“江”字从水从工,是江的本字。最近淅川下寺 M1 所出江弔[illegible]鬲,江字作[illegible],加有邑旁,是地名专字。我们认为邛,应当就是[illegible]的省体。文献记载江是嬴姓,但曾侯匿铭云“叔姬霝乍(徂)黄邦曾侯乍(作)叔姬、邛嬭賸(媵)器鬻彝”。这是否表明邛国是芈姓,与嬴姓的江国无涉呢?恐怕不能这样理解。

这里的“邛嬭”和本铭“邛仲嬭南”一样,有可能是指曾适江国的芈姓女子,正像楚成王灭息,取息妫归而立为夫人仍称息妫是一样的。古书记楚嫁女于江,有楚成王的妹妹江芈。《左传》文公元年,楚成王欲“立王子职而绌太子商臣”,商臣听说,想落实消息的可靠性,找他的师傅潘崇商议,潘崇给他出主意,教他“享江芈而勿敬”,从江芈的反应揣测虚实。结果“江芈怒曰:‘呼,役夫,宜君王之欲杀女而立职也’”。商臣一看不妙,便先下手为强,弑王代立,是为穆王,郭沫若先生推测这个江芈有可能就是钟铭的邛仲嬭南。

此器也有伪品,见《善斋》乐器 12、《小校》1. 24(即用善斋拓本)。其器、铭并为伪作,铭文与上器相同,其中“眉寿”二字明显是仿“王子申盏盂”,《大系·目录》已断为伪作。

(五)王子婴次方炉(楚王子婴齐器,约? —前 570 年,当楚庄王至楚共王 21 年)

器形:《新郑古》54,《郑冢》7:38(侧面)、39(底面);

铭文:同上,又《三代》18. 24. 1。

1923 年新郑李家楼郑墓出土,现在中国历史博物馆陈列。

释文:

王子娶(婴)㡧次之(燎)卢(炉)。(器内壁)

按:“王子婴次”,王国维考为楚公子婴齐,郭沫若考为郑公子婴齐,二说应以王说为是。楚公子,见于《左传》或称“公子”,或称“王子”,铜器铭文一律作“王子”。楚婴齐(字子重),始见于《左传》宣公十一年(前 598 年),卒于襄公三年(前 570 年),活动时间跨庄、共两王。此器究竟作于庄王或共王哪一年,其何以出于郑墓,皆不可强为说解,但当时的历史背景是值得注意的。庄、共两王在位期间,正是晋、楚激烈争夺中原的时期,郑是两国争夺的焦点。其间晋、楚交兵于郑,见于《左传》记载有三次,第一次是宣公九年(前 600 年),楚伐郑,“晋郤缺救郑,郑伯败楚师于柳棼(郑地)”;第二次是宣公十二年(前 597 年),楚围郑,晋救郑,两国交兵于邲(郑地),楚败晋师;第三次是成公十六年（前575年），晋伐郑，楚救郑，两国交兵于鄢陵（郑地），晋败楚师。婴齐，庄王时任左尹，共王时任令尹，是当时显赫人物，一些重大战役和盟会都有他参加。王国维认为此炉是鄢陵之役楚师所遗，诚如杨树达先生所说，“斯不免于凿矣”，但王氏所考虑到的背景还是非常值得注意。现在虽然我们还不能确切指出此器制作的具体年代，也无法详悉其出土郑地的直接原因，但上述背景至少说明，此器出土于郑墓并非偶然，它很可能与上述晋、楚交兵于郑或其间的盟会、交聘有关。此器是一件方炉，自铭是“戾盧”，郭沫若先生认为应读为“燎炉”。其器底，《郑冢》说“底面围列柱形残足二十有三”，引起人们的种种猜测，其所附图形，这二十三个残足是作长方形一圈排列，我们认为，它们本来的样子应该是像江西靖安出土的徐王义楚炉盘，有一道连接这些短足的框子，本身是一个列柱式方圈足，现在的短足是折损后留下的痕迹。

故宫博物院青铜器馆陈列有一件王子婴次钟，铭文作“八（?）初吉日乙（?）□，王子婴次自乍（作）□钟，永用匽（燕）喜”。据说是颐和园旧藏。

（六）楚王领钟（楚共王器，前590—前560年）

器形：《贞图》上2，《金文集》）476；

铭文：同上，又《三代》1.9.2。

罗振玉贞松堂旧藏，现在收藏不详。

释文：

佳（惟）王正月初$_1$（正面钲间）
吉丁亥，$_2$
楚王领$_3$（正面左鼓）
自乍（作）铃钟$_4$
其聿（曰）其言。$_5$（背面右鼓）

按：“楚王领”，有四种解释：（1）楚成王说（罗振玉）。认为“领”是“頵之坏字”，頵即《春秋》文公元年所记楚成王名；（2）楚悼王说（郭沫若）。认为

《史记·楚世家》悼王名疑,《六国年表》作“类”,“类当即领若頟字之误。《世家》文盖本作领若頟,因录《年表》者已误为类,读者疑之,遂于字旁注一‘疑’字,其后录书者又误以‘疑’字易正文也”。(3)楚共王说(陈梦家、周法高)。以为“领”即楚共王名“审”或“箴”字的同音通假字(古音同隶侵部,声母也相近)。共王名审见《春秋》襄公十三年及《公羊》、《穀梁》二传,《国语·楚语上》记庄王太子名箴;(4)楚郏敖说(白川静)。认为领即楚郏敖名“麐”的通假字,《史记·楚世家》郏敖名“员”,《索隐》引《左传》作“麐”(今本《左传》作“麇”)。四说中,第一说失之太早,且原文并非坏字,可以不论;第二说以字误为说,第四说以领、麐通假,也都比较勉强(领、麐并不同部,且郏敖并未称王);真正有道理的还是第三说。但这里有个形制、纹饰的年代问题要解决,郭沫若先生定此器为悼王所作,实与他对器物年代的认识有关。他认定此器“有纽、枚平”,花纹是所谓“秦式”,必定很晚,只能是“战国时代之器,不得远至春秋中叶”。这的确代表了当时人们的一般印象,可是这个印象是很笼统的,并不精确。周法高先生不同意这一看法,援引高本汉关于“秦式”或“淮式”铜器并不始于战国而始于春秋中叶的看法作为反驳。他的反驳虽然有其正确性的一面,但概念仍然是旧的,并且没有拿出具体例证。对于解决此器的年代问题,我们认为最好是能拿出具体例证。这样的例子是有的,例如淅川下寺 M1 出土“敬事天王”编钟,与此几乎全同,它是康王时期的墓葬所出,估计正是共、康之际的器物,它们的共同特点是于部较浅,枚分六组作圆乳状,纽部、篆部饰细密的斜角菱纹,四周及钲部框线作绹索纹,隧部饰相背的双菱纹。器形虽然代表了一种晚期新出现的风格,但纹饰是比较原始的。同样的例子,我们还可以举出徐器沇儿钟,这件钟据摹画的器形看,与楚王领钟也酷为相似(原器并不是镈,而是一件纽钟,纽已折失,还残存有痕迹可辨)。器主沇儿据铭文是徐王庚之子,徐王庚即庚儿鼎之器主庚儿。李学勤先生考证,庚儿鼎应是春秋中期偏晚的器物,沇儿钟(应称为镈)是春秋晚期之初鲁襄公时期(前 572—前 542 年)的器物。时间也正与楚共王大致相当。长台关 M1 出土的一套纽钟,形状虽与楚王领钟很相似,但于部变深,主题花纹是羽状纹,其年代是比较晚的。这些例子可以说明,楚王领钟式样的纽钟实际上是从春秋中、晚期之交就已经出现的器形,并不一定都是战国时期的器物。战国时期的纽钟虽与早期纽钟相似,但纹饰已经起了变化,二者并不完全一样。因此,从器形学的角度来讲,共王说完全可以成立。铃钟,铃是以纽为悬,与纽钟相同,铃钟应即通常所说的纽钟。

(七)王子申盏盂(楚共王右司马王子申器,约?—前571年,当楚共王?—20年)

器形:《两罍》8.1—2;

铭文:同上,又《三代》18.12.5。

此器初归阮元积古斋,后归吴云两罍轩(《缀遗》28:3—4)。

《积古》7.26录有此器但未附器形。其器形仅见于《两罍》,系出摹画。铭文拓本首见于《窸斋》17.19,即《三代》所收。阮元说这是一件器盖,器部已佚。

释文:

王子申乍(作)嘉嬭$_{1}$

盏盂,其釁(眉)寿$_{2}$

无碁(期),永保用之。$_{3}$

按:"王子申"见于《左传》有二,一在共王时,见《左传》成公六年(前585年)和襄公二年(前571年)。襄公二年传:"楚公子申为右司马,多受小国之赂,以逼子重、子辛,楚人杀之,故书曰:'楚杀其大夫公子申。'"二在昭王时,即著名的"令尹子西"。阮元将此器断为后一个王子申的器物,时代似乎偏晚,此器所饰垂叶纹是春秋中期流行的纹饰,字体与下寺M2出土王孙诰钟相似,以纹饰、字体论,定在共王时更为合适。"嘉嬭",可能是王子申的长辈亲属,女性。"盏盂","盏"字所从二戈横书;盂字原铭作,与齐良壶同(齐良壶自铭"壶盂")。《方言》、《玉篇》、《广雅》等书皆以盌盝为盂之别名(参看王念孙《广雅疏证》)。阮元指出此器的"盏"字即"盌盝"之"盝",这是很对的,但可惜的是他没有认出"盏"字的下一字就是"盂",反而把它错释为"羹"。

过去罗振玉曾藏有一件申匠，见于《梦郼续》12、《三代》10.8.2 等书著录。其器形是春秋早期特有的大侈口匠，仅存器。铭文即仿此器而伪。《大系》释 167 云：“罗振玉藏一簠，文为‘王子申乍嘉孀其鬻寿萶永保用’，即切去此铭盏盖无之四字而代刻者，文既不备，萶其二字亦混乱，为伪无疑。”

Ⅳ春秋晚期

（八）王子午鼎（楚王子午器，约前 558—前 548 年，当楚康王 2—8 年）

详拙著《论东周时期的楚国典型铜器群》（下简称《器群》）。

（九）楚叔之孙倗子匍诸器（楚薳子冯器，约前？—前 548 年，当？—楚康王 12 年）

详《器群》。

Ⅴ春秋晚至战国早期

（十）邵王之諻鼎、毁（楚昭王之母、楚平王夫人嬴氏器，前 488—前 432 年，当楚惠王 1—57 年）

1. 鼎

器形：佚；

铭文：《三代》3.11.3。

此器最早见于《周存》2 补遗著录，只有拓本流传下来。《贞松》2.37 云，“据郁华阁拓本入录”。收藏不详。

释文：

邵王之諻（媓）$_1$

之馈鼎$_2$

按：“邵王”，即楚邵王。“諻”，《方言》：“南楚瀑、洭之间母谓之媓”，张政烺先生据释为媓，谓“邵王之諻”即邵王之母，楚平王夫人嬴氏。“馈”字，原铭作，字亦见于無(许)臭鼎、大赓盏，旧释馈，释饙，释餌，皆有未当。这里我们是把它释为馈，即礼书"馈食"之"馈"。江陵望山，天星观楚简均有以牲馈享之辞，"馈之"之"馈"也是这样写法。去年我写了一篇《战国鸟书箴铭带钩考释》，指出前人所谓"夏带钩"其铭文中的"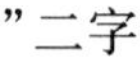"二字其实就是"贵贱"二字，此字从贵，正宜释为馈。这件器物的器主是昭王之母，但并不作于昭王时。因为这里昭王的昭，正如柯昌济先生所说是个"谥称"。这里顺便说一下，关于谥法问题，过去郭沫若先生在《金文丛考》中把它的出现推得相当的晚，说是可以晚到战国时期，这是不大妥当的。我们根据《左传》哀公十三年楚共王谋谥的记载来看，如果要说春秋中期以来还没有谥法，那是无论如何也说不过去的。所以此鼎年代至少应在楚昭王之后，估计大约在惠王时期。昭王之母，据《左传》记载本是楚平王为太子建迎娶于秦的新妇，结果平王自己把她娶了过来，立为新后，即所谓"楚夫人嬴氏"。其年龄要比平王小得多。昭王是平王临死前不久所得子或遗腹子，在位共二十七年，顶大也就是三十出头就死掉了。他的母亲惠王时犹在，毫不奇怪。

2. 毁一

器形：《十二家》遐3—5；

铭文：同上，又《三代》7. 17. 5。

此器原为潘祖荫所藏，曾见于《窓斋》9. 3著录，后归叶恭绰遐盦所有，收入《十二家》内，即《三代》所录第一器。现藏上海博物馆。

释文：

邵王之諻(媓)$_1$

之膚(荐)毁$_2$(器内)

按："荐"字，原铭作，与蔡侯申墓所出吴王光鉴的字荐()略同，是其时代相近之证。吴王光鉴的荐字从艸从廌从収，此器荐字则从皿从廌。荐是进献的意思。

3. 毁二

器形:《金匮》69—75;

铭文:同上,又《三代》7. 17. 6

此器也是叶恭绰藏器,1944年初归于陈仁涛,即《三代》所录第二器。其器形是在陈氏《金匮》一书中首次发表。形制、铭文同于毁一。

(十一)楚王酓章钟、镈、剑和戈(楚惠王熊章器,前488—前432年,其中钟、镈作于惠王56年,当前433年)

1. 钟一

详拙著《宋代出土的楚王酓章钟》(《江汉考古》1984年第1期)。

2. 钟二

详同上文。

3. 镈

器形:《随县曾侯乙墓》图版22;

铭文:《文物》1979年第7期13页图14。

此器是1979年湖北随县擂鼓墩M1(曾侯乙墓)出土,出土时悬挂在中室钟架下层第一组。

释文:

佳(惟)王五十又六祀,返自西1

旞(阳),楚王酓章乍(作)曾侯乙宗2

彝,寞(奠)之于西旞,其永时(庤)用亯。3

按:此镈出土于随县,与上述二钟出土地点相邻,原来应是同时所作的一套东西。铭文同钟一和钟二。

4. 剑

详《器群》。

5. 戈

详《器群》。

Ⅵ战国中期

（十二）曾姬无卹壶（楚声王夫人器，前344年，当楚宣王26年）

详《器群》。

（十三）鄂君启节（楚怀王6年器，前323年）

器形：《文物精华》第二集；

铭文：同上。

发表于殷涤非、罗长铭《寿县出土的"鄂君启金节"》（《文参》1958年第4期，8—11页）。共五枚，分两次出土于安徽寿县城东丘家花园，1957年4月出土舟节一枚，车节三枚，1960年出土舟节一枚。舟节存二缺三，车节存三缺二，原皆合五成套，现分藏于中国历史博物馆和安徽省博物馆。

1. 舟节

释文：

大司马邵鄗敗（败）晋帀（师）于襄陵之戢（岁），夏（夏）层之$_{1}$

月，乙亥之日，王凥（居）于菽（纪）郢之游宫，大攻（工）尹脽台（以）王命$_{=}$（命命）$_{2}$

集尹悤糌、裁尹逆、裁邻（令）阢为鄢（鄂）君启之府（府）赎（赓）盥（铸）$_{3}$

金节，屯三舟为舿$_{=}$（一舿），五十舿，戢（岁）罷（盈）返。自鄢市逾沽（湖）$_{4}$

让（上）滩（汉）。庚（经）厝，庚（经）芑昜（阳），逾滩（汉），庚（经）邽，逾夏（夏）内（入）邙，逾江，庚（经）$_{5}$

彭徲，庚（经）松昜（阳），内（入）濾（泸）江，庚（经）爰陵，让（上）江内（入）湘，庚牒，庚（经）$_{6}$

邶昜（阳），内（入）灅（耒），庚（经）郙，内（入）澬（资）、沅、澧、浯，让（上）江，庚（经）木闸（关），庚（经）郢。$_{7}$

见其金节则毋政（征），毋舍棹（棹）飤，不见其金节则政（征）。$_{8}$

女(如)载马牛羊台(以)出内(入)阐(关),则政(征)于大质(府),毋政(征)于阐(关)。9

按:首句是以事记年。《史记·楚世家》:"怀王六年,楚使柱国昭阳将兵而攻魏,破之于襄陵,得八邑。"铭文"大司马昭阳"即"柱国昭阳"("柱国"是其爵称),"晋"是指"魏"。事亦见《战国策·齐策二》和《韩策二》。"夏层",据睡虎地秦简《日书》即楚月名"夏尿",简文"尿",或体作"尸"或"夷",读与"夷"同,是楚的八月。"莪郢",屡见于湖北江陵出土楚简,应指战国晚期楚都纪南城,即纪郢(以在纪山之南而得名)。莪字从艸戋声,下所从见于信阳楚简,凡两例,一作"……虐莪不智也夫",一作"……天下又(有)莪",应即语气词"哉"。"莪"字下从"夕"可能不是人字,而是糸旁的省体(楚简糸旁往往省作纟),与下文"裁"字同。古代从𢦏得声的字多属精母之部,与"纪"读音非常接近(后者属见母之部)。而下文"裁"字实际上也就是绒字,与织、絓、纪等字可以相互通假。"大工尹",在楚官制系统中地位很高,仅次于司马。"脽",可能就是《战国策·楚策》中的昭睢,其活动时间正当怀王在位期间。"雧尹",雧字从亼(此省去横划,朱家集楚器有不省者),同集字,是个"双重表音字"。据朱家集楚器及天星观M1遣册,"雧尹"是职司宫中膳食等事的职官,下设"雧脰尹"(省称"雧脰"),"雧糈尹"(省称"雧糈")等分职。"悊糈",与望山、墓主悊固氏称相同,后者是以楚悼王(该墓祷祠简作"悊王")而得氏。"裁",疑是地名,于省吾先生指出,《古文四声韵》卷五"织"字同此,此字应分析为从糸𢦏声。又《古文四声韵》于"织"字下引《崔希裕纂古》以"裁"字(作叔)与"絉"、"絓"等字相同,这些字都是之部或职部字(职部是之部的入声),与从己声的字可以相互通假,如《广雅·释诂二》"记,识也",《说文》新附字"记,誌也",即其证。"令"可能是"尹"的属官。"阬",于省吾先生指出,古与"耆"字相通。"鄂君启"鄂在今湖北鄂城县,这个鄂君启与《说苑·善说》之鄂君子晰并非一人。"赓",读为"赓续"之"赓"或"经营"之"经"(下文"庚"字皆读为"经")。"屯",集合。"舿",是个集合数量,不是船的名称。集三舟为一"舿","五十舿"是一百五十条船,这是舟节的限定运载额。“罷”,子弹库楚帛书“羸”字作,湖北山湾 M33 出土子季嬴青固“嬴”字作皆从能,此从于省吾先生说读为嬴(通盈),意思是满一年要交还此节,即所谓“皆有期以反节”(《周礼·地官·掌节》),这是舟节的使用时限。下述舟行路线,其中有四个术语:“逾”,指越离某一水道;“上”,指溯水而上;“经”,指经过某一城邑;“入”,指进入某一水道。舟行路线是以鄂为中心,依次向西北、东、西南、西四个方向延伸,它们可分为:(1)西北线。自鄂市(鄂的市场)溯汉水而上,经𢈪(厌?待考)和芑阳(待考),越夏水入邔水。夏水是古河道,据《水经注》,其故道是从湖北沙市市东南分江水东出,流经今监利县北,至沔阳县附近入汉水(自此以下汉水也叫夏水)。邔水,邔字从巳,与𧊒盗壶“殜殜(世世)毋逌(犯)”之“逌”所从相同,旧释邵或邱均不正确,近陈蔚松先生考为《诗·召南·江有汜》之“汜”,谓即今枝江百里洲一带江水分支。(2)东线。(自鄂市顺江而下)越江水,经彭徲(估计应是古彭泽湖,即今鄱阳湖附近的地名)和松阳(今安徽枞阳县),入泸江(估计应即今青弋江),再沿泸江经爰陵(即汉宛陵县,在今安徽宣城)。(3)西南线。(自松阳)溯江而上,从洞庭湖一带分别进入五条水道。它们自东向西向北依次排列,首先是湘水,沿湘水经过𦣞(待考)和𨙶阳(即汉洮阳县,在今广西全州县西北),入灅水(湘水支流,即今来水),沿灅水经过鄗(此从吴振武同志释,待考),这是一条;其次是资水、沅水、澧水和湝水(后者应在澧水北,应即《汉书·地理志》之“繇水”)四条水道。(4)西线。从洞庭湖一带继续溯江而上,经木关(待考)和郢(即纪郢)。“毋舍桴飤”,此从于省吾先生说释第三字为桴,但我们认为,这里舍是舍次之义,桴指船,铭文是说无须泊船安排食宿。

2. 车节

释文:

大司马邵𨜒敗(败)晋帀(师)于襄陵之戢(岁),𩒨(夏)𡱂之 1
月,乙亥之日,王凥(居)于蔵(纪)郢之游宫,大攻(工)尹 2
脽台(以)王命=(命命)𠓗尹𢘊楮、裁尹逆、裁𠊧(令)阢为䣙(鄂) 3
君启之𢊁(府)𧶠𨱑(铸)金节。车五十乘,戢(岁)罷(盈)返,毋 4

载金革黽箭，女(如)马，女(如)牛，女(如)德(特)，屯十台(以)堂(当)车=(一车)；[5]

女(如)檐(担)徒，屯廿二(二十)檐(担)台(以)堂(当)车(一车)，台(以)毁于五十乘之中。[6]

自鄢市庚(经)昜(阳)丘，庚(经)邡(方)郕(城)，庚(经)胬禾，庚(经)畐焚；[7]

庚緐(繁)昜(阳)，庚(经)高丘，庚(经)下鄒(蔡)，庚(经)居鄛(巢)，庚(经)郢。见其[8]

金节则毋政(征)，毋舍槫(棹)飤，不见其金节则政(征)。[9]

按：车节的限定运载额是五十乘，使用有效期同舟节，也是一年。“黽箭”，《管子·地员》：“五位之土……皆宜竹箭求黽”，于省吾先生指出“求黽”即《山海经·中山经》“求山多䈭”的“求䈭”，“黽”应读为䈭或篃，篃箭是竹材名。金属、皮革和竹材，均属禁运物资，“屯十以当一车”，是说如换用畜力，要按十头牲畜顶车一乘折算。“屯二十担以当一车”，是说如换用人力，要按二十个挑夫顶车一乘折算。“毁”，是扣除之义。下述车行路线。这一路线可分为前后衔接的两段：(1)从鄂去往南阳盆地。过去不少研究者认为这一段是舟车换用，先溯汉水而上，至今襄阳再舍舟乘车。但车节所记应是车行路线，我们认为这段全部应当是走陆路。陆路交通线，从鄂到南阳盆地，古代也好，今天也好，主要都是走随枣走廊。我们怀疑阳丘很可能就是唐国的故地。古代唐阳二字可以通用，如《春秋》昭公十二年所记燕地“阳”，《左传》即作“唐”。唐国故地在今湖北随县西北唐城镇，是由鄂去方城之陆行线所必经。方城，据谭其骧先生考证，应是具体城邑名，位置大约在今河南叶县西南保安镇(在今方城县东北)，正当伏牛山隘口。(2)从伏牛山隘口东出南阳盆地沿淮水以北进入今安徽省。胬禾、畐焚，待考，估计可能在今河南泌阳、遂平一带。繁阳，在今河南新蔡县北。高丘，待考，估计可能在今安徽阜阳一带。下蔡，在今安徽凤台县。居巢，古书记载不一，秦所置居巢县在今安徽桐城南，或即此。郢，可能是指由居巢向南至江，由江溯水而上返程的终点，与舟节的郢是同一地点。

Ⅶ战国晚期

（十四）楚王酓诸器（楚考烈王器，前262—前238年）

详《器群》。

（十五）楚王酓忎诸器（楚幽王器，前237—前228年）。

详《器群》。

（十六）郪陵君王子申豆、鑑（楚徙都寿春之后，前241—前223年，当楚考烈王末年或楚幽王或王负刍在位期间）

详作者与刘雨同志合写的《楚郪陵君三器》（《文物》，1980年第8期）。

下　篇

Ⅰ春秋早期

（一）楚嬴盘和匜

1. 盘

器形：BMFEA，No. 8，PL. XLIV. C40.《通考》下图842；

铭文：罕见著录；

此盘与下面的匜是同时出土的一套东西，藏于英国Mrs. Sedgwick。

释文：

隹（惟）王正月初吉[1]
庚午，楚嬴盥（铸）其宝[2]
盘，其万年子[3]
孙永用亯。[4]（器内）

按："庚"字补在"午"字右下角。"嬴"字作，与通常所见嬴字稍有不

同,所从女置在上部。楚嬴是楚国所娶嬴姓女子,以夫氏为称。《左传》等书所载楚娶嬴姓女子有二:一是楚共王的夫人秦嬴,秦嬴是秦景公的妹妹;二是楚平王的第二个夫人嬴氏,也是秦国女子。楚共王娶秦女在鲁哀公十二年(前561年,当楚共王三十年)是共王死前一年。楚平王娶秦女,在鲁昭公十九年(前523年,当楚平王六年),是平王死前七年。她们入楚年龄都比较小,估计共王夫人的主要活动时间是在康王甚至康王以后,平王夫人的主要活动时间是在昭王甚至昭王以后。此器有三个小附足,口饰窃曲纹,足饰垂鳞纹,同出的匜形制也很早,流不封顶,下有四足,口饰窃曲纹,腹饰瓦纹,鋬饰重环纹,完全是春秋早期的作风,应以定为春秋早期某个我们尚未知道的楚嬴之器较为合适,不大可能晚到共、康之际,更不可能晚到平、昭之际。

2. 匜

器形:BMFEA,NO. 8,PL. XLIV. C39.《通考》下图856;

铭文:《三代》17. 37. 1。

与上同出,收藏亦同。

释文:

隹(惟)王正月初吉1

庚午,楚嬴盥(铸)2

其盘(匜),其万年3

子孙永用亯。4(器内)

(二)中子化盘

此器铭文最早见于《筠清》4. 28—29著录,摹本出自姚圣常之手。“嚣”误作“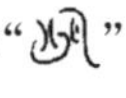”,“盥”误作“盥”、《攈古》2:2. 74初版《大系》录182、释167,《双选》下3. 7都是据姚本错录错释。《缀遗》7. 10始据拓本重为摹写,将错字改正过来。

释文:

中子化用保$_{1}$
楚王用正（征）梠$_{2}$
用赟（择）其吉金，$_{3}$
自乍（作）盬盘。$_{4}$

按："中"，氏称，"子化"是名。"化"字甲骨卜辞习见，像二人相背之形，《说文》认为化字"从人匕声"是不对的，化应是讹（即譌）的本字。"中子化"，郭沫若先生说即楚简王熊中，"正梠"即《史记·楚世家》所记"简王元年，北伐灭莒"。这一考证现在看来，值得重新考虑。因为第一，铭文"中子化"是保楚王征梠的人物而不是楚王本人，铭文内容很清楚；第二，此器铭文字体甚早，不仅不可能晚至简王，而且要比淅川楚器的铭文还要早；第三，莒国的器物莒字自铭皆作鄘不从吕。我们认为，这件器物的年代可能属于春秋早期，"征梠"也可能是指楚的征吕，楚灭吕，与灭申时间相近，可能是在楚文王时，最迟不超过楚成王时，"盬"，并不是盥字，长台关 M1 遣册有"一浂盤（盘）、一铯（匜）"，江西靖安出土徐王义楚盘，自铭"盜盘"，近李家浩同志有专文考释。

（三）楚季苟盘

器形：佚；

铭文：《三代》17. 10. 3。

释文：

楚季苟乍（作）嬭$_{1}$
障賸（媵）盥般（盘）其$_{2}$
子$_{=}$（子子）孙$_{=}$（孙孙）永宝用亯。$_{3}$

按："苟"字原铭作。此器是"季苟"为"嬭障"所做媵器，从字体判断，可能是春秋早期器物。

Ⅱ春秋中晚期

（四）王子启疆鼎

器形：佚；

铭文：《三代》11.28.4—5。

此鼎铭文末二字不清，罗振玉误释为“口彝”《贞松》7.14，《三代》著录为“尊”。其实这末二字仔细辨认乃是“飤緐”。“飤緐”是鼎的别称，原器可以肯定是鼎。《周存》3补遗有此器盖铭拓片，上钤“昔凡父印”，旁题“彝盖，陈昔凡藏器，与楚子远佗鼎合癸丑（1913年）获见”。所云“楚子远佗鼎”未见他书著录，应是一件楚器，此器与之同出，估计也是一件楚器，所谓“彝盖”应当是带圆捉手的鼎盖。

释文：

王子启疆$_1$

自乍（作）飤緐$_2$（盖器同铭）

按：此“王子”之名同于《左传》昭公元年楚太宰薳启疆。两个启疆，氏称不同。一个出于王族，一个出于薳氏，不可能是一个人。

（五）楚屈子赤角匿

器形：《江汉考古》1980年2期图版1：下；

铭文：同上。

发表于程欣人《随县涢阳出土楚、曾、息青铜器》（《江汉考古》，1980年第1期，97页）。1975年11月湖北随县涢阳公社涢阳大队鲢鱼嘴出土。1976年1月湖北省博物馆会同随县文化馆前往调查，现场已被破坏。同时出土物有曾子遼曶匿、郎子行盆、曾仲子孙棄戲戈及没有铭文的鼎2戈3。器物现藏湖北省博物馆。

释文：

隹（惟）正月初吉$_{1}$
丁亥，楚屈子$_{2}$
赤角朕（媵）仲嬭璜$_{3}$
飤匿，其覺（眉）$_{4}$
寿无疆，子=（子子）$_{5}$
孙=（孙孙）永保用之。$_{6}$（盖器同铭）

按：此器出土于随县境内，同出有曾、息两国铜器。估计比较大的可能，这批器物是出土于墓葬，墓主是曾国人，楚、息两国铜器都是外来的。郋子行盆，可能是楚灭息（前680年）后辗转流入此地。此器是楚屈氏媵女之器，所媵“仲嬭璜”，或即适曾之女。其形制与楚子赧匿略同，纹饰为蟠虺纹，字体与淅川下寺M87出土器物相近，估计是春秋中期偏早的器物。

（六）卑沥君光鼎

器形：《博古》3.9—10；

铭文：同上，又《薛氏》9.7、《啸堂》上16。

释文：

卑沥（梁）君光$_{1}$
之飤鼎（鼎）$_{2}$

按：上注各书，以《薛氏》所摹铭文为最佳，其“卑沥”二字作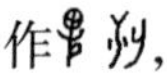，《啸堂》错摹为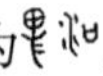，《博古》不清。卑字，宋人释威是错误的。沥，《薛氏》隶定是对的。《史记·吴太伯世家》：“初，楚边邑卑梁氏之处女与吴边邑之女争桑。”《博古》所绘图形，是一件球形深腹鼎，腹饰一道绹索纹及细密蟠虺纹（由小蛇组成），是春秋中期作风。

（七）析君述鼎

器形：佚；

铭文：《汇编》）356。

此器向未著录,《汇编》所用为巴纳德氏 1954 年拓本,收藏注为 Shodo?。

释文:

析君述翼(择)$_1$
其吉金,自$_2$
乍(作)飤䭆,其$_3$
永保用之$_4$(盖器同铭)

按:“析,原铭作㭊”。析君,当是楚封在析邑之君。析邑在今河南淅川县北,初为郡邑,后为楚邑。

Ⅲ 战国早期

(八)楚王孙渔双戈戟

器形:《文物》1963 年 3 期,46 页插图;

铭文:同上,47 页插图(摹本)。

发表于石志廉《楚王孙渔铜戈》(同上,46—47 页)。湖北江陵县新民泗场长湖边出土。这是一件双戈戟,一戈有内,一戈无内。同出有剑 1、戈 1、矛 1(附镦)、镞 3、马衔 1、玉璧 1,多数是兵器。其中有内戈 1959 年由湖北省博物馆拨存中国历史博物馆,无内戈仍存湖北省博物馆。上注器形、铭文是有内戈的器形、铭文,无内戈尚未发表。

释文:

楚王孙$_1$(援)
渔(渔)之用$_2$(胡)

按:“渔”即渔字,所从舟可能是鼎字,不是舟字。石文将王孙渔考为《左传》昭公十七年战死于吴楚长岸之役的司马子鱼,容庚《鸟书考》说同。我们认为这种说法是值得重新考虑的。因为第一,子鱼,传文名鲂,杜预注说:“子鱼,公子鲂也”,是一位“公子”,也就是王子,而王孙渔是“王孙”,“王孙”与“王子”是不能等同的;第二,此戈与1978年益阳赫山庙M4出土敚戟形制相似,应属战国中期器物,与司马子鱼卒年(前525年)时代相去太远。我们认为此双戈戟年代可能在战国中期。

(九)坪夜君成鼎

器形:佚;

铭文:《三代》3.11.4。

《小校》2.46.1云“叶东卿藏器”,各书所用拓本多出于叶氏。

释文:

坪夜君成之载(䵼)鼑(鼎)

按:坪夜君,见于曾侯乙墓遣册,是楚国的封君。裘锡圭先生把坪夜读为平舆,平舆是楚邑名,地点在今河南平舆县北。

(十)蓋君毞戈

器形:《考古》1973年3期156页图8;

铭文:同上。

发表于湖北省博物馆等单位发掘小组《湖北江陵拍马山楚墓发掘简报》(同上,151—161页)。1971—1972年湖北江陵拍马山M10出土,同出有剑1、戈1、(附鐏1)、陶甬1及漆羽觴等。

释文:

蓋君𡨦(宝有)(援部)

按:原铭为花体装饰性字体,异常难认。简报释为“都君用宝”,墓葬年代定在春秋晚期。黄盛璋先生改释为“邘(郢)君乍竈(造)”,认为墓葬年代应属战国早期,非春秋晚期。我们认为,从此墓所出陶鬲及戈的形制判断,年代应以黄说为近是。铭文第一字不识,是按原形隶定,非都和郢字;第三字也不是用或乍字,而是一上为兽形,下为凡字的字,我们把它隶定为"[illegible]",应是此封君之名;第四字疑是"宝""有"二字合文。

Ⅳ战国中期

(十一)楚屈叔池屈⧄之孙戈

器形:有全形拓本,见下;

铭文:《贞松》11.35—36(摹本)、《三代》19.55.1—2。

刘体智善斋旧藏。内部铭文字体甚小,拓本不清,可参看《贞松》摹本。

释文:

楚屈弔(叔)池[1]

屈⧄之孙[2](正面援部)

[illegible]□[illegible][3](正面内部)

楚王之元右王钟[4](背面内部)

按:援部铭文,"楚屈叔池"下似遗"之子"二字。内部铭文,正背皆作回文读,正面不清,背面"元右",应指戎右,"王钟"当是人名。

(十二)秦王卑命钟

器形:《文物》1974年第6期86页、1980年第10期图版3:4。

铭文:见照片。

发表于荆州地区博物馆《湖北枝江出土一件铜钟》(同上,1974年第6期,86页)、湖北省博物馆《当阳季家湖楚城遗址》(同上,1980年第10期,31—41页)。1973年5月,湖北当阳季家湖遗址1号台基出土(地点当在当阳、枝江两县交界处,旧归枝江县问安区)。荆州地区博物馆收藏。

释文:

秦王卑命[1](钲间)

競(竟)坪(平),[2]

王之定$_3$

救秦戎。$_4$(左鼓)

按:这是一整套偏钟中散出的一件,铭文不完整,无法确切了解其内容。其第一字“秦”若与“王”字连读,则此钟应作于秦称王后。秦称王在秦惠文王十三年(前325年),当楚怀王四年。竞坪,可能是地名。救,读法应与留篙钟相同,是援助的意思。秦戎,指秦,《管子·小匡》:“拘秦(泰)夏,西服流沙西虞,而秦戎始从。”(《北堂书钞》卷一一四引“从”作“定”)大意似为秦王卑命于竞坪,楚王决定救援秦军。

(十三)郙之新部戈

器形:佚;

铭文:《录遗》566。

释文:

郙之$_1$

新部$_2$(内部)

按:“新部”,读为新造,楚国官名。《战国策·楚一》:“棼冒勃苏对曰:‘臣非异,楚使者新造盩棼冒勃苏。’”鲍彪注以“新造盩”为“楚官”。郙,应是地名。

(十四)王命节

1. 节一

器形:《积古》10.5—6

铭文:同上,又《三代》18.36.4—5。

《缀遗》29.25:“此器旧不审谁氏所藏,近归吴清卿中丞。”

释文:

王命$_=$(命:命)遯(传)赁(任)$_1$

一檐(担)飤之。2

按:此器年代大约在战国中期,与鄂君启节年代相近。阮元曾把此器当做汉器,方濬益也说“今审此文实东迁以后字体”,他们都没有想到这是一件战国楚器。现在由于有鄂君启节的发现,我们拿它与鄂君启节相比较,可以看出它的字体完全是战国时期楚国的字体,辞例也与鄂君启节有相似之处,“王命=”,命字下有重文,参照鄂君启节“大攻(工)尹脽台(以)王命=(命,命)⿱集尹……”,应读为两个字。“遄”,曾两见于长沙子弹库楚帛书,一作“㴟乃上下朕遄”,一作“乃㴟日月以遄相□思”。另外《三代》18.31.3之“骑遄竹侯”马形节也有这个字。此字从辵剸声,剸即《说文》断字的古文。其所从叀,《说文》古文有二体:一作,据𬭚镈“惠”字作,中山王響鼎、方壶“譓”作,实际上应作,中间一竖不通连;一作,即,据长沙子弹库楚帛书遄字作,实际上应作或。这里的遄字,读法有两种可能,一种可能是指驿传之传,即持节所到之传舍驿站,另一种可能是指符传之传,即此节本身。《汉书·宁成传》:“诈刻传出关归家。”颜师古注:“传,所以出关之符也。”“王命命传”可以解释为“王下令命传舍”如何如何,或者“王命所命之符传”。“赁”,《说文》释为“庸也”,是雇佣的意思,非此处所当之义,应假读为任。中山王響鼎、方壶铭“赁”字数见,都是读为任。任有任使或职任的意思。“一担”,担字原作,张振林释为担,甚确。在鄂君启节铭中“担”是计算运输量的单位,和“舿”、“车”等同,并且可以和“车”互相折算。这里的“一担”既连下文“飤之”,似乎是指传舍招待的规格。

2. 节二

器形:《陶斋续》2.19;

铭文:同上,又《周金》6.127。

此节与上节同铭异范,“檐”字所从“木”的竖画和“之”字右上一笔特长。

3. 节三

器形:佚;

铭文:《金索》2.29(摹刻)。

《金索》注为“吴门陆贯夫藏”。其铭文与上节相似,或即翻刻上铭。

4. 节四

器形:《文物》1960 年第 8、9 期合刊,81 页;

铭文:同上。

发表于流火《铜龙节》一文。据该文称,此节“是 1946 年 9 月长沙市东郊黄泥坑出土。据当时挖掘者谈,系出土于一小型土坑墓中,解放后湖南省博物馆收集。该墓室宽 1.2 米左右,同出的有素面铜镜和双耳陶壶等。铜节出于墓室腰部,出土后辗转于古董商人及恶霸手中。解放后归湖南省博物院保存”。铭文同上,“檐”字所从“木”的竖画和“之”字右上一笔也较长。

王命节见于著录,除上述四节外,还有三件,它们是:

(1)见《衡斋》上 24、《尊古》4.46,黄濬藏品。形制、铭文同上,但粗劣不堪,应属伪制。

(2)见《尊古》4.47,也是黄濬藏品,现藏故宫博物院。铭文仅“王命:遡赁”四字,器形作虎形,可疑。

(3)《录遗》537,器形也作虎形,铭文作“王命[illegible]”。可疑。

(十五)王书刀

1. 书刀一

器形:《文物》1966 年第 5 期,50 页图 22:右上;

铭文:同上。

1965—1966 年湖北江陵望山 M1 出土,共两件,出土时是放在一件木制工具箱内,箱内所放都是修治竹简的工具。湖北省博物馆藏。

释文:

王

2. 书刀二

器形:见“书刀一”注;

铭文:同上。

出土、收藏、铭文均同上。

按:湖南省博物馆《长沙浏城桥一号墓》(《考古学报》1972 年第 1 期,59—72 页)称该墓出土有三件带“王”字的“铜削”。器形、铭文未发表。

V 战国晚期

(十六)膉鼎

器形:《武英》32、《通考》下 101、《故宫》下下 95;

铭文:《武英》32、《故宫》下下 95、《三代》3. 12. 5。

此器失盖。《武英》32 云:“盖失照”,《故宫》有盖的器形,但看来并非原配,不仅尺寸较大,不能盖合,而且形制较早,与器的时代亦不合。此器是战国晚期环耳高足扁盒式鼎,盖却是春秋时期带捉手的鼎盖。

释文:

膉所佶(造)[illegible]鼑(鼎)。中箭(肴)。(子母口上)

按:铭文不清,过去人们仅释出第一、二、三、五字,而且四个字里就有两个是错的,第一字被错释为脂,第三字被错释为偖,今悉为正之。膉,是作器者名,朱家集楚器冶师名有苛膉,见于楚王酓感鼎盖及冶史秦、苛膉匕,与此不知是否一人,鼑字写法也同于朱家集楚器。[illegible]字,可能是贵即馈字的省体。中箭,箭即莂字,读为肴。中肴和朱家集楚器“集莂”(铸客大鼎)、寿春鼎“□□甯”,东陵鼎“东陵甯”为同例,应是庖厨名。其时代应与朱家集楚器大敦相当。

(十七)东陵鼎

器形:佚;

铭文:《录遗》70。

浙江省博物馆收藏,仅存盖。

释文:

大右秦(秦)。

东陵厨。(分刻在鼎盖沿上)

按:盖中央提环失去,旁边有三个伏兽形纽。“大右秦”,与朱家集楚器大右刃鉴之“大右刃”同刻,大右是职官名,秦是人名。“东陵厨”,东陵是地名;厨,与寿春鼎斋字、铸客大鼎削字、膾鼎削字同例,我们把它释为肴,从厂是表示制作肴的处所。

(十八)寿春赁鼎

器形:《文物》1964 年第 9 期,35 页图 4;

铭文:同上,36 页图 5。

发表于天津市文化局文物组《天津市新收集的商周青铜器》(《文物》,33—36、40 页)

释文:

寿春赁(府)[illegible]。

[illegible][illegible]厨。

按:前四字,陈邦怀先生释为“寿春仓莵”,“仓”字应正为“赁”。此鼎为寿春府造,年代应在战国晚期。其形制为环耳扁盒式高足鼎,盖中央有提环,旁有伏兽形三纽,铭文刻划草率,正是这一时期的作风。下面三字,是作器之庖厨名称,上二字不清,“厨”字,见于东陵鼎、膾鼎、铸客大鼎等器,其写法或作厨、𦞦,我们把它读为肴,加厂旁或宀旁是表示制作肴的处所。

(十九)⧄⧄赁之右鼎

器形:《西乙》4. 23、《宝蕴》32、《故宫》下 96、《通考》下 102;

铭文:《贞松》2. 38(摹本)、《宝蕴》32、《三代》3. 12. 1。

此器系盛京故宫旧藏。《西乙》著录有图而失摹铭文,《故宫》亦未附拓本,现藏台湾故宫中央博物院。

释文:

□□�青(府)之右。冶□盛。(腹壁外侧)

按:此鼎失盖,器形是战国晚期环耳高足扁盒式鼎。铭文与朱家集楚器相近。“□□府”,上二字不清。“右”,原铭作,旧释左,今正为右。这个“右”可能与朱家集楚器大右刃鉴、东陵鼎之“大右”有关,是取官名。“冶□盛”,是冶师之名。

(二〇)巨莁鼎

1. 鼎一

器形:《文参》1957 年第 7 期,83 页插图;

铭文:同上(拓片一)。

发表于孙百明《介绍蚌埠市出土的几件有文字铜器》(《文参》1957 年第 7 期,83—84 页)。1955 年秋安徽蚌埠市东约八里出土。共出鼎 2、盛 1(有插图,称为“簋形器”)、壶 2。两件鼎有铭文,这是其中之一。

释文:

巨莁。王。(一耳)

巨莁。十二。(另一耳)

按:“巨莁”,地名,不详,孙百明先生释巨苍。莁,原铭作莁从艸从𠄢,𠄢即《说文》古文亙,与苍字写法不同。“王”,表示是王室所用,与王削、王衡、王量、王书刀之“王”字相同。“十二”,应是编次号。

2. 鼎二

器形;同上;

铭文:同上(拓片二)。

即上述两件有铭鼎中的第二件,缺盖。

释文:

巨莁。十九。(耳)

按:此鼎略小于上鼎。“十九”,也是编次号。

这两件鼎都是战国晚期高足扁盒式鼎,器物组合是鼎、盛、壶,年代是比较晚的,不一定早于朱家集楚器。

(二一)郢大赁☐笲

器形:《文物》1978 年 5 期,96 页,图 1、《度量衡》93;

铭文:《文物》,同上,96 页图 2、3,《度量衡》93;

发表于安徽阜阳地区展览馆文博组《安徽凤台发现楚国“郢大赁铜量”》(《文物》,同上注)。安徽凤台郊区出土,1976 年安徽阜阳地区展览馆收集。

释文:

郢大赁(府)之☐(筲)。(器腹外壁)

少。(器底)

按:这种形制的器物曾见于朱家集楚器,大小各一,大者容量与此相近,小者仅及此器的五分之一。另外,解放后安徽淮南市也出土过一件,容量与此相同。过去人们把这种器物称为觯或卮,以为是酒器,那是不对的。现在人们一般都认为它是量器。“郢大府”,“郢”是指寿春,楚考烈王二十三年徙都寿春,寿春也叫做郢。“☐笲”,器名,上字不清,下字读为筲。《方言》:“箸筒,陈、楚、宋、魏之间谓之筲,或谓之籝,自关而西谓之桶檧。”筲是箸筒的方言异名,这种异名流行于陈、楚、宋、魏一带。郭璞注说箸筒是“盛朼箸籫也”,是一种盛放饭匕和筷子的竹筒(《说文》:“筒,断竹也。”)。这件器物恰好呈圆筒状,应当就是仿竹器“箸筒”而做。《度量衡》以此器可容秦量制的五升,将此字读为《说文》箾字。《说文》:“箾,陈留谓饭帚曰箾,从竹捎声。一曰饭器,容五升。一曰宋、魏谓箸筩为箾。”所释共三义,第一字之箾,可能就是《说文》“芀”字,也就是苕帚的苕;第二义即《说文》并列之箾字,解释是“饭筥也,受五升,从竹梢声,秦谓莒曰箾”,是一种饭器,经典字亦作筲;第三义则是《方言》“筲”字。我们认为此器恐与五升之饭莒没有关系。

(二二)大赁铜牛

器形:《文物》1959 年第 4 期封内;

铭文:同上,第一页插图。

发表于殷涤非《安徽寿县新发现的铜牛》(《文物》1959 年第 4 期,1—2 页)。1956 年农民丘纪传在安徽寿县丘家花园附近的李家坟犁地时发现。1958 年 11 月安徽省博物馆调查收集。

释文:

大賨(府)之器。

按:器形为一错金银卧牛,这种错金银的动物形器物,战国时期有不少发现,有的是作豹形,等等,汉代的满城中山靖王墓也有出土,大概是一种类似镇的弄器。殷涤非先生认为器物应与同地出土的鄂君启节同时,也是怀王时器物。我们则认为它很可能是战国晚期器物,不一定与鄂君启节同时。

(二三)钧益环权

器形:《楚展》61、《度量衡》159;

铭文:同上。

这是十枚一套环权中的第九枚。1945 年湖南长沙近郊出土,藏湖南省博物馆。

释文:

钧(均)益(镒)。

(二四)正昜鼎

器形:《考古》1963 年第 9 期,图版 3:6;

铭文:同上,467 页图 12。

发表于杨桦《湖南常德德山楚墓发掘报告》(同上,461—473 页)。1958 年 10 月 29 日至 1959 年 3 月 5 日湖南常德县德山 M26 出土。同出铜器有鼎 1、盆 1、剑 1、戈 1(附镈 1),陶器有鼎 2、敦 2、豆 2、壶 6。戈有巴蜀式铭文。报告将德山楚墓分为早、中、晚三期，将此墓列为中期墓葬，时代定在战国前期。

释文：

正昜(阳)。(腹外壁)

按：此墓据器物形制及组合，定在战国前期，有些偏早，应改定为战国中晚期。此鼎是战国中晚期扁盒式高足鼎，铭文“正阳”是地名，地点在今安徽寿县西南正阳关。

(二五)后㚔刃鼎

器形：《楚展》68；

铭文：同上(照相)。

湖南长沙市出土，湖南省文物管理委员会藏。

释文：

后㚔刃。(盖近环处、盖内、器内共三处同铭)

按：此器是战国晚期高足扁盒式鼎，盖中央有提环，旁边有三伏兽形纽。

(二六)王衡

1. 衡一

器形：《度量衡》164；

铭文：同上，又《文物》1979 年第 4 期，74 页图 2：上。

传安徽寿县出土，藏中国历史博物馆。

释文：

王。(背面纽下)

按：器身还有刻画文字，不清。

2. 衡二

器形:《度量衡》164;

铭文:同上,又《文物》1979 年第 4 期,74 页图 2:下。

释文:

(正面左端)

王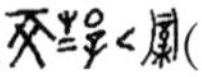(背面左端)

王(背面纽下)

按:刘东瑞《谈战国时期的不等臂秤“王”铜衡》(《文物》1979 年第 4 期)说:“两衡表面另有刻画文字,初步辨识乙衡上有(文)、(相子)、(?)等字,暂时未能通读。”

(二七)王量

器形:《度量衡》94;

铭文:同上。

1957 年安徽淮南市出土,淮南市博物馆藏。

释文:

王。(器外壁)

补遗

这篇文章原是 1981—1982 年写成,现在只作了很少一点改动,如上(十三)31 陈蔚松、吴振武说,下(二)31 李家浩同志说。最近一年半陆续又有一些新的楚国铜器铭文发表,今就所见撮要于下:

(1)楚子趞鼎(春秋晚期)。见熊学兵《当阳发现一组春秋铜器》(《江汉考古》1983 年第 1 期),1974 年 11 月湖北当阳县慈化公社电一大队(赵家湖以北)出土(同出鼎 2、匠 1、盥缶 1、盘 1、匜 1)。铭文:

楚子趌$_{1}$

之飤繇$_{2}$

（2）楚屈叔池戈（战国早期）。见周世荣《湖南楚墓出土古文字丛考》（《湖南考古辑刊》第一集），湖南省博物馆采集。铭文：

楚屈叔池之元用（胡）

按："屈叔池"见于上文楚屈叔池屈□之孙戈。

（3）郗之新造戈（战国中期）。见同上文，长沙近郊出土。铭文：

郗之$_{1}$

新造$_{2}$

按：与上郗之新造戈同铭。

（4）楚子□𨻰敦（春秋晚期）。见湖北省博物馆《襄阳山湾东周墓葬发掘报告》（《江汉考古》1983 年第 2 期），1972 年 10 月至 1973 年 11 月湖北襄阳山湾 M33 出土。铭文：

楚子□$_{1}$

𨻰之飤□$_{2}$

（5）羕陵公伺□戈（战国中晚期），见武汉市文物商店《武汉市收集的几件重要的东周青铜器》（《江汉考古》1983 年第 2 期），武汉市文物商店收集。铭文：

𪊨（献）鼎之戠（岁），羕陵公$_{1}$

伺□所造，冶已女。$_{2}$

按:“献鼎”,是岁名。“羕陵公”,封地“羕陵”应即曾姬无卹壶“漾陵”。下二字为人名。“己女”为冶师名。

(6)楚叔之孙途为盉(春秋晚期)。见吴县文物管理委员会《江苏吴县何山东周墓》(《文物》1984年5期),1980年7月6日江苏吴县枫桥公社何山出土(同出鼎5、匿2、盥缶1、盘1、匜1、戈1、矛3、镞14)。铭文:

楚叔之孙途为之鎰

按:“楚叔之孙”即蒍氏,参看拙著《“楚叔之孙倗”究竟是谁》(《中原文物》1981年4期)。此器自铭为“鎰”,可以证明春秋战国时期的这类器物应叫盉而不是鐎。同墓所出五鼎有两件属于越式,三件矛也是越式,并出有硬陶罐等,可判定是吴墓,盉是外来的。

1984年7月

附记:文中引用未经注明的参考文献

上(一):
陈诗:《湖北金石存佚考》;
刘心源:《奇觚室吉金文述》18.28—30;
阮元:《积古斋钟鼎彝器款识》3.14—16;
孙诒让:《古籀拾遗》中7—9;
丁山:《楚公逆镈铭跋》,《史学集刊》第4期;
王国维:《夜雨楚公钟跋》,《观堂集林》卷十八。
上(二):
阮元:《积古斋钟鼎彝器款识》3.2;
吴大澂:《愙斋集古录》2.2—4;
孙诒让:《古籀余论》2.9;

郭沫若:《两周金文辞大系》释 164;

徐同柏:《从古堂款识学》13. 3;

吴式芬:《攈古录金文》金 2:2. 22 背;

方濬益:《缀遗斋彝器考释》1. 4;

柯昌济:《韡华阁集古录跋尾》甲篇 2;

杨树达:《积微居金文说》,98—99 页;

于省吾:《读金文札记》,载《考古》,1966(2);

于省吾、姚孝遂:《"楚公冢戈"辨伪》,载《文物》,1960(3);

高至喜、蔡季襄:《对〈"楚公冢戈"辨伪〉一文的商讨》,载《文物》,1960 年第 8、9 期合刊;

冯汉骥:《关于"楚公冢"戈的真伪并论四川"巴蜀式"时期的兵器》,载《考古》,1959(8);

商承祚:《"楚公冢戈"真伪的我见》,载《文物》,1962(6)。

上(三):

郭沫若:《两周金文辞大系》释 168。

上(四):

郭沫若:《两周金文辞大系》释 165。

上(五):

王国维:《王子婴次卢跋》,《观堂集林》卷十八;

郭沫若:《两周金文辞大系》释 182;《殷周青铜器铭文研究》,104 页;

杨树达:《积微居金文说》,178 页。

上(六):

罗振玉:《贞松堂集古遗文》1. 4—5;

郭沫若:《两周金文辞大系》释 168;

陈梦家:《长沙古物闻见记序》;

周法高:《楚王领钟的时代》,《金文零释》,113—118 页(《史语所专刊》三十四)。

上(十):

柯昌济:《韡华阁集古录跋尾》,乙篇23;

张政烺:《昭王之谊鼎及殷铭考证》,《史语所集刊》8本3分。

上(十一):

黄翔鹏:《曾侯乙钟、磬铭文乐学体系初探》,载《音乐研究》,1981(1);

李纯一:《曾侯乙编钟铭文考索》,同上;

马承源:《商周青铜双音钟》,载《考古学报》,1981(1);

李学勤:《曾国之谜》,载《光明日报》,1978年10月4日;

裘锡圭:《谈谈随县曾侯乙墓的文字资料》,载《文物》,1979(7)。

上(十三):

郭沫若:《关于鄂君启节的研究》,载《文物参考资料》,1958(4);

商承祚:《鄂君启节考》,载《文物精华》第二集;

于省吾:《鄂君启节考释》,载《考古》,1963(8);

谭其骧:《鄂君启节铭文释地》,载《中华文史论丛》第二辑;

黄盛璋:《关于鄂君启节交通路线的复原问题》,载《中华文史论丛》第五辑;

谭其骧:《再论鄂君启节地理答黄盛璋同志》,同上;

殷涤非:《鄂君启节两个地名简说》,载《中华文史论丛》第六辑;

商承祚:《读鄂君启节铭文中几个文字和几个地名等问题》,同上;

张振林:《"�徒"与"一梏飤之"新诠》,载《文物》,1963(3);

陈蔚松:《"芈强大于南汜"解》,载《江汉论坛》,1983(2);

吴振武:《战国"亩(廪)"字考察》,载《考古与文物》,1984(4)。

下(二):

郭沫若:《两周金文辞大系》,释167;

李家浩:《信阳楚简"浍"字及从"关"之字》,载《中国语言学报》一期。

下(九):

裘锡圭:《谈谈随县曾侯乙墓的文字资料》,载《文物》,1979(7)。

下(十):

黄盛璋:《江陵拍马山楚墓写篆戈铭新释》,《楚文化新探》,湖北人民出版社,1981。

补正:本文付印前发现几条错误,因已请人缮写完毕,不及追改,只好补正于此:

(一)上篇鄂君启节“柱国”非爵称,注为爵称是不对的。

(二)下篇卑沏君光鼎定为楚器是据《史记·吴太伯世家》,《楚世家》文异,作“初,吴之边邑卑梁与楚边邑钟离小童争桑”。钟离是楚邑,各书相同,则卑梁是吴邑,两相比较,应以《楚世家》为是。此器有很大可能是吴器,宜删去。

1985年4月20日

原载《古文字研究》第13辑,北京:中华书局,1986年6月,353—397页。

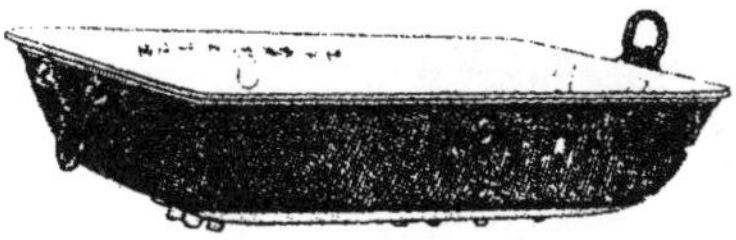

图1　王子婴次炉器形

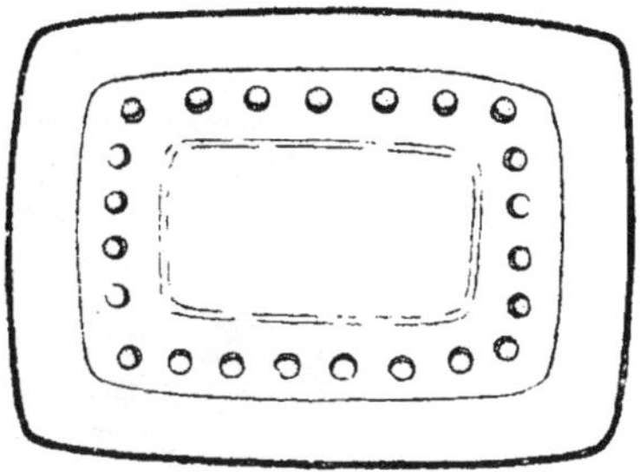

图2　王子婴次炉底部残足

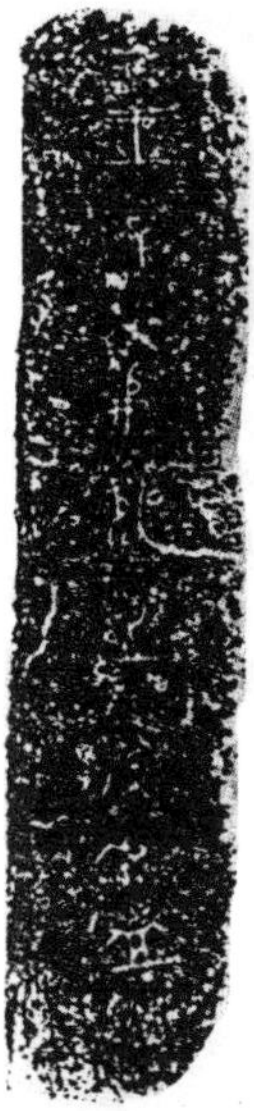

图3　王子婴次炉铭文

图5　楚嬴盘铭文

图4　楚嬴盘器形

图6　楚嬴匜器形

图7　楚嬴匜铭文

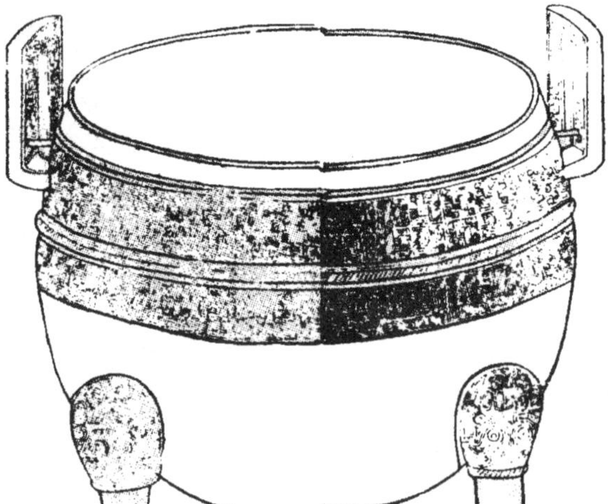

图8　卑梁君光鼎器形

图 9　卑梁君光鼎铭文

图 11　铭文

图 10　秦王卑命钟铭文与纹饰

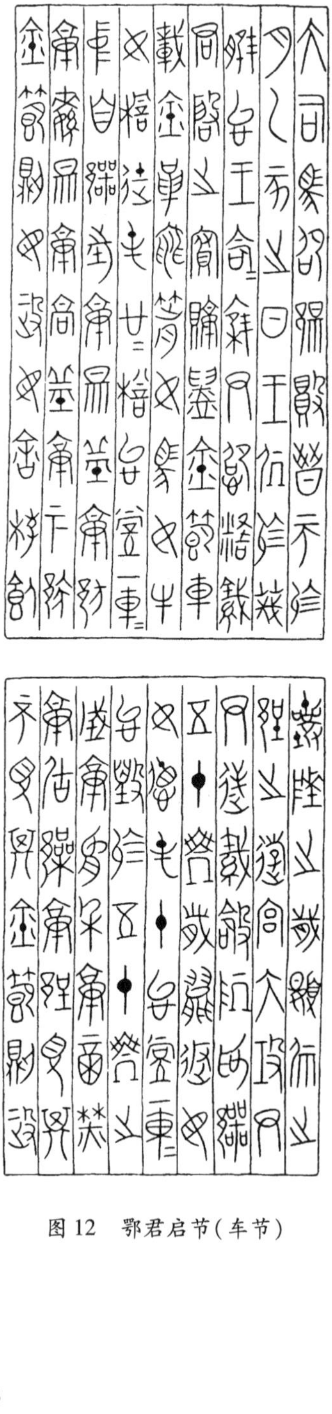

图 12　鄂君启节(车节)

图 13　鄂君启节(舟节)

楚燕客铜量铭文补正

1986年中国古文字研究会在山东长岛召开第六届年会,湖南省博物馆的周世荣先生在一篇题为《湖南出土战国秦汉铜器铭文补记》的文章中发表了一件楚国铜量的铭文,引起与会代表的极大兴趣。我也参加了这次会议,得以看到这一宝贵材料。去年,周先生在《江汉考古》1987年第2期上又发表了《楚邦客铜量铭文试释》,吸取裘锡圭、李学勤、林沄、李家浩等多位学者的意见,对铭文作了很好的考释,但阅后感到有些问题还值得进一步探讨,故草成此篇,向周先生和各位学者请教。

释文:

郾(燕)客臧(臧)嘉䎽(问)王于蕺(纪)郢之1戢(岁),亯(亯月)己栖(酉)旹=(之日),鄻莫嚣(敖)臧(臧)糸、2连嚣(敖)屈𧺆(让)吕命攻(工)尹穆𠀠(丙)、3攻(工)差(佐)竞(竞)之、寘尹陈导、少寘尹龏赐、少攻(工)差(佐)孛(勃)癸𠬝(铸)廿=(二十)4金削,吕賹(益)和(禾)畀(稟?)5。

下面就铭文中的几个字作一点讨论:

(1)铭文第一句,形式同于楚祷祠简,是以某国客使聘问楚王于纪郢之岁来纪年[1]。这种客使,望山楚简、天星观楚简和新近发现的包山楚简有"齐

① "纪郢"之释,见李零《楚国铜器铭文编年汇释》,"鄂君启节"考释(原载《古文字研究》第十三辑)。楚简抑或书为"蕺郢"。

图一　燕客铜量(拓片)

图二　燕客铜量(照片)

客”、“秦客”和“东周之客”等名，国名皆习见。铭文第一字，周文释“郱”，可疑。此字原铭作，左上角不清，周文认为左边是“尹”字之残，右边是邑旁，但仔细观察，右边却与邑旁有别。我们认为周文所说“尹”字右边下垂的一笔应与其所说“邑”旁合一，理解为，即妟，而周文所说“尹”字左边下垂的一笔则是邑旁之残。铭文从邑旁的三个字，邑旁一律在左（楚简邑旁也往往在左），可为旁证。所以这个字实应隶定作“郾”，也就是燕国的燕字。

（2）第二句，月名作合文，周文阙释，按应释为“亯月”。据包山楚简，亯月即纺月，是楚的六月①。

（3）“莫敖”上面一字，可隶定作“郿”。周文以为地名是对的。这里的“莫敖”和下文的“连敖”都是该地的负责官吏。《古玺汇编》0164“□夌（陵）莫嚣（敖）”、0318“连嚣（敖）之四”，前者也是地方官。“臧”下面一字，原铭作个，周文疑为“允”字，但楚帛书有“夋”字，所从“允”与此不类。楚文字系旁往往作“乑”或“个”，此字似应释为糸。

（4）“陈”下一字，周文疑为“夏”字，但楚文字中的“夏”字一般作“頣”，与此不类。此字从首从止从又，似应释为“导”字。

（5）“金削”，即此铜量之名。下字，见于古玺，如《古玺汇编》0324“桼丘禀廝”、2226“邯郸禀削”、3327“禀削”，可以证明此器是禀食器。

（6）“賹”，应是动词，疑读为益。

（7）铭文最后两字，上字从禾从口，疑是和字的异体；下字左边为范铸的框线所掩，疑是禀字的异体（读为禾禀）。

这篇铭文，其内容有许多值得注意的地方：

第一，铭文提到“纺月”的异名“亯月”。这在铜器铭文中还是第一次发现。

第二，铭文对研究楚国官制和铸造制度很重要。它提到三类官名：（1）

① 包山墓地竹简整理小组：《包山二号墓竹简概述》，《文物》1988年第5期。

莫敖、连敖;(2)工尹、工佐、少工佐;(3)集尹、少集尹①。第一类是鄦地的地方长官,第二、三类是前者下设的属官,说明楚地方设有与中央相似的机构。战国时期,各国铜器铸造,从兵器铭文看,往往分省、主、造三级②。省者(监造者)一般是中央或地方的负责官吏,如相邦、司寇、郡守、县令,而主者(负责制造者)一般为"工师"和"工师"的佐官(三晋叫"冶尹",秦叫"丞"),造者(直接制造者)一般为"冶"(三晋)或"工"(秦)。过去,我们从鄂君启节已经知道,楚国的工官,最高一级是叫"大工尹"③,而与该器铸造有关,还有"集尹"、"栽尹"、"蔵令"等官;而在朱家集楚器中,我们则注意到,这批铜器很多都是由被称为"铸器客"或"铸客"的官员监造,其直接制器的工匠叫"冶师"、"冶佐"。并且这些铭文还常常提到作器对象,即铜器的置用之所或守藏者,如"王后六室"和"大府"、"小府",以及可能与之有关的隶属于"集尹"的各种官员④。对照此铭,我们似可归纳,楚国的铸造制度,其省者是中央或地方的负责官吏,主者是"工尹"、"工佐"、"少工佐"或"铸客";造者是"冶师"、"冶佐"(据羕陵公戈,亦可省称为"冶")。"集尹"往往是铜器的直接守藏者,所以也参加铜器的监造。

第三,此器出现不少人名,有助于古代姓氏制度的研究。铭文中有臧、屈、穆、競、陈、龏、孛七种氏名。这里面除屈氏是楚国名族,人所周知,其他许多氏名的来源都很值得研究。如競氏应即《姓苑》提到的竟氏,《古玺汇编》0275"競忚厶(私)鉨"、3130—3132"競训",就是竟氏的印;孛氏即勃氏,据《广韵》引《世本》是宋右师之后,都是比较少见的。

第四,此器对楚国禀食制度和度量衡制度的研究也很有价值。它的实测容量是2300毫升,要比过去发现的楚量都大。过去发现的楚量有两种,一种只有此器的一半大小,自铭为"筲(筲)",是一种合秦制五升的量;还有一种

① 集字所从的宀旁,或作亼,或人,过去曾被误释为《说文》训为"三合也"的"亼"字。但从楚简文字看,这一偏旁实际上就是宀旁。

② 参见黄盛璋《试论三晋兵器的国别和年代及其相关问题》,《考古学报》1974年第1期。

③ 《左传》除有"工尹",还有"工正",见宣公四年。

④ 参见李零《论东周时期的楚国典型铜器群》第三部分(《古文字研究》第十七辑)。

只有此器的十分之一，是一种合秦制一升的量[①]。因此可以判明，这种自铭为“削”的量，是一种斗量。三种量器可以配合成组。它采用的当是通行的十进制的升斗制。

最后应当说的是，此器是官铸铜器，负责制造的官吏很多，若以通常所说的“作器者”命名，则太烦琐，周文拈取铭文头两字命名是可取的。但依本文所考，此器应改称为“燕客铜量”。

原载《江汉考古》1988 年第 4 期，102—103 页。

① 参见李零引文“郢大賨之⍁筲”考释。

论东周时期的楚国典型铜器群

近三十年来,随着发掘出土的铜器资料日益增多,在铜器研究中,开始出现一种新的倾向,就是注意选择具有标尺作用的“铜器群”作为考察铜器发展变化的主线。这一方法仍类似于过去所说的“标准器比较法”,但概念有所扩大,它把出土于同一单位的铜器作整体对待,铜器铭文的研究与形态、组合以及出土单位的研究是结合在一起的。

楚国铜器的研究,目前主要仍限于东周时期①。现已发现东周时期年代可考的大墓多在楚国或属楚系统,出土铜器以楚国材料最丰富。它已具备一批年代序列大体接续、随葬规格不同的典型器群。本文即以这批器群作为讨论对象,着重研究它们的年代序列和器种组合②。

一、春秋中晚期:河南淅川下寺楚墓出土铜器群③

对于楚器,过去人们所知较多的是战国中晚期楚器,对春秋楚器,除少数

① 楚立国虽早在西周初年,但西周时期楚人的活动范围至今尚未探明。目前可明确断定为西周时期的楚器只有楚公逆镈(周宣王时)。

② 本文所论各器群多出于规格较高的墓葬。这类墓容易被盗,但量少罕遘。我们的选择标准主要是看它是否保存有年代可考的成组铜礼器。如果没有,即使规格很高也不入选(如浏城桥 M1,牛形山 M1、2,天星观 M1);有,即使被盗或非经正式发掘也酌予收入。

③ 《河南淅川县下寺春秋楚墓》,张剑《从河南淅川春秋楚墓的发掘谈对楚文化的认识》,《文物》1980年第10期;《河南淅川县下寺一号墓发掘简报》,《考古》1981年第2期。

传世器物①,几乎没有多少了解。近年来,湖北、河南等省开始发现一些出土铜器的春秋楚墓②,其中尤以河南淅川下寺楚墓最为重要。

下寺楚墓,包括东西向长方形土坑竖穴墓二十五座。它们从南向北排列,整齐地分为五组,每组都附有一座车马坑。其中大型墓为主墓及其陪葬墓,随葬有成组铜礼器,一律不出陶器;小型墓为殉葬墓,几乎没有任何随葬品。

这五组墓,以三组年代最明确,可定为春秋晚期初年。与之相比,一、二两组年代略早,约在春秋晚期晚段。现已发表的简报和文章介绍较多的主要是三组墓,下面我们即以三组墓的材料做一简短讨论:

三组墓包括主墓 M2,陪葬墓 M1、3、4 以及殉葬墓十六座。在整个墓地中,规模最大。

主墓 M2,椁室长、宽、高为 7.7×4.5×1.8 米。墓曾两次被盗,但大件器物的陈放位置基本未动。出土铜礼器有鼎、鬲、尊缶、匜等(简报图版 1:1、图版 2:1.2、3,图 8,组合情况未发表)。已发表有铭文的铜器是王子午鼎(共七件)和王孙诰戈。

这里将王子午鼎的铭文释文如下:

隹(惟)正月初吉丁
亥,王子午罿(择)
其吉金,自乍(作)[illegible]
遴(彝)[illegible]鼎③。用亯旨
孝于我皇且(祖)文
考,用旂(祈)釁(眉)壽。

① 如楚公豪钟、戈(疑蚡冒熊眴器)、楚子暖匿、楚王媵邛仲嬭南钟(楚成王妹媵江芈器)、楚嬴盘、匜、中子化盘、楚季苟盘、王子婴次铲(楚王子婴齐器),楚王领钟(楚共王器)、王子申盏盂(楚共王右司马王子申器),王子启疆鼎,卑沥君光鼎等。

② 《当阳金家山九号春秋楚墓》,《文物》1982 年第 4 期;高仲达《湖北当阳赵家塝楚墓发掘简报》,《江汉考古》1982 年第 1 期。

③ [illegible],金文习见,一般无辵旁,在鼎、毁、匿、方壶、盥缶上均有发现,字不从鬲早期字体作[illegible],亦非[illegible](唐兰先生《五省出土重要文物展览图录》序言释[illegible],用于酒器、水器不合适),目前尚无确释。

圅（谦）𢍰（恭）𡚾屖①，敃（畏）諆（忌）
趩=（翼翼），敬𠂤（厥）盟祀，永
受其福。余不敃（畏）
不差（惰）②，惠于政德（德），
𢘎（淑）于威义（仪）。阑=（简简）嘼=（啴啴）③，
命（令）尹子庚，殹（繄）民
之所亟。万年无
諆（期），子孙是制④。（器内）

按上述三组铭文，王子午的铭文很引人注目。王子午即令尹子庚，是楚共、康两王时赫赫有名的人物（约前561？——前552年），他所作的七件鼎升出在M2，曾使人认为此墓的墓主就是王子午。还有人认为，盖铭“匍”与王子午可能是同一人。我在《“楚叔之孙倗”究竟是谁》（《中原文物》1981年第4期）一文中对这一问题提出不同看法，认为M2的真正墓主不是王子午，而是“楚叔之孙[illegible]子匍”⑤。理由是：第一，王子午与匍显然不是一人，王子午是楚庄王子，是王的直系，匍以“楚叔之孙”称，显然是王的庶支；第二，匍的

① 圅，象盛弓之器，与函（圅）字构形相似，唯后者所盛者为矢。《说文》谓函字“从马，马亦声”，马，“读若含”，则二字并从𢎘得声，弓、矢乃形符，此以音近读为谦。𢍰，同恭。𡚾，亦作𡙡，古书作嘏或胡，训大。屖，同夷。

② 着，同差，读为惰（差与惰并从左得声），懈怠不敬之义。

③ 阑阑，读简简，参柯昌济《韡华阁集古录跋尾》7页及杨树达《积微居金文说》38—39页，是和乐之义。嘼嘼，一般无丩旁，字同单（非畜字），读为啴啴，《诗·大雅·崧高》：“徒御啴啴”，郑玄笺：“啴啴，喜乐也。”和简简意思相近。嘼释单有以下数证：（1）甲骨文兽字皆从单作；（2）《正始石经》、《古文四声韵》和楚王酓忎鼎“战”字从“嘼”；（3）《古文四声韵》嘼字古文作[illegible]。

④ 末一字，赵世纲、刘笑春《王子午鼎铭文试释》（《文物》1980年第10期）以为《说文》制字的古文，可从。

⑤ 这里再补充两点：（1）薳氏被称为“楚叔之孙”，说明它是楚的叔孙氏，它的分出恐怕相当早，并不始于薳章，可以早到熊徇时，《国语·郑语》的说法当较《潜夫论·志氏姓》更为可信；（2）《左传》中的蔿敖，亦称孙叔敖或孙叔。《新唐书·宰相世系表》有孙叔敖“亦为孙氏”之说，宋邓名世《古今姓氏书辩证》及清孙星衍《孙叔敖名字考》（见《问字堂集》）驳之，认为孙叔敖是以孙叔为字而名敖，并非以孙为氏。现在看来，前说似亦不误。孙叔敖确有可能是以孙为氏字叔敖，孙叔敖之“孙”，殆即“楚叔之孙”的省称。

铭文在三组墓出土最多,M1、2、3 都有,王子午鼾虽是王子午作,但有后配的盖,上面加刻了匍的铭文,证明器已归匍所有,也是属于匍的器物。这里的“楚叔之孙[illegible]子匍”应即王子午死后第二年出任令尹的薳子冯([illegible]即薳,匍即冯)①,也是楚国历史上很著名的人物。由二号墓墓主的重新推定,这一墓葬的年代应当稍微向后推迟,即由楚康王八年(前 552 年)推迟到楚康王十二年(前 548 年)。时代在春秋晚期早段。关于墓中出土王子午和王孙诰的器物,我们推测王孙诰有可能是王子午的儿子,王子午和王孙诰的器物也许都是他送给薳子冯的。

M1 是 M2 的陪葬墓,在陪葬墓中最大,椁室朽坏,尺度不明,以墓底尺度(7.7×[4.2–5.1]米)为计,与 M2 大略相等,应是主要的陪葬墓,出土铜礼器鼎一一、鼾二、鬲二、毁一、匿二、方豆一、盏一、方壶二、尊缶二、盉一、浴鼎一、浴缶二、盘一、匜一(表一)。其中有铭文的铜器可以分为四组:

(一)楚叔之孙[illegible]子匍组。有楚叔之孙匍鼎(圆鼎)、匍匿、匍尊缶;

(二)孟滕姬组。有孟滕姬浴缶;

(三)江叔蠚组。有江叔蠚鬲;

(四)“敬事天王”组。有“敬事天王”编钟。

按此墓所出孟滕姬浴缶,孟滕姬,应是女性墓主。她陪葬匍,所以随葬有匍的器物。其他器物,江叔蠚鬲是江国铜器。楚灭江,见《春秋》文公四年(前 623 年),当楚穆王三年,年代在春秋中期早段。刮去器主名的“敬事天王”编钟,“天王”一词,见于《春秋》经传,是用来称呼周天子的,不详何国铜器。其器形与传世楚王领钟酷为相似,后者是楚共王时候的器物②。这一墓葬,年代应与 M2 相近。

M3 和 M4 也都是 M2 的陪葬墓,但规模比 M1 小得多。

下寺楚墓的发现有多方面的重要意义。

---

① [illegible]从[illegible]即虩,与訮音义同,《说文》:“诤语訮訮也。”《广雅·释诂》:“訮,怒也。”匍,《说文》作倗,讹勹为人。

② 陈梦家《长沙古物闻见记序》;周法高《楚王领钟的时代》,《金文零释》,113—118 页。

首先,它的地点就很值得注意。下寺地处“丹淅之会”,正是清宋翔凤推测楚都丹阳的地望所在。楚的附庸国鄀也在这一带,鄀以商密为都,辖有析邑,商密、析邑均与下寺邻近。楚之先公若敖,葬在若(以訾敖葬于訾而称訾敖例之),可能也在这一带。它与秦、晋邻近,是楚方城以西的军事重镇,春秋中期,楚在这一带封有商公和析公。凡此皆足以说明这个地方对于楚是很重要的。

下寺楚墓,可能是薳氏族墓。薳氏是春秋时代楚国的显族,与斗氏、屈氏等族一样,常常在王室任各种要职,甚至做到令尹、司马。他们葬在此地也是惹人深思的。

下寺楚墓出土的器物除楚薳氏自身的铜器外,还包括属于楚王族的器物、陪葬妻妾的器物以及其他一些器物。其中除楚国铜器,还有鄀、番、蓼、江、滕、蔡等国的铜器。铭文内容异常丰富,器物种类也比较齐全。是目前研究春秋中晚期楚器最有价值的一批材料。它们不仅年代序列比较清楚,而且属于三组墓的王子午诸器、王孙诰诸器以及楚叔之孙倗诸器还都是共、康之际的标准铜器。

二、战国中期:河南信阳长台关 M1,湖北江陵望山 M1、M2 和藤店 M1 出土铜器群①

1　河南信阳长台关 M1②

长台关 M1 椁室长 8.9 米、宽 7.58 米、高 2.5 米,共分七室,重棺。

墓中出土铜礼器鼎五、敦一、盛二、鼓腹豆形器二、壶二、盘四、匜一、提梁器一、圆铲一、箕一(表五)。

---

① 现已发掘的战国楚铜器墓,尚缺乏战国早期的典型材料,我们将春秋末蔡侯申墓、战国早期擂鼓墩 M1(曾侯乙墓)、M2 随葬铜礼器的情况列表附于文后作参考(表二至四)。这三座墓虽属楚系统,但非楚墓,所以没有列入上篇所论器群中。

② 《我国考古史上的空前发现——信阳长台关发掘一座战国大墓》,《文物参考资料》1957 年第 9 期;《河南信阳楚墓出土文物图录》,河南人民出版社,1959 年。

此墓规模以椁室大小和分室多少来看,与天星观M1相近①。天星观M1的墓主据该墓竹简是“邸阳君番勳”,此墓可能也是一座封君墓。其出土物中可供断代的铭文材料主要只有一件“𨛬篙”编钟,铭文是:

隹(惟)𨛬篙(正面右鼓)
屈栾,晋(正面左鼓)
人救戎(背面右鼓)
于楚競(境)(背面左鼓)

由于钟铭提到“晋人救戎”,过去郭沫若先生曾认为铭文所述当是《春秋》鲁昭公十七年(前525年)晋灭陆浑戎之事,把墓葬年代定在春秋末叶②。现在看来,他把墓葬年代显然是定早了,钟铭的解释也需重新考虑。

我们理解,铭文第一句,𨛬篙可能是岁名③;屈栾,据朱德熙先生考证是楚的月名,这个月名曾见于天星观M1祷祠简,云梦睡虎地秦简《日书》把它写成“屈夕”,是楚历的二月④。这一句是记年月的。第二句,晋人是指三晋之人;救戎,救是救援的意思,记载战国史实的古书经常有某国救某国的记载,救字不应作其他解释,戎字据湖北当阳出土“秦王卑命”钟“王之定救秦戎”,可能指秦;秦競,应读为楚境。这一句大概是说三晋之师救援秦军于楚境之上。推测秦楚间可能有战事,引起晋人出兵救援。这是一篇《春秋经》式的记事铭文,惜事无可考(史书关于简、声、悼、肃、宣五王记载甚少,事或正在其时)。从形制上看,这件钟和下寺M1“敬事天王”编钟相似,但纹饰是粟纹(即简化的羽状纹)和线刻云纹(线刻云纹在纽上,与天星观M1编钟相同),作风要比前者为晚,估计可能是战国早期或中期偏早的器物。

---

① 《江陵天星观一号楚墓》,《考古学报》1982年第1期,71—115页。按:天星观M1出土陶器只有陶瓮五件,铜礼器经盗掘虽保存较少,但原来估计较多,且形体较长台关M1所出普遍为大,因此墓主身份当比长台关M1略高。

② 郭沫若《信阳墓的年代与国别》,《文物参考资料》1958年第1期,5页。

③ 朱德熙先生将“𨛬篙”读为“荆历”,如此则器铭有月而无年,说似可商。

④ 朱德熙《𨛬篙屈栾解》,《方言》1979年第4期,303页。

这一墓葬从大多数出土铜器、陶器的风格来看，要晚于战国早期的曾侯乙墓，而与战国中期的望山比较接近，自然应以定在战国中期较为合适。

2 湖北江陵望山 M1①

望山 M1 椁室长 6.14 米，宽 3.98 米，高 2.28 米，共分三室，重棺。

墓中出土铜礼器鼎八、敦二、壶四、尊缶二、盉一、浴鼎一、浴缶一、盘二、匜二、圆钘一、箕一、熏钘一(表六)。

此墓规模以椁室大小和分室多少来看，规格要较长台关 M1 为低。墓主据出土简文名叫"悼固"，尸骨经鉴定是二十五至三十岁男性，说明是年轻早夭。简文记载悼固生前出入侍从王大夫，尚未得有爵位，但他下葬的规格还是比较高的。悼固在简文中筮问和祭祷其先王先君，先王名有"简大王"、"圣王"，"悼王"，即简王、声王、悼王；先君名有"东邸公"、"王孙喿"。根据简文提到简、声、悼三王，大家公认它是悼王以后的墓葬。但具体看法仍有分歧，主要有三说：

(1)楚灭越以后(中山大学古文字研究室楚简整理小组)。认为墓主悼固是史书所载楚灭越的功臣昭滑，墓中出土越王勾践剑即灭越所得。楚灭越应在楚怀王二十至二十三年(前 309—前 306 年)之间，墓葬年代应在这一时间后②。

(2)威、怀之际(陈振裕)。认为墓主悼固从职位、经历和年龄几方面考虑，都不可能与昭滑为一人。墓中出土越王勾践剑可能是出于馈赠而不一定是虏获物。悼固，以为氏，估计是悼王后代(悼王的悼，简文作悼)。他所祭先君东邸公、王孙喿当是悼王的子、孙一辈，本人与悼王估计至少要相隔两世，死时年龄又很轻。推算下来，卒年大约应在威、怀之际③。

(3)肃王时(李学勤)。把年代定在紧接于悼王之后④。

---

① 《湖北江陵三座楚墓出土大批重要文物》，《文物》1966 年第 5 期；陈振裕《略论九座楚墓的年代》，《考古》1981 年第 4 期。

② 中山大学古文字研究室楚简整理小组《江陵邵固墓若干问题的探讨》，《中山大学学报》1977 年第 2 期。

③ 陈振裕《望山一号墓的年代与墓主》，《中国考古学会第一次年会论文集》。

④ 李学勤《论新都出土的蜀国青铜器》，《文物》1982 年第 1 期。

我们认为三说中应以第二说较为近是。

3 湖北江陵望山 M2①

望山 M2 椁室长 5.04 米，宽 2.82 米、高 2.26 米，共分三室，三层棺。早年被盗。

墓中出土铜礼器鼎五、敦四、壶四、尊缶二、酒尊一、盘二、匜二、枓二、镫二（表七）。

此墓规格与 M1 相近而稍小，由于被盗，前室器物被扰。墓中未出土可供断代的文字材料，从出土物的风格判断，应与 M1 年代相近而稍晚。

4 湖北江陵藤店 M1②

藤店 M1 椁室长 4.26 米，宽 2.42 米、高 2 米，共分三室，重棺。

墓中出土铜礼器鼎二、方豆二，壶二、盘一、匜一（表八）。

此墓出土有越王州勾剑，根据这柄剑，原发掘简报把墓的年代定在公元前 412 年之后，失之太早。也有人认为州勾剑应是楚怀王二十三年（前 306 年）左右灭越时得来的战利品，把墓的年代定在楚怀王二十三年之后不久，这种意见与上述望山 M1 断代的第一种意见持论相同。其实此州勾剑与望山 M1 所出勾践剑情况相同，也不一定是虏获物。以出土物的风格判断，此墓年代当与望山 M1 接近而略早。

以上四座墓都是起有高大坟冢、带一条墓道的多室斗形墓，随葬器物铜陶兼用。它们的规格，以长台关 M1 最高，望山 M1 次之，望山 M2 又次之，藤店 M1 最低。长台关 M1 同天星观 M1 规模相近而略小，后者随葬品以铜器为主，不出仿铜陶礼器（只出陶瓮五件），可见它在这类墓中规格几乎已经是最高；藤店 M1 同新近报道的马砖 M1 规模相近而略大③，后者铜礼器只有鼎二、壶一，可见它在这类墓中规格几乎已经是最低。它们大体正

---

① 《湖北江陵三座楚墓出土大批重要文物》，《文物》1966 年第 5 期；陈振裕《略论九座楚墓的年代》，《考古》1981 年第 4 期。

② 《湖北江陵藤店一号墓发掘简报》，《文物》1973 年第 9 期；陈振裕《略论九座楚墓的年代》，《考古》1981 年第 4 期。

③ 《湖北江陵马山砖厂一号墓出土大批战国时期丝织品》，《文物》1982 年第 10 期。

好介于主要随葬铜器的王、令尹、司马等高级贵族墓和主要随葬铜器的士庶墓之间。

上述各墓的年代，望山 M1 是明确的，可定在威、怀之际，当战国中期晚段。其他三墓均与之年代相近或略有早晚，大抵皆属战国中期。所出器群可作战国中期楚国铜器的代表。

三、战国晚期：安徽寿县朱家集楚幽王墓出土铜器群

《越绝书·吴地记》记载威王以下的楚王墓都在“寿春东凫陵亢”①。楚寿春古城在今安徽寿县西南四十里②，朱家集李三孤堆（现归长丰县）发现的楚幽王大墓正在它的东面。

这座大墓先后曾经三次被盗（1933 年春、1935 年和 1938 年冬）③，其墓葬形制并无可靠记录。据李景聃调查，这是一座带封土和东西两个墓道的大型木椁墓，木椁共分九室，棺室居中，四周环以随葬器物的边室④。

该墓所出器物，现存多属第一次盗掘出土，收藏和著录很分散⑤。对此，

---

① 《越绝书·吴地记》原文作“寿春东凫陵亢者，古诸侯王所葬也：楚威王与越王无疆并威王后烈王子幽王后怀王也、怀王子顷襄王也”，“并”字以下文句舛误，应正为“并威王后怀王也，怀王子顷襄王也，顷襄王子烈王也，烈王子幽王也”。

② 参看陈梦家《寿县蔡侯墓铜器》（《考古学报》1956 年第 2 期）对这一问题的讨论。

③ 关于第一次盗掘，参看李景聃《寿县楚墓调查报告》，前历史语言研究所编《田野考古报告》第一册；关于第二次盗掘，现在尚无消息报道，只知是当地乡、保长发动乡民盗掘；关于第三次盗掘，参看邓峙一《李品仙盗掘楚王墓亲历记》，《安徽省文史资料》1981 年第 1 期。

④ 据李景聃调查，此墓封土残高约 2 米，周长约 300 米，墓道宽约三四米，盗掘后的坑口长宽约 21×17 米，已掘深度从坑口积水平面向下约 8 米（未到底），边室设门可以相通。现安徽省博物馆尚保存有该墓部分椁木。

⑤ 这些器物，出土后多一半被截存于前安徽省立图书馆及寿县民众教育馆等处，少一半散出各地，落入私人藏家手中。前者一向不大为人所知，外间流传只有拓本（除各书著录，北京图书馆藏有曾毅公辑《寿州楚器铭文拓本》，搜集最富）。这些拓本多出该馆朱拜石之手，往往有朱氏印记。解放后安徽省博物馆筹备处曾用徐仲舒先生旧摄器形照片印为《安徽博物馆筹备处所藏楚器图录》第一集，发表照片四十五幅。解放前私人藏器，往往有精印的图录发表，主要见于《善斋彝器图录》、《十二家吉金图录》、《双剑誃吉金图录》、《双剑誃古器物图录》、《颂斋吉金续录》等书著录。

我们进行了调查和整理,将其中的铜礼器按器种和形制编成通表(表九)①。

下面着重对该表所见有铭文的铜器作分组讨论:

(一)楚王酓章剑铭:

> 楚〔王〕酓章▨▨▨
> 吉(?)▨▨▨▨▨▨(两从)

(二)楚王酓璋戈铭:

> 楚王酓璋严犹南戉(越),用
> 乍(作)铎戈,邵(昭)旟(扬)文武之。

此从李家浩《楚王酓璋戈与楚灭越的年代》(《文史》第二十四辑)释。李文以铭文"酓璋"为楚威王熊商,"严犹南越"为威王灭越,定此戈年代为公元前333年前后。

(三)曾姬无卹组(壶二)。

壶铭:

> 隹(惟)王廿₌(二十)又六年,圣趄(桓)
> 之夫人曾姬无卹虗
> 安兹、漾陵、蒿闲(间)之无
> 匹(匹),甬(用)乍(作)宗彝障壶。后

① 此表是经核对有关著录和调查安徽省博物馆、上海博物馆、天津历史博物馆、故宫博物院、中国历史博物馆有关藏器整理而成。其中安徽省博物馆藏器,除接收前安徽省立图书馆藏器外,还有一些是由寿县文化馆上交。上交器物哪些属于前寿县民众教育馆等单位藏器,哪些是解放后新征集,尚待查核,其中无铭文者概未收入本表。另外没收入本表的还有四字王命节一,李景聃《报告》记为"南中某氏藏""《寿县楚器出土记》所载",然查《出土记》无此说,且四字节旧著有二,不详所指。又楚王酓璋戈,出土有二说,一说朱家集所出,见孙壮《楚器考》、柯昌济《金文分域编》;一说洛阳出土,见容庚《鸟书考》,今暂据前说附入本表。

嗣甬(用)之，譬(职)才(在)王室。(口内)

刘节先生考定，这里的“圣桓夫人”是楚声王夫人，“王二十又六年”是宣王二十六年[①]。曾姬无邺，古人以无邺为名有晋国郇无邺和赵襄子无邺，邺通恤，无恤，是无忧的意思。虘，据唐兰先生释(不是虐字)[②]，或释望，不确[③]，估计在铭文中是作谓语动词，大概是哀怜、恤问、赈济一类意思。安兹、漾陵、蒿间，应是并列的地名，皆无可考。漾《说文》古文作瀁，曾侯乙墓遣册有鄴尹，裘锡圭先生指出此鄴字应即楚养氏之养[④]，据此，漾陵似当读为瀁陵或养陵。无匹，指上述三地的鳏寡孤独者，不是指丧偶的曾姬本人。哀鳏寡，矜孤独，是古人称美的政德。

(四)楚王酓前组(鼎一、匜鼎一、匿三、盘一)。

1. 鼎铭：

楚王酓[illegible](前)复(作)鑄(铸)匐(鐈)𪔂(鼎)，㠯共戠(岁)棠(尝)。(器口缘)

集(集)脰社鼎(鼎)(盖顶)

集(集)脰(盖内)

楚王酓[illegible]，过去有几种解释：(1)释熊赀(“天津某公”)。以为楚文王熊赀[⑤]；(2)释熊胐(钱小云、胡光炜)。以为楚王负刍(将胐读为蠢，谓与成通假，即《越绝书》楚王成，而楚王成即王负刍)[⑥]；(3)释熊肯(马衡、郭沫若、唐兰)。以为楚考烈王熊元(谓肯与元读音相近)[⑦]；(4)也释熊肯(徐仲舒)。

① 刘节《寿县所出楚器考释》，《古史考存》，人民出版社，1958 年，108—140 页。
② 唐兰《寿县所出铜器考略》，《国学季刊》四卷。
③ 郭沫若《寿县所出楚器之年代》，《金文丛考》，409—417 页；又陈梦家，见《善图》一〇四考释引。
④ 裘锡圭《谈谈随县曾侯乙墓的文字资料》，《文物》1979 年第 7 期。
⑤ 见注本页③引。
⑥ 胡光炜《寿春新出楚王鼎铭考释(又一器)》，《国风半月刊》四卷六号。
⑦ 马说见本书 272 页注⑤引，郭说见本书 273 页注①，唐说见本书 272 页注⑤。

但以为楚哀王犹(谓犹从酋,与肯形近)[①];(5)释熊肯(刘节)。以为楚王负刍(谓负刍是酓肯字误)[②];(6)释熊肓(于省吾)[③]。诸说除(1)说(此说失之太早,可无庸辩)外,皆以徙都寿春后之楚王当之。楚徙都寿春,凡历四代:考烈王元、幽王悍,哀王犹、王负刍,除幽王悍有酓忎诸器当之。其他三王都被考虑在内。比较各说,“王负刍”说是肯定不对的[④]。“哀王犹”说,哀王立仅二月余即被负刍之徒袭杀,以情势论,可能性也很小。比较大的可能还是考烈王元。铭文,上所从,盘铭作,是较正规的写法,可以肯定不是朏或肓字,但释肯也不合。此字虽与肯字的今隶写法相似,但与《说文》肯字的小篆写法()异构。我们考虑这个字可能是前字,鄂君启节“箭”字所从前与此形近,此字从月当是从舟讹变(图1)。长台关M1遣册记“乐人之器:一槃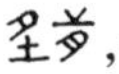,钟少(小)大十又三”,有同样的字,释前也是合适的。前与元古音相近(都是元部字),应即考烈王名。集脰,集字从亼(或省作∧)从集,是个“双重表音字”,仍是集字[⑤]。脰,《广雅·释言》:“脰,馔也”,朱德熙、裘锡圭先生把它读为厨[⑥]。朱家集楚器,除“集脰”一词外,还有“大后脰官”,陕西凤翔高王寺出土吴王孙无土鼎,自铭为“脰鼎”,凡此脰字皆与膳食有关。同类名词,见于朱家集楚器,还有集緒、集肴、集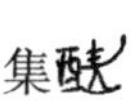、集既等。50年代李学勤先生曾指出它们不是人名,而是管理王室饮食的职官名,“集”字的意义可能同于“司”,下面的字都是食品名[⑦]。解放后有关这一问题出土了一些新材料,如鄂君启节有“集尹郘辂”,是“大攻尹脽”的下属官吏;长台关M1铜匕的木柄和“贴金木当铲”,上面皆有“集”字,遣册上也记有“集緒之器”。天星观M1遣册有“集脰尹”、“集緒尹”、“集尹”等词[⑧]。这些材料足以证明,此类名称

① 徐仲舒《寿州出土楚铜器补述》,《大公报图书副刊》第三十一期。
② 刘节《寿县所出楚器考释》,《古史考存》,人民出版社,1958年,108—140页。
③ 《十二家》尊十七至十八引。
④ 朱德熙《寿县出土楚器铭文研究》,《历史研究》第一期。
⑤ 朱德熙《寿县出土楚器铭文研究》,《历史研究》第一期。
⑥ 朱德熙、裘锡圭《战国文字研究(六种)》,《考古学报》1972年第1期。
⑦ 李学勤《战国题铭概述(下)》,《文物》1959年第9期。
⑧ 朱德熙《寿县出土楚器铭文研究》,《历史研究》第一期。

确实是职司饮食的职官名。其中集尹是总领各职,集脰尹等等是集尹的属官。集脰等名也就是集脰尹等名的省略称呼。集尹的集字,有收集储藏之义,我们怀疑这一职官当与楚国的“大府”“少府”有关。大府、少府之名不仅见于这批楚器,而且也见于战国中晚期的其他一些楚器。它们是各有分工的两大财政机构。大府主要是负责贡赋、货贿等国家财政收支事宜,少府则负责宫中服御之物的供应,包括“衣服宝货珍膳之属”。古人皆以府官为治藏之吏,集尹及其属官,应即属于这种府官。社鼎,社字很容易使人认为是社字(原铭文字与花纹相含混),经笔者目验,原铭所从工,不但没有出头笔划,而且竖划上端与上面的一横划稍稍隔开。

2. 匜鼎铭:

> 楚(楚)王酓忎(前)复(作)盥(铸)鉇(匜)鼎(鼎),昷(以)共戢(歲)棠(尝)。(口沿)

此鼎自铭“鉇鼎”。铜器中匜的自铭一般作“也”,但也有作“鉇”,如史颂匜、陈白元匜。

3. 匿铭:

> 楚王酓忎(前)复(作)盥(铸)金匿,昌共戢(岁)棠(尝)。(口沿)
> 戊寅(另两器作“己”、“辛”)(底)

己器、辛器有干无支,中间缺庚器。这种以干支标识器物编次的做法也沿用于秦汉。

4. 盘铭:

> 楚(楚)王酓忎(前)复(作)为盥(铸)盘,台(以)共戢(岁)棠(尝)。(口沿)

此盘铭文字体比较特殊，类似后世书家所谓“剪刀篆”。铸盘，是一个词，䜌书缶“以作铸缶”与此同例，铸字是盘字的限定修饰语。

（五）楚王酓组（鼎二盘一）。

1. 鼎铭：

楚王酓忎戰（战）隻（获）兵铜。正月吉日，窒盥（铸）
匋（鐈）貞（鼎）之盍（盖），㠯共戠（岁）棠（尝）。
（盖缘，器口缘铭文同此而无“之盍”二字）
集脰（另一器无此二字）（盖内）
冶帀（师）専（傅）秦，差（佐）苛臘为之（另一器冶师名作“絮［绍］夅”、佐名作“陲［陈］共”）（盖内，器腹铭文冶师名作“盘［般］埜［野］”、佐名作“秦忎”，另一器器腹铭文同盖内）

战获兵铜，楚幽王在位期间与他国交战，见于古书记载，仅有幽王三年秦魏伐楚一役。此役秦“发四郡兵助魏击楚”（《史记·六国年表》），未言谁胜谁败。郭沫若先生推测，楚可能是胜利者①。马王堆帛书《战国纵横家书》“李园谓辛梧”章是涉及此役的一篇佚文，提到李园使人劝魏将辛梧（并非秦将）缓兵不出，“梁兵果六月乃出”，似秦、魏确实未能得志于楚。但铭文是否就是指这一战役，现在还不能肯定。窒铸，窒与铸应是含义相似的动词。窒字同室，故宫博物院收藏楚王室客银匜，“室客”与“铸客”是相似的名词。冶师，即冶铸工师。佐，是冶师之佐。傅秦、苛臘、盘野、秦忎、绍夅、陈共都是人名。苛臘，苛姓常见于战国秦汉印；臘，与臘鼎冶师同名，或即一人，这个字应即古书常见人名用字“齐”。例如楚王子婴齐，器名作婴次；齐威王因齐，器铭作因資。此字从月从盗，与資应是一字。資即脐，盗即蛴②。平山中山王墓出土妾盗壶，盗也应读为齐。盘通般，也是战国秦汉常见姓。

① 见本书273注①郭文。
② 《古玺文编》一三·五“盗”释“蛮”，注：“文献婴齐，金文作婴次，据此知盗即蛮。”

绍，写法同《说文》、《正始石经》绍字的古文，绍姓见于《广韵》引《姓苑》；圣，疑隆字，汉印隆作降，楚铜贝铭“圣朱”可读为“隆铢”，是较大的铢。三、楚，非所谓西楚、东楚、南楚，二字间隔较大，应分读，“三”可能是编号，“楚”是记国氏。

2. 盘铭：

楚王酓忎战戳（战）隻（获）兵铜，正月吉日，窒盥（铸）少（小）盘，旨共戠（岁）棠（尝）。（口沿）

冶帀（师）絮（绍）圣、差（佐）陲（陈）共为之。（颈）

此器冶师题铭同鼎二，知与鼎二为同人所作。

（六）冶师组（匕六、勺三）。

1. 匕铭一（两件）：

冶専（傅）秦、苛膽为之。（柄）

同楚王酓忎鼎一之盖冶师题铭。

2. 匕铭二（两件）：

冶盘（般）埜（野）、秦忑为之。（柄）

同楚王酓忎鼎一之器冶师题铭。其中一件柄部原刻“冶専秦”等字，磨而未尽，于旁另刻上述铭文。

3. 匕铭三（两件）：

冶絮（绍）圣、陲（陈）共为之。（柄）

同楚王酓忎鼎二及盘冶师题铭。上述三对匕似应附于三件鼎，但现在只有两件鼎,疑鼎一盖、器原分属于两件鼎。

4. 勺铭(三件):

同匕铭一(柄)。

(七)铸客组。

这组器物依作器对象(真正的器主)不同可分为若干类:

(甲)为王后六室作器(匿、豆、尊缶、镐)。

1. 匿铭:

盥(铸)客为王句(后)六室为之。(口沿)

九件匿是以半器为计,其中一件底有阳识的"八"字。铸客,掌冶铸之官。古玺"郢粟客鉨","粟客"是类似的名词。王句,读为王后。六室,即《周礼·天官冢宰》内宰"以阴礼教六宫"之"六宫",六宫是王之后妃所居,亦称"六寝"。

2. 豆铭:

同上(口沿)

3. 尊缶铭:(颈)

同上(颈)

4. 镐铭:

同上(口沿)

(乙)为王后小府作器(鼾二、鼎一)。

1. 鼾铭:

盥(铸)客为王句(后)小赏(府)为之。(口沿)

战国文字府多作赏,传世铜器有大府、中府、小府之名。"府"上一字原铭作十,他器多作十,验之原器横划并不通连,旧释"七"是不对的,我们怀疑是"小"字。小府也就是少府。少府是秦汉沿置的职官,见《汉书·百官公卿表》和《续汉书·百官志》。其属官很多,举凡衣食住行各种事宜,皆有专职司之。

2. 鼎铭：

同上（口沿）

（丙）为大后脰官作器（匜鼎一）。

匜鼎铭：

> 盥（铸）客为大句（后）脰官为之。（口沿）

此大后，可能是幽王之母。脰官应是掌管膳食之官。

（丁）为集肴等作器（鼎一）。

鼎铭：

> 盥（铸）客为雧（集）䏑（肴）、[illegible]䏑（肴）、鼎（员）[illegible]䏑（肴）为之。（口沿）
>
> [illegible]（足膝）

䏑，李学勤先生释朊[1]，朱德熙、裘锡圭先生释腨[2]，我们认为这个字是从两爻从肉从刀，东陵鬲鼎和寿春府鼎所从爻皆单作，说明这个字可隶定为䏑，读为肴馔之肴。肴是切细的肉，从刀作是兼有会意的成分，上加厂旁或宀旁，是表示制造肴馔的处所。可见这个字和庖意思差不多。《汉书·百官公卿表》载少府属官有胞人，胞人也就是《周礼·天官冢宰》的庖人。[illegible]，与膡鼎造字（作[illegible]）相似。[illegible]，上半与楚文字中的夜字写法相似，但又不完全相同。这里我们暂时根据"铸客为王后六室为之"等铭例，把集肴、[illegible]肴、员[illegible]肴作三个并列食官名看待。[illegible]（图2），字小而隐蔽，畬前、畬忎鼎上所见这类文字都是标识性文字。第一字不详，第二字疑是佳字。

（戊）为集脰作器（鼎四、镐一、方铲一）。

---

① 李学勤《战国题铭概述（下）》，《文物》1959 年第 9 期。

② 朱德熙、裘锡圭《战国文字研究（六种）》，《考古学报》1972 年第 1 期。

1. 鼎铭一(一件):

盥(铸)客为亼(集)脰。(口沿)

亼(集)脰(左耳)

右耳有一刻划符号,作△。

2. 鼎铭二(三件):

盥(铸)客为亼(集)脰为之。(盖沿、器腹)

3. 镐铭:

同上(口沿)。

4. 方铲铭:

同上(口沿)。

(己)为集糈作器(鼎一、甗一)。

1. 鼎铭:

盥(铸)客为亼(集)糈为之。

糈,原铭作。长台关M1遣册有“集糈之器”,天星观M1遣册有“集糈尹”。糈,疑读为糈,《楚辞·离骚》:“怀椒糈而要之”,王逸注:“精米,所以享神也。”此“集糈”即“集糈尹”,是掌稻粱等主食之官。《汉书·百官公卿表》少府属官有大官、汤官、导官,颜师古注:“太官主膳食,汤官主饼饵,导官主择米。”主择米的导官和这里的集糈是类似的。

2. 甗铭:

盥(铸)䀇(器)客为亼(集)糈。(口沿)

集,原铭作"[illegible]",与他器有别,上面并有刻误磨去残存的一横划。"槠"字下也有刻误磨去的字迹残划,尚可辨认是"小宾"二字。𠵬是器字的省体。

(庚)为集既作器(甗一、方𬬻一)。

1. 甗铭:

盌(铸)客为雧(集)既盌为之。(口沿)

集既,也应是职官名。盌字,原铭作[illegible],与铸字相似,可能是铸字。

2. 𬬻方铭:

同上(口沿)

字内有黑灰,不能施拓。巴纳德氏摹本"既"下一字右半不清,与上应是同一字。

(辛)为集[illegible]作器(鼎一、盉一、圆𬬻一)。

1. 鼎铭:

盌(铸)客为雧(集)[illegible]为之。(盖器同铭)

集[illegible],也应是职官名。[illegible],原器两铭一作[illegible]、一作[illegible],字从酉,可能与酒、醢一类食品有关,旧释酶。

2. 盉铭:

同上(盖器同铭,[illegible],器铭作[illegible])。

3. 圆𬬻铭:

同上(口沿)。

(壬)为御硁作器(匜一)。

匜铭:

盌(铸)客为御硁为之。(口沿)

御莛，莛字，朱德熙、裘锡圭先生读遷，谓遷与驲通，解释为楚王御用之传驲。我们怀疑，莛字可能同于窒，即室字，上面的御字可能是指“女御”，《周礼·天官冢宰》“内宰”：“以妇职之法教九御”，郑玄注：“九御，女御也”，女御位在世妇之次。

（八）集脰大子组（鼎二、镐一）。

1. 鼎铭：

> 𠍮（集）脰。大子𣪘（鼎）。（盖沿与两耳）

一件在盖沿，“集脰”与“大子鼎”为一行，中间稍稍分开；一件“集脰”与“大子鼎”分刻于两耳。可见应该分读。“集脰”是监造者，“大子”是器主。

2. 镐铭：

> 𠍮（集）脰。大子之镐。（口沿）

（九）集肴大子组（鼎一）。

鼎铭：

> 𠍮（集）𦫦（刹）（左耳）
> 大子（器腹）

右耳有一刻划符号，作×。“集肴”与“大子”分读，例同上组。

（十）客豊愆组（鼎五）。

1. 愆鼎铭一（一件）：

> 愆（口沿）

愆，即下客豊愆。

2. 鼎铭二(四件):

客豊(礼)愳(盖器同铭)

客,即铸客或铸器客之客。豊愳,豊字原铭作,与鄂君节(舟节)"澧"水之"澧"所从相同,中山王嚳方壶铭"礼"字,下从口,与此也相似。这里应读为礼,《左传》有卫大夫礼孔、礼至,是古代姓氏用字。愳,人名,与盥字从臼不同,旧释盥是不对的。我们分析,此字应从䎽从心,䎽从䀠。《说文》䀠旁与自旁相通,故此数鼎中有一鼎字亦作。䎽字,见于《季木藏匋》14.7—8及新出郝家坪木牍。古玺有"客戒之鉨",客也是省称,戒也是人名。

(十一)大府组(匿一、镐一、盏一)。

1. 匿铭:

大贇(府)之匿(器内底)

《周礼·天官冢宰》有大府,秦汉不置大府,与大府相当的是司农,故郑玄注说:"大府为王治藏之长,若今司农矣。"

2. 镐铭:

秦客王子齐之散(岁),大贇(府)为王飤镐。集(集)脰。(口沿)

铭文第一句是以大事系年。秦客王子齐,应指楚国的某个名齐的王子入秦为使,望山M1、天星观M1出土竹简,常有某国客使"䎽(问)王子莪郢之岁"的记载,称为"齐客""秦客"等。此王子齐,名无可考,大概只是普通的一个王子而不一定是大子。飤字,原铭作,左半同下大府盏铭"馈"字所从。字,曾见于望山M2遣册,与晋字写法不同,如何释读,还值得研究。

3. 盏铭:

大贇(府)之馈盏。(口沿)

此器自铭“馈盏”,器形却是一件半敦,有三个云形纽。馈,原铭作,见于邵王之諻鼎、臭鼎(作“馈鼎”)以及楚简册(例作以某种食品“馈之”),过去有许多不同释法,我们根据宋代著录鸟书箴铭带钩铭文“不䙴(择)贵戝(贱)”中“贵”字的写法,把这个字释为馈①。

(十二)其他。

1. 大右人鉴铭:

大右人(口沿,双铭)

大右,例同东陵鼐鼎之“大右秦”,“大右”是职官名,“人”与“秦”都是人名。

2. 孯=(斪子)之官環

上述器物,虽系一墓所出,却有早晚不同。这里面(一)至(五)组器物年代是明确的:楚王酓章剑是惠王时候的器物,年代属战国早期;楚王酓璋戈是威王时候的器物,曾姬无卹组(两件)是宣王二十六年的器物,年代属战国中期;楚王酓前、酓忎两组(前者六件、后者三件)是楚考烈王和幽王时候的器物,年代属战国晚期。其他(六)至(十二)组器物,虽然没有直接可以判明王世的铭文,但可以酓前、酓忎两组的铭文和形制纹饰作线索串连起来。

冶师组(九件),所见冶师名同于酓忎组,应与酓忎组同时。

铸客组数量最大(三十六件),分(甲)至(壬)九类。其纹饰包括六种:(1)Ⅰ式云纹和凤鸟纹;(2)勾连纹;(3)菱形纹;(4)粟纹或羽状纹;(5)Ⅱ式云纹;(6)弦纹或素无纹饰。这些纹饰,纹饰(1)(2)见于酓前诸器,纹饰(3)见于忎酓诸器。它们对判明铸客组的年代很重要。铸客组的九类器物

① 参见李零《战国鸟书箴铭带钩考释》。

有不少是菱形纹或与菱形纹的铜器铭文相同,如(甲)类十七器、(丁)类一器和(戊)类六器;还有些是与上述菱形纹的铜器铭文相关联,如(乙)类铸客为“王后小府”所作三器,此“王后”应即(甲)类“王后六室”之“王后”。属于勾连纹的铜器有(己)类、(庚)类的两件甗甑(壬)类的一件匜。它们有可能是分属于考烈王和幽王两王,其中多数是幽王时候的器物。

集脰大子组(三件)和集削大子组(一件),铭文“大子”可能是幽王太子,也可能是考烈王太子,年代两属皆有可能。

客豊愳组(五件),其中仅愳大鼎有花纹,为Ⅰ式云纹,年代两属皆有可能。

大府组(三件),大府匿为勾连纹,估计是考烈王时的器物。

墓中出土无铭文的铜器以有铭文的铜器的形制、纹饰判断,可以估计也多是幽王时的器物,少数可能属于考烈王时。整个墓葬年代,以晚出器物为准,应当定为楚幽王墓。墓中出土考烈王和幽王两王的器物可作战国晚期楚国铜器的代表。

四、上述器群的器种组合

上述器群不仅分属于不同时期,而且随葬规格也有差异。楚铜器墓从高到低的各主要层次于此可见一斑。

根据时代和规格差异,可将上述器群的器种组合情况归纳如下:

(一)属于春秋中晚期的下寺楚墓,凡出铜器的墓,均不随葬陶器。这一时期的陶器多数是日用器(鬲、盂、罐或鬲、盂、长颈壶),虽也有与铜器一起出土的,但与铜器是两套组合,铜器墓与陶器墓界限比较明显。下寺楚墓出土的主要器种有鼎、鬲、毁、盏(晚期为敦)、匿、豆、壶、尊缶、盉、浴鼎、浴缶、盘、匜、鉴。规格较低的墓有的缺少其中的某些器种(如鬲、毁、盏、豆、盉、浴鼎、鉴),较高的墓增加有鼾、方壶等贵重器物(在礼制上地位较高的器物)。

（二）属于战国中晚期的各墓，其器种有无盖大鼎、有盖撇足（或不撇足）中鼎、有盖细高足小鼎、鼾、鬲、甗、毁、敦、匿、豆、壶、尊缶、盉、浴鼎、浴缶、盘、匜、鉴、铲。参考蔡侯申墓和擂鼓墩 M1、M2，可知这些器种从战国早期到战国晚期一直流行。战国时期的铜器墓分两类，一类地位较高，以随葬铜器为主（如楚幽王墓、天星观 M1、M2），铜器数量多、型体大、装饰美。一类地位较低，兼用铜器和陶器（如长台关 M1，望山 M1、M2，藤店 M1），铜器仅限于某些不太贵重的器种（如有盖细高足小鼎、敦、豆、盛、圆壶、尊缶），数量少、型体小、素无纹饰。较贵重的器物，都是用仿铜陶器代替（如无盖大鼎、有盖撇足中鼎、鼾、毁、匿、方壶）。仿铜器不仅起数量补充的作用（补充上述六种铜器），也用来补充器种的不足。它们（还包括某些漆木器）在组合上和铜器是一套东西，合起来与前一类墓在器种上大体相同。仿铜陶器在战国时期使用相当普遍，不仅一般士庶墓用，高级贵族墓也用。前者所出仿铜陶器主要有有盖撇足中鼎、匿、缶或有盖细高足小鼎、敦（晚期为盛）、壶（晚期还有钫）。它们依仿的对象正是铜陶并出墓常见的几种铜器（但有盖撇足中鼎和匿在铜陶并出墓中也只有陶器）。也就是说，上述两类铜器墓和一般陶器墓，其关系是像下面这样：

	比较贵重的器种	不太贵重的器种
以出铜器为主的墓	用铜器	用铜器
铜器并出墓	用仿铜陶器	兼用铜器和仿铜陶器
陶器墓	无	用仿铜陶器

铜器墓与陶器墓之间有过渡性层次。

（三）楚器的器种组合，不仅春秋中晚期相对稳定，战国中晚期相对稳定，而且前一时期的大部分器种也一直沿用于后一时期。生灭进退的过程并不那么剧烈显著。战国时期退出使用的器种只有盏、铏；新出现的器种有盛、镐、椑、杯等，它们多是从战国中期偏晚特别是晚期才出现，大部分使用并不普遍,真正流行开来,是在其后的秦汉时期。

过去,人们研究铜器组合,往往对规格差异注意不够。例如关于战国楚器,过去有一种倾向,就是习惯套用陶器组合去说明铜器组合,认为只有铜器墓与陶器墓共出的那些常见器种才能代表当时的铜器组合,而把高级墓出土的其他器种排除在外,解释为高级贵族礼制保守的结果。其实这是把问题弄颠倒了。在我们看来,虽然从数量上讲,各时期低级墓总是远远多于高级墓,呈现出金字塔式的下大上小结构,但这里数量少的东西对于数量多的东西却具有说明意义。铜陶并出墓的组合要用随葬铜器为主的墓来说明,陶器墓的组合要用铜陶并出墓的组合来说明,这样理解,才顺理成章。

还有,关于各时期组合变化的方式,我们的看法同过去也有不同。我们认为,这种变化并不就是三四种一套的器物轮番出现。“三四种一套”可能只是个局部。只看局部容易受蒙蔽,有些被认为“退出”组合的器种,也许只是从某一规格上退出,而实际并未退出。过去讲陶器分期,确实是按“鬲、盂、罐”,“鬲、盂、长颈壶”、“鼎(撇足中型)、匠、壶(尊缶)”、“鼎(细高足小型)、敦、壶”、“鼎(细高足小型)、盒(盛)、壶、钫”等“三四种一套”的组合形式来分早晚。可是就是陶器组合的这些形式,现在看来往往也是交错的,例如雨台山 M183,就是“鬲、盂、长颈壶”、“鼎、匠、壶”、“鼎、敦、壶”三种组合并出一墓。最近郭德维同志对江陵楚墓的陶器分期做了重新总结,把出像雨台山 M183 这样的组合看作是从春秋战国之交一直延续到战国中期的基本组合形式。他指出“这三套陶器各有其早晚不同的器形,而且都有各自交叉的过程。从现有资料看,各自交叉的过程还相当长,其出现与消亡的时间也不是一致的”①。这一认识对铜器组合的研究很有启发。我们想,陶器组合尚且如此,铜器组合更不会那么简单,它较陶器组合应有更大的稳定性。

---

① 郭德维《江陵楚墓论述》,《考古学报》1982 年第 2 期。

表一　河南淅川下寺 M1 随葬铜礼器

器类	数量	备注
圜底鼎	十一	无盖鼎一（形体不大）。有盖鼎十，其中捉手盖八件，成对大小相次，四环纽盖两件，一二一页图二：三（器形）、一二二页图三：六（铭文）。
⿰鼎于	二	大小相次，图版拾壹：二、三、四，一七五页图二（器形局部），一七五页图一：二（纹饰）。各附匕一，见一二一页图二：一。
鬲	二	形制不同，一件附匕，有铭文，图版陆：四（器形）、一二二页图三：二（纹饰）、一二二页图三：（铭文）；另一件无铭文，图版柒：三（器形）、一二二页图四：三（纹饰）。
毁	一	
⿷匚舌	二	成对，一二二页图三：四（铭文）。
方豆（盍）	一	存盖。
盏	一	图版拾壹：五、一二一页图二：一（器形）。
方壶	二	成对。
圆尊缶	二	成对，图版柒：一（器形）、一二二页图四：四（纹饰）、一二二页图三：三（铭文）。
盉	一	图版柒：四。
浴鼎	一	
浴缶	二	成对，图版柒：二（器形）、一二二页图四：一（纹饰）、一二二页图三：五（铭文）。
盘	一	图版陆：三（器形）。
匜	一	图版陆：五（器形）、一二二页图四：二（纹饰）。

注：表一中图版插图是指《河南淅川县下寺一号墓发掘简报》一文的图版插图。

表二　安徽寿县蔡昭侯申墓随葬铜礼器

器类	数量	备注
圜底鼎	十一	捉手盖大鼎一，图版叁。三组盖素鼎九，六件成对，三件不成对，大小相次，图版伍：一。三组盖蟠纹鼎一。
𪔂	七	大小相次，各附尖头匕一，图版肆。
鬲	八	大小相似，各附圆匕一，图版伍：三。
毁	八	图版伍：二。
敦	二	一件盖有三纽器有三足，图版陆：一。一件盖器皆有三足，图版陆：二。
匩	四	大小相似，图版伍：四。
盖豆	二	成对，图版陆：四。
盘豆	二	成对，图版陆：三（原名「笾」）。
尊	三	三件各不相同，图版玖：一、二，图版拾叁：一。
方壶	二	成对，图版柒、捌。
方尊缶	二	成对，出土时放在方鉴内，图版拾：三。
圆尊缶	二	成对，出土时放在圆鉴内，各附科一，图版拾壹。
方盉	一	图版拾：一
圆盉	一	残，仅存器身，图版拾陆：五、六（原名「未修复铜器」）。
鉴	一	图版拾：二。
浴鼎	一	图版拾肆：一（原名「炊器」）。
浴缶	二	一件带提链，图版拾贰：一。一件带兽首耳，图版拾贰：二。
盘	四	一件带四爬兽，图版拾叁：二、三。

注：表二中图版是指《寿县蔡侯墓出土遗物》一书的图版。这些图版都是器形图版，不包括铭文和花纹的图版。

续表二

器类	数量	备注
匜	一	图版拾柒：五。
方鉴	二	成对，出土时内盛 方尊缶，图版拾肆：三。
圆鉴	二	成对，出土时内盛圆尊缶，各附枓一，图版拾伍。
盂	三	大小相次，图版拾陆：一—三（原名「盆」）
钵	三	均残，图版拾柒：一、二、三。
带盖罐	一	图版拾柒：四。

表三　随县擂鼓墩 M1 随葬铜礼器

器类	数量	备注
圜底鼎	十一	无盖大鼎二，一大一小，各附鼎钩二，铲形匕一，勺一，图版四二。卧牛形纽盖扁圆鼎五，大小相似，各附鼎钩二，图版四八、四九。兽头环形纽盖高足小鼎二，一大一小（在漆食具盒内）。环纽盖高足小鼎一。卧牛形纽盖扁圆小鼎一。
⿰鼎升	九	各附尖头匕一，大小相似。
匜鼎	一	图版四四。
鬲	七	绳纹大鬲一。带扉小鬲六，大小相近，各附尖头匕一，图版六六。
甗	一	图版六四。
毁	八	大小相似，图版四一。
盛	二	大小相似，图版五八（原名「圆鉴」）。
⿷匚古	四	大小相似，图版四五。

注：表三中图版是指《随县曾侯乙墓》一书的图版。

续表三

器类	数量	备注
盖豆	二	大小相似，图版六五。
盘豆	二	大小相似，图版七〇。
三足卵形器	十	大小相似，各附图形小匕一，图版四六（原名「敦」）。
尊和尊盘	一套	图版五四、五五。
圆壶和禁 爬兽耳	两壶 一禁	图版五三（原名「联座壶」）。
提链圆壶	二	图版六二。
方尊缶和方鉴	两套	各附料一，图版五〇、五一（原名「方壶」和「方鉴」）。
圆尊缶	二	图版五二。
浴鼎	一	图版四三（原名「小口提炼鼎」）。
浴缶	四	大小相似，图版四七。
盘	一	图版六〇。
匜	二	圈足匜一，图版六〇。三足匜一，图版六一。
圆𬬻	二	双层圆𬬻一，图版六三（原名「炙炉」）。单层圆𬬻一，附箕一，漏铲一，图版六七（原名「炭炉」）。
奁	一	在漆食具盒内，图版五九。
罐	一	在漆食具盒内，附勺一，图版七一。

表四　随县擂鼓墩 M2 随葬铜礼器

器类	数量	备注
圜底鼎	七	无盖大鼎一，盖鼎六。
𪔂	九	
鬲	十	绳纹大鬲一，小鬲九。
甗	一	
毁	八	
𠤳	四	
方豆	一	图版贰：右上。
盘豆	二	
方壶	二	图版壹：下右（原名「铜壶」）。
圆壶	二	
方尊缶	二	图版壹：下左（原名「铜钫」）。
圆尊缶	二	
浴鼎	一	
浴缶	二	
盘	一	
匜	一	

注：表四中图版是指《随州市擂鼓墩二号墓出土一批重要文物》（《江汉考古》1981 年第 1 期，1—2 页）一文的图版。

表五　河南信阳长台关 M2 随葬铜、陶礼器

器类	铜器 数量	铜器 备注	陶器 数量	陶器 备注
圜底鼎	五	形制相同，一大、二中、二小，图版四五至四八。附鼎钩五对，见图版四九。附铲形匕六，图版六四、六五。	八	无盖大鼎一，图版一五五。提环盖高足鼎七，图版一五七。附匕、俎，图版一六四右、一六三下。
鼾			二	图版一五六。
鬲			二	图版一六六，又有残足十五。
𠤳			一	半器，图版一六七。
敦	一	图版五二、五三。		
盛	二	图版六一（原名「双环铜敦」）。		
豆			二四	图版一六五。
鼓腹豆形器	二	图版五九。	三	图版一五三。
方壶			一	
圆壶	二	图版五八。	二	图版一四六—一四八。
盉	一	图版五〇—五一。	一	图版一五九。
浴鼎			一	图版一五八。
浴缶			一	图版一六二右（原名「瓿」）。
盘	四	图版六二。	四	图版一六三上。
匜	一	图版六三。	一	
方鉴			一	图版一五二。
圆鉴			十	图版一四九—一五一。
提梁器	一	图版六〇（原名「铜镬」）。		
空柱盘			？	图版一六二左。
方钫			一	图版一六〇（原名「方鼎」）
圆钫	一	图版五四。	一	图版一六一。
箕	一	图版六三右。	一	图版一六四左。

注：表五中图版是指《河南信阳楚墓出土文物图录》一书的图版。

表六　湖北江陵望山 M1 随葬铜、陶礼器

器类	铜器 数量	铜器 备注	陶器 数量	陶器 备注
圜底鼎	八	云形纽一对，鸟形纽大小各一对，兽形纽一对（环耳）。附铲形匕三，四〇页图一二：一、二。	十	无盖大鼎一，无盖平沿鼎一，盖鼎四对。附铲形匕四，四二页图一四：二。
⿰鼎升			三	四二页图一四：四。
鬲			七	绳纹大鬲一「带扉小鬲六」四三页图一五：十。
甗			二	连体甗一，分体甗一，四三页图一五：一八（为一件）；三（为另一件）。
毁			六	四三页图一五：二。
敦	二	四〇页图一二：四。	二	
盛			二	四三页图一五：四。
⿷匚古			二	四二页图一四：八。
盖豆			二	四二页图一四：十、十一。
无盖豆			二	四二页图一四：九。
鼓腹豆形器			二	四二页图一四：一三。
方壶			二	三七页图一〇（原名「方尊」）。
圆壶	四	大小各一对，四〇页图一二：六。	二	四二页图一四：五。
圆尊缶	二	四〇页图一二：六（原名「壶」）。	二	
罍			一	四三页图一五：八（原名「龙耳钵形器」）。
盉	一	四〇页图一二：七（原名「鐎壶」）。	一	

注：表六中图版插图是《湖北江陵三座楚墓出土大批重要文物》一文的图版插图。

续表六

器类	铜器 数量	铜器 备注	陶器 数量	陶器 备注
浴鼎	一	四〇页图一二：三。	一	四二页图一四：三。
浴缶	一	四〇页图一二：十（原名「罍」）。	一	
盘	二	四〇页图一二：九。		
匜	二	四〇页图一二：八。	一	四三页图一五：一一、右一。
圆鉴			二	四三页图一五：五。
料			二	四三页图一五：一一、左二。
方铲			一	
圆铲	一	四〇页图一二：一三。	一	
箕	一	四〇页图一二：一二。		
漏铲			一	四三页图一五：一一中（原名「镂孔勺」）。
薰铲	一	三七页图九（原名「镂孔龙纹杯状器」）。		

表七　湖北江陵望山 M2 随葬铜、陶礼器

器类	铜器 数量	铜器 备注	陶器 数量	陶器 备注
圜底鼎	五	形制相同，大的一对，小的三件，（其中两件仅存盖）附铲形匕四件，五三页图二五：左一。	六	无盖大鼎一，盖鼎三对。
𪔂			二	
敦	四	三件相同，一件纽稍异，五三页图二五：中一。	四	
𠤳			二	
鼓腹豆形器			二	
圆壶	四	两件有三道弦纹饰，两件无。	二	
圆尊缶	二	五三页图二五：右一。	二	
盉			一	
酒尊	一	错金银，五三页二五：右二。		
浴鼎			一	
盘	二		一	
匜	二		二	
鉴			二	
钵			四	两件带耳，两件不带耳。
料	二	五三页图二五：左四（原名「勺」）。		
镫	二	一件作人骑驼形，五三页图二五：中二（原名「灯台」）。		
箕			一	

注：表七中图版插图出处同表六。

表八　湖北江陵藤店 M1 随葬铜、陶礼器

器类	铜器		陶器	
	数量	备注	数量	备注
圜底鼎	二	伏兽形纽盖高足鼎一对，图版叁：一。附铲形匕二，见一五页图二八（原名「勺」）。	五	无盖大鼎一，一七页图三七，形纽盖深腹鼎一对，图版伍：一。环纽盖高足鼎一对，一七页图三六。
敦			二	一七页图三九、四〇。
𠤳			二	一六页图三五。
盖豆			二	图版叁：五。
无盖豆			九	一六页图三三。
方豆（盍）	二	图版叁：四。		
圆壶	二	形制较特殊，图版叁：二。	二	图版伍：五。
圆尊缶			二	一七页图三八（原名「I式陶壶」）。
盉			一	图版伍：四（原名「提梁三足器」）。
浴鼎			一	图版伍：三。
浴缶			一	图版伍：二（原名「罍」）。
盘	一	图版叁：三。	一	一六页图三四。
匜	一	一五页图二六。	一	一六页图三〇。

注：表八中图版插图是《湖北江陵藤店一号墓发掘简报》一文的图版插图。

表九　安徽寿县朱家集楚幽王墓随葬铜礼器

器类		细目	形制、纹饰及铭文考释	收藏著录
圜底鼎	无盖大鼎	铸客鼎	菱形纹，形体最大。考释见（六）：（丁）。	前安图（一）—安博。《安博》一、《三代》三、二六：一—三（足膝铭文未著录）。
		盥鼎	残，存三足及器口，Ⅱ式云纹，较上为小，考释见（九）：一。	前安图（一八）—安博，未著录。
	有盖中鼎	楚王酓前鼎	盖微隆，凹形纽，勾连纹。考释见（三）：1。	上海朱氏—故宫。《三代》三、四三·三—三、四四·二。
		铸客鼎	失盖，素。考释见（六）：（乙）2。	上博　未著录。
		楚王酓忎鼎	平盖，凹形纽，菱形纹。考释见（四）：1。	宝楚斋—天津历博，《十二家》宝一—七。
		楚王酓忎鼎	形制同上，大小相似，考释见（四）：1。	安博（后收）—历博，《楚展》1。
		铸客鼎（盖）	平盖，凹形纽，菱形纹。考释见（六）：（戊）2。	前安图（九）—安博，《安博》一〇、《三代》三、一三·二。
		素鼎	失盖，足较粗略向外撇。	前安图（一五—一七之一）—安博。
		铸客鼎	失盖，形制同上而略小。考释见（六）：（戊）1。	前安图（三七）—安博，《安博》五，《三代》二、五四·六—七（《三代》误将器口缘铭文注为盖，左耳铭文注为器）。
		素鼎	失盖，形制同上而略小。器形见《安博》4。	前安图（一五—一七之一）—安博。
		素鼎	未见。	前安图（一五—一七之一）—安博—寿博。
		菱形纹鼎	失盖，菱形纹。	前安图（一四）—安博。
	有盖小鼎	客豊愍鼎	环纽，细高足，素。考释见（九）：2。	前安图（一九—二一之一）—安博。《三代》二、三五·四（器），盖铭未著录。
		客豊愍鼎	形制同上，大小相似。考释见（九）：2。	前安图（一九—二一之一）—安博，《安博》八。《三代》二、三六·一（盖），二、三五·三（器）（《三代》误分为两器）。
		客豊愍鼎	未见。考释见（九）：2。	前安图（一九—二一之一）—？《三代》二、三五·二（？）另一铭未著录。
		客豊愍鼎	形制同上，大小相似。考释见（九）：2。	安博（后收）未著录（盖铭愍作[illegible]）。

续表九

类别	小类	器名	器形及考释	收藏及著录
圜底鼎	有盖小鼎	素鼎	未见。	前安图（二六—二九之一）—安博—淮博。
		素鼎	失盖，细高足。	前安图（二六—二九之一）—安博。
		素鼎	失盖，形制同上，大小相似。	前安图（二六—二九之一）—安博。
		素鼎	失盖，形制同上，大小相似。	前安图（二六—二九之一）—安博。
		素鼎	有盖，卧羊纽，形制同上，大小相似。	前安图（三〇）—安博。
		集脰大子鼎	曲颈兽形纽，细高足，素。考释见（七）：1。	前安图（二二、二三之一）—安博，《三代》二、五五・二—三。
		集脰大子鼎	形制同上，大小相似。考释见（七）：1。	前安图（二二、二三之一）安博。《安博》七，《三代》二、五五・一。
		集翦大子鼎	失盖，形制同上，大小相似。考释见（八）。	前安图（二四）—安博，《安博》九。
		铸客鼎	失盖，形制同上，大小相似。考释见（六）：（戊）2。	前安图（二五）—安博，《安博》六，《三代》三、一三・一。
		铸客鼎	有盖，形制同上，大小相似。考释见（六）：（戊）2。	安博（后收），未著录。
⿰鼎升		铸客⿰鼎升	无盖，粟纹。考释见（乙）：1。	前安图（五、六之一）—安博，《三代》三、一九・六。
		铸客⿰鼎升	无盖，形制同上，大小相似。考释见（乙）：1	前安图（五、六之一）—安博，未著录。
		粟纹⿰鼎升	无盖，形制同上，大小相似。	前安图（七—一三之一）—安博。
		粟纹⿰鼎升	无盖，形制同上，大小相似。	前安图（七—一三之一）—安博。
		粟纹⿰鼎升	有盖，形制同上，大小相似，器形见《安博》三。	前安图（七—一三之一）—安博。
		粟纹⿰鼎升	无盖，形制同上，大小相似。	前安图（七—一三之一）—安博。
		粟纹⿰鼎升	无盖，形制同上，大小相似。	前安图（七—一三之一）—安博。
		粟纹⿰鼎升	有盖，形制同上，大小相似。	前安图（七—一三之一）—安博。
		粟纹鼎	无盖，形制同上，大小相似。	前安图（七—一三之一）—安博。
匜鼎		楚王酓前匜鼎	素。考释见（三）：2。	前安图（四〇）—安博。《安博》2，《三代》三、二五・一—四。
		铸客匜鼎	素。考释见（六）：（丙）。	前安图（三八）—安博，《三代》三、一九・五。
器形不详的鼎		「铸客为集绪为之」鼎	《三代》三、一二・六著录。考释见（六）：（己）1。	收藏不详。《三代》三、一二・六。
		「铸客为集[illegible]为之」鼎	《三代》三、一二・七—八著录。考释见（六）：（辛）1。	收藏不详。《三代》三、一二・七—八。

续表九

鼎钩	鼎钩（十七件）	轻薄粗糙，仅可用于小鼎。	前安图（二〇八）—安博。
匕	冶盘埜秦忑匕	铲形，原有木柄长二·三尺，后被截去。考释见（五）：2。	宝楚斋—天津历博。《十二家》宝一三—一四。
	冶盘埜秦忑匕	形制同上，考释见（五）：2。	同上，《十二家》宝一四—一五。
	冶嬃圣陈共匕	铲形。考释见（五）：3	善斋—双剑誃—颂斋，《双剑古》上三九。
	冶嬃圣陈共匕	形制同上，考释见（五）：3	同上，《双剑古》上三八。
	冶専秦苛膪匕	铲形，考释见（五）：1	安博（后收）未著录。
	冶専秦苛膪匕	形制同上，考释见（五）：1	安博（后收）未著录。
俎	俎	十字孔，器形见《安博》一四。	前安图（九一）—安博。
鬲	素鬲	带三道扉。	前安图（七六—七八之一）—安博。
	素鬲	形制同上，大小相似。	前安图（七六—七八之一）—安博。
	素鬲	形制同上，大小相似。	前安图（七六—七八之一）—安博。
甗	铸猒客甗（甑）	下部失，勾连纹，形体最大。考释见（六）：（己）2	上博，未著录。
	甗（下部）	失甑，较上为小。	前安图（三三—三六之一）—安博—上博。
	甗（下部）	失甑，较上为小。	前安图（三三—三六之一）—安博。
	铸客甗（全器）	勾连纹，较上为小。考释见（六）：（庚）1	前安图（三一、三二之一与三三—三六之一）—安博，《安博》一三。
	甗（全器）	勾连纹，较上为小。	前安图（三一、三二之一与三三—三六之一）—安博。
簋	方座簋	粟纹。	宝楚斋—天津历博。
	方座簋	形制同上，大小相似。	同上。
	方座簋	形制同上，大小相似。	前安图（六八—七〇之一）—安博。
	方座簋	形制同上，大小相似。	前安图（六八—七〇之一）—安博。
	方座簋	形制同上，大小相似。	前安图（六八—七〇之一）—安博
盏	大府盏	器形为半敦。	故宫《小校》二、三八·二。
敦	敦（半器）	有盖（三环纽），素。器形见《安博》一二。	前安图（七一—七五之一）—安博。

续表九

敦		敦（半器）	形制同上，大小相似。	前安图（七一—七五之一）—安博。
敦		敦（半器）	形制同上，大小相似。	前安图（七一—七五之一）—安博。
敦		敦（半器）	形制同上，大小相似。	前安图（七一—七五之一）—安博。
敦		敦（半器）	未见。	前安图（七一—七五之一）—安博—寿博。
𠤳		楚王酓前𠤳（半器）	Ⅰ式云纹和鸟纹。考释见（三）：3。	尊古斋—前北图—故宫。《十二家》尊一九—二〇。
𠤳		楚王酓前𠤳（半器）	形制同上，大小相似。考释见（三）：3。	同上，《十二家》尊一七—一八。
𠤳		楚王酓前𠤳（半器）	形制同上，大小相似，考释见（三）：3。	同上，《十二家》尊二〇—二一。
𠤳		大府𠤳（半器）	勾连纹，考释见（十）：1。	前安图（六四）—安博，《三代》一〇、一·二。
𠤳		铸客𠤳（半器）	菱形纹，考释见（六）：（甲）1。	宝楚斋—天津历博，《十二家》宝一〇—一一。
𠤳		铸客𠤳（半器）	形制同上，大小相似。考释见（六）：（甲）1。	同上。《十二家》宝九—一〇。
𠤳		铸客𠤳（半器）	形制同上，大小相似，考释见（六）：（甲）1。	前安图（六五—六七之一）—安博，《艺展》一〇七，《三代》一〇、四·二。
𠤳		铸客𠤳（半器）	形制同上，大小相似，考释见（六）：（甲）1。	前安图（六五—六七之二）—安博。《三代》一〇、四·三。
𠤳		铸客𠤳（半器）	形制同上，大小相似，考释见（六）：（甲）1。	前安图（六五—六七之二）—安博。《三代》一〇、四·四。
𠤳		铸客𠤳（半器）	形制同上，大小相似，考释见（六）：（甲）1。	上博，未著录。
𠤳		铸客𠤳（半器）	未见，考释见（六）：（甲）1。	收藏不详。《录遗》一七一拓片之一。
𠤳		铸客𠤳（半器）	未见，考释见（六）：（甲）1。	同上，《录遗》一七一拓片之二。
𠤳		铸客𠤳（半器）	未见，考释见（六）：（甲）1。	同上，《录遗》一七二。
豆	圜腹豆	铸客豆	无盖，高校，素，考释见（六）：（甲）2。	尊古斋—前北图—故宫—历博。《十二家》尊二一—二二。
豆	圜腹豆	铸客豆	形制同上，大小相似，考释见（六）：（甲）2。	尊古斋—前北图—历博。《十二家》尊二二—二三。
豆	圜腹豆	铸客豆	形制同上，大小相似，考释见（六）：（甲）2。	宝楚斋—天津历博，《十二家》宝一一—一二。
豆	圜腹豆	铸客豆	形制同上，大小相似，考释见（六）：（甲）2。	同上。《十二家》宝一二—一三。
豆	盘豆	素盘豆	浅盘，高校。	前安图（八三、八四之一）—安博。
豆	盘豆	素盘豆	形制同上而略小。	前安图（八三、八四之一）—安博。

续表九

器类	器名	形制、铭文等	出土、收藏及著录
豆	豆	未见。	前安图（八一、八二之一）—安博—淮博。
豆	豆	未见。	前安图（八一、八二之一）—安博—寿博。
镐	铸客镐	素，考释见（六）：（甲）4。	前安图（五一、五二之一）—安博。《艺展》六。《三代》一八、二五·五。
镐	铸客镐	形制同上，大小相似，铭文同，考释见（六）：（甲）4。	前安图（五一、五二之一）—安博。《安博》六。《三代》一八、二五·四。
镐	铸客镐	形制同上，大小相似，铭文异，考释见（六）：（戊）4。	安博（后收），未著录。
镐	大府镐	形制同上，大小相似，考释见（十）：2。	安博（后收），《文物》一九八〇年八期二六页图一、二。
镐	集脰大子镐	形制同上而略小，考释见（七）：2。	前安图（五〇）—安博。《三代》一八、二六·二。
镐	素镐	形制同上，大小相似。	前安图（五三）—安博。
方壶	曾姬无卹方壶	四云形纽，考释见（二）。	善斋—台湾故宫，《善图》一〇五。
方壶	曾姬无卹方壶	形制同上，大小相似，考释见（二）。	同上，《善图》一〇四。
圆壶	素圆壶	形体较小。	前安图（五八—六三之一）—安博。
圆壶	素圆壶	形制同上，大小相似。	前安图（五八—六三之一）—安博。
圆壶	弦纹圆壶	三道弦纹，形体较大。	前安图（五八—六三之一）—安博。
圆壶	弦纹圆壶	形制同上，大小相似。	前安图（五八—六三之一）—安博。
圆壶	弦纹圆壶	形制同上，大小相似。	前安图（五八—六三之一）—安博。
圆壶	弦纹圆壶	形制同上，形体较小。	前安图（五八—六三之一）—安博。
扁壶（椑）	素扁壶		前安图（八〇）—安博。
圆尊缶	铸客圆尊缶	失盖，素，考释见（六）：（甲）3。	尊古斋—前北图—故宫。《十二家》尊二三—二四。
圆尊缶	铸客圆尊缶	未见，《录遗》二一五著录（称「罍」），考释见（六）：（甲）3。	收藏不详，《录遗》二一五。
圆尊缶	涡纹圆尊缶	失盖，与上形制相似而略小，镶嵌四个涡纹。	前安图（五六）—安博。
耳杯	素耳杯	胎薄。	前安图（八八、八九之一）—安博—寿博。
耳杯	素耳杯	形制同上而略小，器形见《安博》二二一。	前安图（八八、八九之一）—安博。
盉	铸客盉	三铁足残，细密羽状纹，考释见（六）：（辛）2。	遐盦—故宫。《小校》一二·四七。

续表九

镳尊	素镳尊	失盖，器形见《安博》一九。	前安图（七九）—安博。
罐	罐	小口，鼓腹，素。	前安图（五七）—安博。
缶浴	粟纹浴缶	无盖，双兽耳，器形见《安博》一八。	前安图（四一—四四之一）—安博。
	粟纹浴缶	形制同上，大小相似。	前安图（四一—四四之一）—安博。
	粟纹浴缶	形制同上，大小相似。	前安图（四一—四四之一）—安博。
	粟纹浴缶	形制同上，大小相似。	前安图（四一—四四之一）—安博。
盘	楚王酓前盘	未见，考释见（三）：4。	收藏不详。《三代》一七、五・二—一七、六・一。
	楚王酓忎盘	平沿，圜底，无环，考释见（四）：2。	尊古斋—北图—故宫。《十二家》尊二四—二五。
	四环素盘	形体较大，器形见《安博》二九。	前安图（四五、四六之一）—安博。
	无环素盘	形体较略小，器形见《安博》二八。	前安图（四五、四六之一）—安博。
匜	铸客匜	流弇口，勾连纹，考释见（六）：（壬）。	宝楚斋—天津历博。《十二家》宝一五—一六。
圆鉴	大右人鉴	圆腹，小平底，素，考释见（十一）：1。	前安图（二）—安博—历博，《安博》二七。《三代》一八、二五・一—二。
	素圆鉴	形制同上，大小相似。	前安图（三、四之一）—安博。
	素圆鉴	形制同上，大小相似。	前安图（三、四之一）—安博。
盂	素盂	浅盆状，体型小。	前安图（四七—四九之一）—安博。
	素盂	形制同上，大小相似。	前安图（四七—四九之一）—安博。
	素盂	未见。	前安图（四七—四九之一）—？。
勺	冶尃秦苛膽勺	素，考释见（五）：4。	尊古斋—前北图—故宫—历博。《十二家》尊二六—二七。
	冶尃秦苛膽勺	形制同上，大小相似，考释见（五）：4。	尊古斋—双剑誃—颂斋—历博。《十二家》尊二七—二八。
	冶尃秦苛膽勺	形制同上，大小相似，考释见（五）：4。	上博（一九六四年收购）未著录。
	勺	较小。	前安图（九三）—安博。
方铲	铸客方铲	提链，粟纹，考释见（六）：（戊）4。	前安图（五五）—安博《安博》二六、《三代》一八、二五・三。
	铸客方铲	形制大小相近，铭文异，考释见（六）：（庚）2。	美国纽约 J. T. Tai 氏。Monumenta Serica Vol. XXIV. PL. 3

续表九

器类		细目	形制、纹饰及铭文考释	收藏著录
方钫		花叶纹方钫	形制，纹饰均与上异，器形见《安博》二五。	前安图（五五）—安博。
圆钫		铸客圆钫	提链，粟纹，考释见（六）：（辛）3。	遐盦—上博，《十二家》遐一〇—一一。
箕		素箕	器形见《安博》三〇。	前安图（九〇）—安博。
量		素量	一耳。	前安图（八五—八七之一）—安博。
		素量	形制同上，大小相似，器形见《安博》二三。	前安图（八五—八七之一）—安博。
		素量	形制同上，形体较小，器形见《安博》二四。	前安图（八五—八七之一）—安博。

附：其他有铭铜器

器类	细目	形制、纹饰及铭文考释	收藏著录
剑	楚王酓章剑	考释见（一）：1。	尊古斋—前北图—故宫。《十二家》尊二八—二九。
戈	楚王酓璋戈	锈色翠绿。考释见（一）：2。	南皮张氏—双剑誃—故宫。《双剑古》四五。
环权	[illegible]=之官环权	考释见（十一）：2。	重博《中国古代度量衡图录》一六〇。

注：本表按器种分类，每类再按形制和大小排列。“形制，纹饰及铭文考释”栏所注“考释见××”是本文铭文考释部分的分类标题。有铭文铜器的器形和铭文著录情况均可按此查见正文，无铭文的铜器，其器形著录情况注见栏内。“收藏著录”栏，收藏单位概用简称；前北图即前国立北平图书馆，前安图即前安徽省立图书馆，故宫即故宫博物院，历博即中国历史博物馆，天津历博即天津历史博物馆，上博即上海博物馆，安博即安徽省博物馆，淮博即淮南市博物馆，寿博即寿县博物馆；著录书名，《安博》是《安徽博物馆筹备处所藏楚器图录》的简称。其中“前安图”后面括注的编号是朱拜石《安徽省立图书馆所藏寿县出土楚器简明表》（《学风》五卷七期）的编藏号码（其中“铜祭器类”九十二件及该表二百零八号鼎钩十七件均录入此表，余未收）。

原载《古文字研究》1992年第19辑，136—178页。

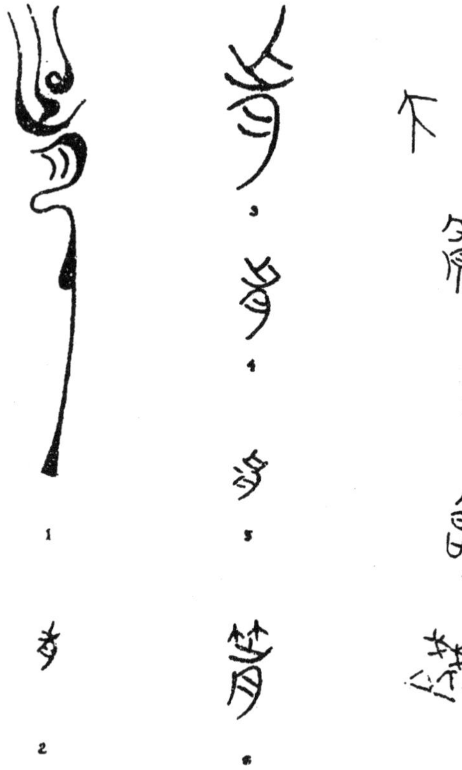

图一

图二

战国鸟书箴铭带钩考释

宋代薛尚功《历代钟鼎彝器款识》卷一第十七页、王俅《啸堂集古录》第六十九页收录了一件所谓“夏带钩”，而其实是战国时期的带钩（图1）。这件带钩，形制不详，但由铭文字数推测，型体较大。其铭文皆隐含在鸟兽图形中，很难辨认。容庚《鸟书考》第三十九收之，曾说“文义不可晓，约略可识者：首行册母反往，二行不利产，三行不，四行则相旨，十一字而已”〔按：其首行、二行、四行分别相当于下面的二行、三行、五行〕[①]。

今以《啸堂》所录者为据（《款识》所录不可用），试将此带钩铭文的字体析出，先经篆写（图2），再加隶定，释文如下：

【钩首】勿（物）可悊（折）冬（中），

【钩腹】册复（？）毋反。毋（无）怍（作）毋（无）悬（悔），不汲於利，民产又（有）苟（敬），不羼（择）贵戝（贱），宜曲则曲，宜植（直）则直。

【钩尾】允

上述铭文，首四字，腹二十八字，尾一字，共三十三字。其首尾顺序，过去《款识》与《啸堂》说异。前书说是尾四字、首一字，后书说是首四字、尾一字，容文不能决其是非。今按二说当以《啸堂》之说为是。全篇除钩尾一字，可整齐地断为四言八句。

下面简单解释一下：

（一）第一、二句。物，犹言此物。悊，即悊（古哲字），古玺文悊多作悊，

---

① 《中山大学学报》（哲学、社会科学）1964年第1期，87—88页。

这里读为折。冬，古终字，通中，如钟铭常见的“中誁虘䧃”即应读为“终翰且扬”。册复毋反，复字上所从与中山王譽方壶铭复字()相似，但下半稍有不同，是否为复字还值得研究；反，写法与下文“汲”字所从“及”相似，但内有一横划，这里暂时仍把它释为反。此句意思不明，但应与上句相承，上句“物可折中”，是用钩可系带来比喻折中之德，此句有毋字，当是戒告之语。

（二）第三、四句。这是“不汲于利，无作无悔”的倒文。不汲于利，犹《汉书·扬雄传》“不汲汲于富贵”，颜师古注解释“汲”为“速”的意思，其实也就是“不急于利”。怍，容文误释为往，这里应该读为作。钩字古有钩取之义，作者认为钩取财利是不好的行为，所以深以“不汲于利”为戒，说是不追求财利，就不会有愧悔。

（三）第五至八句。民，不是母字，古玺文民字往往作，与此相同，《说文》民字的古文作，与此也比较接近。产，生也。择所从睪，古玺文多作，与此相似。贵，原铭作，下半是贝字的省文，于此应释为贵。这个字的释出很重要，因为楚国文字中有一个字，如邵王之諻鼎、无臭鼎自铭“～鼎”，江陵望山、天星观楚简“戠牛～之”、“戠豢～之”，旧释馔显然不对，应据此铭正为馈，馈就是礼书所说馈食之馈。古玺文中也有这个字，一是人名用字，如“史～”，“郚～”；一是箴语用字，如“～身”①，也应读为贵。汉代的贵字往往作或（铜器、玺印、简帛等），与此仍有相似性。贱，字作三戈横书，与信阳长台关楚简“贱人”的“贱”作“戋”同（王子申盏盂盏作盏，越王句践剑践作浅），所从戈横笔右折下垂，与长沙子弹库楚帛书写法相同，，与下文直相对，可以肯定是曲字。这个字的释出也很重要，因为它可以纠正过去人们对赵币“上邙阳”“下邙阳”“邙”字的误释，证明释邶或释和（读为化，借读为和）都是不对的，唯一正确的释法应当是把它读为“上曲阳”、“下曲阳”②。曲作，这是很奇怪的。《说文》曲字的小篆作，与繁体的匚即（《说文》以匚为小篆，为籀文，按之金文只是繁简不同）写法相同，只是横置与竖置

① 参看罗福颐《古玺文字徵》附录，18、29页。

② 李学勤先生释“邙阳”为“曲阳”，其说至确。

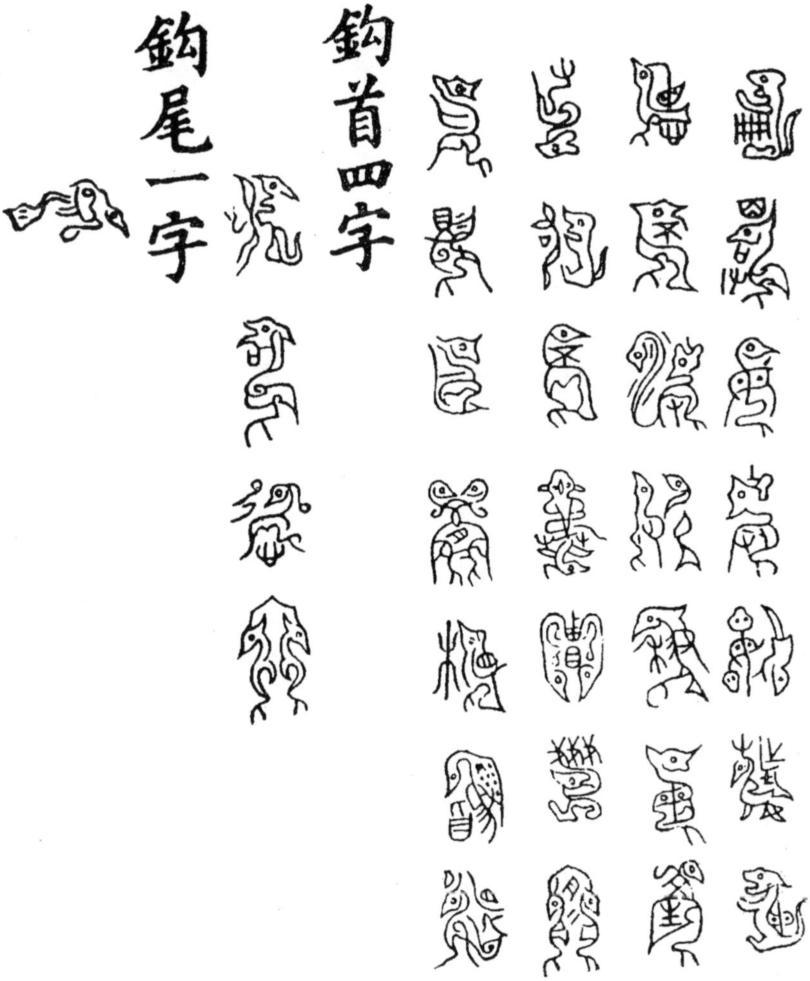

图 1　战国鸟书箴铭带钩

的不同。《说文》曲字的古文作，像曲尺形。两种写法均与此不同①。植、直，写法同《侯马盟书》，《盟书》直作、，植作、（见该书347页字表德字），其右半左下侧均有作乚的一划，容文因忽去此划，将植误释为相。《说文》直字的古文作，其实就是植字，其正确写法应作，现在的写法已经走形。这里植读与直同。第二个“则”字，容文释旨也是不对的，其误在于未能分清图形与文字，他所释“旨”，上所从“匕”其实是鸟爪而不是文字，相反右边看似鸟羽的“”倒是真正的文字，即刀旁，此则字除所从贝省文作目外，和上面的则字是一样的。古人说“敬，民之主也”②，古玺常见“敬事”箴语印。这几句也是讲持敬事人，意思是说民生当知敬，不分贵贱，该曲的地方就曲，该直的地方就直。

（四）铭末“允”字。此字侧书，应当正过来看，是个单字箴语，不连上文读。允是允当即恰如其分的意思。古人说“允执厥中”③，“允”与“折中”是意义关联的词，正好与铭文第一句呼应。

器服题写箴铭，古书并不少见④，可惜出土物不多。此类箴铭的特点是采用借喻手法，写在什么东西上，就用什么东西来打比方⑤。这件带钩的铭文是很典型的，它的每一句都是打比方。如以钩可系带，喻折中之德；以钩取之义，戒人不可贪利；以钩曲之义，戒人不可一味曲阿逢迎，要人保持一种不卑不亢的态度（这也是折中），每句都与钩有关。用钩来打比方，类似的一例是汉代童谣“直如弦，死道边；曲如钩，反封侯”（即今语所谓“老实人寸步难行，溜沟子走遍天下”）⑥，那是直道不行时人们的一种愤慨不平之言，可与本铭对照参看。

---

① 此字究竟是竖直的曲字（如此则与匚相同），还是曲字古文的简写（由到），或者自为一种特殊写法，现在还不好断定。

② 《左传》襄公二十八年。

③ 《论语·尧曰》。

④ 参看《古谣谚》、《古诗源》等书。

⑤ 传山西浑源出土、现藏辽宁省博物馆的鱼鼎匕，它的铭文也是采用借喻手法。铭文曰：“曰：徃（往）有蚰（昏）人，述（坠）王鱼顛（鼎），曰：“钦哉！出斿（游）水虫。下民无智（知），参（湛）蚩（蚩）蚘（尤）命，帛（薄）命入欶（羹）。薾（忽）入薾（忽）出，毋（无）处其所。”

⑥ 《续汉书·五行志》。

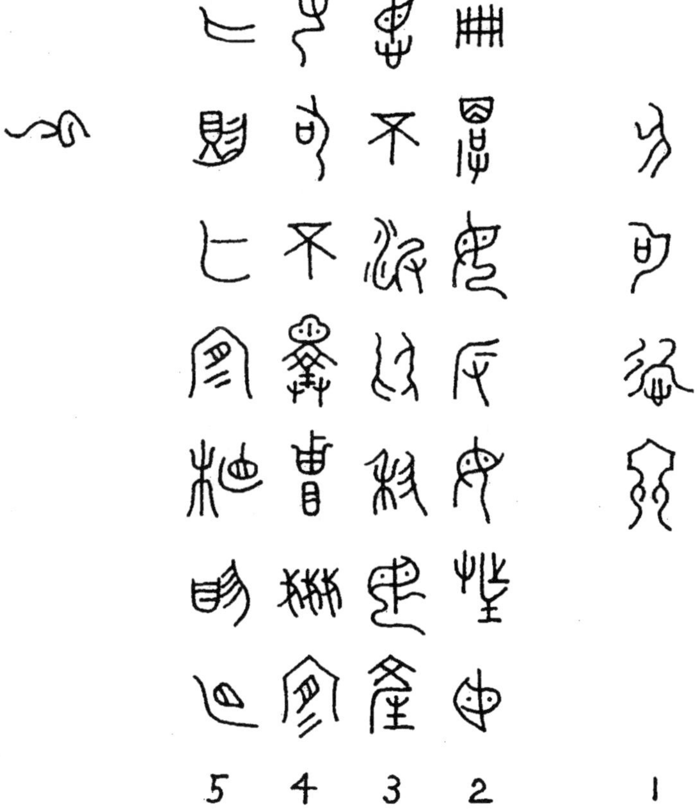

图 2　去掉图形的文字

1981 年写于北京劲松寓所

原载《古文字研究》1983 年第 8 辑，59—62 页。

简帛和战国文字

读《楚系简帛文字编》

在商周秦汉时期的古文字材料中，简帛（特别是竹简）始终是主体[①]。而现已发现年代最早的简帛文字又全部出土于南方，来自战国时期的楚国和与楚国文字同系统的曾国。对楚系简帛文字的研究可以上溯到20世纪40和50年代，但真正形成热潮是在包山楚简公布后。我们不难估计，今后随着若干新材料的公布[②]，战国文字的研究将会进入类似秦汉简帛研究的"大规模识字阶段"，"内容通读"将代替"零敲碎打"，人们对战国文字的神秘感将被打破，"发明冲动"也会随之淡化。

最近，滕壬生先生撰《楚系简帛文字编》（湖北教育出版社，1995年），以地利之便，收集历年出土的楚系简帛文字，包括楚简18批、曾简1批和长沙子弹库楚帛书[③]，是包山楚简公布后资料最详备的楚系简帛文字编。该书博采历年发表的考释成果，每字都注明出处和辞例，极便读者利用和覆验原书，想必会推进大家对楚文字的认识，为早日进入"大规模识字阶段"做准备。今取此编，粗阅一过，略志心得，草成札记。虽于学界成说颇有商榷，然不敢以为发明，只求有助于理解也有助于讨论（下引用考释之书多用简称，如《曾侯乙墓》简称《曾》，《信阳楚墓》简称《信》，等等，参看文后所附《引用书简称表》）。

---

① 目前战国以前的竹简尚未发现，除去年代久远和保存条件方面的原因外，埋藏习俗也不可忽视。战国以前的墓葬是否随葬竹简现在还无法验证。即使战国时代，随葬竹简也往往是由个人的因素所决定，而与通常所说的"墓葬规格"无关。例如，子弹库帛书和郭店竹书就都是出于小墓。

② 如正在整理中的石板村竹书、郭店竹书和上海博物馆藏竹书。

③ 现已公布而此书未收的楚简只有九店楚简。

(1)15 页:天。

按:2 行 3 字(指从字头起算的第 2 行,这一行的第 3 字,下同此,不再说明)应释“而”。辞例作“戔(贱)人刚恃～返(及)于型(刑)者”。《信》125 页误释“天”。楚文字“天”、“而”二字极易混淆,差别只是“而”字最下面的两笔或向左钩,或向右曲,并且有时同上面的笔画分离(参看 739—740 页:而),但有时书写草率,就连这种差别也没有,必须参考文例才能确认。

(2)29 页:祆。

按:楚占卜简述神祇之名,头号神祇是夳(或加示旁),《包》、《望》无说,我在 1990 年用英文发表的一篇小文(“The formulaic structure of Chu divinatory bamboo slips,”translated by Wiliam G. Boltz, *Early China*, No. 15, pp. 71—86)中提出推测,认为此字应即“太”字,所当神祇即天神最尊者太一,后来并在《包山楚简研究(占卜类)》(《中国典籍与文化论丛》第 1 辑,中华书局,1993 年)和《古文字杂识(五则)》(《国学研究》第 3 卷,北京大学出版社,1995 年)中作进一步论证,指出此字与大、叕、蔡、钛等字同源,古书往往以“太”(或“泰”)省称“太一”(或“泰一”)。本书所收字体对我的看法是有力证明,如 1 行 1 字、4 行 1 字皆从示从大,可见夳与大同。又 997 页:钛有三种写法,情况与此类似,也是旁证,可参看;1132 页:夳,从辞例看,乃此字的异体,作者列入“存疑字”,其实应归入此字。

(3)33 页:禖。

按:第 1 字,辞例“□祷之于五～王父王母”,“五～”应读“五世”。

(4)33 页:禞。

按:辞例作“遡祷大～戠牛”,“大～”疑即“大昊”,为神祇名。

(5)34 页:禱。

按:应释“禥”。辞例“享～大水一瑞=(佩玉)环”,“享～”应读“享荐”。

(6)54 页:每。

按:应释“禼”。辞例“～于其王”,应读“害于其王”。参看《朱》209 页引李家浩说。旧释“每”不确。

(7)57 页:萇。

按:字非“萁”,第1字从艸从[illegible],为单字。第2字从木从[illegible],辞例作“二~钱(盏)”。第3字同第1字,辞例作“~一夫”。待考。

(8)58页:蕭。

按:应释“菑”,第1、2字为地名用字(“让~”),第3字辞例作“羿~”,不详。

(9)62页:折。

按:第1字应释“綮”,辞例作“~以一緂(绸)衣,见于君”,疑是“製”字的异体。此字从糸与从衣同,㚔是古热字(参看拙作《古文字杂识(五则)》,《国学研究》第3卷),读音与折相近(热是日母月部字,折是章母月部字),而睡虎地秦简《日书》“製衣”之“製”往往作“折”或从衣从折。第2字非“折”字,辞例作“逯(归)玉玩,~车马于悲中”。

(10)63页:蒿。

按:在简文中读为“郊祭”之“郊”。这种用法的“蒿”字也见于殷墟卜辞、周原卜辞和德方鼎,李学勤《释“郊”》(《文史》第36辑)论之,至确。我在《考古发现与神话传说》(《学人》第5辑)中指出包山楚简中的这几条辞例,其中的“蒿”也应读为“郊”。还有这样用法的“蒿”字也见于望山楚简(简117),《望》78页误释为“唐”,105页纠正为“蒿”是对的,但读“犒”则可商。

(11)64页:芺。

按:字同“笑”,辞例作“取女为邦~”。《朱》206页释“莽”,读为“墓”。《长》44—45页以为“即今之笑字”。二说应以后说为是。

(12)65页:莝。

按:从巽不从坐。

(13)68页:蔻。

按:所释可疑。

(14)69页:蓥。

按:所从宎乃夭字。

(15)70页:蓶。

按:字从[illegible]不从甚。

(16)70 页:葶。

按:所释可疑。

(17)70 页:虆。

按:所释可疑。

(18)84 页:豂。

按:应释"豂"。参看 380 页:巫。

(19)101 页:哉。

按:第 1 字,从原简照片看似非"哉"字。

(20)111—112 页:商。

按:应释"就"。详拙作《古文字杂识(两篇)》(收入《纪念于省吾教授百年诞辰纪念文集》,吉林大学出版社,1996 年)。释"商"见《朱》191—192 页。

(21)113 页:丧。

按:应释"桑"。美国赛克勒美术馆藏楚帛书残片有此字,辞例作"□桓(树)~桃李"。这里的第 1 字,辞例作"以其~其子丹",读为"丧"甚确,但字非"丧"字,乃"桑"字;第 2 字,辞例作"~夜公","桑夜"是地名;第 3 字是姓氏用字。

(22)122 页:韭。

按:字从双癶,乃"發"字的省文。辞例"紫~"、"~罶靸鞅"疑读"紫韨"、"韨绳騳鞅"。"韨"可能即"韨"字,参看 224 页:韡和 885—886 页:发。

(23)125 页:步。

按:1~2 行乃"走"字,其中前 3 字辞例作"出内(入)~王",应读"侍";第四字,辞例作"以~㷔(气),不甘食人(食)",参同书简 242、245、247,是"走"字之讹,读为"上"。3—5 行皆人名用字,字作,疑应释"逭"。

(24)134—138 页:造。

按:1 行 2 字和 2 行 1 字,字作,非"造"字,《包》列入"未隶定的字"。这个字也见于九店楚简《日书》。该书所见日名有两套,其中第二套作"秀"、"结、阳、交、□、阴、达、外阳、外害、阴、绝、光"(简 25—36)。这套名称也见于睡虎地秦简《日书》甲种简 1—33 正:贰和乙种简 1—17 和 18—25:壹,大同小

异，对比可知，这里的第六字应释“达”。《古文四声韵》卷五第十一页“达”字作（出《古老子》），正与此同。又 138 页最后一字出楚帛书，写法同此，也应释“达”。

（25）139—141 页：迅。

按：所从乃“卜”字，应释“让”。辞例“新告（造）～尹”［或省称“新告（造）～”、“告（造）～”，或加“大”字而称“告（造）大～”、“大告（造）～”、“大～尹”、“大～”］、“～大敂（令）”［或省称“～敂（令）］、“集～命（令）”、“陵～尹”，皆官名；“～缶”则为器名，乃浴缶或盥缶之别名。此字从卜得声（古帮母侯部字），疑读为“瓿”（古并母侯部字，也有人认为是古之部字，但古从音声之字多在侯部），据《方言》卷五，瓿是缶类器物。东周缶类器物分两种，一种是作酒器的缶，自铭“尊缶”，来源是商代、西周的“罍”，一种是作水器的缶，自铭“浴缶”或“盥缶”，则与安徽境内（也波及山东南部、江苏北部的邻近地区）的“舒式缶”形态相似。后一种缶，有一件邟子邟缶，自铭“赴缶”（1983 年湖北谷城禹山庙嘴出土）。应即楚简所见的“让缶”（“赴”、“让”皆“赴”之异文）。学者多把“让缶”释为“迅缶”，指为尊缶（参看刘彬徽《楚系青铜器研究》，湖北教育出版社，1995 年，180 页注③），得此可知其非。“让缶”应是体型矮胖，习惯上称为“瓿”的那种缶。

（26）143 页：達。

按：应释“遊”。辞例“执勿～”、“～逦至州衖（巷）”、“是～月”、“绖（盈）绌～繇（乱）”、“是胃（谓）～冬（终）亡”，并应读为“得失”之“失”。

（27）147 页：迵。

按：应释“迼”、“衖”，并为古“巷”字。辞例“小人逃至州～”、“遊（失）逦至州～”，“州巷”是州里之途。

（28）147 页：遥。

按：字作，乃“达”字的另一种写法。这种写法的“达”字也见于古玺文，如《古玺文编》397 页第 3 行（但 0263 是另一字）。“达”是古代常见的人名用字。

（29）147 页：迁。

按:与139—141页:迅同,也应释“辻”。如这里的第1字,辞例作“二~缶”,正与140页7行1字同。

(30)149页:迈。

按:非“逅”字。“逅”是匣母侯部字,“迈”从石,石是禅母铎部字,音不相通。此字见于九店楚简《日书》,辞例作“……是胃(谓)外害日,不利以行複(作),~四方埜(野)外,必无堣(遇)寇逃(盗),必兵”(简32),释文括注为“跖”字(见于《广韵》、《集韵》等字书,训行)。睡虎地秦简《日书》有类似文例,作“外害日,不可以行作,之四方野外,必耦(遇)寇盗,见兵”,“迈”与“之”显然是含义相近的词,用法类似于“徂”。“徂”是从母鱼部字,“迈”从石,“石”是禅母铎部字,读音相近。

(31)149页:逞。

按:字从。不从号。

(32)149页:逬。

按:字从,乃“吏”(往往用做表示姓氏的“史”字)字的异体,非“弁”字。在楚文字中,这类写法的“吏”字与“弁”字极易混淆,参205页:弁。

(33)150页:逍。

按:第一例从同“朝”字所从。这一偏旁,从西周金文的写法看,乃“川”字的异体,不是“舟”字,因此这个字应改释为“巡”。详拙作《古文字杂识(五则)》。

(34)154页:遅。

按:所释可疑。

(35)155页:遾。

按:字从,与“兼”字相似,但从双木不从双禾,《望》92页疑是“速”字,或与“速”含义相近的字。

(36)157页:遳。

按:亦“达”字。参看上134—138页:造,所从乃之省,并不从齊”。

(37)157页:“遱”。

按:应释:“遱”。辞例作“少又(有)优(尤)于~”,似是指身体之某一部分。

(38)187 页:誓。

按:应释“詧”。

(39)188 页:诉。

按:似可隶定为“𧫒”,疑是楚“慎”字的一种特殊写法。这里用作人名。参看 1015 页:新。

(40)205 页:弁。

按:除 205 页 6 行第 2、3 字,余皆“吏”字,用为表示姓氏的“史”字或史官之“史”。

(41)211—213 页:與。

按:211 页 4 行 1、2 字作,应释“㠯”。上所从非牙字,乃㠯()之变。《信》125 页(简 1-026)释“㠯”读“欤”,126 页(简 1—46)释“欤”,《望》74 页(简 70)释“舌”,皆属误释。简文此字无论单用或作偏旁皆同“台”。

(42)217 页:鞶。

按:应释“鞶”。《曾》502 页注[12]说此字“与‘般’相似,而实非一字”,“为了书写方便,暂且将此字隶定作‘’”。其实此字所从即艮字,字应同于古书表示“舆前革”的“鞎”字。

(43)217 页:靓。

按:从文例(如第 3 例“~鞅”)和字音看(“见”是匣部元部字,“韅”是晓母元部字),应同“韅”字。曾侯乙墓遣册作:“韅鞅”。

(44)222 页:鞅。

按:字从央,不从英,应释“鞅”,与 221—222 页“鞅”合并。

(45)224 页:韈。

按:应释“韈”,疑即古书“鞁”字。“鞁”是帮母歌部字,“發”是帮母月部字,读音相近。《说文》:“鞁,车驾具也。”《国语·晋语》:“吾两鞁将绝,吾能止之。”韦昭注:“鞁,靭也。”

(46)224 页:韊。

按:应释“韊”,𧫒通肆,古音为心母质部字,辞例“~牛之鞾”、“~虓

(甲)”,均为皮革名。《楚辞・九歌・国殇》“操吴戈兮被犀甲”,简文此字疑即“犀”字。“犀”是心母脂部字,与“綀”音近可通。

(47)232 页:𪆁。

按:楚文字中的“鸟”字往往作,疑此字左半为“鸟”之或体,而右半从寽,或可隶定为“鸰”。

(48)241 页:夬。

按:此字也见于九店楚简《日书》,整理者未能释出(作),且断句有误。在九店楚简《日书》中,“夬”是日辰避忌之名。睡虎地秦简《日书》有类似名称,如乙种《家(嫁)子□》篇有“夬丽”,乃表示分离之义。

(49)268 页:戳。

按:应释“羿”。例 1“～行”疑读“枉行”或“妄行”。

(50)293—294 页:百。

按:294 页 4 行末字作,应释“寒”,详拙作《古文字杂识(五篇)》。

(51)311 页:售。

按:应作“雋”,抄写有误。

(52)316 页:鹦。

按:应释“鳃”,即“鹭”字,不一定读为“鹦”。

(53)317 页:𩿨。

按:应释“鵲”。

(54)331 页:畢。

按:字从网从畢。

(55)331—335 页:受。

按:335 页 2 行非“受”字,乃“與”字。

(56)344 页:胄。

按:字作,同肙。《望》115 页注[八]以为从肉留声,把辞例“～緅”读为“缁緅”,其实应读“绢绸”。

(57)347 页:肷。

按:应释“胺”或“腸”。

(58)347 页:朊。

按:应释“脉”。

(59)347 页:胱。

按:应隶定作“羞”。

(60)358 页:箸。

按:简文“箸”多用为“书”,《包》49 页注(257)谓“借作书”,甚确。

(61)361 页:篦。

按:所释可疑。

(62)367 页:籓。

按:从竹从悉,市与巾通,采即番字所从,采与㡀、敝古音相近(采是并母元部字,㡀、敝是并母月部字),应释“蔽”。辞例“凡此～也既尽逐”、“逐古(故)～”,其读法还值得研究。九店楚简《日书》有“塈悉芳粮”一词(简 44),是求告武殤(夷)君(司兵死者)的献祭之物,第二字即此所从,释文误“粖”,盖以“塈悉”与“芳粮”相似,也是米粮之类。我们怀疑,“塈悉”是某种币,字应释“币”。

(63)374—375 页:典。

按:《望》114 页注[四]释“箅”,130 页录《包》40 页注(10)之说。后说据陈侯因資敦释“典”。

(64)386 页:兮。

按:第 1、2 字作仐(似从主),非“兮”字。

(65)391 页:虐。

按:例 1 从照片看似从虍从木。例 2、5 是人名,例 3、4 用做语尾助词“乎”,作“虐”。楚文字的“乎”字多作“虐”(只有少数作“虖”)。

(66)391 页:虐。

按:《信》125 页释文有误,例 1 辞例作“而君天下,～餌(闻)周公”,例 2 辞例作“～几(岂)不智(知)才(哉)”,句中此字均读为表示第一人称的“吾”字。这个字也见于曾姬无卹壶,铭文曰“圣(声)趄(桓)之夫人曾姬无卹(恤)～安兹、漾陵、蒿间之无匹”,拙作《论东周时期的楚国典型铜器群》

(《古文字研究》第19辑)认为这个字"在铭文中是作谓语动词,大概是哀怜、恤问、赈济一类意思",下面的"安兹、漾陵、蔫间应是并列的地名","无匹"则"指上述三地的鳏寡孤独者"。但李家浩《从曾姬无卹壶铭文谈楚灭曾的年代》(《文史》第33辑)则认为这个字"似应当从'壬'声",并把下文"安"字改释"宓",读为"镇抚","蔫间"读为"郊闲",以为"郊里"之义。现在据包山楚简,我们已知"蔫间"是包括许多楚县在内的地区名,位置在淮水和淮水支流一带,"漾陵"的位置也在那一带(见拙作《包山楚简研究(文书类)》,收入《王玉哲先生八十寿辰纪念文集》,南开大学出版社,1994年),只有"安兹"一词还有待证明。如果我们以"虐"字与"安"字连读,而以"兹"为指示代词,则应该读为"抚"的也是"虐"字。因为从上述辞例看,"虐"字是从虍得声而不从壬声,读为"镇"是不可能的。就目前的认识看,我们还是把"虐"读为"抚",作谓语动词,而以"安兹"、"漾陵"、"蔫间"为并列地名更好。

(67)392页:虞。

按:应释"虞"。

(68)394—395页:虢。

按:字同"甲",详上引拙作《古文字杂识(两篇)》。这里除第一例是人名,余皆用为"甲胄"之"甲"。如"兵~执事人"、"赢(?)~"、"鞣(犀)~"、"~衣"、"行服~"、"马~"、"行~"、"鹿~",读为"甲"都文通字顺。这样写的"甲"字发现很早,出现频率也很高,殷墟卜辞、两周铜器均有之,但自孙诒让以来一直被误认为"皋",其实对比曾侯乙墓遣册的"甲"字和包山楚简遣册的"虢"字可知,"虢"即"甲"。请参看1054—1056页:甲。另外,"虢"亦见于望山楚简,为人名(简95),《望》98页注[七七]引"建皋"之"皋"为说,称为"旧说",即此所采。还有值得补充的是,近裘锡圭《说"揜函"》(《华学》第1期)释小臣墙骨板"……[马□]丙、车二丙、八十三、函五十、矢……",以为"八"字前面的字是表示大盾的"橹"字,字乃从虎得声。推而广之,他还认为甲骨文中的"虢"也是从虎得声,在卜辞中应读为"虜",甚至认为商代甲骨文的"虢"字与西周金文的"虢"字外形相似,但其实并非一字。现在看来,此类说法是值得重新考虑的。因为据中山王嚳方壶"氏(是)以身蒙夲(甲)

胄”,“虢”字显然是从夲得声;而如果我们承认,甲骨文中的这个字是从虎从夲,则它与西周金文中的“虢”字就不止是“相似”,而且是“相同”。我们怀疑,小臣墙骨板上的那个怪字很可能也是“虢”字的异写,因为在辞例中读为“甲”,其实也是非常合适的。

(69)395 页:盌。

按:上半左边从舟,右边作或,李家浩《信阳楚简“浍”字及从“𠔃”之字》(《中国语言学报》第 1 期)释“盘”,读为“盘”。

(70)396 页:盎。

按:《望》47 页简 51 释文如此,从照片看,所释可疑。

(71)416 页:匋。

按:所释可疑。

(72)421 页:京。

按:所释可疑。

(73)441 页:松。

按:应释“棔”,辞例作“一房 ~ ”。

(74)411 页:本。

按:摹写有误,字作,辞例“三刴 ~ ”,应释“三漆瑟”。

(75)443 页:楞。

按:字作,非“楞”字。

(76)450 页:枓。

按:应释“柢”。

(77)450 页:梟。

按:照片不清,似非“梟”字。

(78)453 页:桎。

按:原从木从侄。

(79)455 页:梼。

按:从木从李,非“梼”字,《曾》520 页注(155)以为从木从殺,亦误。参 689 页:孝。

(80)466 页:僕。

按:写法同 374—375 页:“典”,应并入“典”字。

(81)503—505 页:帀。

按:502 页 6 行 2 字、7 行 1 字非“帀”字,字作,待考。

(82)507 页:孛。

按:在楚简中多用为“勉”字,疑即“娩”字的古体。《望》89—90 页注[二〇]以为从亓从子或从字,读为骇。

(83)520 页:贵。

按:5 行 1 字应释“贴”。5 行 2、3 字和 6 行 1 字为“贵”字。6 行 2、3 字和 7 行 1 字是“贵”字的另一种写法。

(84)532 页:郢。

按:字作,非“郢”字。

(85)538 页:郍。

按:应释“鄢”,楚鄢邑在今湖北宜城南。

(86)542 页:郘。

按:淅川下寺、和尚岭和徐家岭楚墓为楚蔿(或薳)氏墓,字作、郑、郘三体,这里的“郘公”应即该地所设县公。

(87)545 页:郿。

按:从邑从(曲)从曰。

(88)550 页:郲。

按:字作,所从乃“樝”字。“樝”即“樝楂”之“樝”,见《玉篇》、《广韵》、《集韵》。樝楂是木瓜类植物(参《本草纲目》)。其字正像瓜在木上。

(89)552 页:郬。

按:字从不从肙,应即楚宛邑。宛在今河南南阳。

(90)559 页:鞄。

按:所释可疑。

(91)559 页:嚣。

按:似不从驭。

(92)560 页:鄎。

按:从邑从傢从刖,不从叕。

(93)567 页:暌。

按:从日从夭,不从实。

(94)568 页:畬。

按:从余从口,应释“舍”,读为“舒”,乃姓氏字。

(95)576—580 页:月。

按:578 页 5 行 1 字,字作,辞例作“……州,昊昊(冥冥),又(有)~日……”(简 1—023),《信》125 页误释为“朤”。“朤”字见于《玉篇》、《龙龛手鉴》和《集韵》,是“美目”、“美貌”、“目深”之义。

(96)598 页:糤。

按:从文义看,应读“窃”。

(97)606 页:容。

按:应释“台”,辞例同 441 页:松字。此字是楚文字中的“暑”字。

(98)612 页:害。

按:除最后一字,皆“巫”字,《望》101 页注[九一]释“巫”。

(99)615 页:实。

按:应释“夭”。

(100)615 页:宿。

按:从宀从句(或从佝),在简文中似读为“狱”(表示拘人之所的“狱”),句是群母侯部字,狱是疑母侯部字,读音相近。

(101)617 页:窨。

按:所释可疑。

(102)617 页:寘。

按:应释“实”。

(103)617 页:熏。

按:《长》103 页释文如此,并引饶宗颐先生说,谓字从宀从屮从炅,炅即古热字,盖即“熏”之异构。拙作《古文字杂识(五则)》指出此字从宀从奡,奡即古热字，辞例“～既(气)寒既(气)”应读“热气寒气”。

(104)626页:[illegible]。

按:应释“痎”。

(105)626页:痨。

按:应释“病”。

(106)627页:痵。

按:声旁似与507页“孛”为同一字，所从非孛字。

(107)637页:[illegible]。

按:应释“罶”。

(108)645页:杭。

按:从市从充，不从先。充同望。

(109)657页:份。

按:字作[illegible]，非“份”字。

(110)661—663页:作。

按:662页7行1字应释“傑”，662页7行2字和663页1行应释“勦”，非“作”字。

(111)669页:仉。

按:应释“仆”。

(112)671页:倘。

按:所释可疑。

(113)672页:僾。

按:应释“儮”。

(114)672—673页:傎。

按:673页2行应为另字，当释“儥”字，表示鬻卖之义。

(115)673页:僪。

按:应释“僑”。

(116)673—674页:真。

按:673页1行—674页2行为“贞”字，余为“真”字。

（117）683 页：雜。

按：应释“𩏩”，读为“捽”。

（118）684 页：裹。

按：从衣从，应释“褁”。

（119）686 页：裨。

按：从衣从田，应释“䘳”。第 1 例所从“田”作，非“甲”字。其例同中山王譽鼎“𢿌”字所从田作。

（120）689—691 页：孝。

按：除 691 页末行第 2 字作（疑是“斿”字），是另一字，余皆楚“李”字。楚“李”字从来从子，与小篆写法异。参看郑刚《战国文字中的陵和李字》（中国古文字研究会第七次会议论文，1986 年）。过去商承祚《战国楚帛书述略》（《文物》，1964 年第 9 期）释“孛”，朱德熙、裘锡圭《平山中山王墓铜器铭文的初步研究》（《文物》，1979 年第 1 期）释“㪅”，皆误。美国赛克勒美术馆藏楚帛书残片有“□桓（树）桑、桃、李”一句，“李”字同此，可为郑说佐证。这里所收“李”字有三种用法，一种作姓氏；一种是法律术语，据辞例“××识之，××为～”，应读为“受理”之“理”（古代法官称“理”，字亦作“李”，如传说黄帝做“李法”，“李法”即“理法”）；还有一种是见于楚帛书，辞例作“是胃（谓）～”，“～岁□月”，“隹（惟）～德匿”，读法待考。

（121）708 页：覺。

按：上从三个（非“召”字），下从鬼不从见。

（122）709 页：欨。

按：摹本不够准确，左半如“屯”。

（123）716—717 页：文。

按：716 页 3 行 2 字以下写法不同，或右上加饰笔（疑是口之变），或下加口，或上加吅。其中 6 行 1、2 字是假“吝”为“文”，7 行 1 字是“吝”字的异体（中山王譽鼎借为“邻”字），但 716 页 7 行 2 字和 717 页 1 行 1 字则用为“悔吝”之“吝”，应另出字头。

（124）723 页：色。

按:723 页 2 行 2 字以下非“色”字,似应释为“亻彐”、“亻丨”和“纟丨”字,在简文中是表示“絑䍐(旌)”数量的量词。“亻丨”即“攸”字所从。

(125)725 页:匀。

按:末字非“匀”字。

(126)735 页:隶。

按:楚幽王诸器“冶师”之“冶”作,与此相近,《包》释“冶”。何琳仪(《楚官肆师》,《江汉考古》1991 年 1 期)释“层”,读为“肆”,即此所从。

(127)742 页:狙。

按:应释“猎”。

(128)764 页:麐。

按:应释“虘”。

(129)765—766 页:犬。

按:766 页 2 行 1 字非“犬”字,应释“尨”。

(130)771 页:熊。

按:从能从大,第 1 字能在上,大在下,辞例作“弗 ~ 诣”,用为“能”,第 2 字大在上,能在下,含义不详。释“熊”可商。

(131)773 页:熾。

按:此据《说文》熾字的古文写法而释,但《说文》熾字的古文作,字形有讹,《汗简》作。今正为“戭”,从热字的古文从戈。

(132)781—782 页:㚘。

按:从大从争,应释“奍”。

(133)790 页:竝。

按:第 1—3 字为“僉”字的省体,非“竝”字。

(134)797 页:炁。

按:《说文》“炁”(爱)字古文作“㤅”,简文假为“㤅”(气),字头应作“既”。

(135)797 页:惥。

按:参上 211—213 页:與。字不从牙,应释“㥏”,用作“怠”或“怡”。

(136)798 页:惑。

按:第 3 字从心从三或,《说文》“誖”字的籀文从心从正反双或,这个字也有可能是“誖”字。

(137)802 页:悆。

按:应释“愈”,用为舒氏之舒。

(138)803 页:悁。

按:字从□不从肙,楚简用为“怨”或“冤”(这里所引文例应读“冤”)。

(139)803 页:悳。

按:从心从尤,应释“忧”,辞例“少又(有)外恶,不为～”,用法同“忧”。

(140)808 页:涧。

按:战国文字多见,用于人名应即“衎”字,详拙作《释“利津□”和战国人名中的□与□字》(收入《出土文献研究续集》,文物出版社,1989 年),但郝家坪秦牍《为田律》中的“利津～”,应读“利津衎”或“利津岸”。岸是疑母元部,衎是见母元部,衍是喻母元部,读音相近。

(141)811 页:溦。

按:应释“溺”。参看黄盛璋《包山楚简中若干重要制度发覆与争论未决诸关键字解难、决疑》(《湖南考古辑刊》第 6 集)。

(142)819 页:雹。

按:摹写微误,应是“雺”字之残(参看 1015 页:矛)。辞例“～雪雨土”应释“雾霜雨土”。

(143)821—822 页:霿。

按:821 页 1—2 行第 1、2、4 字从□从龙(非犬字),第 3 字从羽从□从龙。□即《说文》冃部,龙与蒙古音相同(皆明母东部字)。又 822 页 1 行 1 字从雨从龙。此字即《诗·豳风·东山》“零雨其蒙”之“蒙”,故字从雨。

(144)825 页:鮒。

按:字不从舟而从川,应释“魝”,参看李零《古文字杂识(五则)》。

(145)828 页:魞。

按:应释“魜”。

(146)848 页:联。

按:字本作“聃”。例 1 为人名,例 2 辞例作“一～耳鼎”。以下四例,辞例作“绡(绢)緂(绸)～绻”,《望》115 页注[八]释“联”。

(147)855—857 页:女。

按:855 页 7 行 1 字,856 页 1 行 1 字、3 行 1 和 2 字、4 行 2 字都是“安”字的省体,不是“女”字。这五个例子,除最后一例是人名,皆应读为“焉”。第 1 例“王廷于蓝郢之游宫,～命大莫嚣屈昜为命”,其义如乃;第 2 例“琭、敓、遚雁、成唯、周鼷之妻嫠(葬)～”,其义犹之;第 3 例“小人牆(将)敷(捕)之,夫自剔(伤)。小人～獸(狩)之以告”,其义亦乃;第 4 例“州人牆(将)敷(捕)小人,小人信以刀自剔(伤)。州人～以小人告”,其义亦乃。参看杨树达《词诠》(中华书局,1954 年)389—394 页。

(148)857 页:嬴。

按:只有第 5 例从女。

(149)860 页:妆。

按:从安或从焉。

(150)866—867 页:也。

按:它、也同源,本是一字,但战国时期已经分化。这里与“它”同形的“也”字只有第 1 例,辞例作“奠(郑)它人”,乃人名。同样的例子有《三代》3. 7. 7 的一件鼎,铭文作“取它人之善(膳)鼎”,作器者“取它人”是同样的人名。其他作语尾语词的“也”是作,已与前者分化。曾侯乙墓编钟铭文常见“某律之才(在)某国也为某律”的句式,其“也”字之一体属于后一种写法,《曾》555 页释“号”。又这里 867 页 2 行 2 字和 3 行 1 字,字作,应释“才”,非“也”字。其辞例作“虐(吾)几(岂)不智(知)～,夫周……”,“□□□□之～,□”,并应读为“哉”字。

(151)869—870 页:戟。

按:例 2 写法不同,作“戟”。

(152)870—871 页:或。

按:870 页 4 行 2 字至 7 行 1 字从宀,应释“宬”,读为域。陈伟《包山楚简初探》(武汉大学出版社,1996 年)74 页引银雀山汉简《田法》“州、乡以地次受田于野,百人为区,千人为或(域)。人不举或(域)中之田,以地次相……”,指出“䧯”即《田法》之“或”。

(153)871—872 页:戡。

按:原作“戡”,《说文》“湛”字古文作,应是之误。作者指出此与“湛”字的古文有相同声旁,很正确。

(154)873—874 页:戗。

按:应释“戕”或“𨚗”。

(155)876 页:戮。

按:原作。《包》释“栽”,此释“戮”,都与字形不合。

(156)882 页:匜。

按:原作“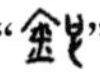”,《信》释“匜”,非是。

(157)882—883 页:匞。

按:882 页 7 行 2 字至 883 页 2 行 1 字非“匞”字,应释“笑”。

(158)884—885 页:弘。

按:除最后一字,皆“强”字。如辞例“～死者”、“～死”,都很明显是“强”字。参看裘锡圭《释“弘”“强”》(收入其《古文字论集》,中华书局,1992 年)。裘文指出即“强”甚确,但说“强”、“弘”同源却颇为曲折(二字古音不同,说是字形分化太勉强),这里释“弘”即取裘说(属误读)。我们怀疑,“强”字的这种写法恐怕仍是由东周彊字省变(变田为口,并其横画于下)。

(159)886 页:䋮。

按:右半上部疑从叕,参看 1043—1044 页:叕字。

(160)895 页:绝。

按:1 行 1 字与 723 页:色重出,非“色”亦非“绝”字。1 行 2 字和 2 行 1 字从𢇍从刀,是否为“绝”不能肯定。2 行 2 字以下,《曾》释“绝”,但下面的字是“绝”字,此字也可能是“断”字。

(161)895—896 页:繼。

按:895 页 1 行的两个字,辞例作“～无后者”,这个字其实是“绝”字而非

"继"字。896 页 1 行 1、2 字同。896 页 3 行 1 字和 2 行作,不知是否为同字。《说文》以𢇍为绝,以㡭为继,不一定对。

(162)900 页:缙。

按:应释"缲"。

(163)907 页:纚。

按:从丽从系。《说文》"丽"古文作,故作者这样隶定。但楚文字"琴瑟"字从此,此字也可能与琴瑟类的字有关,或可隶定作"綦"。

(164)908 页:缨。

按:应释"绥",字同"缨",或从人旁。

(165)919 页:綮。

按:与 62 页:折重出,参看该条。

(166)929 页:絒

按:应释"绹",同给。

(167)933 页:綡。

按:应释"纡"。

(168)936 页:緄。

按:应释"缜"。

(169)937 页:緔。

按:字从不从肖,楚简用为"绢"字。

(170)945 页:纍。

按:上半左边从炅,乃"热"字的古文写法,非贝字,右半不清。

(171)945 页:素。

按:第 1、2 字应释"綀",第 3 字应释"㡆"。

(172)946 页:縠。

按:应释"缓"。

(173)949 页:蚤。

按:原从虫从又。

(174)950 页:黿。

按:应释“罾”。

(175)950 页:鼄。

按:应释“鼅”。

(176)951 页:䵷。

按:上半左边应是“炅”字(热字古文)的变形。

(177)951 页:鼆。

按:上半左边是鼎字。

(178)951 页:鼇。

按:上半左边应是“㒵”字(“热”字古文)的变形。

(179)967 页:填。

按:楚帛书提到“雹(包)虘(戏)”娶“女 ~ ”,字即“填”字。

(180)979 页:祟。

按:应释“醜”,即“鬼神”之“鬼”。

(181)991 页:勑。

按:同“勝”字。

(182)997 页:鈦。

按:或从大,或从,说明大与同。

(183)1003 页:锂。

按:似不从畢。

(184)1004 页:鑐。

按:似不从需。

(185)1015 页:新。

按:楚“慎”字。前 188 页:訢,疑亦楚“慎”字.

(186)1020 页:轫。

按:原作“钀”。

(187)1021 页:“辖”。

按:原作“輵”。

(188)1022 页:锐。

按:原作“�”。

(189)1026 页:辖。

按:原作“輯”。

(190)1026 页:輋。

按:此从《曾》释,应正为“輋”

(191)1029 页:陵。

按:郑刚《战国文字中的陵和李字》指出楚文字中的“陵”字是从来得声。陵是来母蒸部字,来是来母之部字,属于对转关系。其说甚确。

(192)1040 页:隣。

按:原作“陷”。

(193)1044—1045 页:缀。

按:原作“綴”。

(194)1045 页:裔。

按:应释“腳”。《广韵》有“脽”字,或作“脽”。

(195)1053 页:禹。

按:楚文字“禹”字与此不同,疑是“思”字之残。

(196)1053 页:畀。

按:4 行 1 字,5 行 3、4 字同“单”。4 行 2 字,5 行 1、2 字从毛从此,辞例作“一白 ~ ”、“ ~ 若(席)”,应读“氈”。

(197)1054—1056 页:甲。

按:1055 页 4 行 4 字以下为“甲胄”之“甲”,辞例作“吴 ~ ”、“楚 ~ ”,是以制造国家分;“桼(漆) ~ ”、“画 ~ ”,是以工艺分;“彤 ~ ”、“索(素) ~ ”,是以颜色分;“马 ~ ”、“备(服) ~ ”,是以用途分。其“马甲”有“匹马”、“两马”和“乘马”(四马)之分,数量词有“真”。对比前 394—395 页:虢,可知“虢”即“甲”字。如其辞例有“赢 ~ ”、“鞹 ~ ”、“马鹿 ~ ”是以质地分;“马 ~ ”、“行 ~ ”、“行服 ~ ”是以用途分。数量词有“真”、“和”,显然是同类之物。

(198)1060 页:丁。

按:2 行 2、3 字至 3 行 1、2 字作▽,辞例作“王 ~ 司败逷”,5 行 6 字同,作

“遡祷大夫之～晋(巫)”,字形与“丁”不同,不作黑钉状,《望》78 页(简 119)释“厶”,读为“私”,甚确。

(199)1068 页:辟。

按:此从《曾》释隶定,应作“辟”。

(200)1115 页:孪邑(合文)。

按:释“孪”可商(下不从子)。

(201)1116 页:绛维(合文)。

按:从照片看,左半不清,右半是雀字,所释可商。

(202)1131 页 3、4 行(以下为存疑字)。

按:似与 630 页:“癳”为同字。

(203)1132 页 1 行。

按:从照片看,右半似从二酉。

(204)1132 页 2 行。

按:似摹写有误。

(205)1132 页 3 行。

按:从雨从,为人名。或以为“年”字。《朱》172 页释“祀”。

(206)1132 页:4 行。

按:从雨从三毛。

(207)1132 页:5 行。

按:字作,是字的异体。

(208)1132 页:6 行。

按:从三乍从酉。

(209)1133 页:1 行。

按:应释“敝”,读为“敝”。裘锡圭《说字小记》(收入其《古文字论集》)以为甲骨文“敝”字像以物打掉或拂去“巾”上之尘土。此字从釆从巾从攴,釆与敝古音相近(釆是并母元部字,敝是并母月部字),应即声旁。

(210)1133 页:2 行。

按:从三亓从必,乃“瑟”字,辞例应正为“一瑟又(有)桊”。

(211)1133 页:3 行。

按:应释“枊”,疑是“桼(漆)”字之残。

(212)1133 页:4 行。

按:下从皿。

(213)1133 页:5 行。

按:上从金,下从双鱼。

(214)1133 页:6 行。

按:从竹从,参看 1140 页:4 行。

(215)1133 页:7 行。

按:从辵旁。

(216)1134 页:1 行。

按:字从从毛,类似的字也见于湖南省博物馆藏楚燕客铜量,作。李家浩《包山三六六号简所记木器研究》(《国学研究》第 2 卷)从贾连敏《释裸、瓒》(中国古文字研究会第九届学术讨论会论文,1992 年)说释“瓒”,认为包山楚简遣册所记的这种器物就是包山二号墓东室中的两件“勺”(2:112、2:178)。同类器物在考古发现中有不少实例(如扶风云塘出土的“伯公父勺”等物),林巳奈夫早已提出这类器物就是古书中的瓒[参看他所著《殷周时代青铜器の研究(殷周青铜器综览一)》,125—127 页,吉川弘文馆,1986 年]。但值得注意的是“伯公父勺”,其自铭是“”,字体与“祼”字(参看《金文编》附录下 004,旧释“福”)所从(即“瓒”字)并不完全一样,而与金文中的“爵”字有相近之处。如:(1)鲁侯爵,作“”;(2)史兽鼎,作“”;(3)县妃簋,作“”。这里面尤以例(2)值得注意,其铭文“尹赍(赏)史兽(瓒),易(赐)方鼎一、爵一”,“爵”与“瓒”是同时出现。过去李学勤先生在讲课中曾提出过一种看法,认为爵自西周中期以后逐渐消失,但并非绝嗣无后,而是被“伯公父勺”式的器物所代替,“伯公父勺”的器名仍应释“爵”,晚期文献中的“爵”就是这种“爵”。战国时期的这类器物,往往在前端装饰一鸟,疑即“雀”。古代“雀”、“爵”常常互相通假,可能也与器名有关。看来这个问题仍有讨论的必要。

(217)1134 页:2 行。

按:应释“韅”。

(218)1134 页:3 行。

按:应释“綛”。

(219)1134 页:4 行。

按:应释“靚”。

(220)1134 页:5 行。

按:应释“亦”。

(221)1134 页:6 行。

按:照片不清,未必如此。

(222)1134 页:7 行。

按:照片不清,未必如此。

(223)1135 页:1 行。

按:应释“豈”。

(224)1135 页:2 行。

按:从辵从石。

(225)1135 页:3 行。

按:从页从犬,或与“类”字有关。

(226)1135 页:4 行。

按:摹写有误,应释“畣”,辞例“～曰”即“答曰”。

(227)1135 页:5 行。

按:左从玉旁。

(228)1135 页:6 行。

按:似从木从厚。

(229)1135 页:7 行。

按:从金从坠。

(230)11136 页:1 行。

按:从糸旁。

(231)1136 页:2 行。

按:应释“�”。

(232)1136 页:4 行。

按:从辵旁。

(233)1136 页:5 行。

按:从糸旁。

(234)1136 页:6 行。

按:从辵旁从木。

(235)1136 页:7 行。

按:从卤旁。

(236)1137 页:1 行。

按:从食从先。

(237)1137 页:2 行。

按:似是“扐”字。

(238)1137 页:3 行。

按:应释“綡”。

(239)1137 页:4 行。

按:疑是“达”字。

(240)1137 页:5 行。

按:疑是“敢”字。

(241)1137 页:6 行。

按:应释“遃”。

(242)1137 页:7 行。

按:应释“殜”。

(243)1138 页:2 行。

按:从刀。

(244)1138 页:3 行。

按:似是“或”字。

(245)1138 页:4 行。

按:从骨从。

(246)1138 页:5 行。

按:从邑。

(247)1138 页:6 行。

按:应释“歡”。

(248)1138 页:7 行。

按:从心。

(249)1139 页:2 行。

按:《望》103 页注[一〇五]不释,以为即中山王墓兆域图学者释“尺”或“乇”的“”字。

(250)1139 页:3 行。

按:下从土。

(251)1139 页:4 行。

按:左半不清,右半为辪。

(252)1139 页:7 行。

按:《望》108 页释“坙”(简 13),但摹本似作“霊”。

(253)1140 页:2 行。

按:同 1135 页:1 行。

(254)1140 页:3 行。

按:同上。

(255)1140 页:4 行。

按:从卣从。参《曾》508 页注(46)。

(256)1140 页:5 行。

按:不识。

(257)1140 页:6 行。

按:从金。

(258)1140 页:7 行。

按:从糸从丵。

(259)1141 页:2—5 行。

按;从尾从舌。

(260)1142 页:1—3 行。

按:即 155—156 页:“霥”所从,非“兼”字。

(261)1142 页:5 行。

按:《曾》529 页注(267)以为马名。

(262)1142 页:6 行。

按:从个从因从尃。

(263)1142 页:7 行—1143 页:2 行。

按:即上 1133 页:6 行,1140 页:4 行、7 行所从。

1996 年 12 月 24 日写于北京蓟门里

补记:上文(7)(15)(31)(75)(84)(156)各条所从声旁应释“只”,参看李家浩《信阳楚简中的“柿枳”》(《简帛研究》第二辑)。

引用书简称表

《曾》 《曾侯乙墓》,湖北省博物馆编,裘锡圭、李家浩撰,简文考释见上册,文物出版社,1989 年,490—531 页。

《信》 《信阳楚墓》,河南省文物研究所编,刘雨撰,简文考释,文物出版社,1986 年,124—136 页。

《包》 《包山楚简》,湖北省荆沙铁路考古队编,刘彬徽、彭浩、胡雅丽、刘祖信撰,简文考释,文物出版社,1991 年,16—67 页。

《望》 《望山楚简》,朱德熙、裘锡圭、李家浩撰,简文考释,中华书局,1995 年,65—133 页。

《九》《江陵九店东周墓》，李家浩、彭浩撰，简文考释，科学出版社，1995年，506—512页。

《长》《长沙楚帛书文字编》，曾宪通著，中华书局，1993年。

《朱》《朱德熙古文字论集》，朱德熙著，裘锡圭、李家浩整理，中华书局，1995年。

《古》《古文字论集》，裘锡圭著，中华书局，1992年。

补遗

(1)17页：吏。

按：从中从又，非“吏”字。

(2)45页：珓。

按：楚简用为“饰”字。参看《曾》514页注[98]。

(3)46页：瑈。

按：所从同454页3行：⿱，楚简用为“瑶”字。

(4)45页：艸。

按：从双牛，非“艸”字。

(5)55页：蘡。

按：似不从異。

(6)55页：蘁。

按：前两字从疆，第3字应释“菀”（从艸从夗从田），读为“畹”。

(7)56页：茜。

按：所释可疑。

(8)67页：蕺。

按：所释可疑。

(9)129—130页：此。

按：130页2行2字旧释“比”。此字从才匕声，见于郭店楚简，多用为

“必”字的异体,详李零《郭店楚简校读记》。

(10)134 页:述。

按:第 3 字非“述”字。

(11)147 页:迁。

按:据郭店楚简也可能是“逆”字。

(12)149 页:诰。

按:据郭店楚简应释“适”(训疾之“适”)。

(13)164 页:德。

按:似不从息。

(14)191 页:讲。

按:其声旁乃“徵”字所从。

(15)206 页:关。

按:第 2 字似从幵(或从双主?)。

(16)206 页:擠。

按:所释可疑。

(17)283 页:魮。

按:所释可疑。

(18)284 页:肝。

按:与上(15)所说字声旁相同。

(19)317 页:蜮。

按:从厷不从或,非“蜮”字。

(20)352 页:剗。

按:声旁与 557 页鄴相同,是作“丵”。

(21)358 页:笄。

按:与上(15)所说字声旁相同。

(22)362 页:笁。

按:摹写不够准确,所从圆圈误作“口”。

(23)363 页:筏。

按:字不从伐,疑与444—447页:栽所从相同。

(24)386页:兮。

按:前两字似非“兮”字。

(25)407页:食。

按:第2字似非“食”字。

(26)430页:韩。

按:从韦从古娩字,非“韩”字。参看507页:孛。

(27)453页:杆。

按:非“杆”字。《望》121页注[六六]释“杍”或“杜”。二说应以后说为是。

(28)458页:樒。

按:原释有误,仔细分辨,实与775页:“慭”同。

(29)514页:员。

按:从见不从贝,乃“㫃”字的异体。

(30)515页:见。

按:第1字似非“见”字。

(31)549页:郙。

按:从芇不从弔,声旁与147页:遈(应释“巷”)同。

(32)551页:鄵。

按:所释可疑。

(33)558页:鄨。

按:从邑从殷,非“鄨”字。

(34)567页:磿。

按:从石从厤(古“稼”字),非磿字。

(35)589页:牒。

按:摹写有误,字应释“殜”,读为“世”。

(36)596页:黍。

按:从水从禾,非“黍”字。

(37)598 页:糈。

按:应释“粡”。

(38)599 页:󰁝。

按:应释“其”。

(39)599 页:朮。

按:前三字似非“朮”字,而是“术”字。

(40)627 页:痂。

按:从安或从焉,非“痂”字。

(41)630 页:瘣。

按:似与 1131 页:3、4 行为同字。

(42)631—632 页:同。

按:末字应释“冋”,读为“炯”。

(43)657 页:仁。

按:应释“尸”,未必是“仁”。

(44)674 页:匕。

按:前两字应释“瓜”。

(45)678 页:皇。

按:疑是“填”字。

(46)706 页:见。

按:前五字和 707 页 1 行首字下从立人,应释“视日”。

(47)710—711 页:页。

按:其中从止从页的字与 713—714 页从止从首的字辞例相同,疑应释“首”。

(48)711—712 页:頧。

按:从隼不从隹。

(49)715 页:𩠞。

按:应释“䛢”。

(50)716 页:𢉓。

按:疑应释“鳶”,字同“雁”。

(51)725页:匀。

按:末字应释“求”(摹写不全)。

(52)725页:旬。

按:疑非“旬”字。

(53)727页:禺。

按:第2字似非“禺”字。

(54)732页:硅。

按:应释“厚”。

(55)733页:礅。

按:从嚣不从敖。

(56)741页:豜。

按:从豕从主,非“豜”字。参看759页:駐,两者声旁相同。

(57)742页:殂。

按:从昔不从且。

(58)747页:貂。

按:原从鼠从刀。

(59)756页:骜。

按:从嚣不从敖。

(60)773页:炢。

按:从朮不从术。

(61)774页:庚。

按:同“炭”。

(62)931页:裁。

按:辞例“~尹”,商承祚《鄂君启节考》(《文物精华》第二集)释“箴尹”。疑此字所从非“𢦏”字,而与商代甲骨文和西周金文表示杀伐之义的“𢦏”字(疑读为《西伯戡黎》的“戡”)相同。

(63)933页:絏。

按:从巽不从坐,非“絏”字。

(64)941页:䜌。

按:从走从䌛省,隶定有误。

(65)942页:䌫。

按:声旁与598页“𥷚”(应释“窃”)字同,此亦楚“带”字。参看638页:“带”。

(66)943页:繶。

按:所释可疑。

(67)944页:緆。

按:疑从糹从穆。

(68)944页:緟。

按:从糹从双来从止,声旁、辞例同1027页:“輊”。

(69)1002页:鋅。

按:原从金从少从衣省。

(70)1006页:䍜。

按:原从三目不从三日。

(71)1027页輊。

按:声旁、辞例同944页:緟。

(72)1040页:䧢。

按:应释“𨼤”。

(73)1116页:者豬。

按:应释“豖豬”或“豬豖”。

(74)1120页:见日。

按:应释“视日”。

(75)1128页:枼。

按:所释可疑。

(76)1129页:孝。

按:应释“李”。

原载《出土文献研究》第5集,北京:科学出版社,1999年8月,139—162页。

读九店楚简

九店楚简出土于湖北江陵九店楚墓中编号为乙组墓 56 和 621 的两座墓。这批楚墓是 1978 年发现，1981—1989 年发掘，1995 年出报告①。简文是大家盼望已久，发表之后，引起热烈讨论②。有不少学者写文章，商榷释读，阐发内容，使我学到不少东西。近来通读日书，我把原简照片重看了一遍，发现简文释读和内容理解仍有开掘余地，故集合众说，缀以感想，草成此篇。文章以讨论内容为主，而把文字和简序的订正附后，称为"校读"（凡时贤之说可采者悉为注明，不注者为己见）。在讨论之前，应当说明的是，由于简文照片不够清晰（而且有些缩得太小，如 56 号墓的简 4、12、44、46、52、53），我虽用放大镜反复观验，仍不敢以为必是，不妥之处，敬希方家指正。

---

① 湖北省文物考古研究所《江陵九店东周墓》，科学出版社，1995。竹简照片见该书图版一〇二至一二五，释文见附录二：李家浩《江陵九店五十六号墓竹简释文》（506—511 页）和附录三：彭浩《江陵九店六二一号墓竹简释文》（512 页）。

② 本文参考的有关论著是刘乐贤《九店竹简日书研究》（下简称"刘乐贤 A"），《华学》第 2 辑，61—70 页；饶宗颐《说九店楚简之武䢅（君）与复山》（下简称"饶宗颐"），《文物》1997 年第 6 期，36—38 页；刘信芳《九店楚简日书与秦简日书比较研究（下简称"刘信芳"），《第三届国际中国古文字学研讨会论文集》，香港问学社有限公司，1997 年，517—544 页；陈松长《九店楚简释读札记》（下简称"陈松长"），同上，545—554 页；李家浩《包山楚简"箴"字及其相关之字》（下简称"李家浩"），同上，555—578 页；陈伟武《战国楚简考释校议》（下简称"陈伟武"），同上，637—661 页；徐在国《楚简文字拾零》（下简称"徐在国"），《江汉考古》1997 年第 2 期，81—84 页；李守奎《江陵九店 56 号墓竹简考释四则》（下简称"李守奎"），《江汉考古》1997 年第 4 期，67—69 页；刘乐贤《九店楚简日书补释》（下简称"刘乐贤 B"），作者所赠待刊稿。按：上述论文，除刘乐贤先生的文章是文字、内容都讨论，其他论文几乎全是讨论释字。

一、56 号墓竹简释文(简 1—158)[①]

(一)讲衡量换算的部分(简 1—12)

1. 衡制本身的换算(简 1、2、9、11)

这部分简文,经补缀可以连读如下:

〔凿一秷,敔秭之二檐。凿一秷又五来,敔秭之〕三檐。凿二秷,敔秭之四檐。凿二秷又五来,敔秭之五檐。凿三稯,敔秭之六檐。凿三(简1)〔稯又五来,敔秭之七檐。凿四〕稯,敔秭之八檐。凿四稯(简9)〔又五来,敔秭之九檐。凿五稯,敔秭〕之十檐。凿(简11)五稯又五来,敔秭之十檐一檐。凿六稯,敔秭之十檐二檐……(简2)。

简文"凿",不详,似为折合之义。"秷",或作"稯"〔按:二字所从,坐是从母歌部字,癸是见母脂部字,似非通假字〕,疑是称量粟米的衡制单位。"来",似是前者的十分之一。"敔秭",不详。简文"檐"见于楚王命节和鄂君启节(图 1)[②],是与传食制度(驿传配给粮食的制度)有关,可见也是称量粟米的衡制单位。在铭文中,其读法相当古书中的"担"(繁体从手从詹)[③],是担夫负重的单位,可与车载负重的单位换算(1 车 = 20 檐)。"担"字本为负荷担举之义,作为衡制单位,相当一石之重(合 120 斤)[④]。这段的三种衡制

---

① 除陈松长先生为简 9 补字,各家对这部分简文未作讨论。

② 见中国社会科学院考古研究所《殷周金文集成》,第 18 册,中华书局,1994 年,12097—12101、12110—12113。

③ 周法高等《金文诂林附录》,香港中文大学,1977 年,1813—1826 页。

④ "甔",古书亦作"儋"(《方言》卷五),或与"担"有关。"甔"有大小两种,小者受 1 石或 2 斛,相当 10 斗(《汉书·蒯通传》"守儋石之禄",应劭注:"齐人谓小罂为儋,受二斛。"),正与"担"合;大者不详(《史记·货殖列传》"浆千甔",《集解》引徐广说:"甔,大罂也。"),出土齐国差𦉜,容量为 35400 毫升(容庚《宝蕴楼彝器图释》91 页谓此器实测可容"三斗五升四合",按民国衡制换算为 35400 毫升),合齐斗约 17 斗多,或即其物。

单位,其换算比例为:10 来等于 1 秷(或 1 稯),1 秷等于 2 檐。

【校读】从文义看,简 9、11 应插于简 1 和简 2 之间。简 1 首字和简 9 头两字残泐,原书不释,此据文义补(陈松长补简 9 第二字)。又简 1 最后两字的照片拼接有误,“嵩”字重出。

2. 衡制与量制的换算(简 2 末句和简 3—8、10、12)

简 2 末句连下是另起一节,可抄录如下:

……方一麇五,□□……(简 2 末句)

……□。方七麇一,嵩五稯又六来,嵩四檐(担)。方宙笞一,嵩十檐(担)又三檐(担)。三赤二篙,方颜一,嵩二十檐(担)。方……(简 3)

……稯又四来。方四麇一,□……(简 4)

……三赤二篙,方三颜一,嵩□檐(担)□……(简 5)

……十檐(担)三檐(担)。三赤二篙,方……(简 6)

……□,嵩四十檐(担)六檐(担)。梅三削一篙……(简 7)

……□□。梅三削一梅,方一……。(简 8)

……〔方〕五麇一,嵩四□……(简 10)

……又六□,一……(简 12)

图 1

1. 鄂君启节铭文(“女(如)檐徒,屯(纯)廿₌(二十)檐怠(以)堂(当)一车”)

2. 王命节铭文(“一檐飤之”)

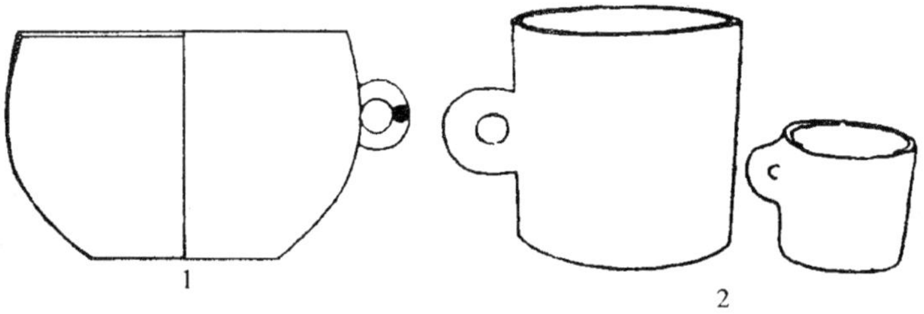

图 2

1. 下寺 3 号墓出土的春秋楚量　2. 楚幽王墓出土的战国楚量(5 升量和 1 升量)

简文似乎是讲衡制与量制的换算。古代量器有很多种,早期出土物可大别为两类,一类是以实用器代之(如鼎、豆、壶、钫),一类是专用的量器。后者,形有方、圆之分,持有环、柄之异,进率也不同①。楚国量器,现知最早的实物是下寺 3 号墓所出(M3:28)②,作环耳圆钵状,从墓葬年代估计,可能是春秋中晚期之交的东西,容量不详。其他标本都是战国时期的(图 2)。战国时期的楚量,出土物分三种,一种为 1 升量(实测容量为 200 毫升),标本有楚幽王墓出土的小量,无自名;一种为 5 升量(实测容量为 1110—1140 毫升),标本有郢大府量、王量和楚幽王墓出土的大量(两件),据郢大府量,其自名是"笶(筲)";一种为 1 斗量(实测容量为 2300 毫升),标本有燕客量,自名是"削"(图 3)③。这些铜量,目前所见都是环耳圆筒状(类似英文称为 mug 的那种水杯),但原来可能另有方量。这里提到的量制单位,似可分为两类:(1)"方"、"麇"和"方宙笞"、"方颜",从"方"字看,也许是方量;(2)"削"、"赤"、"篙",从燕客量看,也许是圆量。简 3 说 7 方 1 麇等于 5 稃 6 来加 4 檐

① 丘光明《中国历代度量衡考》,科学出版社,1992 年。

② 河南省文物研究所等《淅川下寺春秋楚墓》,235 页,图 175:2;图版 86:1,文物出版社,1991 年。

③ 参看丘光明《中国历代度量衡考》,科学出版社,1992 年,150—153 页)及李零《楚国铜器铭文编年汇释》(《古文字研究》第 13 辑,1986 年,353—397 页)、《楚燕客铜量铭文补释》(《江汉考古》1988 年 4 期,102—103 页)、《论东周时期的楚国典型铜器群》(《古文字研究》第 19 辑,136—178 页,中华书局,1992 年)和何琳仪《长沙铜量铭文补释》(《江汉考古》1988 年 4 期,97—101 页)的有关考证。按:据安徽省博物馆《藏品专题目录(楚器)》,楚幽王墓所出铜量有两大一小,丘书只录一大一小(2:593、635),缺者(2:634)在中国历史博物馆。

(4 檐等于 2 稅),似乎 1 方等于 10 廩,7.1 方等于 7.6 稅,即 1 方约等于 0.98 稅,但简文残缺,其他单位的换算无从推断。

图 3

1. 燕客量(1 斗量)及其器名(削)　2. 郢大府量(5 升量)及其器名(笷)

【校读】“篙”,楚文字中的“参”或“叁”往往作“晶”,疑此字实等于“篸”(见《说文解字》卷五上)。“颜”,原释“大首”,似是一从产从首加重文号的字,这里暂以“颜”字代之。“栂”疑同“梅”。原释断句可商,这里有所修正。简 3“檐方审笞一嵳”六字于图版未见,所当位置上的照片作“檐又三檐三赤”(贴倒),与下重复,显系误植。简 6“十”字是据文义补释。简 7、8 首字上皆有残画,各补一“□”字。

(二)日书部分(简 13—158)①

1. 历忌甲种:建除(简 13—24)

简文分两栏书写,上栏书日辰,按“建”、“䡅(陷)”、“敌(破)”、“坪(平)”、“宁”、“工”、“坐”、“盍(盖)”、“城(成)”、“復”、“莌(宛)”、“散(微)”十二名排列干支;下栏述宜忌。此术相当睡虎地秦简《日书》甲种《除》篇的“建”、“陷”、“彼(破)”、“平”、“宁”、“空”、“坐”、“盖”、“成”、“甬”、“濡”、“嬴”。它与同书的《秦除》不太一样,但共同点是都有“建”、“平”、“成”、“破”,学者认为是楚国的建除,由此可以证明。

① 各家所论主要是这一部分。

【校读】“韂”，原释有误（刘乐贤 A）。“菀”，原释“荀”。此字下半所从并非旬字，而是一个从田从宛的字（刘乐贤 A 引予说）。这种写法的“宛”字，其貌似于勹的偏旁可能是由金文“寠”字所从的演变（金文“原”字的古体含有这个部分，其形体演变可为旁证）①，故释为“菀”。简 15 下末两字似应读为“徙嫁”。简 19 下、22 下未释字应释“而”（刘乐贤 A、徐在国）。

2. 历忌乙种：从辰（简 25—36）

简文按“秀”、“结”、“阳”、“交”、“□”、“阴”、“达”、“外阳”、“外害”、“外阴”、“绝”、“光”十二位排列干支，述各日宜忌。这套日名也见于睡简《日书》。其甲种《除》篇是以此种列于楚除之后，与楚除分叙；乙种首篇是将此种与楚除合并（日名和历日都合并在一起），这很容易使人相信它是楚国的建除。例如刘乐贤先生在其研究睡简《日书》的旧作中就是这样看。他甚至怀疑乙种的复合日名才是原生，甲种分叙反而是在前者的基础上加工而成（刘乐贤 A 把九店楚简的这两部分称为“建除 A”和“建除 B”）②。关于睡简中的这套术语，过去我们注意到，它与甲种《稷（丛）辰》篇和乙种《秦》非常相似，《稷（丛）辰》篇有“秀”、“结”、“正阳”、“危阳”、“敫（交）”、“禼（害）”、“阴”、“彻”八名，“正阳”相当“阳”，“危阳”相当“外阳”，“彻”相当“达”，余同，缺者唯“外害”、“外阴”、“绝”、“光”；乙种《秦》类似，唯“秀”作“穗”。由于有这种相似，我们怀疑其十二名者应是楚国丛辰，而八名者则是秦国丛辰③。两种看法哪种对，要由新材料来检验。现在从九店楚简看，我们不难发现，睡简《日书》甲种《除》和乙种首篇的两套日名，分叙才是本来面目，合叙反而是派生（刘乐贤 A：68 页也注意到这一点）。这对我们的看法比较有利。我们理解，睡简《日书》，其甲乙两种的首篇，不管是两套并列，还是两套合一，它们都是以先见者为主，因而可以“除”字题篇，但这并不意味着后者

① 容庚《金文编》，中华书局，1985 年，0851 和 0243 号。按：卜辞四方风名相当北方的字（《甲骨文合集》第 5 册，中华书局，1979 年，14294 号）从《山海经·大荒经》看，亦应是“夗”而非“勹”。其字象人弯身。参看于省吾《商周金文录遗》（中华书局，1993 年）序言。文中“原”字条是承董珊君提示。

② 刘乐贤《睡虎地秦简日书研究》，台北：文津出版社，1994 年，314—318 页。

③ 李零《中国方术考》，人民中国出版社，1993 年，189、199 页。按：拙作把乙种首篇笼统说成是楚丛辰，应修正。

也是建除。我们怀疑,它们都是以建除为主,从辰见附,作为对照(这正像它们都以楚除为主,而以秦除附后是一样的);建除只是以“建”字开头的历忌,而丛辰则是以“秀”或“穗”字开头的另外一种(按:原文“丛”作“稷”,多以为是“稷”字,该字从禾,似与“秀”、“穗”有关)。根据这种理解,我们的看法是,九店楚简《日书》的两种历忌,甲种是建除,乙种是丛辰。同样,在睡简《日书》中,它的日名也分这两种,并且加上地域差别,实际上是四种。建除分楚除、秦除:楚除包括甲种《除》篇的前一种和乙种首篇复合日名中的第一套名称,同于九店楚简,这是主体;秦除包括甲种《秦除》和乙种《徐(除)》篇,则是附录。丛辰也分两种,一种是甲种《除》篇的后一种和乙种首篇复合日名中的第二套名称,同于九店楚简,是楚国的丛辰;一种见于甲种《稷(丛)辰》和乙种《秦》,则是秦国的丛辰。

【校读】简 21 上“于申”上脱“城(成)”字(陈松长)。简 25“如有弟,必死以亡;货不□以猎田邑□”应改断为“如有弟,必死;以亡货,不□;以猎,田邑□”(刘乐贤 A)。“不”字下并应补释“得”字。简 26“神”上睡简作“群”,从残存笔画看似非“群”字,而有可能是“槐(鬼)”字;末句第二字残,应与简 48“处之不盈志”的“盈”字为同字(刘乐贤 A),古书亦作“逞志”(刘乐贤 B 引予说)。简 27“利以□户牖”应释“利以串(穿)户牖”,睡简《日书》乙种简 196 壹有“穿户忌,毋以丑穿门户,不见其光”,可参看。简 28“是谓□日”,第三字作,相当睡简《日书》的“害”字或“罗”字,但字形怎么分析还值得研究(陈松长释“巽”);“违凶”,应读“解凶”(陈伟武)。简 29“利以为室、家祭”应改断为“利以为室家、祭”(刘乐贤 A)。简 30“利于”下为“宗□”。简 31“无闻執□得”应释“无闻執(执),罔得”,意思是说“没有听说抓到,一无所获”。简 32“必无”应连下“遇寇盗”句为读(刘乐贤 B);“是故谓不利于行作野事”,“利”下遗“于”字(陈松长)。简 33 末字应释“卸(御)”。简 34 未释字应释“而”(刘乐贤 A、徐在国)。简 35 未释字应释“光”(刘乐贤 A);“敚”原读“美”,应读“媚”(刘乐贤 A)。简 36“大祭时”应读“大祭祀”;“衣”下残字应释“绱(裳)”;“表”下一字似为“纤”字(陈松长)。

3. 四时吉凶(简 37—42)

简37—40分上下两栏，上栏（简37上—40上）是记四时干日的吉凶，分“不吉”、“吉”、“成”三类；下栏（简37下—40下）是摘记十二支日的宜忌，只有“五子”、“五卯”、“五亥”三种。简41—42是讲“成日”、“吉日”和“不吉日”的宜忌。“成”，原作“城”，是成遂其愿的意思。包山楚简的占卜简，其简202反和简215中的“城”字就是这种用法①，它们都是表示神祖可以满足占卜者的要求。简文中的四时吉凶是以所当方和其左方为“不吉”，右方为“吉”，对方为“成”。如春三月，其所当方为东方，甲乙属之，为“不吉日”；它的左面是南方，丙丁属之，亦“不吉日”；右面是北方，壬癸属之，为“吉日”；对面是西方，庚辛属之，为“成日”。这类吉凶是以太岁游徙的方位而定，术家认为太岁所当者为大凶，左小凶，前大吉，右小吉（参下7节）。简文“不吉”是兼大小凶（大凶相对于“成”，实即“毁”，如简37下“不成必毁”就是以“成”、“毁”对言），“成”是大吉，“吉”是小吉。

【校读】上栏，十干配时是以“甲乙”为春、“丙丁”为夏、“庚辛”为秋、“壬癸”为冬（“戊己”不配时），原释一字一断则失此义，应改两字一断。下栏，简37下—38下“凡五子，不可以作大事，不成，必毁其壬，有大咎□其身，长子受其咎”，“壬”应释“身”（刘乐贤A、李守奎），“咎”下似为“央”字，此段应读“凡五子，不可以作大事，不成必毁，其身有大咎，殃其身，长子受其咎”；简38下—39下“帝以命”下面五字，应读“益济禹之火”，“益”、“禹”原从土，即古史传说中的“益”、“禹”（刘乐贤A），“济”原从水从妻，应即“水火既济”之“济”。简文“胰”应读扰（刘乐贤A）。简39下—简40下“凡五亥，不可以畜六牲，胰帝之所，以翏六胰之日”应读“凡五亥，不可以畜六牲扰，帝之所以戮六扰之日”（刘乐贤A）。简41“凡不吉”，“吉”下遗“日”字（陈松长）。简42“毋舍人货于外”，“毋”下遗“以”字（陈松长）。

4. 祷武夷君祝辞（简43—44）

这是插附在简文中的一段祝辞。类似形式的祝辞也见于睡简《日书》两种的《梦》篇，可参看。祝者以“某”代称，可以任意替换。所告“武夷”（“夷”

① 湖北省荆沙铁路考古队《包山楚简》，文物出版社，1991页，33—34页。

原从弓从土)即《史记·封禅书》所见“武夷君”,是“司兵死者”之神(似与《楚辞·九歌》的“国殇”有关)。

【校读】“敢”上缺文(原作残文)可补“某”字。“告”下二字不清,第一字下从木,疑是“桑”字,第二字左边从糸,右边下半从舟,疑是“縢”字。“𨚕”读址。“亓妻”下残文似非“二”字,而类似于“琴”、“瑟”等字所从。“芳粮”上二字应释“聂币”。“甶”应读思,《楚辞·离骚》“思”字从此,王逸注以为“古文思”。“故”下应补“人”字。详拙作《古文字杂识(二则)》(收入《第二届国际中国古文字学研讨会论文集》,问学社有限公司,1997年,757—762页)。又李家浩重考此节,可参看。

5. 相宅(简45—59)

参看睡简《日书》甲种讲相宅的简文(简14背—23背),两者非常相似。如这里所述包括“垣”、“宇”(作“寓”)、“宫”、“豩”、“祭室”、“堂”、“廪”等项,睡简有“宇”、“池”、“水窦”、“圈”、“囷”、“井”、“庑”、“内”、“圂”、“屏”、“门”;这里有“高”、“下”、“垑”等术语,睡简作“高”、“下”、“多”。简文所述方向吉凶与岁徙有关。

【校读】文中“坦”应释“垣”(刘信芳),“居”应释“处”(刘乐贤),“安”,无宀旁,楚简用为“焉”(简47“安”字,刘信芳读“焉”,其他仍读“安”),“垑”见《说文解字》卷十三下,在简文中似读“侈”。简45“凡”下四字缺右半,不详所释何据,疑漏贴照片(刘信芳读为“凡植垣树邦”)。“西南之遇”后,应释“君子处之,幽(犹)恷(疑)不出”(刘信芳、徐在国补释“君子”);“东南之遇”,“南”字缺,应用〔〕号补字。简46第二字所释可疑;“芒”字隶定可商,此字乃“丧”字省去双口,上面并不是草字头;“是胃”句应释“是胃(谓)起土聚□得吉”(陈松长补释“得”字)。简47“是胃(谓)虚井”下应为句号;后面几句应读“攻通焉,中垣中□。有污焉,处之不盈志”。简48“凡□不可以盇(盖)□□之□”,末字为“郭”字。简49“之”下为“窠”字。简50“安(焉)”下应点句号,下面一字应读“陷”。简51“三增”句,第四字从歹从世从木,应是“世”字的异体,“相志”疑读“爽志”。简54首句应释“……利于□堂”;第二句第二字原释从辰从月,从照片看,似从辰从前,疑读为“圈”(参看睡简《日书》甲种简19背叁—23背叁);“日出庶之”应读“日出炙之”(参睡简《日书》甲种简22背肆)。简55“正方”上为“宧”字。简56“日以”似作“日为”。简57“不竺(筑)”下原有句读符号,应断句。简58应释“……□处东南多亚(恶)……”(李守奎)。简59似作“……□之□□,处之西,处之福;处……”。

6. 朝夕启闭(简60—86、92、93、140)

简文与睡简《日书》乙种以朝夕启闭占方向吉凶、逃、入、疾、眚的简文(简158—180)相似,可以对照参看。不同点是睡简先讲方向吉凶,后讲其他各项(并且各项的细节规定也有所不同),而这里是先讲其他各项(但无“眚”项),后讲方向吉凶。简文共分五段:(1)某支日(从子到亥依次讲)为“朝闭夕启”或“朝启夕闭”;(2)凡于五支日(从五子到五亥依次讲)捕“逃人”,其“朝”、“昼”、“夕”三时,何者“得”,何者“不得”;(3)于该日“入”之吉凶祸福(如“吉”,或“有得”,或“见疾”,或“必有大□”);(4)于该日“有疾”之瘳瘥死生(如某日“小瘳”,某日“大瘳”,“死生”在某日);(5)方向吉凶(如东方“吉”,北方“有得”,西方“见疾”,南方“凶”)。根据这种理解,我们可以把简60—72重排如下(用~代替上述各项可供选择而又不能肯定的词句):

〔子,朝〕闭夕启。凡五子,朝〔逃~,昼~,夕~。以入,~。以有疾,~小瘳,~大瘳,死生在~。东~,北~,西~〕,南有得。(简60+简61)

丑,朝启夕闭。凡五丑,朝逃得,昼不得,夕不得。以入,见疾。以有疾,〔~小瘳,~大瘳,死生在~。东~,北~,西~,南~〕得。(简61十简62)

寅,〔朝〕闭夕启。凡五寅,朝〔逃~,昼~,夕~。以入,~。以有疾,~小瘳,~大瘳,死生在~。东~〕,北得,西闻言,南□□□□□□□内。(简62十简63)

卯,朝闭夕启。凡〔五卯〕,朝逃得,夕不得。以入,必有大亡。以有疾,未小瘳,申大瘳,死生在丑。〔东~,北~,西~〕,南有得。(简63+72+简64)

辰，朝启夕闭。凡五辰，朝〔逃不〕得，昼得，夕得。以入，□。以有疾，酉小瘳，戌大瘳，死生在子。〔东～，北～，西～，南～。（简64）

巳，朝闭夕〕启。凡五巳，朝〔逃～，昼～，夕～。以入，～。以有疾，～小瘳，～大瘳，死生在～。东～，北～，西～，南～。（简65）

午，朝～夕～。凡五〕午，朝逃得，夕不得。以有疾，戌小瘳，〔子大瘳，死生在未。东～，北～，西～，南～。（简66）

未，朝〕闭夕启。凡五未，朝逃不得，昼得，夕得。以入，吉。以有疾，子小瘳，卯大瘳，死生在寅。〔东～，北～，西～，南～。（简67）

申，朝〕闭夕启。凡五申，朝逃〔～，昼～，夕～。以入，～。以有疾，～小瘳，～大瘳，死生在～。东～，北～，西～，南～〕。（简68）

酉，朝启〔夕〕闭。凡五酉，〔朝逃～，昼～，夕～。以入，～。以有疾，～小瘳，～大瘳，死生在～。东～，北～，西～，南～。（简69）

戌，朝～夕～。凡〕五戌，朝〔逃～，昼～，夕～。以有疾，～小瘳，～大瘳，死生在～〕。以入，有得，非□乃引。（简70+简71）

亥，朝闭夕启。凡五亥，朝逃得，昼得，夕不得。以有疾，卯小瘳，巳大瘳，死生在申。〔以入，～。东～，北～，西～，南～〕。（简71）

其他各简，简92属于“捕逃”类，简93属于“还入”类，简73—79属于“病瘳”类，简80—86和简140属于“方向”类，皆上各简所遗。但由于此本残断严重，它与睡简《日书》乙种的相关简文在细节排列上也不大一样，这里不再拼合〔刘信芳以简62+93+73、63+72、65+77、66+78、70+74拼合，只有简63+72可能性较大（已采入上文），62+93+73不合，其他不能肯定〕。

【校读】简60无“逃”字。简61“疾”下无字。简65“五”下二字应为“巳朝”。简68无“得”字。简71“非□乃引”句，第二字上半从於，下半与害字相似，从上下文看，似为疾病名，《说文解字》卷七下：“瘀，积血也”，或即“瘀”字；“引”，即“收引”之“引”，《素问》频见，如《至真要大论》“诸寒收引，皆属于肾”，王冰注：“收谓敛也，引谓急也”，是一种筋脉拘牵之症。刘乐贤先生指出，尹湾汉简《博局占》的“病筋引”（“筋”字原从竹从角从力）就是这种病，甚确①。简文“非瘀乃引”，意思是说“不得瘀病就得引病”。简76“瘳”上有残画，应是“大”字。简81末字应为“疾”字。简83末字可辨是“凶”字。简92首字应是“得”字，“吉”下应改句号。

7. 岁（简94—108）

参看睡简《日书》甲种《岁》篇和该书简108背和109背。简文包含以下几类：

（1）三合局

……岁：十月、屈栾、享月，□西；爨月、远栾、夏栾，□北；献马、荆尸、〔八月，□东；冬〕（简94）栾、夏尸、〔九月，□南〕。（简104）

（2）各月上朔与所当星宿

……夏尸朔于营室：夏尸□，享月□，夏尸□，八月□，九月□徙，十月□，爨月□，献马□，冬栾□，〔屈栾□，远栾□，刑尸□〕。（简96+98）

……□远栾时，乙星在……（简101）

（3）往亡归死

……往亡归死：刑尸〔入月七日，夏栾入月旬四日，享月入月旬〕（简97）六日，夏栾入月八日，八月（简107）〔入月旬六日，九月入月二旬四日，十月〕入月旬，爨月入月旬（简106）〔八日，献马入月旬七日，冬栾入〕月旬，屈栾入月二旬，远栾入（简105，〔月〕三旬。（简108，接下）

① 连云港市博物馆等《尹湾汉墓竹简》，中华书局，1997年，126页。刘乐贤先生说见所著《尹湾汉墓出土数术文献初探》（待刊稿）。

(4)移徙吉凶

丨凡(简108)䎽𡱀、夏𡱀、〔享月,不可以东徙〕;(简103,〔冬〕柰、屈柰、远柰,不可以北徙(简99)……□□□秋,不可以西徙;十月、𡗜月丁(简100+102)……

〔献马,不可以南徙〕。(简100)

……□□岁之后□□其□不死……(简95)

"岁"指"天一"、"太阴"、"太岁"等神煞的游行。这类神煞与岁星有关①。其游行分两类,一类是行四位或五位(每行四位还于中央),一类是行十二位。前者是"大岁"或"大时",后者是"小岁"或"小时"②。其"往亡归死"是讲一年之内,从䎽𡱀(今年四月)到远柰(明年三月)每月出行和还入的忌日;"移徙吉凶"则以太岁所在为大凶,左小凶,前大吉,右小吉③。

【校读】

简94断句、补字是据"三合局"而定。简文"三合局"是以十、二、六月为一组,十一、三、七月为一组,十二、四、八月为一组,正、五、九月为一组(刘乐贤B同此,但以方向词前面的字为"在"字还不能肯定;刘信芳的复原接近正确,但月名顺序从睡简《日书》、空字从原释则误)。简96第五字为"营室"二字的合文(刘乐贤A、李守奎)。简97、107、106、105、108可拼合复原(除补简108的头两字,余同刘乐贤B),其中简97"往亡"原误"往上"(刘信芳、刘乐贤B),简108末字为"凡"。简99"可"上遗"不"字。

8. 行(简87—91、111、125—127)

参看睡简《日书》甲种《归行》和以十二支占行的简文(简136正—139

---

① "天一"、"太阴"、"太岁"在数术中虽有分工,但肯定是相关概念,并与岁星有关。胡文辉《释"岁"》(《文化与传播》第4辑,101—122页)以为简文"岁"仅指"大岁"、"小岁"的划分,而与"太岁"、"太阴"、"岁星"无关,可商。

② 马克(Marc Kalinowski)《马王堆帛书〈刑德〉试探》,《华学》第1期,82—110页。

③ 参看胡文辉《释"岁"》。

正)。此节是讲出行宜忌。

【校读】

简87“西”下未释字应释“北”(陈松长)。

9. 裁衣(简109—110、112、113)

参看睡虎地秦简《日书》甲种《衣》篇和乙种《製》(“製”原从衣从折)。《衣》篇简26正贰:“製衣,丁丑媚人,丁亥灵,丁巳安于身,癸酉多衣”,这里的简109作“……敚(媚)于人,丁亥有灵,丁巳终其身,亡□……”,刘信芳先生指出这是裁衣类简文,很正确。简110、112、113也可能是同类简文。

【校读】

简109首字残,应为“敚(媚)”字。简110应释“……□□□□□丙戌、□□、己酉,龙之”。简112的“折”字或读为“製衣”的“製”字。

10. 死生阴阳(简114—118)

简文是讲岁时的阴阳消长。简114和简115应连读,作“……死生阴阳:央生于丑,即生于寅,衰生于卯;央旺于辰,即旺于巳,衰旺于午;……”,下文可补“央(?)病(?)于未,即(?)病(?)于申,衰(?)病(?)于酉;央(?)死(?)于戌,即(?)死(?)于亥,衰(?)死(?)于子……”。简116“少日”上可补“辰”字,作“……□□□□□。凡旺日□,辰少日必得,日少辰□□……”。“生”是初起,“旺”是渐盛,“病”(或“死”?)是衰竭,“死”(或“葬”?)是终结,都是表示消长之义。而“央”有离义,“即”有就义,“衰”有减义,也是类似安排。它们都是以人的生老病死比喻岁时的阴阳消长。这类术语在睡简《日书》中尚未发现,但古代数术书或选择书却并不少见。如隋萧吉《五行大义》有《论生死所》和《论四时休王》两节,就提到相似术语,一套是以“受气”、“胎”、“养”、“生”、“沐浴”、“冠带”、“临官”、“王”、“衰”、“病”、“死”、“葬”(《协纪辨方书》卷一“受气”作“绝”,“生”作“长生”,“王”作“帝旺”,“葬”作“墓”,余同)配五行十二辰;一套是以“王”、“相”、“死”、“囚”、“休”配五行、八卦和干支(《协纪辨方书》卷一还以“生”、“旺”、“墓”排列十二辰和“三合局”)。简文所缺虽不能确指,但大概意思是可以猜到的。

【校读】

简文与“生”字并说的“贡”字,原释从亡从见,其实是从贝从亡(李守奎)。学者多以此字为“亡”字的假借字,可商。我们认为,这个字在简文中是作“旺”字(古书亦作“王”)。简114“生”上为“死”字;未释字为“夬”字(刘乐贤A、李守奎)。此简可与简115缀合,原简把“衰生于卯”下的句读错点在下句的“夬”字下,释文因之,应纠正(刘乐贤A、李守奎)。

11. 其他(简119—124、128—139、141—158)

多残碎不可读。

【校读】

简119应释“……凡(?)龙日不可……”。“龙日”是忌日[①]。

二、621号墓竹简释文[②]

简身保存较好,可惜字迹残泐,难以通读。从残存字句看,简文既非遣册或占卜记录,也非档案文书,而是典籍。

【校读】

简2“则”下为“才”字。简6“水”为“川”。简12“术”为“必”。简14第四字和第五字为“四放”。简23第四字从辵。简27第二字从贝从万,第三字从亓从子(相当“娩”字),疑读“励勉”。

三、总结

九店楚简包括三部分,已考述如上。其中讲衡量换算的部分,现在叫“度量衡制度”,古代叫“程”。按照古代叫法,这一部分可以题名为《程》。“程”

① 刘乐贤《睡虎地秦简日书研究》42页注〔二〕。
② 各家对这部分简文未作讨论。

在古书中的基本含义是程式、法度，它既可指工程的规格和进度，也可指度量衡。如《荀子·致仕》“程者，物之准也”，杨倞注“程者，度量之总名也”；《史记·太史公自序》“张苍为章程”，《集解》引如淳说“程者，权衡、丈尺、斛斗之平法也”，就都是讲作为度量衡制度的“程”。以法令统一度量衡是战国秦汉政府行为的重要组成部分，其出土实物虽多，也有相关铭文，但不如简册详明。九店楚简的这一部分比较特殊，在战国楚简中是首次发现，尽管残缺，作为新类型，意义很大（类似内容据说在双古堆汉简《作务员程》中也有发现，但后者主要是讲“工程”之“程”）①。九店楚简的第二部分与睡简《日书》（乙种有简背自题的书名，是作《日书》）非常相似，可援其例题为《日书》。现已出土的日书，数量很大，战国秦汉都有。但现已发表，战国是空白，汉代近乎缺如（只有东汉的磨咀子《日书》，很短），大宗还是秦日书，即睡虎地《日书》和放马滩《日书》②。前者是楚地所出，后者是秦地所出。学者论秦、楚异同，讲秦固可资之放简和睡简，言楚则必赖此书。如过去大家讲睡简有建除、丛辰，它们哪些是秦、哪些是楚，便颇有异说，现在看了九店简，情况才比较明朗。所以在日书的研究上，这批简文的意义也很大。九店楚简的第三部分，文字残泐，无法题名，但它是长台关楚简后又一次发现的典籍类古书③，说明战国墓葬，这类简册也是常见之物。事实上，正像银雀山汉简和马王堆帛书标志着大规模研究出土汉代典籍的开始，现在郭店楚简和上博楚简也为我们揭开了出土战国典籍研究的新一幕④。〔郭店楚简和上博楚简分别于 1998 年和 2001 年公布。——编者注〕

原载《考古学报》1999 年第 2 期，141—152 页。

① 阜阳汉简整理组《阜阳汉简简介》，《文物》1983 年第 2 期，21—23 页。

② 李零《中国方术考》，人民中国出版社，1993 年，39—41、186—203 页；刘乐贤《睡虎地秦简〈日书〉研究二十年》，载《中国史研究动态》，1996 年第 10 期，2—10 页。

③ 河南省文物研究所《信阳楚墓》，文物出版社，1986 年，图版 113 至 118。

④ 郭店楚简的出土情况，见湖北省荆门市博物馆《荆门郭店一号楚墓》，《文物》1997 年第 7 期，35—48 页；上博楚简，现有个别实物陈列于上海博物馆的中国历代书法馆。两批材料尚未公布。

读上博楚简《周易》

一、说明

上博楚简《周易》①，出版已两年多，一直没读。最近，给学生开课，我把当年整理上博楚简的笔记从箧中捡出，与书中的释文和注释（作者：濮茅左）对比，供同学讨论，写成这篇小稿。

这里应当说明的是，濮氏的释文是以我的旧稿为基础，大体同于旧稿；但有些字的隶定，有些词的解释，是他自己的新见，特别是对简文排序的理解，和我无关。凡是他说对的地方，没有必要重复，只把值得补充和讨论的地方说一下。

以下把简文分为10组，用宽式释文录写，凡可破读，没有太大分歧的地方，都直接按读法录写，而把值得讨论的问题写在后面。卦形，为了排印的方便，也直接用断连式代替一六式。文中引用供作校读的文本有三种，“马王堆本”指马王堆帛书《周易》，“双古堆本”指双古堆汉简《周易》，“今本”指《十三经注疏》本《周易》。

二、释文校读

【周易】

① 马承源主编《上海博物馆藏战国楚竹书》第三册，上海古籍出版社，2003年。

(一)第一组(乾、坤、屯、蒙):未见分组标记

1. 乾(缺)。

2. 坤(缺)。

3. 屯(缺)。

4. 蒙(残)。

〔妇吉,子克家〕。六三,勿用,娶女见金夫,不有躬,无攸利。六四,困蒙,吝。六五,童蒙,吉。上九,击蒙,不利为寇,利御寇。1

简1无简尾的分组标记。上缺一简,今本作“䷃　蒙　亨。匪我求童蒙,童蒙求我。初筮告,再三渎,渎则不告,利贞。初六,发蒙,利用刑人,用说(脱)桎梏,以往吝。九二,包蒙吉,纳”。

纳,濮注补在简1的开端。

击,简文作毄,今本作击。许慎分击为二,一作毄,训“相中也”,以为如车軎相击,故从殳从軎(《说文》卷三下);一作击,训“支也”,则是打击的击(《说文》卷十二上)。其左旁,和軎字显然不一样,略如童字。简40的系字(简文原作繫)以毄为声旁,上半的左旁又不同,则略如重字。按童从目,可能是瞳的本字,重从东,可能是种的本字,这两个字密切相关,西周金文的童,有时就是合童、东为一字,可见毄本从童或重,而不从軎,从軎是讹变。

第二组(需、讼、师、比):前后标红方块(下作□)

5. 需(残)。

䷄需□孚,光亨,贞吉,利涉大川。初九,需于郊,利用恒,无咎。九二,需于沙,小有言,终吉。九三,需于泥,致寇至。六四,需于血,出2……吉。□3

简3,吉字上只有23—24字的空间,今本作“自穴。九五,需于酒食,贞吉。上六,入于穴,有不速之客三人来,敬之,终”,有26字;吉字下有“虽不当位,未大失也”8字。马王堆本没有“虽不当位,未大失也”,同简本,但“不速之客”作“不速客”,少1字。我怀疑,“有不速之客三人来”,简本是作“有不速客三人来”或“有不速客三来”,比今本简略。濮注往往直接照今本补字,不考虑简文容字,他是把补出的字写在方围内,也和补残字没有区别。

需,简文从勹从子。此字从勹,商周时期,已往往作子,如果不是有今本对读,有可能被当成包字。但古文字的包字怎么写并不清楚。西周金文中从宀从巳的字并不一定就是包。包与保、孚、俘可能有关。这些字,都是帮母幽部字,像人俯身抱小孩。保字所从的呆(不是獃的简化字),是在子的左下、右下各加一笔(或仅右下一笔),没有这两笔,就成了仔;孚、俘,则在子上加爪。它们是一组同源字。简文这个字,有今本对读,不是包字,我怀疑,应是古乳字。《古文四声韵》卷三第十页背引《义云章》有乳字,从宀从呆,宀盖勹旁之讹写,呆即保字所从,只是子的另一种写法,可能就是这个字。乳是日母侯部,需是心母侯部,可以通假。这里,应当说明的是,乳,古文字怎么写,一直是问题。今乳字,从孚从乚。《说文》卷十二上乚部是个谜,此部只有乳、孔二字,这两个字,似乎都跟小孩吃奶有关。乳,从孚,似与保、孚等字有关;从乚,则可能与勹旁有关。商代甲骨文有个字,像人抱子于怀,学者释乳,是否为乳字,还值得研究。金文也有像人抱子的字,学者释保,也不能肯定。孔,商代甲骨文未见,但两周文字常见,是在子字表示头的部分加一斜弯,表示婴儿头贴乳房,衔乳而吮吸,高鸿缙以为像哺乳之形①。古文字中的勹旁,像人俯身,是从人旁分化,古文字中的朋,本像一串贝,是货币单位,朋友的朋,往往加勹旁,学者多隶定为倗,其实东周时期,勹旁已完全独立,还是写成勹旁更合适。濮注以为这个字是从子从而省,不妥。

郊,简文作蒿,甲骨、金文和楚简的郊字都是作蒿。如德方鼎中的蒿字,过去释为镐,不对,其实是用为郊字。

---

① 周法高主编《金文诂林》,第十三册,香港中文大学,1974年,6498页。

九二,二有残画。

泥,简文从土从尼省(省去上部),其完整写法,见《仲弓》简10和简28,又本篇简40柅字所从的尼,也是这样写。尼字,从商代甲骨文的写法看,是一个人坐在另一个人的背上。郭店楚简《尊德义》简17有句话,作"察~则无避",察字下面的那个字,过去不认识,现在看来,是从辵从尼,似应读为亲昵之昵或藏匿之匿。

6. 讼(全)。

☰☵讼□有孚,窒惕,中吉,终凶,利用见大人,不利涉大川。初六,不出御事,小有言,终吉。九二,不克讼,归逋,其邑人三4四户,无眚。六三,食旧德,贞厉,终吉;或从王事,无成。九四,不克讼,复即命,渝安,贞吉。九五,讼,元吉。上九,或赐鞶带,终5朝三摅之。□6

窒惕,上字,简文作懥,下字,简文从心从商,懥所从的疐,和西周金文的写法不一样,是从田从双止。这两个字,马王堆本作洫宁,洫是晓母质部,窒是端母质部,可能是通假关系,窒作宁则是形近致讹。

三四户,马王堆本作"三百户",今本同。四、百字形相近,必有一误。

厉,简文从石万声,古文字的厂旁是从石旁分化,本来就是一个字,可以直接写成厉,濮注说,此字从石从厉省,不妥。

鞶,简文从糸畔声,半在田上,其实就是畔字,濮注说,此字从糸从田半声,不妥。

带,简文从糸从带。楚简用为察的字似与此有关,并有读为质的例子。察是初母月部字,带是章母月部字,质是端母质部字。

摅,简文从衣鹿声,摅乃振、摇之义,濮注说,此字从衣麃声,读作表,不妥。按马王堆本与此相当的字是左从手,右从虍,下面加巾,巾下有一横,张政烺《六十四卦》手稿以为摅字,虍加巾是虎的异体,下面加横,相当虒字。我怀疑,此字初从鹿,或本借为盧或讹为盧,后演变成马王堆本的那种写法,最后变成褫。无论哪种写法,都与麃无关。

7. 师（全）。

䷆师□贞，丈人吉，无咎。初六，师出以律，否臧凶。九二，在师，中吉，无咎，王三赐命。六三，师或舆尸，凶。六四，师左次，无咎。六 7 五，畋有禽，利执言，无咎；长子率师，弟子舆尸，贞凶。上六，大君子有命，启邦承家，小人勿用。8

注意，卦名师字下有句读符号。简 8 缺简尾的分组标记。

次，简文从宀从朿，朿是清母锡部，次是清母支部，为对转字。濮注的隶定是上从宀，下从𠂔，可商。按商周时期表示师旅驻屯的次字，皆从朿声，许慎分出的𠂔字（《说文》卷六下），从古文字的姊字看，其实就是朿字。第和簀，《说文》卷五上互训，许慎当作两个字，其实是同一字（簀从责，责从朿），战国文字，朿和来形近混用，如枣就是写成上下重迭的双来，而不是双朿。

大君子，马王堆本作“大人君”，双古堆本、今本作“大君”，疑皆“大人君子”之省。

8. 比（全）。

䷇比□原筮，元永贞，吉无咎，不宁方来，后夫凶。初六，有孚比之，无咎；有孚[illegible]缶，终来有它，吉。六二，比之自内，吉。六三，比之 9 非人。六四，外比之，无不利。九五，显比，王三驱，失前禽，邑人不戒，吉。上六，比无首，凶。□10

原，简文作备（和備的简化字无关），今本作原。备乃邍字所从。两周金文，原野的原都是写成邍，和原是两个字。

[illegible]，今本作盈，濮注释海，不妥。海，楚文字多从水从母，与此不同。这个字还值得研究。

第三组(小畜、履、泰、否、同人):分组标记不详

9. 小畜(残)。

〔九五,有〕孚,挛如,……增

这枚残简的编号是:残14-4。原书未收。

上缺一简,今本作"䷈小畜亨,密云不雨,自我西郊。初九,复自道,何其咎,吉。九二,牵复,吉。九三,舆说(脱)辐,夫妻反目。六四,有孚,血去惕出,无咎"。

挛,简文作膚,马王堆本作䜌,双古堆本、今本作挛。膚,古文字多用为卢、虏等字,这些字都是来母鱼部字,挛是来母元部字,读音相近。

10. 履(缺)。

11. 泰(缺)。

12. 否(缺)。

13. 同人(缺)。

此组标记不详,或与第四组为同一组。

第四组(大有、谦、豫、随、蛊):前后标黑方块(下作■)

14. 大有(残)。

无咎。六五,厥孚,交如威如,吉。上九,自天祐之,吉,无不利。■11

上缺一简,今本作"䷍大有元亨。初九,无交害匪咎,艰则无咎。九二,大车以载,积中不败也。九三,公用享于天子,小人弗克。九四,匪其尪",估计前标■。

15. 谦(全)。

䷎谦■亨，君子有终。初六，谦君子，用涉大川，吉。六二，鸣谦，〔贞吉。九三，劳谦君子，终吉。六〕四，无不利扐谦。六五，不富以 12 其邻，利用侵伐，无不利。上六，鸣谦，可用行师征邦。■13

谦君子，马王堆本、今本都作“谦谦君子”，简本遗重文号。

鸣谦，下可容 10—11 字，今本作“贞吉。九三，劳谦君子，有终吉。六”，字数似略多，濮注据今本补字，疑简本无“有”或“吉”字。

16. 豫(全)。

䷏豫■利建侯行师。初六，鸣豫，凶。六二，介于石，不终日，贞吉。六三，可豫悔，迟有悔。九四，犹豫，大有得，毋疑，朋欲〓。六五，14 疾，恒不死。上六，冥豫成，有渝无咎。■15

可，简文写法类似吁，马王堆本作杅，双古堆本作歌，今本作盱，都是吁的误写。

悔，下有句读符号。

朋欲〓，朋，简文作堋，朋从勹旁，土在下；欲，马王堆本作甲，今本作盍；〓的写法还值得研究，马王堆本作谗，今本作簪，濮注以为商字，但对比简 4 相当今本惕字的字(从心商声)，字形不合。这句话应怎么读，还值得研究。

冥，简文象木上有瓜果形，楚文字中的冥字这么写。马王堆本、今本都作冥，是很好的证明。这个字，我一直认为是榠樝的榠字，榠樝是木瓜类的植物，正象其形。濮注释为杲，又说杲就是杳，杳的意思就是冥，不妥。

17. 随(全)。

䷐随■元亨，利贞，无咎。初九，官有渝，贞吉，出门交有功。六二，系小子，失丈夫。六三，系丈夫，失小子，随求有得，利处贞。九四，随

> 有16获，贞工，有孚在道，已明何咎？九五，孚于嘉，吉。上六，系而拘之，从乃繻之，王用享于西山。■17

随，简文的声旁是从双土从单又，这是省略的写法，完整的写法是土加又，上下重迭。参看下文简26、48。这个字实相当典籍中的隓字，但在古文字中，这个字都是从土从又，而不是两个左字，如保利博物馆收藏的豳公盨，“随山浚川”的“随”就这么写。

随求有得，马王堆本、双古堆本、今本皆作“随有求得”。

处，简文从尸从几，马王堆本、今本皆作居，双古堆本作处。这两个字的分别，汉代已不太清楚。许慎以此字为居，训为处(《说文》卷十四上)。但包山楚简简32有“居处名族”一语，居、处同时出现，处字就是这么写。现在，大家都知道，此字实相当于处或处字，加上虎头就是处字，与居不同。濮注释居，不妥(下文同误，不再说明)。

获，简文作獲，左从丹省，不是爪，濮注以为从爪，不妥(下文同误，不再说明)。

西山，今本仅见于此卦上六，旧注无说，不详所指，马王堆本作“西山”，但双古堆本作“枝(岐)山”，似以西山为岐山。岐山，今本仅见于升卦六四，马王堆本残去其名，双古堆本作“支(岐)山”。

18. 蛊(残)。

> ䷑蛊■元亨，利涉大川，先甲三日，后甲三日。初六，干父之蛊，有子，考无咎，厉终吉。九二，干母之蛊，不可贞。九三，干父之蛊，小有18

下缺一简，今本作“悔，无大咎。六四，裕父之蛊，往见咎。六五，干父之蛊，用誉。上九，不事王侯，高尚其事”，估计后标■。

第五组(临、观、噬嗑、贲、剥):分组标记不详

19. 临(缺)。

20. 观(缺)。

21. 噬嗑(缺)。

22. 贲(缺)。

23. 剥(缺)。

此组标记不详,或与第六组为同一组。

第六组(复、无妄、大畜、颐、大过):标记情况有点复杂,下分别说明:

24. 复(残)。

……五,敦复,无悔。上六,迷……19

前后标记不详。

上缺一简,今本上文作“䷗复　亨,出入无疾,朋来无咎,反复其道,七日来复,利有攸往。初九,不远复,无祇悔,元吉。六二,休复,吉。六三,频复,厉,无咎。六四,中行有复。六”,计52字(卦画只占1字),计一简有余,如按邻简字数计算,以48字为上简,则简19的上文就是“行有复。六”,只有4个字,濮注是补5个字,比我多1字。迷字的下文,今本作“复,凶,有灾眚。用行师,终有大败,以其国君凶,至于十年,不克征”。

25. 无妄(全)。

䷘无妄　元亨,利贞。其非复有眚,不利有攸往。初九,无妄,吉。六二,不耕而获,不畲菑,〔则利有攸往。六三,或系之牛,行〕20人之得,邑人之灾。九四,可贞,无咎。九五,无妄有疾,勿药有菜。上九,无妄行,有眚,无攸利。■21

前无标记,后作■(小黑方块)。

复,马王堆本、今本作正,双古堆本从辵正声。

不耕而获,马王堆本、今本无而字,获,简文从禾从臒。

不畬菑,简文作“不畜之”,马王堆本和今本作“不畬菑”,楚文字,畜与畬字形相近,畜是错字,之和菑则是通假字,之是章母之部,菑是精母之部,古音相近。濮注不破读。

勿药有菜,简文作“勿药又菜”,又读有,马王堆本作“勿乐有喜”,今本作“勿药有喜”,濮注不破读,以为是“有疾不一定用药攻治,不忘用菜也可治愈”的意思。按药从乐声,菜是清母之部,喜是晓母之部,读音相近。这句话该怎么读,还值得研究。

26. 大畜(全)。

> ䷙大畜■利贞,不家而食,吉,利涉大川。初九,有厉,利已。九二,车脱辕。九三,良马逐,利艰贞,曰班车戏,利有攸往。六四,童牛之梏,元22吉。六五,豮豕之牙,吉。上九,何天之渠,亨。□23

前标■(小黑方块),后标□(小黑方框,右边一竖贴简边,省去)。

已,濮注作巳,读为祀。按已、巳本为一字,而与己不同。西汉早期,巳和已,写法仍无别,读法要根据上下文而定,有些是巳,有些是已,不能全写成巳。这个字,马王堆本和简本一样,今本作已,原文“有厉,利已”,是说有厉,最好停止,不是说有厉,利于祭祀。濮注把马王堆本、今本和《象传》的“已”全都改成巳,不妥。

脱,简文作敓,马王堆本、今本作说,皆用为脱字。

良马逐,逐,简文作由,马王堆本、双古堆本作遂,今本作逐。由是喻母幽部,逐是定母觉部,彼此为通假关系。但遂不是,它是邪母物部字。按古文字,遂本作述,战国文字出现遂,遂与逐写法相近(参看下文简30、31 遯字的写法),马王堆帛书有混用的例子。

班车戏,这句话该怎么读,还值得研究。班,马王堆本作阑,今本作闲,可能是通假关系。车,马王堆本作舆,含义相似。戏,简文从爻从戈,马王堆本、今本作卫。最后这个字见于楚帛书,下面有止旁,辞例是“……乃上下朕(?)

断,山陵不~。乃命山川四海,□热气寒气,以为其~,以涉山陵……”,过去读为疏或殺,现在看来是与卫字有关,或与卫字有通假关系。上博楚简《容成氏》简31有段话,作“以卫于溪谷,济于广川”,卫下有止旁,可能相当此字。楚帛书和《容成氏》的例子,还可以研究,我怀疑,简文的这个字是读为车軎的軎字。軎、卫都是匣母月部字。

枈,今本作衢,简文从木丘声,两字应是通假字(之、鱼二部的通假字)。

27. 颐(全)。

> ䷚颐▃贞吉,观颐,自求口实。初九,舍尔灵龟,观我朵颐,凶。六二,曰颠颐,拂经于北颐,征凶。六三,拂颐,贞凶,十年勿24用,无攸利。六四,颠颐,吉。虎视眈眈,其猷攸攸,无咎。六五,拂经,处贞,吉,不可涉大川。上九,繇颐,厉吉,利涉大川。▃25

前后标▃(左上出头的黑色条块),前面的标记还加涂红色。

朵,简文是作微字的声旁,马王堆本与此相当的字则从手从短,双古堆本作端,今本作朵。濮注照原字读为微,固然合理,但朵颐是固定的词,端、短是端母元部,朵是端母歌部,为对转字。我怀疑,简文本来从攴耑声,形近而写错。

北,马王堆本作北,双古堆本、今本作丘,丘与北,字形相近。

虎视眈眈,视,简文作立人加目,字形与见相似,但并不一样,跪人为见,立人为视,学界已有共识,濮注释见又释视,前错后对;眈眈,简文作融融,融字,左半上从亯,下作三横一竖,乃郭字的声旁,不是从亯从羊[①],它的右半才是声旁,作双虫加口,双虫仍读蟲,蟲是冬部字。融是喻母冬部,眈是端母侵部。清江有诰指出“冬每与蒸侵合”(《复王石臞先生书》),两者是通假关系。濮注怀疑它是蜳字,是把形旁和声旁弄反了,而且把左半理解为上从亯下从羊。

① 参看容庚《金文编》,北京:中华书局,1985年,876页:2146。

其猷攸攸，马王堆本作“其容笛笛”，今本作“其欲逐逐”。猷是喻母幽部，容是喻母东部，欲是喻母屋部，三者是通假关系。攸是喻母幽部，笛、逐是定母觉部，三者也是通假关系。

28. 大过（缺）。

以上五卦的标记可能是以较小或扁平的黑方块为主，只是略有差异。

第七组（坎、离、咸、恒、遯、大壮、晋、明夷、家人、睽）：前后标黑方框填红色的方块（下作□，右边一竖贴简边，省去）

29. 坎（缺）。

30. 离（缺）。

31. 咸（全）。

䷞□咸亨，利贞，取女吉。初六，咸其拇。六二，咸其腓，凶，处吉。九三，咸其腓，执其随，吝。九四，贞吉，无悔，憧憧〔往来，朋从尔〕26 志。九五，咸其拇，无悔。上六，咸辅颊舌。□27

前面的符号只有小黑方框，里面未涂红色。

腓，简文上从弓从攴，下从肉。马王堆本上从肥，下从足，相当腓字。今本，六二作腓，九三作股。濮注，六二读脊，九三读腓。脊，上半为启、肇等字所从，是一个整体，不同于此。我怀疑，这个字也许和枚、玫等字读音相似。枚、玫是明母微部，腓是並母微部，音极近。它可能是腓字的异体。今本九三的股字则是错字。

32. 恒（全）。

䷟恒□亨，利贞，无咎。初六，浚恒，贞凶，无攸利。九二，悔亡。九三，不恒其德，或承其羞，贞吝。九四，畋无禽。六五，恒其德，贞妇人吉，夫 28 子凶。上六，浚恒，贞凶。□29

浚恒，出现两次，简文原作叡恒，马王堆本作敻恒，今本上作浚恒，下作振恒，上下应统一起来。按叡与敻，从古文字的写法看，应是从同一字分化，它们和奂字也有关系（参看下文简54、55涣字的写法），都是由奂字的上半加目加攴而构成，只不过一个攴旁在右，一个攴旁在下，在右的攴旁后来又省为又旁。《说文》把这两个字分在不同的部首，敻在卷四上，睿在卷四下，为叡的古文，其实是一回事。许慎说奂从敻省（卷三上）也不对，我们从简本和马王堆本的写法看，它们的上部，其实是同一种构形（歺+谷字去口），估计是共有的声旁。睿（或叡）是喻母月部，敻是邪母元部，奂是晓母元部，它们是一组同源字。

羞，简文写法，与一般的忧字相似，但在页旁的左边加了一个爪，爪下有类似衣字上面的两笔（楚简的卒字或从爪从衣），和页字下面的一笔混在一起，今本作羞。忧是影母幽部，羞是心母幽部，读音相近。濮注隶定有误，以为此字与谣字有关，古文字的谣、繇，都是绑缚野兽之形，字从豸省，与爪无关。

33. 遁（全）。

> ䷠遁□亨，小利贞。初六，遁其尾，厉，勿用有攸往。六二，饰用黄牛之革，莫之胜敚。九三，系遁有疾，厉；畜臣妾，吉。九四，好遁，君 30
> 子吉，小人否。九五，嘉遁，吉。上九，肥遯，无不利。□ 31

遁，简文从肉从豕，豕上有八字形的两撇，濮注隶定为遂字的声旁，不妥。

饰用黄牛之革，饰，简文从玉弋声，《容成氏》简38有“饰为瑶台”句，饰字就是这样写，马王堆本作共，今本作执。按简文与攻相似，攻可通共，共可通巩，巩与执相似。下文革卦“巩用黄牛之革”，正作巩。简文饰，也许是攻的讹写。濮注以为简文从玉从弋是对的，但说此字和执字音近可通，意为缚、结，不妥。

敚，简文有笔误，成了从八从子从又，马王堆本作夺，今本作说，濮注曰待考，或释敚，其实就是写坏的敚字。

34. 大壮(缺)。

35. 晋(缺)。

36. 明夷(缺)。

37. 家人(缺)。

38. 睽(缺)。

䷥睽□小事吉。初九,悔亡,亡马勿逐,自复;见恶人,无咎。九二,遇主于巷,无咎。六三,见车辖,其牛掣,其人天且劓,无初有终。九32 四,睽孤,遇元夫,交孚,厉,无咎。六五,悔亡,登宗噬肤,往何咎。上九,睽孤,见豕负涂,载〔鬼一车,先张之弧,后说之弧,非〕33 寇婚媾,往遇雨则吉。□34

悔亡,亡字上面有好像中的部分,重文。按亡字,简文分两种,有无之无作亡,丧亡之亡(与得相反)是这种写法。我们要注意,后一种写法,其实是丧字的省体,比较西周金文的丧字,我们不难看出,它是保留了丧字的上端和下部,而略去了它中间的四个口和横画。它上面好像中的部分,并非艸的一半,因此不能隶定为芒。濮注隶定为九旁加人,以为亡、丧合文,或释芒,不妥(下文同误,不再说明)。

亡马,简文作重文的亡字是丧字的省体,上一亡字只能读亡,简文悔亡,只有此条是例外,用丧字的省体,其他都是普通的亡字;下一亡字,是丧亡之亡,马王堆本作亡马,双古堆本、今本作丧马,读丧亦通。

辖,马王堆本作恝,双古堆本作渫,今本作曳,恝是溪母月部,渫是定母叶部,曳是喻母月部,都是通假字。这个字也见于郭店楚简《语丛四》,作"车~之醯醢",我怀疑,在文中是读为车辙的辙字。

"其牛掣,其人天且劓,无初有终。九",香港中文大学文物馆藏简。掣,简文从支从介,介是见母月部,掣是昌母月部,古音相近。

噬,简文作噬,马王堆本作筮,今本作噬。此字应该怎么读,过去有不同看法。与此有关,有两个例子,最值得注意,一是郭店楚简《老子》甲组简22

“大曰～,～曰转,转曰反”,二是郭店楚简《语丛四》简19“若齿之事舌,而终弗～”,前者有今本对读,应读为逝,后者则应读为噬。这两个字,都是禅母月部字。濮注说此字可读噬或啮,读噬对,读啮不对。

第八组(蹇、解、损、益、夬、姤、萃、困、井):前后标红方框填黑色的方块(下作▣,右边一竖贴简边,省去)

39. 蹇。

䷦蹇▣利西南,不利东北,利见大人。初六,往蹇来誉。六二,王臣蹇蹇,非今之故。九三,往蹇来反。六四,往蹇来连。九五,大蹇不来。35 上六,往蹇来硕,吉,利见大人。▣36

大蹇不来,不,马王堆本与此相当的字是从人匋声,今本作朋,朋是並母之部,不是帮母之部,可以通假,但这句话怎么读,读不还是读朋,仍可研究。

40. 解。

䷧解▣利西南,无所往,其来复吉;有攸往,宿吉。初六,无咎。九二,畋获三狐,得黄矢,贞吉。六三,负且乘,致寇至。九四,解其拇,37

下缺一简,今本作“朋至斯孚。六五,君子维有解,吉,有孚于小人。上六,公用射隼于高墉之上,获之,无不利”,估计后标▣。

41. 损(缺)。

42. 益(缺)。

43. 夬(残)。

惕号,暮夜有戎,勿恤。九三,壮于頄,有凶;君子夬夬独行,遇雨如雺,有厉无咎。九四,臀无肤,其行次且,亡羊悔亡,闻38言不终。九五,

苋陆夬夬,中行无咎。上六,忘号,中有凶。▣39

上缺一简,今本作"䷪夬　扬于王庭,孚号,有厉,告自邑,不利即戎,利有攸往。初九,壮于前趾,往不胜,为咎。九二",字数似乎不足一简,疑简本比今本多7字,估计前标▣。

次且,即趑趄,是行路艰难状,简文作"缕疋",濮注读为"萋且",以为即《诗·周颂·有客》"有萋有且"的"萋且",不妥。"萋且"是敬慎貌,不是形容行路艰难状(下文同误,不再说明)。

亡,同简32初九的亡,是丧亡之亡,马王堆本、今本作牵,可能是丧字之误。

不终,简文作"不冬",濮注读"不聪",不妥。

号,简文从虍从口。这个字有两种用法,一是号,二是虐。号是匣母宵部,虐是疑母药部,为对转字。偶尔,此字也当乎,乎是匣母鱼部字,声母相同,韵母接近。

44. 姤(全)。

䷫姤▣女壮,勿用取女。初六,系于金柅,贞吉;有攸往,见凶,羸豕孚蹢躅。九二,包有鱼,无咎,不利宾。九三,臀无40肤,其行次且,厉,无大咎。九四,包无鱼,起凶。九五,以杞包瓜,含章,有忧自天。上九,姤其角,吝,无咎。▣41

包,简文作橐,是大囊之义。

起,马王堆本作正,今本作起,疑正是错字。

45. 萃(残)。

䷬萃▣王格于庙,利见大人,亨,利贞;用大牲,利有攸往。初六,有孚不终,乃乱乃萃,若号,一握于笑,勿恤,往无咎。42

下缺两简，今本作“六二，引吉，无咎，孚乃利用禴。六三，萃如嗟如，无攸利，往无咎，小吝。九四，大吉无咎。九五，萃有位，无咎。匪孚，元永贞悔亡。上六，赍咨涕洟，无咎”，估计后标▣。

王格于庙，于，马王堆本同，今本误为有。

握，简文作斛，像斗口内含角字。斗字，见下简51。楚简爵字，有一种写法也是从斗，斗口内是声符少字。这个偏旁不是勺字，楚遣册所见器物名有勺字，与此完全不同。斛是匣母屋部字，握是影母屋部字，古音相近。

46. 升（缺）。

47. 困（残）。

> 利用祭祀。上六，困于葛藟，于劓□，曰迖悔有悔，征吉。▣43

上缺两简，今本作“䷮困　亨，贞大人吉，无咎，有言不信。初六，臀困于株木，入于幽谷，三岁不觌。九二，困于酒食，朱绂方来，利用享祀，征凶，无咎。六三，困于石，据于蒺藜，入于其宫，不见其妻，凶。九四，来徐徐，困于金车，吝，有终。九五，劓刖，困于赤绂，乃徐有说”，估计前标▣。

劓□，上字，简文从刀臬声，和劓是同一字（《说文》卷四下）；下字残，我查过原简，笔记上留下的记录是，它与简44第五句第三字相当今本繘字的字似是同一字。这两个字，就是今本上文的“劓刖”，今本上下文不统一，九五作“劓刖”；上六的上字是从危臬声，下字是从危兀声，得此方知，也是“劓刖”的错字和借字。按臬是鼻字的误写；繘是喻母质部，刖是疑母月部，从兀得声的字往往是疑母物部，彼此为通假字。

迖，简文从辵从犬，今本作夷。濮注以为即《广韵》训为“足滑”的字，其实《广韵》的这个字是达字（不是逹字）的误写，与此无关。

48. 井（全）。

> ䷯井▣改邑不改井，无亡无得，往来井井，汔至，亦毋𦈢井，羸缾，凶。初六，井泥不食，旧井无禽。九二，井浴射鲋，唯敝44漏。九三，井

甃不食，为我心寋，可以汲，王明，并受其福。六四，井𤯍无咎。九五，井洌寒泉，食。上六，井甃勿幕，有孚，元45吉。▣46

改，简文从巳。濮注说此字与改形近字通，不妥。按许慎以为改字从攴己(《说文》卷三下)，李阳冰也说"己有过，攴之即改"，都是误以此字从己。其实，早期巳、巳无别，但与己明显不同，改字并不从己，因此也无所谓形近字通。

无亡无得，注意，这里有三个亡字，第一、第三两字是有无之无，简文作亡，第二字是丧亡之亡，简文作丧字的省体，马王堆本作亡，今本作丧。

㰻，简文写法较怪，上部左半从釆从月，右半从隹从心，下部作犬，疑读为繘。马王堆本作汲，今本作繘。

泥，简文作暜，濮注以为普的本字，不妥，应释替。《说文》替在卷十下竝部，普在卷七上日部，二字俱从竝，差别只在下面的偏旁，从白(或曰)为替，从日为普。其实，普在古文字中还没发现，中山王大鼎有竝字，两立，一高一低，乃是替字，这里的暜也是替字。替是透母质部，泥是泥母脂部，为对转字。马王堆本和今本都作泥。

井浴射鲋，浴，简文多用为谷字，马王堆本作渎，今本作谷；射，简文从弓从矢(倒矢)，濮注以为弦即矤，用为射，其实，弦就是射的异体，作矤反而是借字；鲋，简文从豕从丰，濮注曰待考，其实，丰是並母东部，鲋是並母侯部，乃通假字，马王堆本作付，今本作鲋。

唯敝漏，敝，简文从衣不从攴；漏，简文作缕。马王堆本作"唯敝句"，双古堆本作"……敝屡"，今本作"瓮敝漏"，缕、屡、漏是来母侯部，句是见母侯部，都是漏的借字，今本以所漏者为瓮。

甃，简文作朻，朻是见母幽部，甃是庄母幽部，乃通假字，这里读甃，濮注读救读收，不妥。马王堆本与此相当的字是从世从止，今本作渫。我怀疑，九三、六四的"井甃"和"井渫"，位置正好相反，下面的𤯍字才是相当于渫(详下)。

寋，马王堆本作塞，今本作恻。此字有安、塞之义，恻是悲痛之义，含义不同，但寒、塞是心母职部，恻是初母职部，读音相近。简文恻，有时还用为贼。这里是用前一种读法。濮注或读愆，是误以为此字从寒得声。

䝤，简文从膚的字多是来母（或帮母）鱼部字。濮注，释文读毾，注释读扶，不知到底怎样理解。我怀疑，它是相当于渫，渫是心母月部字。

洌，简文从水劂声，马王堆本作戾，今本作洌。

第九组（革、鼎、震、艮、渐、归妹、丰、旅）：前后标□（右边一竖贴简边，省去）

49. 革（残）。

䷰革□改日乃孚，元永贞，利贞，悔亡。初九，巩用黄牛之革。六二，改日乃革之，征吉，无咎。九三，征凶，革言三就，有孚。47

下缺一简，今本作"九四，悔亡，有孚，改命吉。九五，大人虎变，未占有孚。上六，君子豹变，其文蔚也。小人革面，顺以从君也"，估计后标□。

改，简文写法同简44，马王堆本、今本作巳，濮注读为刏攺的攺，不妥。

巩，右下的女是丮旁固有的附加成分，可以直接释为巩，马王堆本作共，今本作巩。

就，简文从攴就声，其声旁本身就是古文字的就字，而不是京字，濮注隶定为从攴从京，不妥。

50. 鼎（缺）。

51. 震（缺）。

52. 艮（全）。

䷳艮□其背，不获其身；行其廷，不〔见其人，无咎。初六〕，艮其有，无咎，利永贞。六二，艮其足，不登其随，其心不悸。九三，艮其限，48 列其頯，厉同心。六四，艮其躬。六五，艮其辅，言有序，悔亡。上九，敦艮，吉。□49

足，马王堆本作肥，今本作腓，含义相近，用字不同。

悸，马王堆本、今本作快，含义相反。

限，简本作瞙，瞙是晓母元部，限是匣母文部，读音相近。

列，简文写法同简45 洌字所从，马王堆本作戾，今本作列，列同裂，戾、列都是来母月部字。

夤，简文从行，行字的中间，上半从幺，下半从肉，应是胤字的异体；马王堆本与此相当的字是从肉从巳，我怀疑，是肥字的误写，相当今本六二的腓字；今本作夤，是夹脊肉。夤、胤都是喻母真部字，简本与今本相合。濮注说胤字从八是行字的省体，不妥，两周金文，胤字就已如此，从行反而是后起。

同，疑读恫、恸或痛，马王堆本、双古堆本、今本作熏，疑古本作童或重，讹为熏。

53. 渐（全）。

☶☴渐□女归吉，利贞。初六，鸿渐于岸，小子厉，有言，不终。六二，鸿渐于阪，饮食侃侃，吉。九三，鸿渐于陆，夫征不复，妇孕而 50

下缺一简，今本作“育，凶，利御寇。六四，鸿渐于木，或得其桷，无咎。九五，鸿渐于陵，妇三岁不孕，终莫之胜，吉”，估计后标□。

岸，简文从双阜，中间有水，字像两岸夹河；马王堆本作渊，是换用其义，别为一字；今本作干，干同岸。这个字，曾见于青川木牍，辞例作“利津～”，过去有不同释法，现在看来应释“利津岸”。岸、阪、陆互文，濮注读涧，不妥。

侃，简文上作侃，下作双虫，马王堆本作衎，今本作衎，东周人好以衎字为名，侯马盟书、朱家集楚器都有以衎为名者，或从心从侃，或从心从上面那种写法的岸字。濮注隶定有误，上从人从鳫，下作双虫。

54. 归妹（缺）。

55. 丰（残）。

九三，丰其沛，日中见沫，折其右肱，无咎。九四，丰其蔀，日中见斗，

遇其夷主，吉。六五，来章有庆誉，吉。上六，丰其沛，51 蔀其家，窥其户，鼓其无人，三岁不觌，凶。□52

上缺一简，今本作“☳☲丰 亨，王假之，勿忧，宜日中。初九，遇其配主，虽旬无咎，往有尚。六二，丰其蔀，日中见斗，往得疑疾，有孚，发若吉”，估计前标□。

沬，简文从艸，下半似犬似巿（师字所从），疑是茇字的误写，马王堆本作茉，今本作沬。沬是明母月部，茇是並母月部，古音相近。濮注据《字汇补》读为瞒，不妥。

斗，与曾侯乙墓出土漆箱盖上的二十八宿图中间的斗字相似。古代术家说斗主土（五行中的土），这个斗字，外面正有土字。简文的斗字也有这个部分，但写在斗口内。

鼓，右半从夬，旧稿以为融字，因无放大照片，没有看出右边的夬旁，夬旁是濮氏辨认出来的。这个字，马王堆本写法比较怪，上作明，下作犬。明，马王堆帛书的明字有这种写法，囧作目，月作勿，我怀疑，这个字可能是狊的错字，许慎说，狊是狗看人的样子，从犬目（《说文》卷十上犬部），但从读音看，原来当是从間得声，还是理解为上从間，下从犬，更合理，今本作闃是证明。夬是见母月部字，从夬的字，多为溪母月部字，闃是溪母锡部字，韵母不同，但这两个声旁，古书还是有通假之例，如《诗·豳风·七月》的“七月鸣鵙”，《孟子·滕文公上》赵注引作鴂。

56. 旅（全）。

☶☲旅□小亨，旅贞吉。初六，旅琐，此其所取誉。六二，旅即次，怀其资，得童仆之贞。九三，旅焚其次，亡其童仆贞，贞厉。九四，旅 53

下简缺，今本作“于处，得其资斧，我心不快。六五，射雉，一矢亡，终以誉命。上九，鸟焚其巢，旅人先笑后号咷，丧牛于易，凶”，估计后标□。

次，简文写法同简 7，马王堆本、今本作次。简 7，濮注隶定有误，但读次还是对的,这里忽读为鳌,注文无说,不明其故。

亡,与得相对,作丧字的省体。

第十组(巽、兑、涣、节、中孚、小过、既济、未济):前后标内含黑方框的红色方块(下作▨,黑方块的右边一竖贴简边,省去)

57. 巽(缺)。

58. 兑(缺)。

59. 涣(全)。

䷺涣▨亨,王假于庙,利见大人,利涉大川。初六,整马,臧吉,悔亡。九二,涣走其处,悔亡。六三,涣其躬,无咎。六四,涣其群,元吉;涣
54 其丘,非夷所思。九五,涣其大号,涣其处,无咎。上九,涣其血,去逖出。▨55

涣,简文从睿从爰,左右皆声旁。其首字,睿旁加廾,其实就是奂字,等于奂加爰。

拯,简文作敕,实即整字。许慎说,整字是从攴从束从正,正亦声(《说文》卷三下),看来声符正是后来加上去的。马王堆本作撜,今本作拯,都是通假字。

走,马王堆本、今本都作奔。

处,简文写法同上,马王堆本作阶,今本作机,机、阶都是见母脂部字,与处读音不同,相同处只是机含有几,疑机、阶是错字。

60. 节(缺)。

61. 中孚(缺)。

62. 小过。

取彼在穴。上六,弗遇过之,飞鸟离之,凶,是谓灾眚。▨56

上缺两简，今本作“䷽小过亨，利贞。可小事，不可大事，飞鸟遗之音，不宜上，宜下，大吉。初六，飞鸟以凶。六二，过其祖，遇其妣，不及其君，遇其臣，无咎。九三，弗过防之，从或戕之，凶。九四，无咎，弗过遇之，往厉必戒，勿用永贞。六五，密云不雨，自我西郊，公弋取彼在穴”，估计前标▨。

63. 既济（残）。

勿用。繻有衣袽，终日戒。九五，东邻杀牛，不如西邻之禴祭，是受福吉。上六，濡其首，厉。▨57

上缺一简，今本作“䷾既济亨，小利贞，初吉终乱。初九，曳其轮，濡其尾，无咎。九三，高宗伐鬼方，三年克之，小人勿用”，估计前标▨。字数似略少，疑简本比今本多5字左右。

禴，简文作酌，马王堆本作濯，今本作禴，按禴或作礿，酌、濯二字都是禴、礿的通假字，濮注不破读。

64. 未济（残）。

……利。九二，曳，吉。利涉大川。六三，未济，征凶，利涉大川。九四，贞吉，〔悔亡，震用〕58

上面的缺文，今本作“䷿未济　亨，小狐汔济，濡其尾，无攸利。初六，濡其尾”，下缺一简，今本作“伐鬼方，三年，有赏于大国。六五，贞吉，无悔，君子之光有孚，吉。上九，有孚于饮酒，无咎。濡其首，有孚是失”，估计前后标▨。

利，简文残画如此，马王堆本作闸，今本作吝，濮注误释闸，盖从马王堆本。

曳，简文作，上半是兔加肉，乃逸字所从。逸是喻母质部字，马王堆本作抴，今本作曳，则是喻母月部字，古音相近，濮注隶定有误，作厡。

二、总结

（一）上述简文只有《周易》64 卦的 34 卦，计 59 简（比原书多 1 简），并且其中 13 卦残缺不全（缺 15 简），大约只有原书的一半。但我相信，上博楚简《周易》肯定不是摘编本，不是改编本，而是一个比较完整的本子。它和马王堆本不同，不是按卦气排列，另外编成的本子；也和双古堆本不同，没有数术家附加的占断之辞。

（二）上博楚简《周易》的卦序排列，现在还不能完全复原，但从大概的分组情况看（见文后附表），似乎是以四卦或五卦，八卦或十卦交错排列，从各种迹象看，整个顺序大体同于今本。濮注说简本卦序可能是一种不同于今本的卦序，我看不出来。

（三）简文可以局部校正西汉早期和传世的文本，但大体面貌同于今本。

它说明，《周易》的经典化完成甚早，我们今天看到的《周易》，很早就有了大体稳定的面貌。

附录：简文分组一览表（？表示缺标记；×表示无标记）

（一）第一组（4 卦）：无标记

乾（前?，后?）

坤（前?，后?）

屯（前?，后?）

蒙（前?，后×）

（二）第二组（4 卦）：标□

需（前□，后□）

讼（前□，后□）

师（前□，后×）

比（前□，后□）

（三）第三组（5卦）：情况不明，或与第四组为同一组

小畜（前?，后?）

履（前?，后?）

泰（前?，后?）

否（前?，后?）

同人（前?，后?）

（四）第四组（5卦）：前后标■

大有（前?，后■）

谦（前■，后■）

豫（前■，后■）

随（前■，后■）

蛊（前■，后?）

（五）第五组（5卦）：情况不明，或与第六组为同一组

临（前?，后?）

观（前?，后?）

噬嗑（前?，后?）

贲（前?，后?）

剥（前?，后?）

（六）第六组（5卦）：前后标■（但形式不尽统一）

复（前?，后?）

无妄（前×，后■）

大畜（（前■，后?）

颐▃（前▃加红色，后▃）

大过（前?，后?）

按：颐卦的记号可能与上面的小黑方块是同一种。

（七）第七组（10卦）：前后标□

坎（前？，后？）

离（前？，后？）

咸（前□，后□）

恒（前□，后□）

遁（前□，后□）

大壮（前？，后？）

晋（前？，后？）

明夷（前？，后？）

家人（前？，后？）

睽（前□，后□）

按：咸卦前面的记号，也可能是漏标红色，仍属同一种。

（八）第八组（10 卦）：前后标▣

蹇（前▣，后▣）

解（前，后？）

损（前？，后？）

益（前？，后？）

夬（前？，后▣）

姤（前▣，后▣）

萃（前▣，后？）

升（前？，后？）

困（前？，后▣）

井（前▣，后▣）

（九）第九组（8 卦）：前后标□

革（前□，后□）

鼎（前？，后？）

震（前？，后？）

艮（前□，后□）

渐（前□，后？）

归妹(前?,后?)

丰(前?,后□)

旅(前□,后?)

(十)第十组(8 卦):前后标▨

巽(前?,后?)

兑(前?,后?)

涣(前▨,后▨)

节(前?,后?)

中孚(前?,后?)

小过(前?,后▨)

既济(前?,后?)

未济(前?,后?)

2006 年 3 月 13 日写于北京蓝旗营寓所

原载《中国历史文物》2006 年第 4 期,54—67 页。

说清华楚简《保训》篇的“中”字

最近，清华大学入藏的战国楚简格外引人注目。我到清华开过两次会，看过两次简，得到清华出土文献研究与保护中心的热情接待。

目前，简文尚未公布，李学勤先生和赵平安先生分别撰文①，向学界介绍了其中的《保训》篇。有个学生拿他们两位的文章给我看，问该篇的“中”字是什么意思，我才注意到这个问题。我发现，这是个很有意思的问题，值得大家深入讨论。

李学勤先生说，“这篇简文完全是《尚书》那种体裁”，内容是“周文王遗言”，周文王向太子发（即后来的周武王）讲了两件史事，一件是关于舜的，一件是关于上甲微的。

赵平安先生说，“《保训》的体式与古文《尚书·伊训》相似……若参照《伊训》，《保训》也可以叫做《文王之训》。它极可能是《尚书》的佚篇。今天所能见到的《周书》，最早的莫过于周武王，这篇《文王之训》，无疑应踞于《周书》首篇的地位”，此篇有三个典故，一个讲黄帝，一个讲舜，一个讲上甲微，讲“中”的两段之前，还有讲黄帝的一段。

李先生引用的简文，主要属于后两段：

（1）“昔舜旧作小人，亲耕于历丘，恐求中，自稽厥志，不违于庶万姓之多欲。厥有施于上下远迩，乃易位迩稽，测阴阳之物，咸顺不扰。舜既得中，言不易实变名，身滋备惟允，翼翼不懈，用作三降之德。帝尧嘉之，用受厥绪。”

---

① 李学勤《“清华简”研究初见成果：解读周文王遗言》，赵平安《解读清华简：〈保训〉的性质和结构》，并见《光明日报》2009 年 4 月 13 日第 12 版“国学”。

(2)“昔微假中于河,以复有易,有易服厥罪。微无害,乃归中于河。”

李先生提出的问题是:

> 大家都熟悉,《论语·尧曰》载尧命舜:“咨,尔舜,天之历数在尔躬,允执其中,四海困穷,天禄永终”,并云:“舜亦以命禹。”这与《保训》周文王所说有所不同,不过孔子确实重视中道,其孙子思所作《中庸》就引述了孔子有关的话,然后做了专门的发挥:“中也者,天下之大本也;和也者,天下之达道也。致中和,天地位焉,万物育焉。”把“中”提高到哲理的高度上来阐述,同时与“和”的观念沟通结合,有很大的发展。无论如何,《保训》的思想与儒学有共通之处,很值得探索和研究。
>
> 谈到这里,自然难免牵涉宋儒的“道统”论。朱子撰《中庸章句》,序的开首即讲“道统”,他说:“道统之传有自来矣,其见于经,则‘允执厥中’者,尧之所以授舜也;‘人心惟危,道心惟微,惟精惟一,允执厥中’者,舜之所以授禹也。尧之一言,至矣尽矣,而舜复益之以三言者,则所以明夫尧之一言必如是而后可庶几也。”朱子说的舜授禹之言,见于东晋以下流传的《尚书·大禹谟》,号称“十六字心传”,阎若璩等已经明辨其伪。现在看《保训》篇文,似乎尧舜以来确有“中”的传授,相信会引起各方面的兴趣。《保训》简的图片和释文,不久也会公布,供大家研究。

这一材料应该怎么理解,我想讲一下我个人的理解。

第一,我认为,《保训》所述虽为西周之事,但从文辞风格看,应属战国讲述的西周故事,不是当时的典谟训诰,而是拟古之作。

第二,“道统”是宋儒虚构的儒学正统:孔子传曾子,曾子传子思,子思传孟子,唯此三子独得真传。这种说法并无历史根据,也不能反映早期儒学的丰富性。孔门最重要的人物是颜渊、子路和子贡,曾子只是最晚的学生。

第三,宋儒所谓“中”,《尧曰》之“中”也好,伪“十六字心传”之“中”也好,《中庸》之“中”也好,都是哲学概念,而简文的“中”是一种器物。两者是否有关,还值得讨论。但无论如何,宋儒并不知道简文所说的“中”。

什么是“中”，是个值得讨论的问题。我们不妨看一下“中”字的字形。

“中”字，从商代到战国，写法一脉相承。其原始写法，一般有三个要素：

(1)其最重要的组成部分是一道竖画，像一根标杆。

(2)竖画的中间有个圆圈，表示这个杆子的中点(两端之中)。甲骨卜辞多用方笔，写成方框；铜器铭文多用圆笔，写成圆圈。无论方圆，都不把中间填实，因而有别于“十”字。

(3)圆圈的上下皆有旗斿，上下两段的方向一致：向左飘，一律向左；向右飘，一律向右。

“中”与“仲”、“㫃”有关。“仲”无旗斿，只有竖画和圆圈，是从“中”字分化。“㫃”是旗杆，也是字形、意义相似的一类①。

“中”字到底指什么？学者有三说：(1)旗帜说(唐兰说)；(2)圭表说(温少峰、袁庭栋说)；(3)风向标说(黄德宽说)②。

按此三说，似可折中于中国古书所说的“表”。“表”者，即今语所谓“标杆”，它可以是普通的标杆，也可以是有旗斿的旗杆。这种杆子有两个功能，一是“立竿见影”，当观测日影的圭表用，二是借助旗斿，观风向，测风力(殷墟卜辞卜“立中”，经常会问是否“亡风”)③，三说并不矛盾。

古书所谓“表”，常与“旗”并说，是类似之物，如《左传》昭公元年“举之表旗”是也。

“表”常用于军中，用于合军聚众，教练士卒。如《周礼·夏官·大司马》，《六韬·犬韬·分兵》，《尉缭子》的《将令》、《兵教上》、《踵军令》都提到军中的“立表”，以及用表旗划分营垒，“战合表起”，等等。

表有两大用：

一种用于集合，立表辕门，视日影消失，时当正午，全军集合于表下，迟到

---

① 许慎以为“史”字从中(《说文解字·史部》)，但古文字的“中”与此不同，一竖所穿，不是两画上出的口字。王国维推测，“史”字所从的中乃“盛筴之器”(《释史》)，收入《王国维遗书》，上海：上海古籍书店，1983年，第一册，《观堂集林》卷六，1—6页。

② 参看：于省吾主编《甲骨文字诂林》，第四册，北京：中华书局，1996年，2935—2926页。

③ 《三国演义》第四十八和第四十九回讲“借东风”的故事，周瑜吐血，是看旗，转忧为喜，也是看旗。

者斩，古人叫“日中期会”，如司马穰苴斩庄贾的故事就涉及这种制度（《史记·司马穰苴列传》）。

一种是用于阵法操练，每百步树一表，练习作坐进退，“及表乃止”。古人说，“古者逐奔不过百步，纵绥不过三舍”（《司马法·仁本》），就是这么训练出来的。

殷墟卜辞的“立中”就是古书常说的“立表”。

我们今天的升旗仪式，就是来源于军中。

“中”有表率之义、标准之义，就是从标杆的意义引申。

“中”有中间之义、中心之义，也是从标杆的意义引申。

表也是测量工具。

周公营建新邑于洛，“相宅”、“攻位”（《尚书·召诰》），是革故鼎新，一时之大事，据说就是用“表”作测量高下远近和四方八位的工具。

《尚书·召诰》提到“王来绍上帝，自服于土中”。什么叫“土中”？就是东南西北“四土”之中。司马迁的解释是“成王在丰，使召公复营洛邑，如武王之意。周公复卜申视，卒营筑，居九鼎焉。曰：‘此天下之中，四方入贡道里均。’作《召诰》、《洛诰》”（《史记·周本纪》）。

何尊铭文说“宅兹中国”，有如西谚：条条大路通罗马。

“中国”之义立于此。

《周髀算经》是附会这一故事（“周髀”的“髀”就是指表），周公观景台也是附会这一故事（台在河南登封告成镇的周公庙）。它们都是附会周公立表观影，定鼎于洛的故事。

古之阴阳，阳字作双手捧日形，阴字则从云今声（云者蔽日，表示相反的意思），阴阳是以日影分。术家讲方位，例以山南水北为阳，山北水南为阴，左前为阳，右背为阴，其说皆与日影有关。

简文说，“厥有施于上下远迩，迺易位迩稽，测阴阳之物，咸顺不扰”，“表”就是这样的东西。

“立我烝民，莫匪尔极。”（《诗·周颂·思文》）简文的“中”不是一般的表，而是一根可以“为民立极”的标杆。英文的 pole 庶几当之。pole 既指杆，也指极，如今“南极”、“北极”的“极”就是这个词。它和“九鼎”一起，同样是权力的象征。

“中”代表什么？曰“四方之极”（《诗·商颂·殷武》），太一是宇宙之“中”，天子是天下之“中”。

2009 年 5 月 10 日写于北京蓝旗营寓所

原载《中国文物报》2009 年 5 月 20 日 7 版。

读清华简《保训》释文

我在《中国文物报》2009 年 5 月 20 日刊载的《说清华楚简〈保训〉篇中的“中”字》一文中已经谈过我对这篇简文的初步印象。当时,只是根据李学勤先生和赵平安先生在《光明日报》2009 年 4 月 13 日发表的初步介绍,简文释文尚未发表。

这是我读清华简《保训》篇释文的笔记。阅读分两遍:

(1)2009 年 6 月 15 日在清华大学近春园参加《保训》简座谈会,在会上,对着屏幕上的照片,读过《保训》简的释文。我在会上听取了与会学者的意见,也发表过一点不成熟的意见。这是第一遍读。

(2)2009 年 7 月 10 日,我在刚刚收到的《文物》2009 年 6 期上看到清华大学出土文献与保护中心发表的《清华大学藏战国竹简〈保训〉释文》(73—75 页);李学勤先生发表的《论清华简〈保训〉的几个问题》(76—78 页)。这是第二遍读。

我发现,《文物》上的释文还是在近春园看到的,没有根据与会学者的意见作任何修改。

这里把我粗读的印象讲一下,供大家讨论。

一、释读中的问题

●简 1

“瘳”,“瘵”之误(李守奎先生在会上已指出),应读“愈”。

“念”,简文两用“念”字(另一例在简3),皆忧思之义。

“恐”,简文四用“恐”字(另三例在简2、3、4),皆含有忧惧、敬慎的口气。

“保”,不读“宝”。简3的“保”字也不读“宝”。“保训”,后世文献有这个词,是指对东宫太子的教训。如《后汉书・班彪传》、《晋书・阎缵传》提到“保训东宫”,《晋书・潘尼传》、《金史・吴僧哥传》提到“保训皇太子”,都是这么讲。这里,值得注意的是,班彪讲“保训”,是讲汉代的“保训”,但他援引的典故却是周公等顾命大臣保佑成王、传贻武王之谋于后世子孙的故事。简文“保训”,和传世文献比,含义更宽泛,说明这个词并不限于师保之训,也可指父王之训。“保”,本义是养护小孩,字形像人抱子,古人训养、训安、训守、训持、训护、训佑,皆从此义生。《尚书》常用“保”字,也来自这种含义。如《康诰》说“若保赤子”,就是强调要像保护孩子一样保护人民。《尚书》,“保”字多见,往往和受命有关。受命而保,保什么?保的是上天和先王所授之命。王位、土地、民人、美德,都在所保之列。如《召诰》“保受王威命明德”,《洛诰》“诞保文武受民”、“承保乃祖受命民”,就是这些代代相传的东西。简文两言“受大命”(简9、11)。这里的“保”也和受命有关。

“自”,下字隶定有误,应作“演₌”,是“演水”二字的合文,与“溃”、“隤”等字无关(会上,我跟坐在对面的李学勤先生说,此字右下脚似有笔画,不是口,就是重文号或合文号)。此水相当哪条水,还要研究,大概离岐周之地在两天以上的路程。

●简2

残缺的上半支简,从简1看,约可容12字,从简3和其他简看,约可容11字,简1“日之多”三字抄写过密,不能反映一般情况,这里还是以容11字更合适,释文作12字,恐怕多了一点。简1上文有“自某”,下文当有“至于某”,缺文估计是作“爽,至于□。武王□□□□。王”。“至于”下是到达的地点。自某至某,缺主语,主语应在下文。这段话的意思大概是说:戊子日,文王病甚,第二天,武王从外地赶回,从演水到达某地,却没来得及见最后一面。

●简 3

“前”，下字是“人”，不是“弋”（李守奎先生在会上指出），不能读“代”。这个“人”字，左边的一笔是弯钩，和常见的“人”字有点不一样，但对比简 4“小人”的“人”，这个字确为“人”字（我在会上指出）。“保”，不读“宝”，这里指前人的“保训”。

“调”，《说文解字·言部》有此字，训共、训譀（大言之义），似非这里所当之义。整理者有读“童”和读“诵”两说。按：此字与下文“书”字相对，似乎是指当面宣读的文王遗训，读“诵”好一点。

●简 4

“泾”，从字形看，乃“淫”字，不是“泾”字，简 11 的“泾”也是“淫”之误（我在会上指出）。这里的“淫”是淫逸之淫，指耽于吃喝玩乐、安逸享受。《尚书·无逸》记周公告诫成王，有所谓“无淫于观（观赏）、于逸（安逸）、于游（游乐）、于田（田猎）”，就是讲戒淫逸。

“旧”，简文两见（另一例见简 10），皆应读“久”（会上已有很多学者指出）。《尚书·无逸》的“时旧劳于外”和“旧为小人”，两个“旧”字也是读为“久”。

“茅”，释“茅”不误，读“丘”可疑。“鬲茅”，可能是“历丘之茅”的缩语（李守奎先生在会上指出）。

“恐救中自诣”，读“恐求中自稽”。“自诣”当连“救中”读。“求中”，即《周礼·地官·大司徒》所说“以土圭之法测土深。正日景，以求地中”的“求地中”。郑玄注：“故书求为救，杜子春云：当为求。”知原本正作“救地中”。什么叫“地中”？可参看《周礼·地官·大司徒》、孙诒让《周礼正义》卷十七和《周髀算经》。求地中，测日影，授民以时，定土地之高下远近，对统治者很重要。“自稽”，是以“地中”作标准，考求一切。《管子·白心》有“自知曰稽”说。“稽”有考、计等训，也有合、当等训。合是合乎标准，当是恰如其分。所谓“中道”的概念就是来自求地中和立于地中的旗表。我在《说清华楚简〈保训〉篇中的“中”字》中说，这是“为民立极”。

●简 5

上简的“𠌶志”应连此简的“不讳（违）于庶万姓之多欲”读，意思是说自己的意愿不违背天下百姓的要求，句式和下句一样，把“𠌶”字放在开头。“庶万姓”，《逸周书》的《克殷》和《商誓》有“商庶百姓”的说法，与此类似。

“易立埶诣”，读“易位设稽”。“易位”是变换方位，“设稽”是设立标准。

●简 6

“测阴阳之物”，《周礼·地官·大司徒》说，“地中”是“天地之所合也，四时之所交也，风雨之所会也，阴阳之所和也”。

“诰”，此字左旁是言，右半非告，从照片仔细看，很像是“逆”字所从的屰，而不是告，疑读“逆”，不读“扰”（李守奎先生在会上指出）。

“言不变实易名”，言有名实，变实易名，则言不顺。这是讲立言，立言要合于“中”。

“身兹备惟允”，战国文字，“备”多半用为“服”，“兹”是虚词，不必读“滋”。“备”字，简文三见（另两例在简 9、10），恐怕都应读“服”。“服”是从事、行事。这是讲立身行事也要合于“中”。

●简 7

“呜呼”下，未经破读的释文没有“发”字，破读后的释文误衍“发”字。

“绪”，指统绪，这里指舜继尧位。

●简 8

“叚”，释读无误，很正确。按：“叚”，古文字的写法是从石从刀，或加又于刀下，像持刀磨于砺石。《说文解字·石部》有“碫”字，训为“厉（砺）石”。这个字就是“碫”的本字（我在会上指出）。

“中”，测日度地，求地中，是靠土圭和旗表。我在《说清华楚简〈保训〉篇中的“中”字》中已经说过，“中”字的古文字写法正像旗表。这里的“中”不可能指“地中”，“地中”无法借，所借只能是测量和标志“地中”的器物，土圭和旗表。

“伓”，楚简多见，一般都是作“负”或“背”字用，这里疑读“负”，不读“服”（我在会上指出）。“负罪”，见《左传》昭公二十五年，是背负罪名的意思。

●简 9

“成康”，相当“成唐”（殷墟甲骨文这样写）或“成汤”（传世文献这样写），“唐”、“汤”作“康”是通假关系，不是形近致误（李守奎先生在会上指出）。按：徐、楚、吴、越一带出土的煮水器叫“汤鼎”。下寺楚墓 M3 出土过这种鼎，自名“鐫鼎”。得此可以证明，“康”字可读为“汤”。过去，我就讨论过这一问题，参看拙作《入山与出塞》（文物出版社，2004 年）252、315 页。

●简 10

“次”，是“羡”字所从，疑读“羡”，不读“延”。“羡”是多出、有余。按：《孙子・九地》：“吾士无余财，非恶货也；无余命，非恶寿也。”就是讲没有余命。

●简 11

“羕”，东周器铭多借为“永”字，这里读为“永”（我在会上指出）。按：西周金文常说“虔夙夕”、“恪夙夕”、“夙夜用事”、“夙夜用享”、“夙夜不懈”、“夙夜无怠”，都是勉人勤奋的话。“日不足，惟宿不永”，“不足”是太短，“不永”是不长，都是珍惜时光，恨日子过得太快，也是勉人勤奋的话。整理者指出，《逸周书・大开》的“维宿不悉，日不足”、《小开》的“宿不悉，日不足”是类似的话。“悉”字的上半与“永”相似，也有可能，就是“永”字之误。

二、白话语译

文王五十年时，〔文王的病〕总是不好。文王担心，日子一天比一天少，如果再不留下遗嘱，恐怕就来不及了。

戊子之日，从演水出发。己丑之日，天蒙蒙亮，〔到达某地。武王最终未能赶到文王的身边〕。

文王留下遗嘱说：

> 发！我的病已经很重，恐怕来不及跟你讲话了。

从前,古人垂教训于后世,都是当面口授,如今我的病日益加重,恐怕等不到最后时刻了,你还是听我书面讲吧,一定要恭敬从命,不可贪图安逸享受。

从前,舜一直是小人,他在历丘下的草莽中亲自开荒种地。他放心不下的是,如何找到"中"(大地的中心),有标准可依,使自己的想法完全合乎黎民百姓的要求,用"中"来确定大地的高下远近,所以变方设位,随时观测万物的阴阳变化,使一切顺而不逆。舜有了"中",说话才很得体,用不着变实易名,干事也很稳当,一切都恰如其分,小心翼翼,毫不懈怠,因此才立下"三降之德"。帝尧夸奖他,〔舜〕因而受命继位。啊,你一定要小心谨慎呀。

从前,上甲微曾向河伯借"中",以报有易氏之仇。有易氏背上罪名,而上甲微却毫无损失。上甲微把"中"还给河伯,永记不忘,子孙相传,一直传到成汤。成汤小心从事,决不敢懈怠,所以得到"大命"。

啊,发!你一定要小心谨慎呀。我已经知道,我是活不长了,多余的生命已经一点儿没有。现在,你可要兢兢业业,千万不可懈怠,一切照规矩办事。你不能当面受此"大命",一定要恭敬从命,不可贪图安逸享受。白天太短,夜晚也不长,〔你要努力呀〕!

三、讨论

(1)我从《光明日报》上读李学勤先生和赵平安先生的介绍,因为没有释文,有些情况无法判断。如李先生说此篇有两个典故:舜和上甲微,赵先生说有三个典故:黄帝、舜、上甲微。现在看来,还是只有两个典故,黄帝并不存在。

(2)关于文王称王,过去有争论,一说死后追称,一说当时就这么叫,至少在岐周之地这么叫。后说,当然有可能,但至今没有过硬的证据。目前,要解决这个问题,还要看出土的西周材料。可惜,周原甲骨虽有"王"字,却不能准确断代，判明它就是指文王。清华简是战国简，战国人讲西周故事，当然可以按后来的习惯讲话，就像《左传》讲鲁十二公皆用死谥于生时，是不足为凭的。

（3）简文讲上甲微报复有易氏，即《山海经·大荒东经》郭璞注引《竹书纪年》所讲的故事。《纪年》说，“殷主甲微假师于河伯以伐有易”。按：河伯与鬼方有关，祖庭在今内蒙河套一带，即唐叔封晋所受“怀姓（媿姓）九宗”之祖。有易氏，即易水流域的狄人。“假中”与“假师”是什么关系？耐人寻味。我以“中”为旗表，是一种推测。如此说不误，则上甲微出师，也许打的就是河伯的旗号。旗，就是军中的圭表。

（4）清华简的《尚书》，概念和范围是什么？只限《书》百篇，还是包括《逸书》，或者讲西周故事的都算？如果都算，就可能与子书交叉。比如，大家都知道，《太公书》也是讲西周故事。三者，还是应有所区别。

2009 年 7 月 19 日写于北京蓝旗营寓所

原载《中国文物报》2009 年 8 月 21 日“文物考古周刊”。

顺便说一句，在拙文《说清华楚简〈保训〉篇中的“中”字》中，“李先生提出的问题是”下的两段话都是引文，因为排版时没有换成引文格式，容易引起误会。我要说明，这两段话都是李先生的原文。

视日、日书和叶书

——三种简帛文献的区别和定名

简帛文献，有三种很重要：视日、日书和叶书。它们都和历法有关，但各自独立。这三种简，除“日书”一名早被学界采用，其他两类的定名，一直有问题。现在，由于新材料不断发现，我们已经可以把这三类分清，也终于知道古人怎么称呼它们，现在是可以做一点总结的时候了。

一、视日（或质日）

“视日”，也叫“质日”，这是我主张的定名。这种简，发现最早，最初叫“历谱”，提出者是著名学者罗振玉。

我们都知道，19 世纪末和 20 世纪初，中国有很多大发现，王国维叫“五大发现”，其中之一是西域汉简。这一发现，今天仍然值得回顾。

1912—1914 年，罗振玉、王国维编《流沙坠简》，是汉简研究的开山之作。他们把敦煌汉简分为三大类，第一类叫“小学、术数、方技书”，考证出于罗振玉。“术数”是第一大类中的第二小类①。

这一类收什么，大体是根据班固《汉书 · 艺文志 · 数术略》的分类原则。《数术略》所谓的“数术”，也叫“术数”，清代的叫法是“术数”（《四库全书》是叫“术数”）。罗振玉的术数简，包括六类残简：

① 罗振玉、王国维《流沙坠简》，北京：中华书局，1993 年，75—99 页。

（1）《力牧》。罗氏以为“兵阴阳”。“兵阴阳”，《汉书·艺文志》放在《兵书略》，是兵书四种的第三种。它是数术在兵学上的推广和应用，罗氏把它列于“术数”之首。

（2）七种“历谱”：《元康三年历谱》、《神爵三年历谱》、《五凤元年八月历谱》、《永光五年历谱》、《永元六年历谱》、《永兴元年历谱》、《干支谱》。定名根据，是《汉志》的“历谱”。

（3）《九九术》。是算术书，也属于“历谱”。

（4）《吉凶宜忌残简》。罗氏称为“阴阳书”，属于《汉志》的“五行”。

（5）《占书》。开头第一字是“旅”，罗氏以为旅卦，定为“筮书”，即算卦的书。筮书属于《汉志》的“蓍龟”。

（6）《相马法》。属于《汉志》的“形法”。

这六类中，“历谱”简最多，是它的主体。它的七种谱都是某年某月（或某些月）的干支表，格式大同小异，除注月朔、大小、节气，还注建除、血祭、反支、八魁。标题的年是沙畹推定。原简没有标题，标题是罗氏定的。

罗氏指出，这类残简使用的术语，和汉代历家的说法、唐以来传统历书的说法，往往相合。但这类竹简叫什么？他没有用后世的名称，叫“历书”或“历本”，而是选择了班固的叫法，称为“历谱”。“历谱”是《数术略》六种古书中的第二种。

这类竹简，后来不断发现，据统计，已有40多种。学者沿用罗、王的定名，一向把这类简叫“历谱”。

罗氏的定名对不对，近年有争论。起因是，法国学者马克（Marc Kalinowski）教授组织过一个中古数术文献的研究组，中国学者邓文宽先生和刘乐贤先生参加过他们的研究。他们比较过敦煌文献，觉得罗氏的定名有问题。

这一怀疑是由马克教授提出，邓文宽先生论证①。

邓先生认为，这类竹简并不属于《汉志》定义的“历谱”，而是某种类似后

① 邓文宽《出土秦汉简牍“历日”正名》，《文物》2003年第4期，44—47、51页。

世历本的东西。《数术略》"历谱"类的 18 种书,"可以划分为两类,一类属于'历术',即编制'历日'的方法和计算数据,相当于后世的'历经';另一类属于帝王世谱、世系之类,相当于后世所说的'谱系'、'家谱'、'族谱'"。前一类是"历术",不是"历本"。《汉志》"并未将实用历本单列为一个门类,也未涵盖在'历谱'之中"。

上述竹简,不叫"历谱"叫什么?邓先生说,最好叫"历日"。他认为,"历日"是古人一贯使用的名称。比如《周礼》郑注、王充《论衡》就都提到"历日"一词,东汉以后,也有这种说法。唐宋时期的"具注历日"就是合"历日"和"日书"为一体。他甚至认为,银雀山汉墓 M2 出土的《元光元年历谱》,其自题"七年视日","视日"不通,"应据历学校改为'七年历日'"。

刘乐贤先生赞同邓说,但略有不同①。

他说,《汉志》的"历谱"分三类,第一类同邓说,主要是"历"(还包括日月五星行度和日晷),第二类也同邓说,主要是"谱"。但他补充了第三类,还有算术书。他认为,"历"是"历","谱"是"谱","历谱"是"历"、"谱"的合称,"古书罕见'历谱'一词"。

关于《元光元年历谱》,他的意见是,原文还是"七年视日",不是"七年历日","视日"可能与选择时日有关。

这一讨论很重要,不仅涉及到这类竹简的定名,还涉及整个数术文献的分类。它已经影响到考古报告的定名。比如 2000 年孔家坡汉墓 M8 出土的《历日》,这个书题就是受了上述讨论的影响,已经换了叫法②。

受各位学者启发,我也对这个问题做过讨论③。

我的看法是:

(一)《汉志》所谓"历谱",主要属于历算类。它可以分得更细,包括历法、行度、谱牒、日晷、算数五类。这五类,除日晷类,都有出土实例。上述"历谱"简是年历类的甲子表。这些历表都是以历法为基础,并与谱牒有密切关

---

① 刘乐贤《简帛数术文献探论》,湖北教育出版社,2003 年,22—26、255—272 页。

② 湖北省文物考古研究所等《孔家坡汉墓简牍》,文物出版社,2006 年,191—194 页。

③ 李零《简帛古书与学术源流》(修订本),北京:三联书店,2008 年,303—310 页。

系。“谱牒”的“谱”,本来就是指这类表。

(二)“历谱”的“历”是历法或历术,“谱”是谱表,包括世表、年表、月表等不同形式的表。这些表是以历法、历术为基础。我们不能把“历”、“谱”视为截然不同的两类。“历谱”作为合称词,不光见于《汉志》,还有一些例子。上述“历谱”简,还是和这类有密切关系。

(三)这类竹简有自题,应名从其主,叫“视日”或“质日”。“视日”一词,是查看时日的意思。它也见于包山楚简,是当值官员的代称。秦汉墓葬随葬这类竹简,可能是供当值官员填写政事记录,类似值班日志。

历表类的竹简,自题“视日”、“质日”,我举过两个例子:

(1)1972 年银雀山汉墓 M2 出土的《元光元年历谱》。这是汉武帝元光元年七月至次年后九月的干支表,注节气、反支,简文自题是《七年视日》[①]。

(2)1988 年张家山汉墓 M136(M336)出土的《汉文帝前元七年历谱》。材料尚未发表,据简报介绍,简文自题是《七年质日》[②]。

这样的例子,其实还有,只不过尚未发表。但这两个例子,已经足够说明问题。我的看法是,不管大家对“历谱”的理解有多大分歧,我们还是应该尊重竹简本身的叫法,最好把这类简叫做“视日”或“质日”,而不必改称“历日”。

关于上述讨论,我已经讲过很多话,这里不再重复,我只补充几句:

第一,“视”和“质”古音相近(“视”是禅母脂部字,“质”是端母质部字),可能是通假字,前者有察视之义,后者有比对之义,含义也比较接近。“视日”的含义,大概并不复杂,只是查看日子的意思。这类历表固然列有建除、反支等吉凶日,与选择有交叉,但更主要的功能,还是给执事、视事的值班官员用,用来记录政事,用以考核政绩。

第二,上述历表,都是精确到日的年历。历术推步,排甲子,在我国很有

---

① 吴九龙《银雀山汉简释文》,文物出版社,1985 年,233—236 页。

② 荆州地区博物馆《江陵张家山两座汉墓出土大批竹简》,《文物》1992 年第 9 期,1—11 页。

传统,罗振玉讲"历谱"已经提到这一点。这是视日简的基本要素。古人排历,有排历的工具,如历年出土的干支筹,就是这种工具①。过去,中国历史博物馆的通史陈列,有一件战国时代的"干支仪",它有两层小轮,好像密码锁对号,可以用来对干支。排日,当然属于"历",列表当然属于"谱"。

第三,上述历表,可以加注。加吉凶宜忌,固然类似日书,但它的用途,主要不是选择时日,而是记录政事,和管理有很大关系。

关于最后这一点,有两个例子值得注意:

(1)1983 年张家山汉墓 M247 出土的《历谱》(汉高祖五年四月至吕后二年后九月的年表),其中有"(五年)后九月……新降为汉"、"(十二年)六月病免"等辞,显然属于记事之辞②。

(2)1993 年尹湾汉墓 M6 出土的《元延二年日记》(汉成帝元延二年的日记),是"在预先编制成册的元延二年历谱上记事",墓主把他的出差记录,填在预先排定的元延二年历表上。这个日记,详细记载墓主从哪里出发,到哪里去,沿途住在哪里,有很多传舍、驿站和官署的名称③。

世考中国日记之始,多溯源于刘向《新序·杂事一》,以为"日记"之初义,即"日有记也"。宋以来,更盛举黄山谷《宜州家乘》(见陆游《老学庵笔记》),以为私人所记,为行状、年谱所取资。我想,早期日记,主要是值班日记。值班日记,属于档案,和后来的私人日记还有所不同。

这是以"历"为主的简。

二、日书

上面,我们谈《流沙坠简》,有一件事值得注意。当年,罗振玉定术数简,

---

① 如河北柏乡县东小京战国墓所出,参看柏乡县文物保管所《河北柏乡县东小京战国墓》,《文物》1990 年第 6 期,67—71 页。

② 张家山二四七号汉墓竹简整理小组《张家山汉墓竹简〔二四七号〕》,文物出版社,2001 年,129—130 页。

③ 连云港市博物馆等《尹湾汉墓简牍》,中华书局,1997 年,138—144 页。

其中有《吉凶宜忌残简》和《占书》。这两种残简，前者，罗氏叫“阴阳书”。“阴阳书”是后世对选择书的笼统叫法。日书就是一种选择书。后者，“旅”字并不是旅卦，和筮书无关，从内容上看，也是日书。实际上，他已经接触到汉代的日书。只不过，罗氏还不知道，古人有“日书”这个叫法。

日书被人们认识，是 20 世纪 70 年代。

1975 年，睡虎地秦墓 M11 出土过两种《日书》，分甲、乙两种。其中的乙种，最后一简（简 260）自题“日书”，为我们提供了线索。从此，大家把这类文献叫“日书”①。

最近，孔家坡汉简《日书》，经红外线处理，也发现了自题，同样叫“日书”②。

“日书”这个名称是没有问题的。

现已发现的日书，战国有两种，秦代约有七八种，汉代约有十种，粗略统计，大概在 20 种上下。这些日书，长短不一，形式各异，有些只是摘抄，基本特点是什么？应该总结一下。

我认为，日书的特点是：

（1）它的构成要素有两个，一个是“历”，一个是“忌”。“历”是历表，即以甲子表体现的各种历表（有年表、月表或积年的大表）；“忌”是吉凶宜忌，即从事各种活动的吉凶宜忌。

（2）常见日书，一般分两部分。前面是历忌总表，后面是分类选择。历忌总表，详列十二月的吉凶日，供人选择。这种总表，现在寓目，主要是两种，一种是建除表，一种是丛辰表。建除又分楚除、秦除，丛辰也有秦楚之别。它们都是按历表选日子。分类选择，不一样，是按项目选，各讲各的吉凶宜忌。

（3）前者是以“历”为经，以“忌”为纬，把吉凶宜忌注在历表上，按时间检索，类似后世的具注历。后者相反，是以“忌”为经，以“历”为纬，把时间注在选择事项下，按选择事项检索。

---

① 睡虎地秦墓竹简整理小组《睡虎地秦墓竹简》，文物出版社，1990 年，255 页。

② 日本学者森和在“出土数术文献国际学术研讨会”上披露。他的文章是《从离日和反支日看〈日书〉的继承关系》，见 http // www. bsm. org. cn/show article. php? id=862。

(4)《协纪辨方书》,“协纪”的“纪”是时间,“辨方”的“方”是方位。这是晚近的选择书。现存日书,也是这样,不光讲时间,也讲空间,有各种方向之忌,特别是与出行和军事行动有关的吉凶宜忌。它是一种把时间和空间整合在一起,天地万物都装在里面的大体系。

(5)现存日书,除选择时日,还旁及星占、式法、风角、五音、纳甲、十二声、六吕六律、卜筮、占梦、相宅,以及厌劾祠禳,它还试图打通各类数术。

(6)日书的选择事项,简直无所不包,凡是日常生活可能涉及的方面,比如裁衣、起盖、出行、嫁娶,几乎一切,都可以装进这个体系。它还是一种“日常生活的百科全书”。

(7)选择术,春秋就有,和晚期日书比较,更具原始性。早期选择,往往跟某种神话传说有关,要依托某个传说人物。这种选择,一般是单项,更像战国秦汉日书的杂忌,没有时间总表。历忌总表,肯定是后起①。

日书简和视日简有一个共同点,就是它们都与“日”有关,名称都有“日”字。但这两类简很不一样。

日书是选择时日的书。这种书,属于数术中的选择类。选择时日离不开“历”。但它关心的,主要不是“历”,而是“忌”,即所谓“历忌”。

“历”有年月日,“春生夏长,秋收冬藏”(《千字文》),年是时间轮回的基本单位。中国早期的年历,一般分两种,一种是“四时令”,一种是“五行令”。前者是按四时二十四节气分配十二月,后者是按五行三十时分配十二月。例如赛克勒美术馆收藏的子弹库帛书就有这两种。过去所谓的“楚帛书”,其实是“四时令”。另外那种没发表。但银雀山汉简有《三十时》,《三十时》属于“五行令”。

古代的时令书,不光讲节气,还讲吉凶宜忌。后世历书,继承了这一传统。

时令书,有些细化到日,有些只讲月。日有日禁,月有月讳,不光日书一种。专门讲月的书,古有“月令”,月是基本单位。专门讲日,才叫“日书”。日书讲吉凶宜忌,一定要具体到日。

---

① 参见李零《中国方术续考》,中华书局,2006年,370页注②的例子。

王充说,“岁月之传既用,日禁之书亦行”(《论衡·讥日》),是两者并举。子弹库帛书的两种令属于前者,出土日书属于后者。日书就是“日禁之书”。

阴阳五行说,是中国的宇宙论和自然哲学。选择时日的书,和阴阳五行说关系最大。讲日也好,讲月也好,不管时间怎么分,总是为了趋吉避凶。这类书,古人最笼统的叫法是“阴阳书”,后世仍用这个名称。《汉志·数术略》把这类书收在“五行类”。中国后来的数术书,分类有很多变化,但选择一直是“阴阳五行”书的主体。

读《汉志·数术略》,我们不难发现,“历谱”类的古书,和史书关系最密切,不光其中的“历”,也包括其中的“谱”。它们都和史书有很大关系。中国古代的档案、中国古代的史书,时间、地点、人物、事件四要素,一样不能少。特别是时间,更是框架性的东西。历史历史,没有“历”就没有“史”,特别是编年史。

司马迁作《史记》,是以世系为主,年代是靠他的十表。他作《十二诸侯年表》,曾说作表之难,在于取材多源,“儒者断其义,驰说者骋其辞,不务综其终始,历人取其年月,数家隆其神运,谱谍独记世谥,其辞略,欲一观诸要难”。他所谓“表”,包括世表、年表、月表,这种东西,其实就是“谱”。《史记》的“世表”、“年表”,就是《汉志·数术略》的“世谱”、“年谱”。

日书和“历谱”是什么关系,司马迁的话很有启发。“历人”重“年月”,“谱牒”(编谱牒的人)重“世谥”,“数家”重“神运”。这是基本区别。

我理解,历表与谱牒相配,就是“历谱”,“历”和“谱”关系最密切。日书和它们的关系要远一点。它虽用“历”,却完全是另一类。日书是数家的书,它更看重“神运”,即上面说的吉凶宜忌。

总之,“历”、“谱”属于“历谱”类,日书属于“五行”类,完全是两种书。

日书以算命推运为主,和占卜关系大,和历史关系小。

三、叶书(牒书)

叶书就是牒书。这一类,大家最陌生。其实,这种简早就发现过,只不过

我们一直都不知道它自己管自己叫什么。学者题名,叫法很随意。如:

(1)1975 年,睡虎地秦墓 M11 出土的《编年记》。是墓主喜的简历。他出生于秦昭襄王四十五年。编年不始于这一年,而是从秦昭襄王元年记起,止于秦始皇三十年,即他 46 岁时,估计包括了他的一生。这篇简文,有如自传和年谱,因为是编年记载,因此题名《编年记》[①]。

(2)1977 年,双古堆汉墓 M1 出土的《年表》。简文残缺严重,分甲、乙两种,据介绍,主要是记春秋战国时期各国君主的在位年数,下限止于秦始皇。这种竹简,也编年,也记事,整理者最初叫《大事记》,后来改叫《年表》[②]。

最近几年,我曾两次去荆州。我是从荆州博物馆的发现,才知道这类竹简叫"叶书"。

我第一次听说"叶书"是 2005 年 12 月底。我从武汉去荆州,荆州博物馆的王明钦馆长陪我到处参观。他说,他们挖出过一种叫"叶书"的竹简。我问他怎么写,他说,"叶"就是"树叶"的"叶"。当时,我很兴奋。因为我一直认为,年表类的古书,就是司马迁说的谱牒[③]。我跟他说,我理解,"叶书"应读"牒书",其实就是世表、年表和月表一类东西。

从荆州回来,武汉大学的历史学院邀我演讲,让我讲讲研究竹简的心得。我说,我已经好久不摸竹简了。这些年,只有一个新知识,就是王明钦馆长告诉我的"叶书"。"叶书"是什么?就是我很关心的"谱牒",现在总算有线索了。

可惜的是,当时我还没有看过原物,只是听王馆长说有这么一类东西。

今年,我参加过武汉大学简帛中心举办的"出土数术文献国际学术研讨会"(4 月 7—9 日),会议最后一天,轮我发言,是谈简帛文献的分类,我专门

---

① 睡虎地秦墓竹简整理小组《睡虎地秦墓竹简》,文物出版社,1990 年,3—10 页。1986 年,放马滩秦墓 M1 出土的《墓主记》,似乎也是类似的东西。因为简文尚未发表,无法做出判断。据介绍,简文是讲墓主"因伤人而弃市,后又死而复活,同时追述了丹过去的简历和不死的原因"。参看何双全《天水放马滩秦简综述》,《文物》1989 年第 2 期,23—31 页。

② 文物局文献室等《阜阳汉简简介》,《文物》1983 年第 2 期,21—23 页;胡平生《阜阳汉简〈年表〉整理札记》,《文物研究》1991 年第 7 期,黄山书社,392—402 页。

③ 李零《简帛古书与学术源流》,281—286 页。

讲过“视日”、“日书”和“叶书”的关系,也就是这篇文章的想法。会后,彭浩先生安排大家到荆州博物馆看竹简,我才第一次看到他们发掘出土的叶书简。

荆州出土的叶书简有两种,一种是印台汉墓M60出土,一种是松柏汉墓M1出土。参观时,我只看到前一种,简书自题很清楚,确实是“叶书”二字。回到北京,彭浩先生把后一种的释文寄给我,让我大开眼界。

最近,松柏汉墓M1有简报发表。简报说,松柏汉墓M1共出土木牍63块,内容分五类,其中第三类是“叶(牒)书”,内容是“记载秦昭襄王至汉武帝七年历代帝王在位的年数”①。

离开武汉前,我还参观过湖北省博物馆。展品中有一件木牍,引起我的注意。

这件木牍是1986年荆州江陵毛家园汉墓M1出土②。木牍释文是:

> 十二年八月壬寅朔。己未,□乡畴敢告地下主:1
> 泗阳(?)关内侯寡大女精死,自言以家属马牛徒,今牒书所具(?)2
> 徒者,□牒移此,家复不事,可令史□路(?)以从事,它如律令。3
> 敢告主。4

这件木牍也提到了“牒书”。牍文模糊不清。这里除断句、标点有一点改动,基本上是抄录展览图录的释文,第三行“牒”字上面的字似是“奉”字。

这里需要探讨的是,“牒书”的“牒”到底是什么意思。

我理解,古书所谓的“牒”,是简册的基本单位。未经编联的简册,竹简一枚,木牍一枚,都叫“牒”。王国维说:“竹木通谓之牒,亦谓之札。”③

简册,有先编后写和先写后编两种。如果事先有底本,只是过录副本,往

---

① 荆州博物馆《湖北荆州纪南松柏汉墓发掘简报》,《文物》2008年第4期,24—32页。

② 湖北省博物馆《书写历史——战国秦汉简牍》,文物出版社,2007年,77页。

③ 见王国维《简牍检署考》的开头。参见李零《简帛古书与学术源流》144—165页附印的王国维《简牍检署考》的标点本。

往都是先编后写。如果临时记事,有一事记一事,则往往都是先写后编。竹简,先编后写比较多,往往是抄成卷的东西。木牍,则往往单独书写,可以编起来,也可以不编,很像现在文具商店出售的拍纸本(pad notes),一张一张撕下来,单独使用。比如走马楼三国简,就是由临时记事的木牍,积累到一定时候,经过汇总和分类,再编联成册,最后裁切简册,让简头简尾整齐一点(古人叫“等”)。

叶德辉曾经讨论过“叶”和“牒”的关系。今天,重读《书林清话》卷一“书之称叶”条,仍然很有启发。

叶氏指出:

(1)“今俗称书一纸为一页”,“页”本作“叶”。

(2)“古者简籍之式,或用竹,或用木。竹以一简为一篥,木以一版为一枼”。

(3)“牒”与“札”互训,都指木简。

他说纸本的“叶”是源于简牍的“枼”、“篥”或“牒”,很对,但毛病是,他太拘泥许慎《说文》的分部。许慎编《说文》,往往以部首划界,专字专用,抹杀通假,好像每个字只许有他说的用法。叶氏说,“篥”字从竹,专指竹简;“枼”字从木,专指木简;“牒”、“札”互训,也专指木简;“叶”字从艸,只是“艸木之叶”。这样划分,并不能反映古人的实际用法。

现存古书,每页都有页码,这种页,本来叫“叶”。

简帛文献,也有叶号。如:

(1)1959年磨咀子汉墓M6出土的《仪礼》。这部古书,每简的简尾都有古人书写的简序编号,其中的“七”都写成“桼”。这种编号就是叶号①。

(2)1993年尹湾汉墓M6出土的《元延二年日记》。这批简文分六组,每一组自为起讫,在简端标序,从“第一”至“第某”。这种编号也可视为分组的叶号②。

---

① 甘肃省博物馆等《武威汉简》,中华书局,2005年,87—135页。

② 《尹湾汉墓简牍》,138—144页。

另外，上博楚简有一种讲龟卜的小书，尚未发表，也有叶号，是写在简尾。这种叶号，对理解“牒书”很有用。

我们都知道，楚国竹简有“以事记年”的习俗。我说，“这种记年之事不会正好发生在岁首，而是该年的一种代表性事件。也就是说，其岁名都是后来清抄时补加”①。现在，道理也一样，“十大新闻”都是年终评出来的，评出来，才能代表这一年。可见，很多历史记录都有二次整理。记录之前，简牍可能是散置。

1993 年，我在弗利尔/赛克勒美术馆访问，对档案有一点体会。这两个博物馆都属于美国国立博物馆的总管部门史密森学院（Smithonian Institution）。史密森学院是美国联邦政府的下属部门。他们的办公室，经常互送 memo，打电话，也有记录。这种 memo，照例有四项：date（日期），to（写给谁），from（谁写），re（谈什么事）。其实，这种东西，中国古代也有。

古代史书的基础是档案，档案的基础是日常记录。所谓编年，所谓大事记，都是从零散的记录汇编而成。只有经过事后的整理，才有系统的世次，系统的编年。

牒书是用零散的简牍编成的书，主要属于文书类。

2003 年 7 月 25 日写于蓝旗营寓所

补记：睡虎地秦墓《编年记》是以王年记生平（并且是从墓主出生时的那个王的头一年记起）。这种记事法应是谱牒的传统记事法。西周铜器史墙盘，就是以史墙祖考的世次对应于周王的世次。

附：叶德辉《书林清话》卷一有“书之称叶”（叶原作葉）条：

今俗称书一纸为一页。

① 李零《中国方术正考》，北京：中华书局，2006 年，221 页。

按《说文解字·页部》:“首,头也。从百从儿,古文稽首如此。”是页为稽首之首本字,于书无与也。

其字又作叶。自有书本,即有此名。《墨庄漫录》称吴彩鸾所书《唐韵》为旋风叶是也。但《说文解字·艸部》:“叶,草木之叶也,从艸枼声。”于书叶之叶亦不相类,盖其本字当作枼。

《说文解字·木部》:“枼,槅也。枼,薄也。从木世声”,而槅下云:“槅部,方木也。从木扁声。《春秋传》曰‘槅部荐干’。”按:今《左》昭二十五年传作“槅柎藉干”,杜注:“槅柎,棺中笭床也。干,骸骨也。”自是枼之本义。其云“枼,薄也”,则为书叶之枼。

古者简籍之式,或用竹,或用木。竹以一简为一篥,木以一版为一枼。《说文解字·竹部》:“篥,籥也。从竹枼声。”“籥,书僮竹笘也。从竹龠声。”此竹简从篥之证也。又《片部》:“牒,札也。从片枼声。”《木部》“札,牒也。从木乙声”,此札牒从木之证也。

牒之木多用柹,《颜氏家训·书证篇》云:“《后汉书·杨由传》云:‘风吹削胏。’”此是削札牍之柹耳。古者书误则削之,故《左传》云“削而投之”是也。

或即谓札为削。王褒《童约》“书削代牍”,苏竟书云“昔以磨研编削之才”,皆其证也。《诗》“伐木浒浒”,毛传云:“浒浒,柹貌也。”史家假借为肝胏字,俗本悉作脯腊之脯,或为反哺之哺。学士因解云:“削脯是屏障之名”,既无证据,亦为妄矣。此是风角占候耳。《风角书》曰:“庶人风者,拂地扬尘转削。”若是屏障,何由可转也。观黄门所辨,知札牒之木为柹木。又知木牒之牒,其制甚薄,故风可吹亦可转。

六书,枼一训薄,薄则便于翻检,故一翻为一枼。

段玉裁注篥字云:“小儿所书写,每一笘谓之一篥,今书一纸谓之一页,或作叶,其实当作此篥。按段氏知其一不知其二。篥之于牒,皆从枼声。是枼字在篥、牒之前明矣。竹简之书,仅能成行,不能成牒,书僮之笘,又其小者,何能谓之叶?不知篥字专为竹笘一篥之称。牒谓木牍一版之称。一叶之叶当作枼。亦取其薄而借用之,非其本义如此也。”

吾尝疑叶名之缘起，当本于佛经之梵贝书。释氏书言西域无纸，以贝多树叶写经，亦称经文为梵夹书。此则以一翻为一叶，其名实颇符。不然，艸木之叶，于典册之式何涉哉？

原载《文物》2008年第12期，73—80页。